KB166954

클라우드 혁명과 새로운 부

THE CLOUD REVOLUTION:
How the convergence of New Technologies will Unleash
the Next Economic Boom and Roaring 2020s

THE CLOUD REVOLUTION: How the convergence of New Technologies will Unleash
the Next Economic Boom and Roaring 2020s by Mark P. Mills
Copyright © 2021 by Mark P. Mills
All rights reserved.
This Korean edition was published by Freelec in 2022 by arrangement with Mark P. Mills c/o Levine
Greenberg Rostan Literary Agency through KCC(Korea Copyright Center Inc.), Seoul.

이 책은 ㈜한국저작권센터(KCC)를 통한 저작권자와의 독점계약으로 ㈜프리렉에서 출간되었습니다.
저작권법에 의해 한국 내에서 보호를 받는 저작물이므로 무단전재와 복제를 금합니다.

클라우드
혁명과 새로운 부

정보·소재·기계의 융합이 촉발하는 대호황의 시대

마크 P. 밀스Mark P. Mills 지음 · 홍성완 옮김

프리렉

진정한 의미의 '포효하는 20년대'는 정말 비참했던 그 1920년이 지나고 나서야 시작됐다.

1918년, 전 세계를 휩쓴 스페인 독감이 1920년까지도 지속됐기 때문이다. 그 재앙으로 인한 미국인 사망자 수는 1인당 기준, 지금의 COVID-19의 4배가 넘었다. 10만 명의 미국 병사가 죽은 제1차 세계 대전의 상처가 채 가시지 않았던 1920년에, 미국 역사상 가장 긴 전쟁이었던 아프가니스탄과 이라크 분쟁 때보다도 훨씬 더 많은 사람이 스페인 독감으로 인해 사망했다. 이와 더불어, 20세기에 미국이 겪었던 심각한 경기 침체 중 하나는 1920년에 시작해서 1921년 7월까지 지속되었다. 이처럼 1920년대는 미국에 있어 혹독한 시기였다.

1920년에는 정치적 위기와 극적인 사건들도 발생했다. 이보다 3년 앞서 1917년에 일어난 러시아 혁명(볼셰비키 혁명)과 블라디미르 레닌 Vladimir Lenin 의 부상은 미국 내 '제1차 적색공포 First Red Scare '를 부채질했다. 극좌파와 공산주의가 미국 내 노동 운동을 물들일까 두려웠던 것이다. 뉴욕주 의회는 정식으로 선출된 주 의원 5명을 사회당 당원이라는 이유로 축출했다. 당시 신문 표제는 이렇게 장식됐다. "여기는 미국이다. 러시아가 아니다. This is America—not Russia. " 국민들은 대규모 노동쟁의로 도시 전체가 멈추고 시장이 수천 명의 경찰과 연방 부대를 배치하는 것을 보았다.

그보다 바로 1년 전에는 수많은 폭파 위협을 받았고 실제로 폭탄 테러가 발생하기도 했다. 8개의 우편 폭탄이 여러 도시에서 동시에 터졌는데 '아나키스트(무정부주의자anarchist)'를 수사하던 사람들을 대상으로 한 테러였다. 1919년 여름의 폭력적 인종 폭동은 경찰뿐 아니라 흑인과 백인 양쪽에 수십 명의 사망자를 낳았다. 이 때문에 사우스캐롤라이나주 찰스턴Charleston, South Carolina에서는 잠시 계엄령이 내려지기도 했다. 1920년 초, 당시 미 법무부 수사국 국장이던 제이 에드거 후버J. Edgar Hoover는 국민들에게 1920년 노동절May Day에 폭력적 폭동에 대비해야 한다고 경고했다. 다행히도 폭동은 발생하지 않았다.

1920년 11월, 어지러운 형국에 역시나 어수선하게 치러진 선거는 중요한 의미가 있었다. 미국 역사상 최초로 여성이 투표한 것이다. 선거의 승자는 '일상으로의 회복'을 선거 슬로건으로 내건 워런 G. 하딩Warren G. Harding이었다. 오늘날 등골이 오싹할 만큼 친숙하게 들리는 내용이다. 사실 1920년대 문화의 전반적인 시대정신이 그랬다.

중요한 것은 미국이 1920년의 위기와 혼란 속에서도 살아남았다는 것이 아니라, 지난 뒤 보건대 '포효하는 20년대'가 그 뒤를 따랐다는 사실이다. 이어진 8년은 역사상 부와 복지가 전반적으로 가장 확대된 때로 간주된다.

그 호황이 1920년대에 시작된 것은 종종 제1차 세계 대전의 폐허로부터의 회복 덕으로 여겨진다. 물론 회복의 심리학이 중요했지만, 새로운 기술의 쇄도가 활기를 불어넣은 시기이기도 했다. 그 기술들은 우리의 생활 방식을 급격히 바꾸고 강하게 경제를 발전시켜 나갔다. 특히 자동차와 라디오, 영화, 전기 등으로부터 파생된 여러 발명품, 서비스, 새로운 사업의 등장을 목격할 수 있던 10년이 바로 그때였다.

1920년대의 문화적 활기 속에 그밖의 많은 것도 시작되었다. 당시 기술계 거물들이 막대한 부를 이용해 엄청난 대저택을 지은 것도 이때다. 옛이야기 속에 나오는 '황금 해안(고급 주택가Gold Coast)'이 생겨났으며, 소득 격차에 대한 우려가 증폭되기 시작했다. 또한 새로운 작가와 책들이 대거 등장했다. F. 스콧 피츠제럴드F. Scott Fitzegrald의 첫 소설 〈낙원의 이편This Side of Paradise〉과 애거사 크리스티Agatha Christie 의 첫 소설 〈스타일스 저택의 괴사건The Mysterious Affair at Styles〉도 이 시기에 출간되었고, 체코의 작가 카렐 차페크Karel Capek가 집필한 희곡 〈R.U.R.: 로숨의 유니버설 로봇〉에서는 로봇이라는 단어가 처음 소개되어 자동화에 대한 반 이상향적 두려움을 파헤치기도 했다.

그렇다. 20세기 전체가 영화롭지는 않았다는 걸 안다. 특히 그 포효하는 20년대는 1929년, 참혹하게 주식 시장이 붕괴되면서 끝이 나고 경제 대공황이 도래했다. 그리고 또 다른 세계 전쟁(제2차 세계 대전)의 비극이 뒤를 이었다.

하지만 20세기가 막을 내린 21세기인 현재, 1920년과 비교해 보면 미국인의 평균 수명은 30년이나 늘었고 1인당 평균 자산은 인플레이션을 감안해도 7배가 늘었다. 이런 놀라운 결과는 두 가지 원인에서 기인한다.

첫 번째는 세 가지 핵심 기술 영역에서의 급진적 발전이 서사적으로 융합되면서 현대 사회를 구성하는 모든 제품과 서비스의 탄생이 가능해졌다는 것이다. 정보information 와 소재materials , 기계machines 가 바로 그 셋이다. 두 번째는 미국 문화와 정치 시스템의 본질에서 그 원인을 찾아본다. 당시 문화와 정치와 정책 등의 정치적 환경이 이러한 혁신을 꽃피우게 했다는 이유에서다. 요컨대 장기간에 걸친 전성기는 하나의 '위대한' 발명, 혹은 한 사람에 의한 것이 아니었다.

이제 2020년대라는 새로운 10년은 이와 같은 세 가지 핵심 기술 영역에서 급진적 발전이 융합하는 또 다른 시대가 될 것이라는 의견이 지배적이다. 이를 뒷받침하는 증거를 곳곳에서 발견할 수 있다. 2020년의 대규모 봉쇄 조치Great Lockdown 전까지도 이 추세는 진행 중이었다. 모두를 무기력하게 만든 팬데믹 시대에 그나마 긍정적인 영향을 끼친 것 중 하나는 이런 추세 중 다수가 가속화되고 있다는 사실이다.

1920년대에 시작된 기술적 번성과 비교할 때, 다음에 올 변화와 혁신은 더 중요할 가능성이 크다. 바로, 경제 생산성 증가다. 경제 생산성 증가는 항상 사회 전체의 부를 증대시켰다. 밀물이 모든 배를 띄우는 건 아니다. 미래는 과거의 주요한 패턴을 되풀이할 것이다. 장래에는 전체 인구의 약 25%가 오늘날의 5%가 사는 것처럼 살 것이다. 미래의 5%는 오늘날의 1%처럼 살 것이고 말이다.

정치적 성과를 예측하기는 힘들지만, 기술과 과학의 본질과 관련된 많은 결과를 자신 있게 예측할 수 있다. 둘 다 계속 발전할 것이다. 왜냐하면 '발전'은 기술과 과학의 본질이기 때문이다.

3부 3 영역에서의 기술 혁명: 정보·소재·기계 111

포효하는 2020년대

4부

281

일자리

헬스케어

✦

**THE CLOUD
REVOLUTION**

✦

시작하며

CLOUD

✦

가까운 미래는 머지않은 과거에 발명되었다.

피터 드러커 Peter Drucker

 일러두기

- 깊은 이해를 돕기 위해 많은 주석이 추가되었습니다. 각주는 총 3개로 저자주, 역자주, 편집자주가 있습니다.
  저자주: 원형 불렛으로 표시했으며, 원서에도 있는 저자가 적은 주석입니다.
  역자주: '*' 별표가 달린 주석은 번역자가 추가한 역자주입니다.
  편집자주: 말풍선 아이콘이 있는 주석은 편집자가 추가한 주석입니다.
  이외에, 인용문이나 자료의 참조 문헌을 미주로 달았고(숫자로 표기) 별도의 파일로 제공하고 있으니 참고하길 바랍니다.
  (미주 URL: bit.ly/클라우드혁명)

- 내용과 관련 있는 이미지와 동영상을 QR 코드로 추가했습니다. 해당 콘텐츠의 출처도 함께 병기해두었습니다.
  프리렉 출판사의 제작 콘텐츠가 아니고, 독자의 편의를 위해 추가한 항목이므로 참고 차원에서 이용하길 바랍니다.

2020년대의 호황은 **클라우드**에 분명히 드러나 있는 지식 기술의 대중화에 초점이 맞추어져 있다. 클라우드는 최신의, 가장 **빠르게** 성장하는 사회 인프라다. 차세대 마이크로프로세서인 실리콘 빌딩블록_{building block}으로 만든다.

클라우드라는 말은 언뜻 지어낸 PR 용어처럼 들릴 수 있다. 하지만 인터넷이 전화 통화와는 다른 것처럼 인터넷과는 뭔가 다른 개념을 표현할 새로운 단어가 필요했다. 발명 이후 수십 년이 지난 전화는 90%가 넘는 가정에서 한 대씩 보유하면서 사람들의 대화를 이어주고 있다. 바로 이 전화 네트워크가 분산된 데스크톱 컴퓨터를 연결하는 인터넷 출현의 틀이 되었다. 그리고 또 몇십 년 만에 90% 이상의 가정이 인터넷으로 연결되었다. 이제는 인터넷이 클라우드 출현의 틀이 되는 데 일조하고 있다. 클라우드는 모든 것을 연결할 수 있다. 특히 점차 '스마트'해지는 모든 유형의 사물을 연결한다. 하지만 이번에는 그간의 탈중앙화에서 다시 중앙화된 슈퍼컴퓨팅 인프라로 회귀한다.

클라우드에는 다른 기술과 본질적 차이를 보이는 뚜렷한 특징이 있다.

차이에 관한 첫 번째 힌트는 언제, 어디서나 탐색할 수 있고 음성 인식이 가능한 **가상 디지털 도우미**가 있는 전자상거래의 부상에서 찾을 수 있다. 또한, 최근에는 클라우드 기반의 **데이터 레이크**ᵈᵃᵗᵃ ˡᵃᵏᵉ*가 코로나바이러스에 관한 연구를 서로 연결하고 연구의 속도를 가속화하고 있는데, 이렇게 시간과 장소와 상관없이 떨어져 있는 대상과 데이터 등을 연결한다는 점이 클라우드가 지닌 특징이다. 클라우드가 등장하면서 실리콘 성능의 중심은 이제 더 이상 사무실과 연구소, 공장, 혹은 주머니에 존재하지 않는다. 대신 마치 원격 유틸리티utility**처럼 제멋대로 뻗어 나가는 실리콘 시스템으로 이동했다. 이는 인간이 여태껏 구축해 온 인프라 중 가장 큰 것일 테다.

그리고 이 모든 것의 중심부에 있는 실리콘 엔진은 더 이상 연산compute이 주 용도로 쓰이지 않는다. 대신 추론inference에 쓰인다. 이러한 변신에는 인공지능AI, Artificial Intelligence이라는 엉성한 용어가 붙여졌다. '인공지능'이라는 단어가 가진 꼬리표가 대중의 인식을 그릇된 방향으로 부채질하고 사람이 하는 일의 종말에 관련된 불안을 야기했다. AI가 혁명적인 것은 맞다. 하지만 이 용어는 마치 1920년대에 차를 인공 말artificial horse, 비행기를 인공 새, 전동기를 인공 물레바퀴라 부르는 것과 같은 맥락이다.

포효하는 20년대를 유추하려면 분명한 사실 하나를 인정해야 한다. 키티호크Kitty Hawk***부터 달 착륙까지 20세기의 대확장이 대공황과 제2차 세계 대전에 의해 중단되었다는 사실이다. 하지만 이 두 재앙은 기술에서 비롯된 것이 아니었다. 대공황은 노벨 경제학상을 수상한 밀턴 프리드먼Milton Friedman이 기록했듯이 그릇된 정책의 소산이었다. 그리고 제2차 세계 대전은 다른

---

* 대규모의 가공되지 않은 데이터를 집적한 중앙 저장소
** 수도, 전기, 가스 같은 공익 사업
*** 라이트 형제가 1903년에 처음으로 비행기를 시승한 미국 노스캐롤라이나의 동북부 마을

전쟁처럼 인간의 악의가 만들어낸 결과일 뿐이다.[1]

하지만 1920년대를 포효하게 만든 기술들은 이후 수십 년 지속된 경제 호황을 이끌었다. 그러한 기술적 토대는 제2차 세계 대전에서 연합군이 궁극적으로 승리하는 데 대단히 중요한 역할을 했다.[2]

클라우드 상업 대성당

클라우드 인프라의 웅장함은 이미 실제 규모에서 입증되었다. 우리가 사는 우주에서는 디지털과, 소위 말하는 가상의 것을 포함한 모든 게 항상 어딘가에 실체로 존재한다. 네트워크 엣지edge에 있는 스마트 기기는 주머니 속 혹은 손목 위 컴퓨터이거나 일반 자동차에 숨겨진 수십 개의 컴퓨터이며, 이러한 엣지의 크기는 계속 작아지고 있다. 동시에 클라우드는 더 넓은 범위에 접근하고 있으며, 보편화되고 있다. 클라우드 심장부에 위치한 컴퓨터들을 **데이터센터**data center라 부르는데 이제 정말 하이퍼스케일*hyperscale 규모를 확실히 보장할 만큼 커졌다.

10년 전에 한 구글 엔지니어가 '**창고 규모의 컴퓨터**warehouse-scale computer'라는 말을 만들었다. 그때 부상하던 데이터센터의 모습을 설명하기 위한 용어였다. 각 데이터센터는 대략 100만 제곱피트(2만 8,103평)를 차지하는데 거의 쇼핑몰 하나 크기였다. 컴퓨터 자체로 가득 차 있는 빌딩은 아니지만 본질은 창고 규모의 가공할 단일 컴퓨터였다.[3] 하지만 창고가 물건을 저장하고 보관하는 게 주 기능인 것에 반해, 데이터센터에서의 저장은 기능 중 일부에 불과하다. 창고보다는 고층빌딩에 비유하는 것이 더 적절한데, 고층빌

---

* 최소 10만 대의 서버를 초고속 네트워크로 운영하는 초대형 데이터센터

딩 역시 데이터센터처럼 **상업 대성당**Cathedral of Commerce*이기 때문이다. '상업 대성당'이라는 말은 1913년 뉴욕타임스가 처음 썼다. 20세기 최초의 진정한 고층빌딩이었던 241미터 높이의 울워스Woolworth 빌딩을 표현하는 말이었는데 울워스 빌딩은 당시 세계에서 가장 높은 빌딩이었다.⁴ 하지만 불과 17년 후에 381미터 높이에 200만 제곱피트(약 5만 6,206평)의 면적을 보유한 엠파이어 스테이트Empire State 빌딩에 추월 당한다.

처음으로 '상업 대성당(Ca-thedral of Commerce)'이라는 표현을 쓴 1913년의 뉴욕타임스(출처: 뉴욕타임스)

엠파이어 스테이트 규모의 빌딩은 국가나 도시가 그들의 경제력을 보여주는 아주 가시성 높은 대표 빌딩이 되었다. 고층빌딩의 건설을 가능하게 만든 기반 기술뿐만 아니라, 일종의 전형적인 상업성의 융합을 대표해 보여주기 때문이다. 이와 같은 맥락에서 데이터센터는 눈에 보이지 않을 뿐, 21세기를 대표하는 빌딩이다.

이제 울워스 빌딩이 완공된 지 한 세기가 지났다. 그리고 전 세계적으로 초고층빌딩이 거의 50채나 지어졌으며, 엠파이어 스테이트 빌딩 규모의 공간을 갖춘 하이퍼스케일 데이터센터가 이미 500여 곳이나 생겼다. 하지만 하이퍼스케일 상업 대성당(고층빌딩)은 전체 데이터센터 공간의 3분의 1만 차지한다. 규모 면에서 더 살펴보면, 500여 곳의 하이퍼스케일 데이터센터의 에너지 수요는 엠파이어 스테이트 빌딩 규모의 고층빌딩 6만 채의 에너지 수요를 능가한다.

현대 디지털 대성당의 경제력 비결은 놀라운 사실 하나에서 발견할 수 있다. 그것은 데이터센터 내 고작 약 10제곱피트(0.28평)만을 차지하는 컴퓨터가 1980년경, 전 세계 컴퓨터가 지녔던 컴퓨터 성능의 총합을 능가

---

* 각종 물품을 천 원짜리 박리다매 형태로 판매하던 울워스가 고딕양식의 대성당을 연상하는 빌딩을 지은 것을 폄하한 말이기도 하다.

한다는 것이다. 그리고 그 실리콘 마력은 모두 정보 고속도로의 네트워크로 시장과 연결된다. 이 고속도로는 규모 면에서 실제의 아날로그 아스팔트 혹은 콘크리트 고속도로를 압도적으로 능가한다. 다수의 통신 하드웨어는 그 고속도로를 따라 데이터 바이트를 이동하게 한다. 이 고속도로는, 많은 부분이 매장되어 있는 약 30억 마일의 유리 케이블뿐 아니라 400만 개의 셀 타워로 구축된 또 다른 1,000억 마일의 눈에 보이지 않는(무선) 연결망으로 구성되어 있다. 1,000억 마일은 지구와 태양 사이 거리의 1,000배에 달하는 거리다. "양은 그 자체로 질이다._{quantity has a quality all its own}"라는 자명한 진리가 이보다 더 적절한 적은 없었다.

이 인프라가 2020년대에 가져올 기술적 급성장은 1920년대의 그것을 뛰어넘는다. 전자상거래와 소셜 미디어뿐 아니라 경제의 모든 면에 영향을 끼치기 때문이다. 인터넷과 초창기 클라우드에서 비롯된 디지털 파괴는 지금까지 주로 정보 중심의 활동과 대부분 연관되어 있다. 엔터테인먼트와 광고, 뉴스, 금융 등 비교적 디지털화하기 쉬운 영역이었고, 이들을 다 합쳐도 전체 경제 규모의 20%도 채 차지하지 않았다. 나머지 경제는 비트가 아닌 원자_{atom}라는 세계에 묶여 있었다. 그래서 디지털화하기가 어려웠다. 적어도 지금까지는.

이 책은 다음과 같은 내용을 조사하여 다루고 있다.

- 클라우드와 관련된 것들의 기술적 양상과 그것이 어떻게 영향을 끼치기 시작할 것인지
- 그 추세의 뒤에는 무엇이 있는지
- 다음에 도래하는 것은 무엇인지
- 그것들이 무엇의 전조인지를 어느 정도 정확하게 보는 것이 어떻게 가능한지

우리가 순진한 낙관론에 빠져 있다거나 실리콘 밸리의 진부한 이야기인 "이것이 모든 것을 바꾼다."를 연상시키는 그림을 그린다고 비난하는 사람도 있을 것이다. 낙관론에 대해서는 인정한다. 하지만 그 낙관론은 확실한 증거에 근거한다.

믿음은 역동성과 혁신의 원천

중요한 것은 다가오는 세기에서도 지나온 세기에서처럼 많은 발전이 또다시 부와 복지를 증대시킬 수 있다고 믿는 것이다. 미래에 대한 믿음은 개인이나 정부가 오늘날 무엇을 할 것인가에 영향을 끼치기 때문이다. 역사 속 혁신이 전체를 광범위하게 휩쓸던 것에 비해, 이제는 소수 틈새와 몇몇 승자에게만 혁신이 한정된다고 믿는다면 **관리된 성장**managed growth의 사례가 등장할 것이다. 당연히 더 많은 통제가 국가의 손에 주어지고, 반면에 자본주의와 혁신가가 번창할 자유는 덜 인정될 것이다.

기술 비관론자들의 세계는 더 많은 정부 통제와 사회보장에 대한 요구를 초래한다. 우선시되는 사회적 성과와 거대한 안전망을 달성하기 위한 임무도 더 요구한다. 특히, 모든 국민에게 동일한 최소 생활비를 지급하는 **보편적 기본소득**universal basic income도 어김없이 등장한다.

대신 새로운 호황이 임박했다고 믿는 사람이라면 사뭇 다른 행동이 필요할 것이다. 그들은 속박된 자본주의(사실 진정한 '자유' 시장은 없다. 단지 더 자유로운 것이 있을 뿐)가 시장의 복잡성과 뒤얽혀진 역동성에서 속박을 풀수 있는 유일한 체제이며, 그래야 새로운 대중 번영을 이끈다고 믿는다.

그래서 국가에 맞는 정치 모델이 무엇인가 하는 논쟁은 기술이 미래를 위해 무엇을 약속할 것이라고 국민들이 믿고 있는가에 관한 논쟁이기도 하다.

경제적 차원에서 보면 COVID-19 팬데믹의 충격은 근본적으로 생산적인 기술의 필요성을 부각시켰다. 헬스케어뿐 아니라 다른 분야에서도 마찬가지였다. 생산성을 늘린다는 것은 투입과 비용을 덜 들이면서 더 많은 그리고 더 나은 산출(헬스케어 용어로는 건강 변화)을 이루는 것이다. 생산성은 서비스와 제품 모두를 더 많은 사람이 보다 쉽게 주문할 수 있게 만들고 그럼으로써 부와 복지 둘 다를 광범위하게 개선한다. 비관주의자가 지난 20여 년간 생산성 증대가 거의 정체 상태였다는 것을 지적하는 것은 맞는 말이다. 괄목할 만한 생산성 향상을 본 유일한 활동은 인터넷이 중심이 된 디지털 영역 내 작은 분야에서다. 하지만 인터넷이 전화 통신 방식과 비교했을 때 엄청난 전환이었던 만큼, 클라우드 역시 인터넷에 비하면 큰 전환이다.

최근의 생산성 둔화가 영구적인 것인지 아닌지를 알기 위해, 우리는 전자상거래와 소셜 미디어에 관한 논쟁을 둘러싼 잡음에 귀 기울여 신호를 포착해야 한다. 적절한 지표들을 찾기 위해서는 클라우드 출현을 가능하게 한 기반 기술의 진화와 더불어 유용한 AI 및 로봇의 부수적 출현을 살펴봐야 한다. 이 책에서 자세히 알아보겠지만 후자의 영향은 근시안적 비관주의자가 상상하는 것이 아니다. 기계 학습과 AI, 로봇 같은 도구 모두는 전 경제에 걸쳐 기반이 되는 생산성을 향상시키기 위해 한참 전부터 진일보하던 것들이다. 제한적 비유지만, AI의 유용성은 대략 1980년대 경의 일반 컴퓨터와 비교할 만한 단계까지 와 있다. 그리고 실용 로봇은 과거 모델 T*에 견줄 시점이다. 이제 그 전망이 지평선 상에서 보일 듯 말 듯하다. 누구나 부담 없이 구매할 수 있는 최초의 자동차, 포드사의 모델 T가 1908년

---

* 모델 T(Model T): 포드사가 만든 세계 최초의 대량생산 자동차

출시되기 전부터 자동차는 이미 25년을 우리 곁에 존재했다.

수백 년의 인류 역사는, 경제학자 조엘 모키르Joel Mokyr가 말한 "기술은 부의 지렛대lever of riches"라는 말이 사실이라는 것을 보여주었다. 하지만 모키르가 그의 책 〈계몽 경제The Enlightened Economy〉의 첫 문장에서 "대부분의 경제학자가 생각하는 것보다 그 이상으로, 사람들은 믿는 것에 좌우된다."라고 지적했듯이 경제 성장은 그 믿음이 행동에 영향을 끼치기 때문이다.[5]

성장과 혁신의 심리학에 관한 한 모키르의 생각은 문제될 게 없다. 노벨 경제학상 수상자인 에드먼드 펠프스Edmund Phelps의 책 〈대번영의 조건Mass Flourishing〉은 다음과 같은 경고로 시작한다.

> "과학이 발전해 왔다는 것을 부정하지 않는다. 이는 분명히 진보와 관련 있지만 내 연구는 현대 경제에서 역동성의 원천인 사고방식과 믿음에 초점을 둔다. 대개 개성과 상상력, 이해, 자기표현을 지키고 고무하는 문화가 나라의 고유 혁신을 주도한다."[6]

동의한다. 하지만 만약 새로운 과학과 기술이 없었다면 오늘날 마차와 노동 집약적 농장을 이용하는 그 정도에서 더 혁신적 시스템을 가진, 더 역동적인 사회가 되어 있었을 것이라는 생각은 제외하고 말이다. 요는 기술과 문화 둘 다 중요하다는 점이다.

클라우드가 활기를 불어넣은 곧 다가올 기술 전환은 펠프스가 대번영의 열쇠라고 보는 역동성을 이전의 그 어느 때보다도 더 정확히 증폭시킬 것이다:

> 현대 경제는, 경제에 밀착해 있어서 새로운 상업 아이디어에 쉽게 휘둘리는 사람들을 조사자와 실험자로 변모하게 만든다. 그들은 혁신 프로세스를 개발부터, 많은 경우는 채택까지 관리하게 된다. (역할이 바뀌어 과학자

와 엔지니어는 기술적 문제를 해결하도록 요구받는다.) 사실, 모든 사람을 '아이디어 맨'으로, 금융가를 사상가로, 제작자를 마케터로, 최종 사용자를 선구자로 바꾼다.[7]

아멘! 펠프스가 번영의 선조는 '뛰어난 인물이라기 보다 시스템'이라고 한 말에도 동의하지만 혁신가와 정치가 둘 모두가 중요한 것은 의심의 여지가 없다. 전자가 창작자라면 후자는 조력자 혹은 반대로 방해자가 될 수도 있다.

우리는, 저명한 학파가 진짜 세계를 바꾸는 혁신은 역사 속에만 존재하고 이제 개선된 미래는 기존 기술 내에서만 기대해야 할 것이라고 주장하는 시기에 살고 있다. 이를테면 더 많은 AI 기능을 갖춘 더 스마트한 스마트폰이나 기름 대신 전지$_{battery}$로 가는 더 깨끗한 자동차 같은 것이다. 이런 급의 혁신은 그 어느 것도 자동차나 스마트폰을 처음 발명했을 때만큼 대단하진 않다. **뉴노멀리스트**$_{new\ normalists}$는 급진적 기술 변화의 한 모퉁이에 AI가 있을 뿐이라고 하지만, 대다수는 AI가 우리의 직업을 빼앗을 것이라는 점에 주목한다.

뉴노멀리스트

코로나 바이러스 위기를 계기로 펼쳐진 여러 사태들이 일부 인상적인 기술을 부각시키기는 했다. 몇 가지 예를 들자면 제조 유연성이 커졌고, 원격회의를 많이 사용하게 되었으며 바이러스 유전자 염기서열을 신속하게 분석할 수 있게 되었고, 의료 데이터를 공유하게 되었다는 점이 대표적이다. 하지만 우리가 할 수 있는 것의 한계 또한 부각되었다. 질병 치료법을 찾는 측면에서 2020년 위기는 신약 개발의 전반적 생산성이 감소하고 있다는 사실을 상기시켰다. 1950년 이후, 연간 지출된 수십억 달러당 미국 FDA에 의해 승인을 받는 신약의 수는 50%가 줄었다. 연구자들은 이것을 이룸의 법칙Eroom's Law● 이라 부른다. 이룸의 법칙이란, 무어의 법칙Moore's Law의 반대 현상을 말하는 것으로 풍자의 성격을 띠고 있다.[8] 무어의 법칙은 인텔의 공동 창업자 고든 무어Gordon Moore 가 처음 얘기해 그의 이름을 딴 법칙이다. 24개월마다 컴퓨팅 성능이 거의 마법처럼 두 배가 되고 가격은 하락하는 주지의 현상을 설명한다.

지출된 수십억 달러당 신약 개발 건수의 감소는 제조와 서비스, 교육 등에서 최근 보이는 유사한 생산성 둔화의 한 예일 뿐이다. 이러한 지표는 우리가 기술로부터 기대하는 것이 한계에 달한 시대에 살고 있다는 확신을 갖게 한다. 헬스케어뿐 아니라 사회의 모든 면에서 그렇다. 이 시대의 '뉴노멀(새로운 표준)' 중 하나로 성장이 지속되기는 하지만 과거보다 더 천천히 진행될 것이라는 주장이다.

뉴노멀리스트는 지난 2세기 동안 기술이 사회의 부를 증대시켰다는 것에 이의를 제기하지 않는다. 그들은 최근 역사에 근거해 미래를 예측하는 현실주의자일 뿐이라고 말한다. 기술이 가속으로 변하는 것을 보고 있다는 일반적인 생각은 주로 소셜 미디어와 비디오 채팅, 스트리밍 무비, 전자상거래에 관해서이다. 그런 것들은 새로운 형태의 편의성과 엔터테인먼트를 제공한다. 하지만 산업 혁명 정도로 대단한 변화 또는 혁신은 아니다.

뉴노멀리스트가 보기에는 헬스케어는 발전하고 있지만, 그 속도가 더디

● 이룸의 법칙(Eroom's Law): 무어의 법칙(Moore's Law)를 거꾸로 읽은 것으로, 무어의 법칙과 정반대되는 현상을 일컫는다. 무어의 법칙은 반도체 집적회로의 성능이 24개월마다 2배로 증가한다는 법칙이다. 이룸의 법칙은 이와는 반대로, 특히 제약산업의 경우 논문과 기술 등의 발전이 매년 일어나지만 생산성이 떨어짐에 따라 새로운 의약품의 개발이 갈수록 늦어지는 것을 말한다.

고 오히려 비용은 증가하고 있다. AI와 로봇의 경우, 많은 사람을 일자리에서 내쫓고 테크노라티(Technorati 블로그를 전문적으로 검색하는 검색 엔진)만 배부르게 한다고 본다. 그런 세계관에서는 제조업의 부활 같은 것은 다른 나라로부터 시장 점유율을 가져와야 가능할 것이다. 왜냐하면 실제로 대량으로 새롭게 제조할 것이 없기 때문이다.

요컨대, 뉴노멀리스트들은 전기화나 배관이 등장한 여명기에 필적할 만한 경제 혹은 사회적 영향의 잠재성이 곧 본격화될 것이라고 보지 않는다. 1920년에는 20%의 가정에만 수세식 화장실이 있었다. 1930년까지는 50%의 가정에 보급되었다.[9] 일부 경제학자는 성장이 더 느려졌다는 뉴노멀이 일종의 성공 조짐이라고 말한다.[10] 한편, 몇 안 되는 강력한 기술 강자들은 계속해서 폭발적 부의 증가를 즐길 것이다.

전반적으로 기술 발전이 더딘 세계의 미래에는 '가진 것이 없는 사람'의 수는 더 늘어나고, '가진 사람'의 수는 더 적어질 것이다. 뉴노멀리스트의 주장이 옳다면 세계는 진짜 한계를 맞이한 것이고 이는 통치에 있어 변화를 요구하는 것이다.

최초의 뉴노멀리스트는 아마 경제사학자 장 짐펠Jean Gimpel일 것이다. 그의 1976년 책 〈중세의 기계The Medieval Machine〉는 부와 복지를 급진적으로 증진시킨 세계 최초의 산업 혁명을 연대순으로 정리해 놓았다. 초창기 기계 시대에는 특징적으로 수력(중세 시대의 석유) 사용이 보편화되었고, 농업 혁신이 사람들에게 활기를 북돋았다는 특징이 있다.[11]

하지만, 짐펠은 서문에서 역사를 현재주의*라는 근시안적 눈으로 보는데 사로잡히고 말았다. 그의 분석은 1973년 석유 위기에서 많은 영향을 받

---

* 현재주의(presentism): 철학자들이 현재만 존재론적으로 의미가 있고 과거와 미래는 존재하지 않는다고 보는 것

아, 다음과 같이 서술했다.

> 지금의 경제 및 금융 불황을 촉발시킨 최근의 국제적 에너지 위기는 많은
> 사람이 현재의 서구 기술 사회가 이전의 모든 세계 문명처럼 쇠퇴하고 소
> 멸할 수밖에 없는 운명을 맞게 될 수 있다는 깊은 불안을 야기했다.

그래서 그는 책의 에필로그에서 이렇게 예측했다.

> 우리는 기술적 진보에 있어 급격하게 제동이 걸리고 있음을 목격하고 있
> 다. 우리 사회의 구조를 바꿀 근본적 혁신은 더 이상 나올 것 같지 않다. 기
> 존 혁신 분야에서의 개선만이 기대할 만하다. 우리의 이전 문명 모두가 기
> 술적 정체기에 도달한 것처럼… 쇠락과 소멸이 수 세기에 걸칠 것으로 예
> 측된다. 우리의 서구 문명 주기에서 더 이상의 산업 혁명은 없을 것이다.

짐펠이 이런 말을 썼을 때 무어의 법칙은 세상에 나온 지 거의 10년이
되어 있었다. DEC(디지털 이퀴프먼트 사Digital Equipment Corporation)● 는 이미 거의
100만 대의 데스크톱 컴퓨터를 판 상태였다. 2003년에 짐펠의 책을 재출
간하면서 출판사는 책 표지에 부득불 다음의 메모를 추가해야 한다고 느
낀 것 같다.

> 에필로그에서 짐펠은 그가 살던 시대의 서구는 또 다른 기술적 쇠퇴에 직
> 면해 있다고 주장했다. 1980년대와 90년대의 디지털 호황과 포스트 산업
> 경제의 발전을 예상하지 못했기 때문이다.

이는 상당히 중대한 오류였다. 하지만 만약 짐펠이 오늘날까지 살았다
면 오늘날까지 인터넷의 영향이 이전의 기계 혁명만큼의 주요 변화를 낳

● 미국 컴퓨터 메이커의 하나로, 1957년 설립되었다. PC부터 범세계적인 종합 정보 시스템에 이르기까지 다양한 하드
웨어와 소프트웨어를 공급한다.

지 못했다는 것을 목격하지 않았을까 생각하는 사람도 있다. 그렇다면 그가 옳았던 것이다.

오늘날의 새롭게 (그리고 많이) 등장한 뉴노멀리스트에게 반박하기 위해 늘 발전이 일어나고 있다고 속이는 것으로는 충분하지 않다. 놀라운 발명품들을 열거하는 것도 역시 충분하지 않다. 아직 출현하지 않은 발명과 서비스가 그런 목록에 없을 것이기 때문이다. '뉴노멀리즘'의 주장에 대응하기 위해서는 견고한 증거가 필요하다. 바로 그것이 이 책의 목적이다. 후술하겠지만, 우리가 살아온 **뉴노멀**은 최근 수십 년간 공백기였다.

물론 예측이라고 주장한다면, 우리가 예언가로 익히 알고 있는 노스트라다무스_{Nostradamus}부터 마크 트웨인_{Mark Twain}, 닐 보어_{Neil Bohr}와 요기 베라_{Yogi Berra}까지 모두가 말한 "예측은 정말 어렵다. 특히 미래에 관한 것이라면 더하다."라는 말을 마주할 수밖에 없다. 하지만 피터 드러커_{Peter Drucker}●의 아이디어를 빌려 말하자면, 예측의 비결은 "이미 일어난 일을 예측하는 것"이다.[12]

1970년대에 생산성 향상이 붕괴되었을 때 어느 경제학자도 컴퓨터와 소프트웨어 발명의 영향을 예측하지 못했다. 이미 그 둘이 10년 넘게 우리 주변에서 꽤 유용하게 사용되고 있었는데도 말이다. 경제학자들은 이 새로운 차원의 제품이 새로운 산업을 탄생시키고, 생산성 향상에 있어 또 다른 상승을 자극하게 될 것을 보지도, 모델을 만들지도 못했다. 또한 새로운 종류의 사업과 기업(마이크로소프트, 아마존, 우버, 애플 등)이 파생적으로 등장해 각각 몇 명부터 몇십만 명의 사람을 고용하게 될 것도 예측하지 못했다. 1976년 대통령 경제보고를 주도하던 당시 경제자문위원장 앨런 그린스펀

● 피터 드러커(1909~2005)는 미국의 경영학자로 현대 경영학을 창시한 학자로 평가받으며, 경영관리의 방법을 체계화시켜 현대 경영학을 확립했다.

Alan Greenspan은 그 어디에도 '컴퓨터'라는 말을 담지 않았다.[13] 경제 예측에서 컴퓨터 혁명을 빠트린 것은 이해될 수 있었을지 모르겠지만 결코 작은 실수는 아니었다.

아무도 컴퓨터와 그 유용성을 예측 못했다는 것은 아니다. 시점이 중요하다는 것이다. 수학자이자 기계공학자인 찰스 배비지Charles Babbage는 '컴퓨터의 아버지'로 간주된다. 그는 이미 1822년에 구상한 설계에서 컴퓨터의 등장을 예측했다. 그 시대의 사람들은 숫자 표에 있는 수를 계산하기 위해 사람들을 고용하고 '컴퓨터computer'라 불렀다. 마치 지휘conduct를 하는 사람을 지휘자conductor라고 부른 것처럼 말이다.* 배비지는 자동화가 가능해질 것을 알았다. 뛰어난 아이디어를 유용한 도구로 인식하는 잠재력은 중요하다. 하지만 이를 사회에 광범위하게 보급하는 데 있어 필요한 활성화 요소들enabling components이 언제 효과적일지를 아는 것은 기술 예측에서 필수적이다.

이제 우리 시대를 생각해 보자. 1987년 이래, 실리콘 엔진의 제조는 미국 제조 분야 전체 성장의 대부분을 이끄는 것으로 여겨진다.[14] 컴퓨터 하드웨어와 소프트웨어 생산은 이제 세계적으로 연간 약 3조 달러에 이르는 산업이다.[15] 이 모든 것은 역사다. 과거의 발명품을 제조하기 위한 불가피한 경쟁이 늘고 있다. 뉴노멀리스트들은 미래에 그것과 필적하는 어떠한 전망도 내놓지 못하고 있다.

이런 세계관에서의 미래 번영은 주로 다른 나라의 일거리와 제품을 훔치는 것에서 비롯된다. 일종의 평시 정복으로 보조금이나 관세를 통하는 것인데 경제 용어 측면에서는 과거의 물리적 정복과 다름없다. 생산성 향

---

* 배비지는 공정이 자동화될 수 있다고 생각해 높이 8피트, 무게 15톤에 달하며 2만 5,000개의 부품이 필요한 기계를 설계했다. 비록 구축해 내지는 못했지만 그의 탄생 200주년을 맞아 런던 과학 박물관(London Science Museum)이 그의 원래 도안에 기초해 실제로 작동하는 배비지 기계를 만들었다. 이 기계는 2000년의 일반 포켓 계산기보다 더 정확하게 계산을 해냈다.

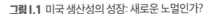

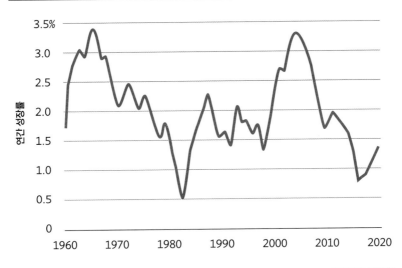

그림 I.1 미국 생산성의 성장: 새로운 노멀인가?

연간 성장률

출처: 미국 고용통계국

- **참고:** 성장률은 비농업 분야 생산성의 전년 대비 변화를 측정한 것이다.

상의 장기적 패턴에서 우리가 주기의 저점에 있을 가능성이 큰 것을 시사한다(그림 I.1)고 언급하는 것은 설득력 있는 대처법으로 만족스럽지 않다. 그보다 우리는 역사상 보았던 수준의 강력한 생산성 향상을 촉발할 수 있는 특정 종류의 기술 뭔가가 지평선상에 있는지에 대한 증거가 필요하다.

이번에는 다르다: 클라우드와 세 가지 기술 영역

물론 19세기에 시작해 20세기 대부분에 걸쳐 확장되었던 그 엄청난 가속화는 한 가지 발명의 결과가 아니다. 비록 많은 유용한 역사가 단일 발명의 시각에서 쓰여 있지만 단지 철도와 전화, 자동차, 전등, 혹은 전동기(모터)가 그런 결과를 낳은 것은 아니다. 대번영은 일련의 동시적이고 상호 보완적인 발명에 기인한다. 예를 들어 전신電信과 시간대의 탄생은 고강도 철강의 발명만큼 철도 운영에 필수적인 요소였다. 기본적으로, 발명 자체는 혁신가나 기업가가 마음대로 사용할 수 있던 '툴킷tool kit' 세트에서 나왔다.

포효하는 1920년대에 가속화를 시작한 산업 혁명은 세 개의 기초적이면서 시너지를 내는 기술 영역에서의 발전이 서로 교차하면서 출현했다. 생산 수단(기계), 정보를 모으고 전파하는 수단, 뭔가를 할 때 이용할 수 있는 소재류. 이렇게 세 가지 영역에서 말이다.

기계 측면에서는 20세기 초기, 정교하게 통제할 수 있는 빠른 속도의 전기 동력 제조 기계가 출현하면서 대량으로, 비약적인 품질의 제품을 생산해 내는 것을 보았다. 특히나 인상적인 것은 운송(자동차와 비행기)과 전력 생산에서의 새로운 기계들이었다.

정보 측면에서 20세기는 정보를 전파하는 전화와 라디오(그리고 TV)를 볼 수 있었다. 그뿐만 아니라 새로운 정보 획득 수단으로 분광학과 X선 결정학부터 정밀 시계까지 있었는데, 이 영역에서는 원자시계와 이후 파생적으로 나온 GPS가 정점에 있었다. 탁월한 측량과 모니터링은 생산 역량을 향상시켜 주었고(측정하거나 보지 못하는 것은 조정할 수 없다) 근본 현상에 관한 이해의 폭을 확장시켜 주었다.

소재 측면에서 19세기와 비교해 20세기는 완전히 다른 소재의 특성과, 사물을 만들 때 가용한 소재가 엄청나게 다양해지기 시작했다. 특히, 화학(고분자, 제약)과 고강도 콘크리트의 등장이 그랬다. 오랫동안 건축 조성 환경에서의 사물 대부분은 비교적 적은 소재 범위의 조합으로 만들어졌다. 인류는 주기율표의 원래 92개 원소 중 일부만을 사용했다. 초기 자동차 제조에 사용된 소재 조합에는 주로 나무와 고무, 유리, 철, 구리, 바나듐, 아연이 있었다. 오늘날의 차는 주기율표 원소 중 최소한 3분의 1 이상을 사용해 제조한다. 컴퓨터와 통신 장비의 경우는 주기율표 원소 중 3분의 2 이상을 사용한다.

이제 2020년대에 시작될 가까운 미래의 모습을 기술 발전이라는 그 똑같은 세 가지 영역에서 이미 일어난 일들의 시각으로 볼 수 있다. (그림 I.2)

기술의 세 가지 영역을 재부팅하기

정보 영역의 중심에서는 이제 라디오나 전화 같은 단일 도구가 아니라 다목적 정보 도구인 마이크로프로세서를 볼 수 있다. 마이크로프로세서는 작은 벼룩 크기부터 접시 크기까지 다양하다. 또, 단순 계산부터 메인프레임 온칩의 능력까지 갖고 있다. 다양한 형태의 마이크로프로세서는 클라우드에서 빌딩블록 역할을 한다.

마이크로프로세서는 제멋대로 뻗어 나가는 클라우드 인프라의 핵심에 있는 방대한 **상업 대성당** 즉, 데이터센터를 가능하게 할 뿐 아니라 단순 연산 엔진이 아니라 AI 추론에 활용되는 부류로 새롭게 변모하고 있다. 그 모든 것이 결합하여, 관찰과 측정 수단(디지털 용어로는 데이터 수집 수단) 내부에 채워지며 증폭되면서 기본적인 발견 도구의 역할을 뛰어넘고 있다. 마치 현미경과 망원경의 발명에서 볼 수 있던 것과 같다.

마이크로프로세서 기술은 실험실과 공장, 농장뿐 아니라 일상에서도 측정 및 감지 수단을 완전히 변모시켰다. 정보 중심의 센서가 엄청난 범위를 망라하고 있다. 스마트폰에 있는 작은 GPS와 가속도 칩, 사소한 것부터 필

그림 I.2 기술의 세 가지 영역의 교차점에서 발생하는 혁신

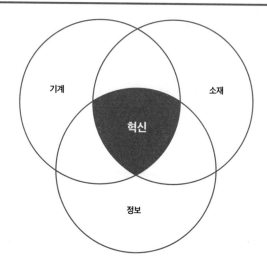

수적인 것까지 모든 정보를 모을 수 있는 센서 '더스트 dust*'가 그 예다. 이 모든 것이 과거에는 불가능했지만 이제는 규모나 세분화 측면에서 가능해졌다.

두 번째 영역인 기계의 재부팅에서는 3D 프린터가 새로운 생산 수단으로 성숙되었음을 볼 수 있다. 컴퓨터 이미지를 바로 최종 제품으로 전환하는 것은 정말 마술 같다. 3D 프린터는 공예품의 대량 생산 능력만 제공하는 것이 아니다. 본질적으로 부품을 발전시키고 종래의 기계 도구로는 불가능한 방법으로 만물을 흉내 내는 역량을 가능하게 한다. 여기에는 인공 피부 혹은 피부 같은 소재 혹은 인공 장기를 만드는 것이 있다.

기계 영역에서는 장비를 분자 크기로 만드는 도구를 목격할 수 있다. 마이크로프로세서 공급망에서 파생된 것으로 이를테면 인간 생물학의 세포

---

* 센서가 먼지처럼 작아 '더스트'라는 이름이 붙여졌다.

수준에서 운용될 수 있는 기계 같은 것이다. 50여 년 전 공상과학 작가 아이작 아시모프 Isaac Asimov의 상상에서나 있었던 아이디어다. 그리고, 한 세기는 아니더라도 최소한 수십 년의 과장된 소문과 희망 끝에 21세기 기계는 이제 (마침내) 얽매이지 않고 인간형 로봇으로 많은 작업에서 인간과 협력하는 길을 열었다.

마지막으로 21세기 기술 혁명 세 가지 영역에서 세 번째는 사물을 만드는 데 가용한 소재의 본질에 있다. 여기서는 20세기 초에 일어났던 일과 똑같은 소재의 혁명을 볼 수 있다. 하지만 이번에는 컴퓨터로 디자인하고 합성해 이를테면 불가시성 같은 **인공적인 특성**을 보이는 것이 포함된다. 인류는 문자 그대로 마술을 부리는 소재로 연금술사라는 오래된 꿈이 실현되는 전환점에 와 있다.

엔지니어들은 가용한 소재가 적힌 고정된 카탈로그에 의존하거나 신소재를 개발하는 시행착오를 거치는 대신 슈퍼컴퓨터에서 실행되는 알고리즘에 따라 고유한 소재를 디자인할 수 있다. 그것은 특정 니즈에 맞춘 물성을 가진 '소재 게놈 genome'에서 기초에 해당한다. 새롭게 부상하는 소재류 가운데 **과도** transient 전자소자와 생체 전자소자는 실리콘 전자기기의 출현에 뒤이은 규모로 응용과 산업 등장의 전조라 하겠다.

세 가지 기술 영역 각각에서 클라우드가 혁신의 구조 속으로 점점 더 엮이는 것을 볼 수 있다. 그리고 클라우드 자체도 새로운 소재 및 기계의 등장으로부터 상승 효과를 얻어 더 발전하고 확장되면서 자체 증폭하는 발전의 선순환을 형성하고 있다. 특히 도래하는 세기가 가진 정보 주입 특성이 세계가 결코 보지 못했던 혁신과 생산성의 기폭제가 된다. 바로 속속들이 정보에 영향을 받는 세기라는 것이다.

이는 21세기 기술 혁명이 사회가 에너지를 생산하는 방식에 집중해야 한다고 주장하는 사람들이 특징적으로 밝힌 그런 혁신은 아니다. 그들은 특히 지금, 문명 에너지의 85%를 공급하는 탄화수소로부터 다른 것으로 전환하는 것에 집중하길 주장한다. 음식과 연료라는 에너지는 분명 생존에 필수적이다. 내 동료 피터 휴버Peter Huber와 나는 특히 그런 현실과 에너지 영역을 관장하는 법칙과 추세에 관한 책을 같이 집필하기도 했다.[16] 유용하고 적정한 형태로 에너지를 충분히 생산하는 것은 선택이나 임의에 따른 것이 아니다. 하지만 이것을 어떻게 이뤄 내느냐는 언제나 그리고 어디서나, 이 세 가지 기술 영역에서 발견되는 역량에서 파생된다. 문명에 연료를 공급하는 데 사용된 소재와 기계에서 변화가 진행 중인 것은 사실이지만 그중 대부분은 대중 매체에서 자주 보는 것이 아니다. 여기서는 그 모든 것을 맥락 속에서 살펴볼 것이다.

한편 뉴노멀리스트가 제시하는 것과는 상반되게 모든 사실은 우리가 각 영역 핵심 기술의 근본적 본질에서 아주 심오하고 세속적인 변화라는 역사상 드문 사건의 시작점에 살고 있다는 결론에 이르게 한다. 이는 과거에 그랬던 것처럼 사회 구조화에 있어 영구적 변화를 유도하고 있다. 머지않아, 진행 중인 발전은 20세기가 거의 달성한 극심한 빈곤을 뿌리 뽑는 미션 이상을 해낼 것이다. 미래를 향한 21세기의 거대한 요동은 주요 핵심 지표에서도 보인다. 더 많은 사람의 인당 부가 늘어나고, 건강과 복지가 향상되고, 편의성이 개선되고, 더 많은 사람이 다양한 형태의 엔터테인먼트와 레저를 즐기는 시간을 더 많이 갖게 될 것이다.

머지않은 과거 발명으로부터 가까운 미래 조사하기

사실 이 책은 기술의 세 가지 영역에서 혁명의 패턴과 증거, 함축적 의미를 조사하려는 것이다. 주요 혁신을 모두 나열하려는 것은 아니다. 그렇게 되면 방대하고 미련스러운 보고서가 만들어져 예측 패턴을 명확히 보여주지 못할 것이다. 대신 근본적 변화를 유도하거나 대표하는 주요 혁신에 집중하려고 한다.

우리는 다가오는 10년 혹은 20년을 펼쳐 보이는 데 관심이 있기 때문에 이 조사는 기존 발명을 가까운 장래에서의 상업적 성공 가능성 관점에서 다루어 볼 것이다. 어떤 발명은 주목하기는 하지만 자세히 다루지는 않을 수 있다. 흥미롭고 유망하지만, 성숙하기까지 수십 년이 걸릴 것이기 때문에 우리에게 중요한 시간 내에 구조적 변화를 야기하지 않기 때문이다. 이쯤 되어, 다시 드러커의 말을 바꾸어 적용해 본다. "가까운 미래는 머지않은 과거에 발명되었다."

머지않은 과거에 대한 탐구에서 자주 특정 회사와 개인을 언급하기는 하지만 이 조사는 승자나 패자를 가리기 위함은 아니다. 물론 혁명적 혁신을 활용하고 그 이점을 사회적 목적에 사용한 사람들이 바로 기업가, 발명가, 비즈니스 리더인 것은 맞다. 하지만 조사의 목적은 시대 변화를 야기하는 혁신에 대해 폭넓고 깊게 밝히는 것이다.

그래서 이 책을 4부로 나누었다.

1부에서는 우리가 왜(이유), 그리고 어떻게(방법) 예측해야 하는지를 간단히 살펴볼 것이다. 특히 기술 혁명의 본질에 관해 볼 것이다. 자연 현상에 패턴이 있는 것처럼 혁신에도 패턴이 있다. 재미있기도 하지만 동시에

의미심장한 내용이다.●

2부에서는 세계적으로 최신 기술이면서 경이로운 인프라로서 클라우드의 본질로 넘어갈 것이다. 인류는 오랜 기술 여정에서 결국 통신 시스템을 만들고 사용해냈다. 많은 사람이 우리가 인터넷과 함께 그 정점에 이르렀다고 생각한다. 하지만 클라우드는 규모와 기능 면에서 엄청난 변화다. 그 변화는 전신에서 휴대폰으로의 전환보다 훨씬 더 대단하다. 클라우드는 문명 규모의 정보 인프라로는 최초이며 역사상 선례가 없다.

3부에서는 세 가지 기술 영역 각각에서의 혁명을 다룰 것이다. 디지털화와 클라우드의 역할을 면밀히 살펴볼 것이다. 우리가 세상에 관한 정보를 어떻게 획득하는지, 그리고 연산 기능과 클라우드가 지원되는 관찰 도구가 어떻게 구축 환경에 영향을 미치는지다. 그런 도구들은 이전에 결코 볼 수 없었던 규모와 정확도로 통찰력을 제공한다. 이와 유사하게, 이전의 합성 소재 시대에서 이제는 컴퓨터를 이용한 디자인된 소재의 시대로 변모하고 있다. 기계 영역에서 클라우드는 생산 수단 자체와 운송 수단에 있어 지대한 영향을 미치는 방식으로 바꾸고 있다. 전동화가 생산에 있어 연료와 지형을 바꾸었던 경우보다 더 지대하다.

그리고 4부에서는 또다시 이미 벌어진 일들에 기초해서 그것들이 우리 활동과 사업에 어떤 의미를 주는지를 추측하려고 한다. 그 모든 것은 우리가 일하고, 여행하고, 건강하고 안전하게, 교육받고, 생산하고, 여가를 즐기는 방식의 일부다.

● 참고로 [부록]에는 그 관점에서 현대 역사의 행적을 더 깊이 파고드는 내용이 수록되어 있다. [부록]은 프리렉 홈페이지(www.freelec.co.kr) - [자료실]에서 내려받을 수 있다.

기술 예측

✦

기술은 우리가 사람이 되는 것과
갈라놓을 수 없기 때문에 중요하다.

데이비드 나이David Nye

기술은
중요하다

다행히도 기술 혁명은 우리 본성과 엮여 있다. 마치 역사학자 데이비드 나이David Nye가 이렇게 말한 것처럼 말이다. "기술은 우리가 사람이 되는 것과 갈라놓을 수 없기 때문에 중요하다."[1]

기술은 인간이 자연의 우여곡절과 매서운 공격에도 살아남을 수 있게 하는 것뿐 아니라 더 쉽게 자연에 적응하고 생존할 수 있도록 인간의 능력을 향상시키기 때문에 중요한 것이다. 이에 대한 전반적인 효과는 핵심 지표에서 나타난다. 바로 지난 150년에 걸쳐 인간의 평균 수명이 두 배가 된 것이다. 이러한 진전은 배종설germ theory*이나 항생제 혹은 현대 의학이 등장하기 한참 전부터 시작됐다. 자주 인용되는 전 세계 평균 수명의 서사와도 같은 연장은 더 많은 사람들이 노년까지 살게 된 결과다. 정확히는 기술,

---

* 생명의 근원이 되는 배종이 이 세상에 널리 존재하며 그것을 중심으로 물질이 조직되어 생물 개체가 성립된다는 학설

특히 많은 질병과 재앙으로부터 일어나는 파괴와 죽음을 최소화하고 종종 없애 주는 기술 때문에 가능했다.

기술은 생산성을 향상시키는 강력한 방법이기 때문에 중요하다. 물론 경영 관행을 개선하는 것도 한몫을 한다. 하지만 인간의 노동력을 배가하고 전체 투입(노동력, 토지, 소재, 에너지)은 줄이면서 더 많이 산출(제품, 서비스, 활동)을 늘리는 것은 기술 주도 생산성이다. 로버트 솔로Robert Solow는 이 현실을 둘러싼 논리정연한 이론으로 1987년에 노벨 경제학상을 수상하기도 했다.[2] 우리는 산업 혁명의 여명 이후 음식과 연료에서부터 모든 상상 가능한 서비스까지, 그 모든 것의 가용성이 거의 마술같이 증가한 데서 기술 주도 생산성의 효과를 볼 수 있었다.

그런 진전의 순효과는 극빈층의 절대 감소에서 뚜렷하게 볼 수 있다. 1820년에는 세계 인구의 약 95% 정도가 극심한 빈곤에 시달렸다. 1920년까지는 인구가 증가했음에도 극빈층이 전체 인구의 80%로 줄었다. 그리고 20세기가 끝날 무렵에는 그보다 훨씬 더 증가한 인구 중에 불과 10% 정도만이 극빈층일 뿐이었다.[3]

중요한 것은 부를 가진 나라에서만 시민들이 사회적, 환경적 목표 같은 것에 훨씬 많은 지출을 할 능력과 의지를 갖는다는 사실이다. 입증되지 않은 가설뿐 아니라 진지한 연구 결과로부터도 사람이 자신 혹은 자신의 자녀의 부가 늘어날 가능성이 상당하다고 믿을 때, 더 낙천적으로 느낀다는 것을 알 수 있다.

기술은 삶을 더 편하고, 흥미롭고, 즐길 수 있도록 만들기 때문에도 중요하다. 또 단지 생존을 위해 필요한 것만이 아니라 모든 것을 더 편하게 수행하도록 해 준다. 오늘날 사람이 이동하고, 일하고, 자는 방식은 인류의 전 역사에서 흔히 보던 것보다 훨씬 더 편리하고 편안하다. 그리고 현미경부터 슈퍼컴퓨터까지, 기술은 우주에 관한 흥미로운 사실을 알 수 있게 해준다. 어떤 목적이 있어서가 아니라 단지 호기심 때문에 연구하는 경우도 있다.

엔터테인먼트에서도 기술이 중요하다. 사실 엔터테인먼트는 도구의 발명보다도 더 오래됐을지 모른다. 로마 시대의 게임, 음악, 스토리텔링, 여행은 오늘날 조 달러 규모에 이르는 엔터테인먼트 산업과 똑같은 특징을 보여준다.[4] 독일 역사학자 요한 하위징아Johan Huizinga는 1938년 '스포츠, 놀이, 학교'를 지칭하는 라틴어를 제목으로 한 〈호모 루덴스(놀이하는 인간 Homo Ludens)〉라는 책을 내놨다. 이 책에서 그는 레저, 오락, 유머라는 놀이 요소의 역할을 문화와 사회의 주요 특징으로 여기는 현대적 사고를 선도했다.

기술 주도 생산성은 많은 사람에게 엔터테인먼트를 위한 여가 시간을 가져왔다. 여가 시간은 다른 사람이 뭐라 하든 신경 쓰지 않는 시간이다. 달리 보면 생산성은 뭔가를 만들거나 하는 더 편한 방법을 찾으면서 생겨난다. 하지만 부와 물질적 안락, 엔터테인먼트를 쫓는 데 도덕적 해이가 보이기도 한다. 신학자와 철학자, 사회과학자, 정치인, 일반 시민까지 그런 주제에 대해 많은 얘기를 해 왔다. 기술의 결실을 둘러싼 일종의 파우스트식 거래Faustian bargain *는 우리가 사는 세계의 현실과 엮여 있다. 인쇄기부터 최초의 영화, 그리고 인터넷까지 통신 기술은 지식을 전파하고 도덕적으로 유흥을 즐기는 데 사용될 수 있지만 동시에 포르노나 폭력적 성명을 전파하는 데 사용될 수도 있다.

----

* 돈, 성공, 권력을 바라고 옳지 못한 일을 하기로 동의하는 것

이러한 기술 진보를 안타까워하면서 과거 **더 단순했던 시대**를 선호하는 사람도 있다. 사회의 기술과 도덕성 사이에 뚜렷한 연관 관계가 있는 것은 아니다. 반면 기술 진보와 다양한 형태로 인간이 겪는 고통의 감소 간에나 기술 진보와 복지 증진 간에는 강력한 연관 관계가 있다.

우리의 예상보다 더, 미래를 예측할 수 있다

우리 시대에는 대공황과 COVID-19 봉쇄라는 강력한 원투 펀치가 가끔 터지는 실리콘 밸리로부터의 유토피아급 열광을 단숨에 잠재웠다. 기후 변화가 우리를 **인류의 완전 파멸**[5] 직전으로 몰고 왔다는 맥 빠지는 주장은 무시하기 어렵다. 우리 미래를 특징짓는 거의 모든 것이 이 한 가지 이슈에 예속되어 있다.

프랑스 철학자 파스칼 브뤼크네르Pascal Bruckner는 **격변의 이데올로기**를 해부하면서 '격변적 담론이라는 유서 깊은 전략'이 지식인들에게서 상당수 등장하고 있는 것에 주목했다. 그는 "그 지식인들이 전파하는 공포는 식탐이 낳은 효소처럼 불안을 삼키고, 먹고, 새로운 것을 위해 남겨두는 것과 같다."라고 말했다.[6] 인류가 실존적 위협에 직면했다는 생각은 전혀 새로운 것이 아니다. 인류는 대자연에 항상 심각하게 위협받고 있고 향후에도 그럴 것이다. 기술은 그러한 현실에 대처하기 위한 도구일 뿐이다. 물론 이 책에서도 기후 이슈가 시사하는 바를 살펴볼 것이다. 하지만 기술 진보가 우리 미래 전반에 대해 말하는 것의 특징을 광범위한 맥락에서 살펴보려고 한다. 특히 자연을 정복하는 것이 아니라 자연의 위협을 완화하는 인간의 능력을 주로 살펴볼 것이다.

기술 혁신이 삶을 더 안전하고 좋게 그리고 더 흥미롭고 재미있게 만든다는 사실을 안다고 해서 사람들이 기술 혁신을 삶이 더 나빠지고 위험하게, 그리고 불편하게 만드는 데 사용하지 못하게 할 수는 없다. 그래서 경제적, 개인적 자유를 수용하는 거버넌스와 정책의 중요성뿐만 아니라 안정되고, 집행 가능한 법규에 대한 필요를 잘 알고 있다. 트위터와 페이스북이 중동에 자유화 운동을 부채질한(아랍의 봄) 21세기 초, 그 순수한 선언의 첫 물결은 우리로 하여금 많은 정부가 여전히 전체주의를 휘두르고 있으며, 종종 새로운 기술을 사용하기도 한다는 인식을 갖게 했다.[7]

이와 동시에 역사는 수많은 지배자의 이런 최악의 노력에도 불구하고 많은 사람의 생활 조건이 이전 시대에 상상해 보던 것보다 훨씬 좋아졌다는 것을 일깨운다. 또한 역사는 정부와 정책입안자의 권력에도 불구하고 그들 자신의 의지와 지출로 선호하는 혁신을 실현할 수 없었다는 것을 보여준다. 하지만 정부는 자유 시민과 사업가의 아이디어가 꽃피울 수 있는 프레임워크를 만들 수는 있다.

지난 2세기의 혁신이 많은 나라에 큰 혜택을 주었지만, 특히 미국은 다른 국가들보다 더 많은 혜택을 입었다. 노벨 경제학상 수상자인 에드먼드 펠프스가 2013년에 출간한 책, 〈대번영의 조건〉에서 지적한 바이다. 그것이 미래의 미국에도 계속 해당하는 사례가 될지 혹은 중국 특색의 자본주의가 지배하게 될지는 지켜봐야 한다. 거버넌스에 관한 두 개의 다른 접근법이 어떻게 진행될지는 머지않은 과거보다 미래에서 더 중요할 것이다. 등장할 기술 혁명의 규모 때문이다.

미래가 무엇을 약속할지를 보기 위해, 그리고 그런 약속을 허용하고 촉진할 기회가 있는 정책을 수립하기 위해서는 물론 미래에 대한 예측에 참여해야 한다. 노벨 물리학상 수상자이자 홀로그래피holography* 발명자인 데니스 가보르Dennis Gabor는 1963년에 "미래를 예측할 수는 없다. 하지만 발명할 수는 있다."라고 썼다. 최소한 기술 추이에 있어 우리가 어떻게 미래를 예측할 수 있는지에 관한 정수를 끄집어낸 것이다.[8] 있음직한 미래는 오늘날의 기초가 되는 혁신에서 흔적을 찾을 수 있기 때문이다. 그것들은 의외로 잘 보이는 곳에 숨겨져 있다.

정치적 그리고 사회적 결과는 예측하기가 극도로 어렵지만, 록펠러 대학교Rockefeller University 인간 생태학 교수인 제시 오수벨Jesse Ausubel이 최근 말했듯이 미래에 관해서는 "대부분의 사람이 생각하는 것보다 더 예측 가능"한 것이 많다. 예측할 수 있는 것 중 하나는, 우리가 근본적 혁신의 끝에 있지 않다는 것이다. 사실, 우리는 다음의 거대한 혁신 주기가 막 시작되는 지점에 있다.

---

* 빛의 간섭을 이용한 사진법

기술 혁명의 구조

omne trium perfectum(셋으로 이루어진 것은 모두 완벽하다).

— 키케로Marcus Tullius Cicero

21세기 초기 소련 경제학자 니콜라이 콘드라티예프Nikolai Kondratieff는 불황과 호황의 장기 주기를 예측할 수 있다는 거시 경제 패턴grand macroeconomic patterns의 대부다.[1] 학자들은 콘드라티예프의 통찰력이 칼 마르크스Karl Marx가 기술과 자본에 대해 쓴 것에 근거를 두었다고 지적하지만, 콘드라티예프 자신의 연구가 기술과 경제 성장에서 그의 이름을 딴 선구적인 '**콘드라티예프 파동(사이클)**●' 혹은 'K-파동'의 개발로 이어지게 한 것은 부정할 수 없다. 그의 연구는 새로운 패러다임paradigm*을 촉진했고 이것은 이후 기술 예측 연구를 지배하는 것까지는 아니더라도 영향을 끼쳤다.[2] 애석하게도 콘드라티예프는 소련 경제가 동일한 주기에 영향을 받을 것이라는 의견을 개진해 이오

● 니콜라이 콘드라티예프가 1920년대 주장한 이론으로, 서방 자본주의 경제에서 철도, 전기와 같은 대발명은 50년을 주기로 나타나기 때문에 한 나라의 경기도 40~60년을 주기로 호황과 불황이 크게 순환한다는 것이 골자다.

* 물리학자 토머스 쿤(Thomas Kuhn)이 1962년 만들어 유명해진 말이다.

시프 스탈린Kosef Stalin의 미움을 샀다.

콘드라티예프 파동(사이클)
(출처: 〈흐름이 보이는 세계사
경제 공부〉, 미야자키 마사카
츠, 2018)

스탈린은 그를 체포해 재판에 부쳐 결국 강제 노동 수용소Gulag로 추방했다. 콘드라티예프는 결국 그곳에서 1938년, 형장의 이슬로 사라졌다.*

콘드라티예프가 죽고 얼마 안 있어 오스트리아 경제학자 조지프 슘페터Joseph Schumpeter가 〈자본주의, 사회주의, 민주주의Capitalism, Socialism and Democracy〉라는 획기적인 책을 1942년에 내놓는데, 부분적으로 콘드라티예프의 연구를 기반으로 했다. 이 책에서 슘페터는 기술 진보의 역할을 **창조적 파괴** 중 하나로 보았다. 그 상징적 문구가 비즈니스, 특히 직업에 대한 기술 영향의 본질을 특징짓고 정의하게 한다. 이후에 클레이튼 크리스텐슨Clayton Christensen이 말한 **파괴적 혁신**과 유사하게 현상의 정수를 간결하게 뽑아낸 말이다.

지난 2세기 동안의 K-파동 패턴은 최근 20년의 상황이 사실은 정상적인 공백기이며 영구적 뉴노멀new normal이 아님을 시사한다. 호황 사이의 그 역사적 70년 주기의 K-파동 혁신이 유효하다면 우리에겐 상승이 예정되어 있다. 하지만 재무 상담자가 "과거 실적이 미래 실적을 보장하지 않는다."라고 늘 주의를 주듯이 그 패턴이 착각인지, 일시적인지, 아니면 어떤 현상에 의해 유도되는 것인지를 알아야만 한다. 마지막 경우라면 그 저변에 깔린 원동력이 무엇인지를 알아야만 한다. 태양의 흑점 주기sunspot cycle를 생각해 보라. 자연의 패턴으로 오랫동안 시계 장치처럼 규칙적인 것으로 여겨졌다. 그런데 일반적으로 기대하는 정점이 역사 속 패턴에서보다 50% 더 후에 오고 정점 활동 수준이 50% 더 낮은 것이 최근 목격되었다.[3]

---

* 1930년 체포 후에도 감복에서 계속해서 연구했고, 사망 후 처형 49년 만인 1987년 복권되었다.

멀리서만 볼 수 있고 아직은 비교할 만한 유사 별의 표본이 많지 않은 태양과 달리 기술 주기에 관련해서는 과연 무엇이 그 장기간의 K-파동을 몰아가는지를 밝힐 데이터가 훨씬 더 많다. 이 점에서 베네수엘라 출신 경제학자 카를로타 페레즈_{Carlota Perez}의 조사는 특히 명쾌하다. 산업 혁명의 여명 이후 보인 기술 추이 분석으로 아주 독창적이고 중요하다.[4]

페레즈는 각 시대의 주기에서 근본적 혁신이라는 연속 파동을 펼쳐 놓은 후, 각 주기가 **주요 신기술 파동의 난입**_{irruption}으로 시작한다는 것에 주목했다. 의도적으로 난입이라는 단어를 고른 것은 자연적 생태 균형을 교란하는 갑작스러운 폭등을 표현하기 위해서다. 이 난입의 뒤를 광란의 성장 단계가 잇고, 이어서 대번영의 **황금 시대**_{golden age}가 오래 지속되면서 모든 이의 부를 한 단계 끌어올린다. 여기에는 불과 몇 년 전까지도 뒤처졌다고 느끼던 사람들이 포함된다. 그리고 기술의 **대폭등**이 다시 발생할 때까지 저성장의 성숙 단계가 지속된다. (그림 2.1)

페레즈의 설명에 따르면 우리는 산업 혁명이 시작된 이후 총 4개의 거대한 주기를 거쳤다. 이는 콘드라티예프의 주장과 유사하고 사실 그의 연구에 기초한 주장이다. 이 설명에 의하면 세계는 곧 다음 **황금 시대**로 진입해야 한다. 그리고 또 다른 주기가 등장하기 위해서는 또 다른 기술의 난입이 보여야만 한다. 그 가능성을 입증하기 위해서는 전체 경제의 거시 패턴보다는 활성화 기술_{enabling technologies} 자체의 성장 패턴에 관해 더 많은 것을 알아야 한다.

패턴과 타임라인

페레즈 패턴은 개념적으로 강력하다. 물론 구체적 타임라인을 알려주지

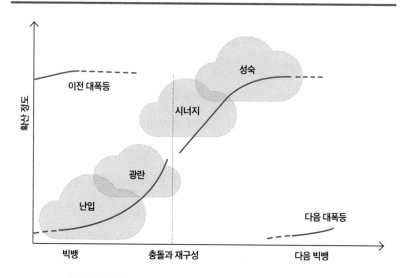

그림 2.1 페레즈 패러다임

출처: 카를로타 페레즈(Carlota Perez), 〈기술 혁명과 금융 자본(Technological Revolution and Financial Capital)〉,
Edward Elgar Publishing, 2003

는 못한다. 하지만 신기술의 난입부터 '열광적 채택'까지 성장의 시간 축
단위가 1년이거나 10년이거나 패턴은 같아 보인다. 기술 성장 패턴이 생물
시스템의 성장 패턴을 그대로 흉내 낸 것처럼 보이는 건 우연이 아니다. 일
단 혁신이 **탄생**하고 나면 그 패턴은 시스템 자체의 본질에 좌우된다. 작은
것은 성장률이 더 빠르다. 또한, 혁신이 운용되는 생태계, 틈새시장(시장 점
유율)에서 경쟁해야 하는 상황, 포식자로부터 살아남을 수 있는 능력(경쟁)
이 좌우한다. 생물 시스템과 기술 시스템 모두 기반 요소들의 필수 조합에
서 탄생한다. 그리고 둘 다 궁극적 성장이 같은 유형의 자연법칙에 의해 제
한된다.

물론 기술 성장을 예측할 때는 타임라인이 중요하다. 로켓공학이 꾸준

히, 성공적으로 성장하자 로켓의 첫 발명 후 수십 년이 지난 1960년경의 엔지니어들은 케네디 대통령이 열망하던 달 탐사에 성공할 것이라고 자신 있게 예측할 수 있었다. 마르코니의 발명 이후 20년이 지난 1920년대의 무선 기술의 급속한 성장 역시 예측할 수 있어서 데이비드 사노프David Sarnoff가 1919년 RCARadio Corporation of America를 설립하는 이유가 됐다. 그리고 여기에 투자한 사람들은 천문학적 재산 증식을 맛보았다.

기술이 주식 시장에 어떤 영향을 미치는지에 대한 투자자의 생각에서도 시점이 중요하다는 것은 따로 설명할 필요가 없다. 18세기 말에 근대 주식 시장이 만들어진 이래, 그 요란한 시장 행태에서 어떤 패턴을 찾으려는 노력은 맹렬하게 계속됐다. 시장 주기를 뒷받침하는 이론과 데이터는 무엇을 보고 분석하고 투자하는지에 크게 좌우된다. 하지만 이런 주기 패턴은 모두 상당히 유사해 보인다.

전적으로 새로운 기술, 이를테면 최초의 로켓, 비행기, 컴퓨터, 혹은 백신 같이 탄생 이후의 기술 성장을 예측하려면 연관된 모든 활성화 요소 혹은 제약 요소의 추세에 관한 지식이 필요하다. 근본적 변화로부터 오는 **파괴적 혁신**은 지나고 보면 그렇게 보일지 모르지만 사실 하룻밤 사이에 일어나는 것이 아니다.

자동차도 처음 발명된 지 20년이 지나서야 실용 디자인인 모델 T가 처음 등장했다. 그리고 거의 또 20년이 지나서야 변곡점이 시작되면서 판매가 치솟았다.[5] 이와 유사하게 최초의 핵분열부터 최초의 상업용 원자로가 1958년 펜실베이니아주 쉬핑포트Shippingport에 세워지기까지는 근 20년이 걸렸다. 원자력 발전소가 세계 전력의 5%를 공급하는 데는 또 다른 20년이 걸렸다. 달 착륙은 1962년 존 F. 케네디 대통령이 약속한 것으로 유명한

"이 60년대 안에" 신속하게 달성된 것으로 보였다. 그러나 최초의 로켓이 우주 공간에 도달한 후 거의 20년 이후에 시작된 프로그램이다. 그럼에도 우주 여행은 여전히 어려운 것으로 드러났다. 제프 베이조스 Jeff Bezos와 일론 머스크 Elon Musk 같은 테크 tech 거인의 간절한 소망에도 불구하고 아직은 페레즈가 말한 성장의 **광란** 단계에 이르기 위한 변곡점을 남겨두고 있다.

인텔의 두 번째 CEO로 유명한 앤디 그로브 Andy Grove는 업계와 정부의 예측 모두 변곡점에 도달하기 위해 필요한 시간과 공학적 도전을 이해하는 것이 중요하다고 자주 언급했다. 오늘날 디지털 시대의 **변화 가속화**라는 비유와 관련해서는 최초의 전자 컴퓨터가 발명되고 거의 20년이 지난 1950년대 중반이 되어서야 최초의 상업용 컴퓨터 유니박 UNIVAC을 가용하게 되었다는 사실을 주목할 필요가 있다. 거의 또 다른 20년이 지나서 메인 프레임 변곡점이 왔고 또 다른 20년이 지나 PC 변곡점이 도래했다.

이와 유사하게 인터넷의 탄생부터 1997년, 아마존 Amazon 기업 공개까지 걸린 시간도 역시 약 20년이다. 또 다른 20년이 지나자 전자상거래가 변곡점에 도달해 모든 소매 판매의 5%를 돌파했다는 것이 분명해졌다. 또한, 리튬 전지가 발명되고 20년이 지나 최초의 유용한 전기차 테슬라 Tesla가 등장했고, 이제 또 다른 20년이 걸려 전체 자동차의 5%가 전지로 전동화되는 지점을 돌파하기 위해 착착 나아가고 있다.

지난 200년에 걸친 역동성은 신기술이 아이디어로부터 출발해 상업적 성공으로 진전하는 데까지 지속해서 20년, 또 20년이 걸리고 또 다른 20년이 지나면 그 발명이 유의미한 시장점유율(이를테면 5%)을 갖는 것으로 보여진다. 그 이후의 성장 속도는 아주 빠르거나, 여전히 느리거나 한다. 시장 혹은 시스템에 내재된 관성에 좌우되는데 소비재처럼 빠른 것부터 자동차처럼 적당히 빠른 것, 그리고 인프라나 우주여행처럼 상당히 느린 것까지 다양하다.

뭔가가 미래에 빨리 달라질 것인가를 예측하는 데 있어 열쇠는 신기술이 페레즈의 난입 지점에 도달했는지 그리고 어느 정도까지인지 아는 것이다. 그리고 이와 관련된 패턴이 성장률에 관한 것이 아니라 관련되어 있지만 독립적인 기술의 발전이 서로 교차하는 것에 관한 것인지, 그래서 그것들이 동시에 발생하면 난입을 이끄는 경우인지를 아는 것도 중요하다.

3의 법칙

아이폰을 생각해 보자. 나름대로 성숙기에 접어든 세 가지 기술이 가용되고 성숙해지지 않았다면 아이폰은 결코 생산될 수 없었을 것이다. 세 가지 기술은 그 어떤 것도 애플이나 스티브 잡스와 직접 관련된 것이 아니다. 세 가지 기술은 바로 실리콘 마이크로프로세서, 포켓 크기의 LCD 스크린, 그리고 리튬 전지다. (그림 2.2)

세 가지 주요 기술 중 하나를 없애면 아이폰은 없다. 반면 그것 중 어느 것도 애플이나 잡스에게 손실을 끼치지 않는다. 그래서 애플이 세 가지 관련 기술을 최초로, 성공적으로 채택할 수 있었다. 이미 수십 년 전에 어딘가에서 시작된, 다른 사람이 발명한 혁명적 도구를 이용한 것이다. 대부분의 사업도 회사를 관리하고 직원에게 영감을 불어넣는 본질적 기술에 성공이 달려 있다.

많은 독자가 알듯이 3의 법칙은 보통 좋은 스토리, 재미있는 농담, 신학원리 같은 영역과 더 연관되어 있다. 라틴어 "omne trium perfectum(셋으로 이루어진 것은 모두 완벽하다)"는 흔히 고대 로마 시대에 키케로Cicero가 한

그림 2.2 아이폰과 3의 법칙

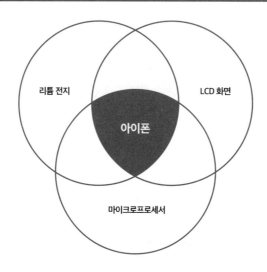

말로 알려져 있다. 파괴를 촉발시키는 세 개의 활성화 기술을 고르는 것은 약간은 인위적이지만(늘 다른 요소가 있다) 유용한 분류 체계다. 그리고 혁명을 탄생시키는 주요 교차점을 포착하는 데 있어 놀랄 만큼 정확하기도 하다. 그것은 장비와 생산 두 수준에서뿐 아니라 이 책을 구성할 때도, 크게는 사회에도 해당한다.

모든 발명은 초기 발명품, 통찰력, 발견까지 추적할 수 있는 다른 더 근본적인 것들이 조합된 층 위에 만들어진다. 일종의 러시아 전통 마트료시카 인형 같은 구조다. 사실 모든 것이 시작되는 데까지 쭉 내려가 추적할 수 있다. 이를테면 원자, 힘, 정보 등과 같이 말이다.

아이폰의 예를 계속 들면, 2007년의 획기적 첫 공개는 2018년 애플이 최초의 시장 가치 1조 달러 회사로 가는 길을 열었다. 곧 경쟁사들이 뒤를 쫓았다. 이들이 만든 수십억 대의 스마트폰이 세계를 가득 메우면서 글로벌 산업을 총체적으로 탈바꿈시켰다. 모든 것을 가능하게 한 이 세 가지 활성화 기술의 조합은 2007년 전까지 수십 년의 개선 과정을 거쳤다.

마이크로프로세서 기술은 1959년 잭 킬비 Jack Kilby가 처음 발명하였으며, 그 당시 그는 텍사스 인스트루먼트 Texas Instruments에 근무하고 있었다. 마이크로프로세서에는 실리콘 **고밀도 집적회로** LSI, Large Scale Integration●가 들어 있다. 킬비는 마이크로프로세서를 발명한 공로로 2000년에 노벨 물리학상을 공동 수상하였다. LSI 기술 덕분에, 더욱 낮은 가격으로 단일 실리콘 조각 위에 컴퓨터를 만들 수 있었고, 1980년대에는 소형의 초고성능 무선 칩을 생산할 수 있었다. 그리고 바로 이것이 오늘날, 무선 네트워크에 연결하는 기술인 스마트폰 무선통신을 가능하게 만들었다.

손목에 찰 만큼 작은 크기지만 고해상도로 볼 수 있는 TV 스크린은 1950년대의 거대한 음극선관 TV 스크린 등장 초기부터 많은 이가 열망해 왔다. 1964년, RCA의 조지 헤일마이어 George H. Heilmeier가 액정 디스플레이 LCD, Liquid Crystal Display를 발명한 후, 미국 발명가 명예의 전당 National Inventors Hall of Fame에 헌액되었다. TV 튜브가 빛을 제어하는 데 고전압을 사용하는 것에 비해 LCD는 전기 민감성 액정의 박막을 통과하거나 반사되는 빛을 제어하기 위해 낮은 전압을 사용했다. 10년 후 일본 샤프 Sharp Corporation의 신지 카토 Shinji Kato와 타카아키 미야자키 Takaaki Myazaki가 그 기술에 컬러를 추가했다.

그리고 1990년대 리튬 이온 전지의 등장은 충분한 전기 저장 능력으로 인해 업계의 판도를 바꾸는 성능을 제공했다. 리튬 이온 전지가 없었다면 스마트폰의 휴대성이 실현되지 못했을 것이다. 2019년에는 스탠리 휘팅엄 Stanley Whittingham이 1970년대에 리튬 이온 전지 발명을 시작한 공로로 노벨

● 대규모 집적회로라 부르기도 한다.

화학상을 공동 수상했다. 리튬 기술이 없었다면 아직도 스마트폰의 크기가 큰 벽돌만 했을 것이다.

이 기술에서 볼 수 있는 3의 법칙(마이크로프로세서, LCD, 리튬 전지)은 역사에서 반복적으로 관찰된다. 초창기 사진 방식인 '다게레오타입Daguerreotype'의 발명자 루이 다게르Luis Daguerre는 고품질 렌즈, 화학 소재(그것으로 이미지를 기록하고 정착시켰다)와 더불어 수 세기 전 카메라 옵스큐라camera obscura*로 알려진 이미지 포착 아이디어를 사용했다.

전신의 아버지 새뮤얼 모스Samuel F.B. Morse는 톰 스탠디지Tome Standage의 흥미진진한 동명의 책 제목처럼 우리에게 '빅토리아 시대의 인터넷Victorian Internet'을 가져다주었다. 전신 역시 전자석과 전지, 케이블 제작이라는 세 가지 활성화 기술로 구축되었다.

수십 년을 그 이름 자체가 무선통신과 동의어였던 굴리엘모 마르코니Gugliemo Marconi는 최초의 무선통신을 전신과 전화, 무선 주파수 진공관 기술로 만들었는데 모두 다 수년 전에 발명된 것이었다.

윌리스 캐리어Willis Carrier는 최초의 에어컨을 만들었다. 미국 남부의 발흥에 가장 크게 공헌한 단일 제품인 에어컨 역시 3개의 활성화 기술에 기반하고 있다. 원심 압축기(공교롭게도 그가 발명했다)와 전동기, 저렴한 배전 이렇게 세 가지 기술이다.

헨리 포드Henry Ford 역시 내연 기관, 석유 정제, 조립 생산 라인의 아이디어가 없었다면 그 거대한 기업을 결코 만들 수 없었을 것이다. 마지막 요소인 조립 생산 라인의 아이디어는 프레더릭 테일러Frederick Taylor에게서 찾을 수 있는데, 그는 과학적 관리법을 도입하여 1890년경 베들레헴 제철소

---

* 어두운 방에서 거울과 렌즈를 이용해 밖의 풍경을 볼 수 있는 장치

Bethlehem Iron Works의 제강 공정을 탈바꿈시켰다.

RCA의 창업자 데이비드 사노프David Sarnoff는 1941년, TV 시대를 열었다. 이를 위해 음극선관(브라운관), 전파, 이미지를 모으고 전송하는 스캐닝 기술의 아이디어가 합쳐졌다.

IBM의 토머스 왓슨Thomas Watson은 실용적인 현대식 컴퓨터를 세상에 가져다준 사람이다. 그가 이용한 기술 3개는 실리콘 트랜지스터, 마그네틱테이프, 컴퓨터 논리라는 개념(다른 말로 하면 소프트웨어)이다.

빈트 서프Vinton Cerf는 인터넷을 발명한 것으로 인정받는데, 퍼베이시브 컴퓨팅(구석구석 스며드는 컴퓨터 관련 기술pervasive computing), 퍼베이시브 통신, 그리고 정보의 코드화 패킷 라우팅 개념을 합쳐 구축한 것이다. 이 모든 것은 이전에 다른 사람이 발명한 것이다.

좀 더 높은 수준에서 추상화하면 아마존은 제프 베이조스가 발명하지 않은 다른 세 가지 유형의 기술로 만들어졌다고 볼 수 있다. 인터넷과 스마트폰, 데이터센터이다.

시간을 뒤로 더 돌려보면 리처드 시어스Richard Sears와 알바 로벅Alvah Roebuck이 만든 거대 소매 제국(미국 백화점 체인 '시어스'를 말한다)에서도 같은 현상을 볼 수 있다. 주변에서 가능성을 본 두 사람은 1893년 카탈로그 쇼핑 서비스를 시작함으로써 소매업을 혁신했는데 당시에는 완전히 새로운 상거래 수단이었다. 그들은 역량 면에서 새로운 '툴킷toolkit'이 가용해졌다고 인식했는데 오늘날 상거래 혁명을 그대로 흉내 낸 것이다. 제품의 유통 비용을 낮춰준 철도, 저비용으로 제품 생산을 가능하게 한 중앙집중식의 비용 대비 효율 높은 제조, 그리고 새로운 (화학 기반의) 펄프지 대량 생산은 방대한 양의 카탈로그를 저비용으로 생산 및 유통할 수 있게 했다.

시어스와 로벅은 이 세 가지 기반 기술의 발명에 전혀 관여하지 않았다. 하지만 1893년쯤에는 세 가지 기술이 충분히 무르익어서 새로운 상거래 패러다임을 촉발시킬 수 있었다. 그래서 시어스와 로벅이 옷과 책부터 조립식 주택까지 상상할 수 있는 거의 모든 것을 팔고 유통할 수 있게 된 것이다. 이것은 한 세기 넘게 지속된 경제의 특성이 되었다. 나쁘지 않은 결과다.

상변화*

경제학자 조엘 모키르는 물리학의 **상변화**라는 용어를 사용하여, 전환적인 혁신을 촉발하는 경제적, 사회적 혁명을 설명했다.[6] 철도가 생기기 전과 후의 일상 변화, 농업 사회에서 산업 사회로 가는 변화는 고체가 액체가 되는 것만큼 극적인 상변화였다.

자동차나 스마트폰 같은 제품에서, 시어스나 아마존 같은 사업 시스템에서, 그리고 새로운 기업을 지원하기 위한 철도나 항공 같은 일종의 인프라에서 이런 상변화를 볼 수 있다. 사회적 차원의 상변화도 있다. 산업 혁명, 콘드라티예프 파동 같은 큰 변화이다.

오늘날 인류는 시작 단계의 끝에 와 있다. 이를테면 페레즈 패러다임에서 난입 지점인 셈이다. 그리고 사회를 떠받치고 있는 세 가지 핵심 기술 영역 각각에서 상변화가 합쳐지는 것이 보인다.

---

* 상변화(Phase Change): 열을 가함에 따라 물질이 고체, 액체, 기체로 변화하는 것을 말한다. 그만큼 급진적 변화를 의미한다.

그림 2.3 상변화와 3의 법칙

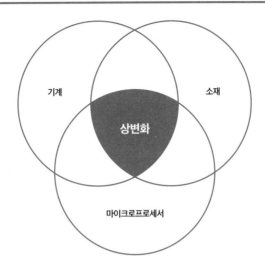

- 빌딩블록인 마이크로프로세서 내에, 그리고 인터넷 구조 내에 자체 정보 시스템의 본질이 정보를 획득하고, 저장하고, 처리하고, 공유하는 방식의 급진적인 전환

- 모든 것을 만들고 움직이게 하는 기계의 본질

- 모든 것을 만드는 데 사용되는 소재의 본질

이어지는 내용에서 이 각각의 기술 영역에서 벌어지고 있는 상변화를 요약하고 이 세 가지가 동시에 교차하면서 발생하는 사회 차원의 혁명을 살펴볼 것이다. (그림 2.3)

✦

**THE CLOUD
REVOLUTION**

✦

사상 최대의
인프라 구축

나는 미래에는 컴퓨터가 소프트웨어를 위한
배급 수단으로 보일 것이라 생각한다. 마치 책이
그 나름의 소프트웨어를 위한 배급 수단인 것과 같다.

스티브 잡스Steve Jobs

실리콘 엔진:
'컴퓨터'의 종말

　서문에서도 언급했듯이 '컴퓨터'는 원래 사람이었다. 단일 작업에 필요한 계산_computation_을 수작업으로 하기 위해 많게는 수백 명씩 고용되던 사람(계산하는 사람_computer_)을 일컫는 말이었다. 흔히 생각하듯 IBM이나 애플에서 유래한 용어가 아니라 몇 세기에 걸쳐 존재하던 직업에서 비롯된 용어다. 물론 이 직업은 더는 존재하지 않는다.

　1757년, 천문학자 에드먼드 핼리_Edmond Halley_는 자신의 이름을 딴 혜성이 다시 돌아올 것이라는 예측을 입증하는 데 컴퓨터를 사용했다. 역사학자 데이비드 그리어_David Grier_가 그의 책 〈컴퓨터가 사람이었을 때_When Computers Were Human_〉에서 자세히 말했듯이, 핼리의 예측을 인간 컴퓨터 한 명이 계산하기는 너무 벅찼다. 그래서 한 프랑스 수학자가 그 복잡한 공식을 세 개로 나누어 병렬로 계산하는 방법을 생각해 냈다. 오늘날 인공지능의 핵심인 병렬 처리 개념의 개척자인 셈이다. 또 다른 천문학자와 숫자를 좋아하던 시계 수리공의 부인을 포함한 세 명은 몇 주에 걸쳐 핼리의 공식을 계산했다. 마침내 그 유명한 핼리 혜성의 귀환에 몇 년이 걸릴지를 놀라운 정확도로 예측하는 데 성공했다.[1]

그 후 몇 세기 동안 인간 컴퓨터는 기업과 정부, 전쟁, 특히 두 차례의 세계 대전에서 필수 요소가 되어 그 인원이 방을 가득 채우기도 했다. 인간 컴퓨터의 작업 속도를 높이기 위한 기계식 계산기는 이미 오래전부터 존재했다. 5,000년 전 주판Abacus부터 1911년부터 IBM이 만들기 시작한 현대식 계산기까지 그 종류가 다양했다. 인간 컴퓨터는 이 단순한 기계식 계산기가 하지 못하는 작업을 아폴로 미션*이 진행되던 시기까지도 수행했다. NASA는 이미 전자식 컴퓨터를 등장 초기부터 도입했음에도 불구하고 많은 여성을 포함한 대규모 인간 컴퓨터를 아폴로 미션에 투입했다. 그 이야기는 마고 리 셰털리Margot Lee Shetterly의 책〈히든 피겨스: 미국의 우주 경쟁을 승리로 이끈, 천재 흑인 여성 수학자 이야기Hidden Figures〉에 자세히 기록되어 있다.[2] 모든 역사에 있어, 그리고 오늘날에도 컴퓨터 성능의 측정 기준은 시간당 연산 횟수다.

사람이 아닌 인공 컴퓨터의 시대는 1937년 클로드 섀넌Claud Shannon이 독창적인 MIT 석사 학위 논문에서 이진(binary, 혹은 디지털) 논리 사용의 틀을 만들면서 시작됐다. 그 논리는 '온on'과 '오프off' 상태 사이에서 빠르게 전환할 수 있는 전자 기기에 의해 수행되었고 각각은 이진법 연산의 1과 0에 해당한다. 이진 논리 아이디어 자체는 수학자 조지 불George Boole의 1847년 연구에서 유래했다. 1869년에는 영국 경제학자 윌 스탠리 제번스 Will Stanley Jevons가 불의 대수학에 바탕을 둔 피아노 크기의 기계식 논리 엔진

---

* 아폴로 미션(Apollo mission): 미 항공우주국 NASA의 달 탐사 프로젝트로 1961~1972년까지 진행되었다.

logic engine을 만드는 데 이진 논리 개념을 이용했다.[3]

제2차 세계 대전이 발발한 후 영국과 미국에서 거의 같은 시기에 전자식 컴퓨터의 첫 모델이 등장했다. 영국의 **콜로서스** Colossus가 먼저 나오기는 했지만 바로 미국의 **에니악** ENIAC이 뒤를 이었다. 영국의 컴퓨터 선구자 앨런 튜링 Alan Turing은 섀넌과 동시대에 활동한 동료였다. 그는 전자식 컴퓨터로 독일군의 암호를 해독하는 작업이 "영국인 100명이 탁상 계산기를 가지고 하루 8시간씩 100년의 시간에 걸쳐 해낼" 작업을 대체할 것으로 보았다.[4]

처음에는 진공관을 사용하던 논리 스위치 logic switch는 이후 수십 년에 걸쳐 트랜지스터 그리고 마이크로프로세서로 대체되었다. 나중에는 엄청난 양의 트랜지스터가 미세하게 배열된 고밀도 집적회로 LSI가 뒤를 이었다. 그러면서 직업으로서의 컴퓨팅(그리고 인간 컴퓨터)은 사라졌다. 대신 인공 컴퓨터는 이제 어디서나 찾아볼 수 있다. 처음에는 신형 군용 장비였던 것이 이제는 광범위하게 사용되는 일상품이 되었다. 강철 엔진뿐 아니라 실리콘 엔진이 어디에나 있어 말 그대로, 그리고 수치상으로도 현시대에 동력을 공급한다.

여기서 우리가 사는 우주의 중요한 물리학적 사실 하나에 주목해 보자. 모든 엔진은 어떤 에너지든 그것을 혼돈 형태에서 고도로 정렬된 형태로 전환한다는 사실이다. 사실 정제라는 표현이 더 맞는데 물리학자들은 이것을 '일 work'이라고 부른다. 여하튼 이것이 "데이터는 새로운 석유다."라는 생각을 설명하는 기반이다. 이 비유는 강철 엔진과 실리콘 엔진의 지속적 기술 발전에서 우리가 무엇을 바라는지의 관점에서 중요하다. 실리콘 엔진보다 한 세기 앞서 등장한 강철 엔진은 초반에 거침없이 빠르게 발전하였다. 하지만 시간이 지나고 물리적 한계에 다다르면서 개선이 둔화되기 시작했다.

이제 혹 실리콘 엔진도 유사한 둔화 지점에 도달한 것이 아닌지가 시대의 주요 화두로 떠올랐다. 과연 정보 인프라 체계 전반에 활기를 불어넣어 온 논리 엔진의 성능 개선도 종말을 알리는 시작일까? 아니면 단지 개선의 시작을 알리는 끝에 와 있는 것일까?

연소 엔진과 기계 엔진, 전기 엔진은 다 물리적 움직임을 가져오기 위한 것이다. 그런 엔진의 성능은 열역학 불변의 법칙이나 마찰, 관성, 중력 같은 것의 한계에 얼마나 근접해 있느냐에 따라 개선의 속도가 제한된다. 하지만 논리 엔진은 물리적 움직임을 발생시키지는 않는다. 사고를 다루기 위해 만든 것으로 원자$_{atom}$가 아니라 비트$_{bit}$를 다룬다. 물론 논리 엔진 역시 궁극적으로는 자연의 법칙에 의해 발전이 제한된다. 하지만 자연의 법칙은 논리 영역에서 훨씬 더 신축적인 모습을 보인다.

예를 들어 20세기 후반에 들어서, 선박 디젤 기관의 발전이 장기간 정체 상태인 것을 볼 수 있다. 선박 엔진의 발명은 글로벌 상거래가 극적으로 증가하는 데 중심 역할을 했다. 실제로 세계 교역의 80% 이상이 배를 통해 이루어진다.[5] 초기에는 엔진 기술이 기하급수적으로 향상되었다. 선박 엔진의 최대 마력이 1910년에서 1950년까지 100배나 뛰었다. 하지만 1950년에서 2000년까지는 엔진 마력 개선율이 겨우 10배 증가로 현저히 둔화했다.[6] 사업과 인프라로 확대된 엔진 주도 선박 교역은 새로운 성능을 사용하였고 혁신가들이 성능을 활용하는 새로운 방법을 찾으면서 더욱 확대됐다.

반면 이번 장에서 강조하겠지만 실리콘 엔진의 성능과 관련된 세 가지 주요 특성에서 근본적인 개선이 일어나고 있다. 원시 컴퓨팅 성능(초당 연산 수), 운용에 사용하는 논리(소프트웨어의 수학적 구조), 엔진 제작에 활용하는 소재류가 그렇다. 이 세 가지의 발전이 동시에 교차하면서 실리콘 엔진에서의 **상변화**를 강력히 암시한다.

논리에서 추론 엔진으로: 황의 법칙의 부상

주요 특성 중 성능부터 시작해 보자. 컴퓨터의 성능 측정은 여전히 2세기 전 인간 컴퓨터가 방을 가득 채웠을 때 취합되던 바로 그 지표에 고정되어 있다. 실리콘 컴퓨터의 핵심은 좁은 공간에 트랜지스터를 더 채워 단위 시간당 더 많은 계산을 해내는 것이다.

논리 엔진당 트랜지스터 수에 관한 미세화scaling 법칙은 인텔의 공동 창업자 고든 무어의 1965년 4월 논문에서 처음 성문화된 것으로 유명하다. 그는 실리콘 식각etching 기법의 발전으로 트랜지스터의 크기가 빠르게 줄어 집적회로당 트랜지스터 수가 2년마다 두 배가 될 것이라고 썼다. 무어의 관찰은 일종의 법칙으로 여겨졌지만 자연의 법칙은 아니고 실리콘 엔진의 본질에서 비롯된 것이다.

무어의 법칙과 일치하게 1971년, 인텔이 4004 CPU에 2,300개의 트랜지스터를 탑재한 이후 트랜지스터의 크기는 많이 작아져 이제 CPU 하나에 수백억 개의 트랜지스터가 들어 있다. 이런 사실과 보완적으로 트랜지스터의 스위칭 속도가 1만 배 증가한 것(트랜지스터 크기를 줄여서 가능해졌다)과 합쳐져 컴퓨팅 성능이 기하급수적으로 향상되는 것을 보았다. 이것은 연간 500억 개가 넘는 마이크로프로세서를 제조하는 산업의 출현을 이끌었다. 오늘날 모든 종류의 디지털 기계에 사용되는 빌딩블록이기 때문

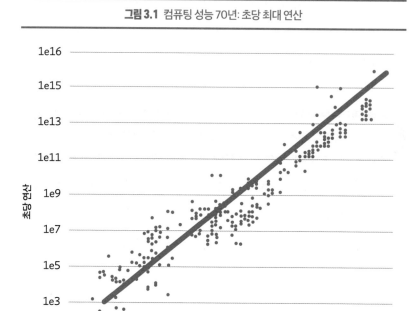

그림 3.1 컴퓨팅 성능 70년: 초당 최대 연산

출처: 윌리엄 노드하우스(William Nordhaus), "2세기 동안의 컴퓨팅 성능 성장(Two Centuries of Productivity Growth in Computing)", The Journal of Economic History, 2007.

- **참고:** 컴퓨터 성능에 대한 기본 지표로는 초당 실행하는 연산의 수를 사용한다. 최초의 전자식 컴퓨터는 인간보다 훨씬 빨라서 초당 천 번(1e3) 연산을 실행하였다. 1960년대 유니박(UNIVAC)은 10만 번(1e5), 1976년 최초의 Cray 슈퍼컴퓨터가 100억 번(1e10) 연산을 실행하였다. 1990년대가 되자 Cray 슈퍼컴퓨터는 데스크톱 컴퓨터에 의해 제압되었고 오늘날의 슈퍼컴퓨터는 수천조 번(1e15)의 연산 성능을 갖고 있다.

이다.

이 추세는 아직 주요 성능 지표에서 점근선_{asymptote}●을 보여주고 있지는 않다. 논리 엔진의 성능은 초당 연산 수로 측정하는데 지난 반세기 동안 진공관에서 트랜지스터로 그리고 CPU(중앙 처리 장치)로 발전하면서 컴퓨팅

● 무한히 뻗어 나가는 곡선에서 곡선 위의 동점이 원점에서 멀어질 때, 그 점에서 어떤 정해진 직선과의 거리가 0으로 수렴해 갈 때, 그 정해신 선이다.

성능 이 1조 배나 늘었다. (그림 3.1)

하지만 다소 아이러니하게도 트랜지스터는 점점 작아졌지만, 칩은 점점 커졌다. 인텔의 4004 CPU는 수천 개의 트랜지스터를 12제곱밀리미터 크기의 실리콘에 담았다. 오늘날의 CPU 하나는 수백 제곱밀리미터의 실리콘으로 되어 있다. 그리고 우리 시대의 모습을 보여주는 징후로 2019년 AI 스타트업 세레브라스Cerebras가 피자 중간 크기만 한 고질라급의 칩을 내놓았다. 칩 하나가 2,000만 제곱밀리미터 크기의 실리콘으로 되어 있고 1조 개 이상의 트랜지스터를 담고 있다. 전력 소비도 15킬로와트에 이르러 최대 전력 사용량이 가정집 3채의 전력 사용량을 합친 것보다도 많다.

세레브라스 칩처럼 고질라급 실리콘의 크기나 원시 컴퓨팅 성능은 제쳐놓더라도, 그런 논리 엔진의 핵심적 특성이 새로운 차원의 논리로 옮겨가고 있다. 바로 이진 논리로부터 추론 엔진 혹은 소위 인공지능으로의 전환이다. 지금까지는 이진 논리 엔진이 반도체를 완전히 지배했다. 하지만 계산보다는 추론, 혹은 학습 알고리즘에 기반한 실리콘 엔진의 성숙과 급격한 성장은 강력한 구조적 변화의 신호가 되고 있다. 다른 차원의 AI 칩에 대한 요구는 기존 CPU를 대체하는 것이 아니다. 그것을 보완하면서 모든 종류의 실리콘 엔진의 성장을 증대시키는 것이다. 응용 관점에서 시사해보자면 스프레드시트와 음성 인식 간의 차이, 혹은 계산과 추론 간의 차이와 유사하다.[8] 디지털 논리에서 추론 논리로의 전환은 50년 전 계산자(계산척slide rule)에서 디지털 마이크로프로세서로의 전환만큼 중요하다.

학습 알고리즘, **기계 학습**의 개념은 영국계 캐나다인 인지 심리학자이자 컴퓨터 과학자인 제프리 힌턴Geoffrey Hinton이 1986년 공동 저자로 참여한 독창적 논문에서 시작되었다. 이로 인해, 힌턴은 인공지능의 대부로 널리 인정받고 있다. 하지만 그가 구상한 대로 실리콘 하드웨어가 대량의 병렬 처리를 거의 실시간으로 실행할 정도로 강력해지기까지는 20여 년을 더 기다려야 했다.[9] (흥미롭게도 이진 논리에 관한 클로드 섀넌의 독창적 논문에서부터 유용한 디지털 엔진을 만들 정도의 강력한 실리콘이 등장하기까지 걸린 시간과 비슷하다.)

힌턴의 비전을 실현할 수 있는 실리콘 엔진은 1993년 젠슨 황Jensen Huang이 엔비디아Nvidia를 공동 창업하면서 비로소 촉발된다. 황은 힌턴의 병렬 처리를 수행할 새로운 종류의 마이크로프로세서의 발명에 몰두했다. 종래의 CPU는 이를테면 '그래픽 처리' 같은 비주얼 렌더링visual rendering*에 필요한 대량의 병렬 처리를 통해 이미지를 실감 나고, 실시간으로 움직이는 것처럼 만들어 내는 것이 불가능했다. 황은 처음에는 비디오 게임 시장에 집중했다. 그의 말에 따르면 (최소한 그때는) "컴퓨터로 처리하기에 가장 도전적인 문제"를 안고 있었기 때문이다.[10]

최초의 엔비디아 그래픽 처리 장치GPU는 이미지를 만들어 내고, 관리하는 측면에서 혁신적이었다. 그리고 기존 CPU를 이용해 이미지를 관리하거나 만드는 완전 탐색** 솔루션을 대체하게 된다. 엔비디아는 전용 GPU를 만든 최초의 회사가 아니었다. 그렇다고 유일한 회사도 아니었다. 사실 이미 1983년에 인텔이 게임용 비디오 그래픽 카드에 바탕을 둔 완전 탐색 멀티 CPU를 개발했었다. 인텔 역시 CPU를 처음 만든 회사가 아니었고 유일한 회사도 아니었다. 하지만 돌이켜봤을 때, 역사는 주축 제품을 공급한 것으로 평가되는 회사에 흔히 그 공을 돌린다. 1971년 인텔이 CPU로, 1993

---

* 컴퓨터 프로그램을 사용하여 모델로부터 영상을 만들어내는 과정
** 완전 탐색(Brute Force): 모든 경우의 수를 탐색하며 해를 찾는 방식의 알고리즘. 전체 탐색이라고도 한다.

년에는 엔비디아가 GPU로 그 공을 평가받았다. 10년이 채 안 돼 엔비디아의 GPU는 상당히 개선된 칩으로 e-게임을 지배했을 뿐 아니라 전적으로 새로운 반도체 제조 영역을 창출했다. 이제 무수히 많은 업체와 수십 개의 실리콘 스타트업들이 함께한다. GPU의 새로운 아키텍처는 이미지를 그들의 사촌 격인 이진 논리보다 수천 배 빠른 속도로 처리할 수 있다. 이 논리의 가속화는 새롭게 무어의 법칙을 대체한다. 가히 황의 법칙Huang's Law이라고 부를 수 있겠다.

공교롭게도 이미지와 그래픽 처리의 아키텍처와 수학은 **기계 학습**에 필요한 종류의 논리를 정확히 펼쳐 보인다. 그래서 힌턴은 2006년에 또 다른 독창적인 논문을 발표해 어떻게 기계 학습이 (충분한 컴퓨터 성능을 가지고) 확장되어 더 복잡한 **다층 신경망**neural network 아키텍처를 이용해 기계 학습 그 자체뿐 아니라 **딥러닝**deep learning을 가능하게 하는지를 설명했다. 그로부터 몇 년이 지나 스탠퍼드의 연구원 앤드류 응Andrew Ng이 **합성곱 신경망**convolutional neural network*이라 불리는 방식을 이용하는, 믿기 어려울 정도의 복잡성을 GPU가 어떻게 연산할 수 있는지를 보여주었다. 이를 위해 더 큰 실리콘 성능이 필요할 것이다.[11]

2010년이 되자 기존의 것들과 다른 형태인 AI가 기세를 올리기 시작했다. 하룻밤 사이에 부상한 것처럼 보이지만 돌이켜보면, 사실은 수십 년에 걸친 진전의 결과였다. GPU 생산성은 급속히 커져 나갔다. 수십 년에 걸쳐 개선된, 기존 CPU의 경악할 진전을 주도한 것과 같은 실리콘 제조 기술을 사용했기 때문이다. 그래서 일상의 평범한 과제(사실, 컴퓨터 처리는 어렵다), 이를테면 음성 지시를 쉽게 인식하는 것부터 더 복잡한 업무를 수행할 수

---

* 인간의 시신경을 모방하여 만든 딥러닝 구조로 시각 영상을 분석하는 데 사용한다.

있는 능력 모두를 갖춘 AI 칩의 급속한 등장을 보게 되었다. AI 칩이 처리할 수 있는 복잡한 업무로는 CT를 스캔하는 것, 자동차나 로봇을 조종하는 것, 생물학적 기능의 패턴을 인식하는 것, 질병 전파를 매핑하는 것 등이 있다.

실리콘 엔진의 특징을 변화시키는 데 GPU가 한 중추적인 역할은 2020년의 한 장면을 통해 알 수 있다. 컴퓨팅 주요 발전에 기여한 자에게 시상하여, '컴퓨팅 분야의 노벨상'으로 통하는 튜링어워드가 2020년에 1995년 영화 〈토이 스토리Toy Story〉의 그래픽을 만든 픽사Pixar의 두 엔지니어에게 수여되었기 때문이다.[12]

이미지를 읽거나 만드는 것 이상을 할 수 있는 수많은 유사한 부류의 비非이진 논리 엔진들이 GPU 진영에 합류했다. 신경망 처리장치NPU, Neural Processing Unit, 지능 처리장치IPU, Intelligence Processing Unit, 텐서 처리장치TPU, Tensor Processing Unit를 말한다. TPU는 구글이 데이터센터용으로 자체 설계한 AI 칩인데 정말 강력한 칩이지만, 동작 시 과열 문제로 물로 냉각시켜야 한다. CPU, GPU, NPU가 통합된 오늘날의 컴퓨터는 세단의 안락함, 페라리Ferrari의 속도, 그리고 세미 트레일러의 운반 용량을 합친(불가능하겠지만) 자동차와 맞먹는 성능을 갖는다.

최고 성능의 AI 칩 하나는 이제 1990년대 군용 슈퍼컴퓨터 전체와 맞먹는 이미지와 시각 처리 역량을 제공할 수 있다.[13] 이런 거대하고, 최고급인 칩들의 뒤를 이어서는 낮은 성능의, 작고, 내장형embedded의 GPU 칩이 확산되고 있다. 사촌인 CPU에서 일어났던 일과 똑같다.

이제 AI 칩은 점점 더 일상 속 일반 사물과 기계에 내장되고 있다. 응용 분야는 음성 인식이 가능한 스마트폰, 토스터, 도어락 같은 사소한 것부터 자동 제어를 위한 활성화 시점 분석(차의 AI 지원 카메라)처럼 생명 유지에 필수적인 것, 그리고 AI 지원 피트니스 센서로부터 우리 몸의 생물학적 특성을 추론하는 놀라운 능력까지 실로 다양하다. 오래된 Y2K 수준에서 수행될 수 있는 작고, 저가의 AI 칩용 응용 시장도 있다. 반면 고질라급 AI 칩은 빠르게 기업 컴퓨팅 영역에서 한 자리를 차지하고 있다.[14]

GPU의 진화는 응용 분야로 비디오 게임뿐만 아니라 클라우드 데이터 센터, 사업·연구에서 **시각화**, 운송·생산에서 기계가 상당히 빠르게 성장하고 있음을 말한다.[15] CPU류의 실리콘 엔진의 성장 패턴을 그대로 따르는 것이다. 하지만 계산자에서 CPU로의 전환과는 다르게 CPU에서 GPU로의 전환에는 두 부류의 엔진 양쪽에서 깊이 있는 보완적 활용이 수반된다.

자연을 따라 밑바닥까지

우리를 소재로 인도한 소재 과학은 매체와 뉴스의 중심이 아니라 배경으로 오랫동안 머물러 왔다. 하지만 화학 산업의 여명기였던 지금으로부터 1세기 전에는 전면 중앙에 자리 잡고 있었다. 엄청나게 많은 발전이 일어났고, 앞으로도 일어날 분야로는 우리가 소재를 어떻게 이해하고 처리하는가, 그리고 어떻게 완전히 새로운 종류의 소재를 개발하는가에 있다. 소재 과학과 공학은 마이크로프로세서에서 일어난 응용보다는 더 광범위하며 중추적이다. 이 주제에 대해서는 뒤이어 다시 살펴보겠다. 지금 주목할 것은, 예를 들어 농업에서의 녹색 기적이 1910년 하버-보슈Haber-Bosch 공정을 이용해 합성 비료를 만들어 사용하면서 시작되었고[16], 비행기의 상업화에는 알루미늄이 필요했으며, 자동차 생산 여명기에는 고강도 철, 합성 고무, 가솔린을 만들기 위한 화학 정제가 필요했다는 것이다.

실리콘 영역에서의 제조 발전사도 이와 유사하게 소재를 중심으로 흘러갔다. 자연에 존재하지 않는 소재를 제조하는 공정을 발명하는 것부터 출발했다. 반도체용 순도의 실리콘이 그것이다. 그 뒤를 따라 스위치의 크기를 줄여 연산 속도를 높이기 위해 신규 원소나 원소 간 조합비를 끊임없이 연구했다. 1980년경의 컴퓨터는 주기율표의 원소 중 20여 개를 사용했다. 오늘날은 70개가 넘는 다양한 원소를 사용한다. 이러한 확장에는 트랜지스터를 더 빠른 속도로 노이즈noise 없이 작동시키면서도 크기는 지속해서 축소하는 방법을 찾으려는 연구가 크게 기여했다.[17] 어떤 소재든 그 크기를 줄이는 것에는 궁극적으로 물리적 한계가 따른다. 하지만 아직 엔지니어들에게는 갈 길이 멀다.[18]

오늘날 트랜지스터의 핵심 부품은 이미 원자 6개보다도 폭이 좁다.[19] 더군다나 실험실에서는 겨우 몇 개 원자의 폭만큼 줄이는 기술을 이미 예견하고 있다. 오늘날의 가장 작은 크기를 다시 절반으로 줄인다는 것은 결코 쉬운 것이 아니다.[20] 아직 상품화되지는 않았지만 엔지니어들은 기초 소재로 실리콘 대신 탄소 나노튜브nanotube를 사용하는 것에 대해 이론상 가능하다는 걸 시연했다. 하지만 그런 가능성은 1948년 벨 연구소Bell Labs에서 최초로 반도체 트랜지스터를 시연한 것에 상응하는 단계를 크게 벗어나 있지는 않다.[21] 더 즉시 가능한 실용적 대안으로는 논리 밀도logic density를 높이는 것이 있다.

CPU 혹은 GPU당 트랜지스터의 밀도는 실리콘 엔진을 만드는 데 필요한 보조 부품들을 줄이고 새로운 아키텍처를 개발하면서 수년간 계속해서 높일 수 있었다. 새로운 아키텍처는 원래 평면인 2차원 구조에서 3차원 아키텍처로 전환하는 것을 수반한다. 이를테면 초소형의 고층빌딩 같은 것이다. 그리고 더 많은 기능을 외부 부품보다는 하나의 실리콘 칩으로 통합하는 것을 수반한다. 이러한 사항 중 일부가 소위 **칩릿**(통합 회로 블록 Chiplet)이라 부르는 것에 드러나 있다. 여기서는 칩릿 내 다수 보조 장치를 공통 기판 위에서 제조한다. 독립된 요소로 같이 조립하지 않는다. 그럼으로써 논리 용량을 극적으로 축소할 수 있게 된다.

속도를 높이는 또 다른 아키텍처상의 변화는 데이터 트래픽traffic이 칩 표면에서 처리되는 방법을 개선하는 데 있다. 아직도 광범위하게 사용되는 전통적인 방법으로는 데이터를 **메모리**라는 칩의 한 부분에 저장하고 많은 CPU 코어core 중 하나가 데이터를 호출하면 전송하는 것이다. 연산이나 분석은 CPU 코어가 수행한다. 트래픽 용량이 커지면서 **논리 코어**와 **메모리** 사이에 오가는 데이터 등 모든 것이 비록 같은 칩에서 이루어진다고 할지라도, 현미경으로 봐야 할 정도로 매우 미세한 거리임에도 속도가 지체될 뿐아니라 (트래픽 잼을 생각해 보자) 칩이 사용하는 에너지 중 가장 큰 부분을 차지하게 되었다. 이에 대한 답은 메모리를 쪼개서 **분산 코어** 각각에 더 작은 덩어리로 배치하는 것이다. 그리고 칩 수준에 내장된 똑똑한 소프트웨어를 이용해 각 위치에 무엇을 저장할지를 동적으로 결정하는 것이다. 우버와 에어비앤비가 현재 사용하는 논리의 미세 버전인 셈이다.

논리 밀도를 추구하는 연구에 있어 컴퓨터 소프트웨어를 이용해 엔진 자체의 레이아웃과 구조를 최적으로 설계하는 것도 또 다른 방법이다. 수억 개의 부품으로 만들어진 실리콘 엔진 기반 설계의 복잡성을 강력한 캐드CAD를 통해 처리하는 것이다. 그럼으로써 부품 위치, 라우팅, 소재에서의 상충을 최적화할 수 있다. 말 그대로 자력으로 컴퓨터가 논리 밀도를 높이고 있다.

엄밀히 말하면 실리콘 엔진 밀도에서 일어나는 개선은 트랜지스터 자체의 크기를 축소하는 관점에서, 무어의 법칙의 연장이 아니다. MIT의 컴퓨터와 로봇 선구자인 로드니 브룩스Rodney Brooks가 최근 썼듯이, 무어의 법칙 자체가 계속 유효하다고 주장하는 것은 좀 '교묘한 속임수'일 수 있다. 우리가 측정하는 것이 바뀌었기 때문이다.[22] 정말이다. 하지만 다가오는 20년 동안 Y2K 이후 밀도에서 일궈낸 만큼의 진전을 이룰 수 있다면 그 자체만으로도 세상이 바뀔 것이다.

하지만 장기적인 관점으로 보았을 때, 최초의 상업용 실리콘 CPU가 1971년 등장한 이후 볼 수 있었던 엄청난 발전이 다시는 없을 것이라는 얘기가 아니다. 지금과 다른 물리학에 기반해 완전히 새로운 차원의 소재와 기본적으로 다른 설계로 인해 적절한 시점에 결국 무어의 벽Moore's Wall이 될 걸림돌을 뚫고 나아갈 것이다. 지금은 가능하지 않지만 상상이 실현될 날이 머지않았다. 단일 전자 **스핀트로닉스**spintronics *부터 **양자 컴퓨팅**quantum computing이 바로 그것이다. 21세기의 위대한 물리학자 중 한 명으로 아주 작은 기계의 현재 상태에 선견지명이 있었던 리처드 파인먼Richard Feynman의 말을 빌리자면 논리 엔진에 관한 한 "밑바닥에는 충분한 공간이 있다".

논리 연산마다 사용되는 에너지는 얼마나 더 강력한 컴퓨팅이 가능한지를 궁극적으로 결정해 준다. 우리가 알고 있는 다양한 기술을 활용해 단일 논리 연산의 에너지 비용을 줄이는 데 있어 아직은 물리적 한계에서 천 배만큼 떨어져 있다.[23] 우리가 아직 이론적 '밑바닥'에서 얼마나 떨어져 있느

---

* 스핀전자기술 또는 스핀전자공학이라고도 한다. 전자의 자기적인 회전을 뜻하는 스핀(spin)과 전자공학(electronics)의 합성어로, 전자의 전하뿐 아니라 업스핀·다운스핀과 같은 형태로 스핀 정보를 이용해 전자를 구분함으로써 전자의 이동을 제어하는 새로운 개념의 전자공학이다. 전자의 전하뿐 아니라 스핀을 각각 제어하여 반도체 등 각종 소자의 정보 저장, 처리, 전송 등의 특성을 획기적으로 개선했다.

냐에 대한 진짜 최고의 평가는 인간의 뇌에서 분명하게 실증된다. 컴퓨팅의 성배인 인간의 뇌는 오늘날 최고의 실리콘 논리 엔진보다 에너지 효율측면에서 최소 1억 배는 좋다.[24] 반대로 표현하면 오늘날 컴퓨팅의 효율성으로 20와트의 인간 뇌 하나의 컴퓨팅 성능을 모방하려면 맨해튼의 에너지 수요량인 10기가와트가 필요할 것이다.[25]

지난 무어의 법칙을 파기하고 클라우드 법칙의 시대로

무어의 법칙으로 지금 우리가 무엇을 측정하는지의 관점에서 교묘한 속임수가 있는지와 상관없이 다음 10년 혹은 20년은 실리콘 엔진에 있어 진짜 **상변화**를 구성하는 성능 향상을 볼 것이라는 사실은 맞다. 그에 대한 증거는 스마트폰의 편리성보다는 고성능 컴퓨팅이라는 다소 색다른 세계에서 분명하게 볼 수 있다. 정부 기관이나 연구 기관이 주로 펀딩하는 슈퍼컴퓨터가 늘 선봉에 있었고 그것을 개발하는 과정에서 엔지니어들이 개척한 성능 향상의 길이, 후에 일상 컴퓨팅에 광범위하게 적용되었다.

트랜지스터의 밀도는 1990년 이래 원시적인 단순 지표에서조차 약 1만 배가 증가했다. 하지만 2020년에 가동된, 세계에서 가장 빠른 슈퍼컴퓨터는 1990년의 최고 성능의 것보다 300만 배나 더 강력한 것으로 측정됐다.

최근, 성능에서의 도약은 슈퍼컴퓨터의 발전이 점진적이었던 약 10년의 세월이 흐른 후에 최첨단 CPU와 GPU를 결합해 사용하기 시작한 데서 온 것이다. 차세대 GPU-CPU 기계를 개발하는 작업도 이미 진행 중이라 몇 년 안에 가동될 것이다. 그러면 다시 최소 10배는 강력해질 것이고 **엑사플롭**(10의 18승 $_{exaflop}$) 속도가 될 것이다. 겨우 10년 전의 최상의 컴퓨터보다

1,000배 더 강력해진 것이다. 이것을 넘어선 다음의 1,000배 도약, **제타플롭**
(1,000 엑사플롭~zettaflop~)을 달성하기 위한 탐색도 진행 중이다. [26]

정부는 성능 측면에서 최첨단을 쫓고 있지만, 상업 부문에서는 비교적
저렴한 옛 슈퍼컴퓨터를 데이터센터에 배치함으로써 슈퍼컴퓨팅 성능을
대중화하는 중이다. 6년 전 미 국방부만 가지고 있던 수준의 강력한 슈퍼
컴퓨터를 이제 바이트~byte~ 단위로 기업이나 연구소, 어디든지 임대할 수 있
다. 클라우드에서 슈퍼컴퓨팅의 보편적 가용성을 제공하는 것은 정보 처리
에 대한 접근에 있어서 한 단계 변화다.

어떻게 슈퍼컴퓨팅이 생물학 혹은 자연 현실을 시뮬레이션해 신약을 개
발하고, 기후 예측과 제품 개발에 활용하는지는 이미 보았다. 가까운 장래
에는 어느 곳에서든 연구원이나 제품 개발자가 차량 충돌 테스트, 도시 교
통 흐름, 물이나 쓰레기 관리, 아니면 치료 약물 테스트를 물리적 현실에서
가 아닌 **인실리코**~in silico~*에서 하게 될 것이다. [27]

우리 손에 있는 스마트폰이 과거 메인프레임보다 훨씬 강력하다는 것은
가볍게 볼 일이 아니다. 이보다 더 충격적인 것은 스마트폰과 앱들이 연결
된 클라우드 인프라의 컴퓨팅 성능이 무어의 법칙의 발전을 100배나 앞선
다는 사실이다. 그래서 정보 인프라는 과거의 통신 네트워크와 현상학적으
로 다르게 된다. 스마트폰이 1960년대의 전화와 다른 만큼 클라우드도 인
터넷과 다르다.

영향력이 강하지 않더라도 클라우드 인프라의 특징과 기술적 차이가 중
요할 수 있다. 즉, 새로운 제품과 서비스가 틈새만 차지하고 전체 경제를
움직이지는 않는 것이다. 하지만 전체 경제를 추진하는 기술이라면 비용이

---

* '실리콘으로 이루어진 컴퓨터 상에서'라는 뜻으로, 컴퓨터 시뮬레이션을 이용한 가상환경에서의 실험 방법을 말한다.

가치의 중심 척도다. 이러한 기술이 마일당 비용을 극적으로 줄일 수 있게 되자, 자동차와 항공 여행은 비로소 보편화되었다.

그래서 가치에 대한 경제 척도는 사람이 컴퓨터였던 시대부터 있었던 달러당 가용한 연산 수의 증가율이 된다. 달러당 연산 수의 변화 속도는 클라우드 시대에 더 가속화되었다. 그 가속화는 마치 덧셈 계산기에서 전자식 컴퓨터로 옮겨갔을 때 일어났던 것만큼 현저하다. (그림 3.2)

1960년대 메인프레임 시대에는 하드웨어에 지불하는 1달러가 대략 1초당 1번의 연산 성능을 제공했다. 2000년이 되자 그 1달러는 1초당 1만 번의 연산 성능을 제공했다. 오늘날의 1달러로는 1초당 100억 번의 연산을 수행할 수 있다. 더군다나 이제 언제, 어디서라도 그러한 성능의 기계를 임대해 사용할 수 있다(모든 수치는 인플레이션을 감안한 것이다).[28] 이러한 경제 전환은 역사상 가용했던 그 어느 것과 비교해도 본질 면에서 다르다. 클라우드는 '서비스로서의 정보'를 제공하기 때문에 다양한 방식의 새로운 서비스가 이미 등장했고 앞으로도 다수가 등장할 것이다. 이것들은 통상 널리 이용되는 '서비스로서의 As A Service'라는 범주 아래 묶일 것이다. 서비스 자체는 가상이지만 그것을 실현하는 클라우드는 그 이름처럼 아주 가볍고 여린 것과는 거리가 멀고 대신 완전히 새로운 차원의 인프라에 집중되어 있다. 그것은 결국 **앰비언트 컴퓨팅**(주변 컴퓨팅 ambient computing)의 시대를 가져다줄 것이다.

앰비언트 컴퓨팅

1882년 9월, 에디슨이 뉴욕시 펄 스트리트 발전소 Pearl Street Station에서 최

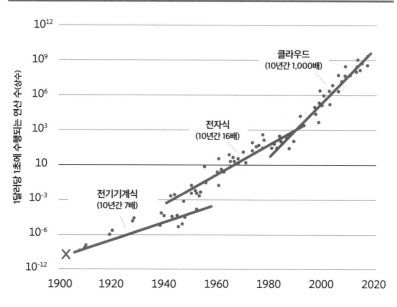

그림 3.2 무어의 법칙을 넘어, 저렴한 클라우드 컴퓨팅의 기하급수적 시대

출처: 스티브 저벳슨(Steve Jurvetson), 레이 커즈와일(Ray Kurzweil), 한스 모라벡(Hans Moravec)

- **참고:** 오늘날 인간 컴퓨터가 수행했을 때 1달러로 할 수 있는 1초당 연산 수는(그래프의 X축) 1900년 이래 (인플레이션을 감안했을 때) 본질적으로는 변하지 않았다. 1달러당 가용한 자동화된 연산은 전기기계식 덧셈 기계가 개선되면서 10년당 약 7배가 증가했다. 그리고 전자식 시대가 출현하면서 그 지표는 10년당 16배로 향상된다. 2000년경 등장한 클라우드는 1달러당 1초에 수행할 수 있는 연산 수가 10년당 1,000배 증가하는 가히 혁명적 성장률을 시작했다.

초의 중앙 발전 설비의 스위치를 올리자 다른 미래가 펼쳐질 것이 분명해졌다. 1913년 헨리 포드가 디트로이트에서 최초의 근대식 생산 라인을 가동했을 때도 마찬가지로 미래가 달라질 것이 확실했다. 1952년 5월에 영국해외항공British Overseas Airway *이 런던에서 최초의 상업용 제트 비행을 개시했을 때도 비슷했다. 레밍턴 랜드Remington Rand의 유니박UNIVAC이 미국 대통령 선거 결과를 표로 작성해 결과를 정확히 예측했던 1952년 11월 역시 컴퓨

------

* 현재는 British Airways로 합병되었다.

터의 중요성이 커질 것이 분명해졌다.[29] 하지만 전설적 CBS 앵커 월터 크롱카이트Walter Cronkite는 그 예측을 발표하길 주저했다. 드와이트 D. 아이젠하워Dwight D. Eisenhower보다 애들레이 스티븐슨Adlai Stevenson에 호의적이었던 전통적 여론 조사와 전문가를 믿었기 때문이다.

마침내 2011년 2월, IBM의 슈퍼컴퓨터(왓슨)가 TV 게임 쇼 제퍼디jeopardy에 출연해 역대 우승자 두 명과 경쟁하면서 컴퓨터의 미래가 달라질 것이 분명해졌다. 소비전력 200킬로와트의 왓슨은 게임을 손쉽게 이겼다.

IBM이 유사한 홍보에 참여했던 경우는 컴퓨터 세대로 치면 몇 세대 전인 1977년이 마지막이었다. 빅 블루Big Blue라고 부르던 컴퓨터를 홍보하기 위해 체스 마스터인 가리 카스파로프Gary Kasparaov와의 대결을 성사한 적이 있다. 그 이벤트는 연산의 정점을 알렸다. 체스는 제한된 확률 영역에서 대표 격인 게임이기 때문이다. 왓슨은 분명 AI급 컴퓨팅의 잠재력을 보여주었다. 자연어와 비구조화된 정보 모두에 대응할 수 있었다. 왓슨 성능의 비결은 IBM판 **운영 시스템**operating system에 있었다. 그것은 스프레드시트의 결과물을 계산하기 위한 것이 아니라 '패리스 힐턴Paris Hilton' 같은 문구가 포함된 질문에 그것이 프랑스의 한 호텔인지 아니면 할리우드의 인물을 의미하는 것인지를 맥락에 따라 인식할 수 있도록 설계된 AI 소프트웨어다.

오늘날의 수십억 스마트폰 사용자들은 이제 AI 기반 자연어 음성인식 컴퓨터, TV와 토스터부터 스마트 스피커까지 음성으로 제어하는 장치를 당연하게 여긴다. AI 시스템은 이제 왓슨급을 훨씬 뛰어넘는다. 그리고 AI 시스템은 데이터센터를 채우면서 클라우드에서 이진 논리 엔진과 함께 서비스를 제공하고 있다. AI는 지금까지는 검색을 더 스마트하게 하거나, 소비자 구매 결정 같은 것에 자문하거나, 혹은 판매자와 구매자를 연결시키는 초개인화된 방법을 제공하는 데 압도적으로 많이 활용됐다. 여전히 AI 가 손대지 않은 많은 활용 영역에 훨씬 어려운 연산 문제가 수반되어 있거나 더 중요한 과제에 편의를 제공하는 것이 필요할 것이다. 이를테면 제조나 운송 시스템에서의 실시간 통제, 과학자들과의 연구 협력, 임상의와의 의료 협진 등 아주 많다. 그런 개연성은 클라우드에서 컴퓨팅 성능이 계속 증대하고 **엣지 컴퓨팅**edge computing*의 크기가 축소되어 일상의 작은 틈 속에 깊이 파고들어 앰비언트 특성을 가지면서 점차 더 유용해질 것이다.

앰비언트 컴퓨팅의 미래는 스마트워치가 완벽한 예시다. 수많은 시계 제조업체가 있지만 애플은 2015년에 자체 시계를 시판하면서 해당 카테고리를 재정의했다. 모든 시계를 망라해 전 세계적으로 시계 판매는 일 년에 겨우 10억 유닛에 불과한 시장이다. 하지만 스마트워치는 출시 후 불과 5년 만에 전체 시계 시장의 거의 10%를 차지하고 있고 애플 혼자만으로도 전체 스위스 시계 회사들을 합친 것보다 많은 시계를 팔고 있다.[30]

스마트폰의 음성 전화의 역할이 그렇듯이 스마트워치에서 시간 알림은 그야말로 최소한의 기능이다. 그보다는 컴퓨팅이 보석이나 옷뿐 아니라 모든 사물에 내장되는 단계의 등장을 대표한다. 그리고 GPS 위치 추적은 밀리미터 수준의 정확도에 이른다.[31]

1950년대의 방 크기의 메인프레임 성능을 데스크톱으로 줄이는 데 30년이 걸렸다. 그만큼의 컴퓨팅 성능을 손목 크기로 줄이고, 1980년대 지구에 존재했던 것보다 큰 컴퓨팅 성능이 10제곱피트(약 0.93제곱미터) 공간의 서버랙에 있는 클라우드에 연결하기까지는 다시 30년이 걸렸다. 이제 또 다른 30년이 지나기 훨씬 전에 컴퓨팅의 계산-통신-디스플레이 특성(이것

---

* 중앙 서버가 아니라 이봉자의 단말기 주변이나 단말기 자체에서 데이터를 처리하는 기술

도 이제 클라우드에 연결되어 있다)이 크기에서 지속해서 줄어 일상의 사물을 완전히 대체하기보다는 아예 내부에서 사라지게 될 것이다.

오늘날 사람들 대다수에게 컴퓨터 같은 제품을 사서 입고, 소비하고, 내장할 것이라는 견해가 거슬리게 들릴지 모른다. 하지만 시간과 기술은 변한다. 시계는 17세기에 발명됐지만 흔하게 차고 다니게 된 것은 20세기 초가 되고 나서다. 군인들이 제1차 세계 대전에서 처음으로 시계를 찬 결과의 일부라고도 할 수 있다. 물론 제조 기술이 시계를 좀 더 부담 없이 살 수 있게, 신뢰할 수 있게 만들기도 했다.

등장하는 정보 인프라의 구조를 알아보기 전에 1985년에 불과 30살이었던 스티브 잡스가 스웨덴 룬드대학교Lunds University에서 한 짧지만 주목할 만한 연설에서 밝힌 혜안을 음미해 보자.[32]

> 컴퓨터가 무엇인지에 대해서는 많은 관점이 있다. 내 관점은 컴퓨터가 새로운 매체라는 것이다. 새로운 매체로서 컴퓨터는 출판물, 텔레비전, 라디오 같은 매체 중 하나다. 나는 미래에는 컴퓨터가 소프트웨어를 위한 배급 수단으로 보일 것이라 생각한다. 마치 책이 그 나름의 소프트웨어를 위한 배급 수단인 것과 같다.

스티브 잡스가 배급 수단의 관점에서 이야기한 것은 우연이라고 볼 수 없다. 인프라의 용어를 빌린 것이다.

인프라로서의 정보

뇌를 만드는 것은 지식의 양이 아니다. 지식의 분포도 아니다. 바로 상호 연결성이다.

– 제임스 글릭 James Gleick

역사상 기본적으로 새로운 인프라가 등장하는 것은 흔한 경우가 아니다. 그럴 때면 완전히 새로운 유형의 기업과 서비스 및 활동을 자극하는 결과를 초래한다. 그중 다수는 예상하지 못한 것이다. 개인 모빌리티 네트워크(차가 지나다니는 고속도로)의 발명과 확산은 사회 전환이라는 일련의 반응을 불러일으켰다. 보이지 않는 전력 네트워크(송전 전력망)도 역시 같은 반응을 불러왔다. 많은 사람이 인터넷의 부상을 전력망의 부상에 비유했다. 하지만 그 비유는 범주에서 오류가 있다. 한 네트워크가 전력을 사용하는 데 반해 다른 네트워크는 전력을 생산하기 때문이다. 그런데도 새로운 인프라에서 나오는 전환에 대한 특징을 보여주기에 유용했다.

전력 인프라는 그것이 기존의 배전 수단(공장과 물레방아의 벨트와 도르래, 대량의 나무와 석탄)을 대체했기 때문만이 아니라 더 중요하게는 새롭고 근본적으로 다른 종류의 기계와 서비스, 제품을 활용할 수 있도록 했기 때문에 혁명적이었다. 전등은 가스나 고래기름 램프보다 (훨씬 싸고 안전해서) 더 낫기는 했지만 여전히 똑같은 조명 서비스를 제공했다. 하지만 에어컨, 진공청소기, 레이저 같은 가전제품의 발명은 전기화 전에는 전혀 불가능한 영역이었다.

현시대를 적절하게 구분하려면 우수한 통신 시스템과 새로운 정보 인프라인 클라우드 간의 차이를 인식하는 것에서 출발해야 한다. 전등과 기름 조명이 똑같은 조명 서비스를 제공한 것처럼 최초의 전화와 최초의 휴대폰 모두 본질적으로 같은 서비스, 즉 음성 통화를 제공한다. 통화 품질이 극적으로 향상되긴 했어도 여전히 같은 서비스다. 하지만 스마트폰은 다르다. 스마트폰은 여전히 같은 음성 통화를 제공하지만, 통화 기능은 우리가 클라우드와 연결된 스마트폰의 정보 서비스로부터 얻는 가치 중 지극히 일부에 불과한 것이다. 아직 부상 중인 정보 인프라가 어떻게 다른지를 이해하기 위해서는 과거 패턴과의 비교로 되돌아가 보자. 단순한 사고 실험부터 시작하겠다.

가정 혹은 직장에서의 일상생활에 사용되는 기술 목록을 가지고 1900년을 1950년과 비교하자. 1950년, 일상생활에서 사용하던 가전제품과 서비스 대부분은 1900년에는 전혀 없던 것이다. 혹은 일상적으로 사용하는 제품이 아니었다. 1950년 목록에는 차와 컴퓨터, 비행기, 냉장고, 책, 우편, 영화관, 식당, 병원, 약, 보편적으로 사용할 수 있는 전기, 전화가 있을 것이다. 한편으로는 그 같은 목록을 2000년 목록과 비교하는 상상을 해 보자. 일부 (종종 가치 있는) 개선 사항을 제외하고는 목록이 크게 바뀌지 않을 것이다.

스마트폰과 그것을 실현하는 인프라는 지난 반세기 동안 등장한 일상 제품과 서비스 중에서 가장 중요하면서 근본적으로 다른 단일 제품이자 서비스다. 정보가 어떻게 공유되는지에 있어 상변화가 일어날 정도로 다르다.

포니 익스프레스*로 시작된 상변화

전신이 발명되기 전까지는 크기나 양이 얼마인지 관계없이 정보를 가장 빠르게 옮기는 것은 말의 속도에 좌우됐다. 물론 역사에서 가끔 예외는 있었다. 시저 Caesar 군단의 귀환 소식은 소리의 속도로 이동했다. 로마 성문에서 멀리 소리를 지르면, 소리가 들리는 거리만큼 떨어져 있던 탑의 병사들이 정보를 중계한 것이다. 이와 비슷하게 1790년대 후반에 프랑스는 기계 팔이 부착된 탑을 개발해 일종의 수기 신호 시스템처럼 이용했다. 먼 거리에 걸쳐 신호를 빛의 속도로 효과적으로 전송할 수 있었다.

1850년경, 파울 율리우스 로이터 Paul Julius Reuter 는 오늘날 그의 이름이 붙은 뉴스 서비스 회사를 설립해 비둘기를 이용해 주식 거래가 정보를 100마일(약 161킬로미터)까지 실어 날랐다. 말이나 철도로 이동하는 전송 방식보다도 빨랐다. 로이터는 1863년에 주가를 알리는 사설 전신선을 처음으로 구축해 전신한 회사 중 하나였을 것이다. 이것은 오늘날의 주식거래 속도에 대한 비슷한 추구의 전조가 되었다. 이 모든 기술이 협소한 목적에 한정해 속도를 제공하기는 했어도 어떤 기술도 많은 정보를 전송하지는 못했다. 현대 용어로 하면 모두가 극히 제한적인 대역폭을 가지고 있었다.

전기 등장 이전 역사에서 가장 빠른 고대역폭 통신 네트워크는 비록 단명했지만, 미국의 그 유명한 포니 익스프레스일지 모른다. 구식이었지만

---

* 포니 익스프레스(Pony Express): 조랑말을 통해 우편물을 배송하던 속달우편 사업

나름 유익한 네트워크였다. (오늘날의 지표로 측정하면) 메가바이트의 메일을 미 대륙의 대서양 연안에서 태평양 연안까지 거의 3,000마일(약 4,283킬로미터)을 넘어 단 10일 안에 전송하는 기록을 세우기도 했다.

포니 익스프레스는 곧 대륙 횡단 전신으로 대체된다. 그리고 그로부터 불과 20년 후, 최초의 상업용 전화 교환국이 급증하기 시작했다. 전신은 포니 익스프레스보다 훨씬 긴 생명주기를 가지고 있었다. 전신량은 1880년부터 정점을 이루었던 제2차 세계 대전 때까지 거의 5배가 늘어났다. 전화 기술을 개선해 저비용 전신과 경쟁할 수 있을 만큼 비용을 낮추게 한 것은 대단한 공적이었다. 이런 전신 시스템도 등장한 지 100년이 지나 결국 역사 속으로 사라졌다.

그런데도 전신은 옛날식 우편 서비스의 고대역폭 역량을 대체할 수 없었다. 실제로 미국 우편 네트워크를 통한 우편량은 전화가 대중화되는 중에도 200배가량 증가했다. 인터넷이 등장한 뒤 10년이 지나서야 비로소 물리적 우편량이 줄기 시작했다.[1]

전신과 물리적 우편이 동시대에 성장한 것은 모든 통신 네트워크의 핵심 특성을 분명히 보여준다. 네트워크의 유용성은 속도에 대한 필요성 외에도 전송 용량(대역폭)과 노드node 수에 기반을 두고 있다는 것이다.

대역폭이라는 용어는 전자기 시대의 유물이다. 대역폭은 바이트 영역에서는 과거 상상도 못 하던 초현실적 특성이 있지만, 본질은 물리적 현실과 유사하다. 즉, 얼마나 많은 정보가 전송될 수 있는지를 측정하는 것이다. 편지 한 장 아니면 도서관 한 곳의 정보? 책 한 권에 담긴 데이터 양을 초기 전신 네트워크에서 전송하려면 하루 꼬박 걸렸을 것이다. 전화선을 통해 운영하던 **다이얼업** dial-up 시대의 인터넷은 몇 시간이 걸렸을 것이다.

노드의 경우를 보자. 지역마다 하나의 전신기(혹은 우체국)가 있었던 것에서 이후, 가정마다 한 대의 전화기가 배치되는 것까지, 노드의 수는 확실히 증가했다. 그리고 이는 분명한 유용성 향상을 가져왔다. 무선 휴대폰은 노드의 수를 사람당 하나로 늘렸다. 책에 비유하는 걸 계속하자면 노드를 늘리는 것은 도서관을 한 사람이나 이웃과 공유하는 것에서 모두와 공유하게 되는 것과 같다.

기술은 이제 우리를 차기 네트워크 진화를 향한 역사의 궤적에 올려놓았다. 그것은 우리를 전신으로부터 최초의 휴대폰으로 데려간 궤적보다 더 중요한 것이다. 대역폭과 노드 수 모두에서의 최근 추세에서 그 징후를 볼 수 있다(어떤 종류의 정보를 전송하는지는 무관하다). 사실, 우리는 또 다른 상변화를 목격하고 있다.

모든 사물을 연결하기: 노드 3.0

상업용 휴대폰의 최초 개통은 마지막 전신이 전송된 지 1년 후인 1983년에 이루어졌다. 모토로라가 만든 전화기는 1947년 벨 연구소Bell Labs에서 유래한 개념을 이용했다. 수많은 무선 타워를 셀cell*로 구성해 사실상 끊기지 않는 실용 네트워크를 구축하는 아이디어다. 이 네트워크로 인해 단거리 저전력의, 휴대용 무선 핸드셋이 연결될 수 있었다.[2] 앞에 나왔던 익숙한 패턴이 또다시 반복되는데 휴대폰의 판매가 급증했지만, 오히려 전 세계 유선전화 수는 2006년 정점에 이를 때까지 20년 넘게 증가했다. 하지만 그 정점 이후 냉혹하게 하락하기 시작한다. 휴대폰이 발명된 지 약 40년이 지난 지금은 노

---

* 무선 전화의 통신 가능 범위

드의 수, 즉 휴대폰 가입자 수는 거의 지구 인구수에 근접하고 있다.

네트워크가 거의 모든 사람에게 이를 정도로 계속 확장되면서 전체 노드 수도 증가할 것이다. 특히 새로운 위성군constellation of satellite이 또 다른 수십억의 사람을 연결하는 더 저렴한 방법을 제공하면서 확산이 더 빨라질 것이다.[3] 블루 오리진Blue Origin*과 스페이스XSpaceX**가 서로 경쟁하면서 수천 개의 인터넷 연결 위성을 지구 저궤도에 배치하고 있다. 이런 확산이 인상적이기는 하지만, 노드 수 증가는 상대적으로 그리 대단하지 않다. 이미 인류의 대략 절반이 연결되어 있기 때문이다. 네트워크 노드 수의 다음 변곡점은 대신 기계와 개별 제품, 차, 기계 부품과 그것들의 하위 부품, 심지어 동물과 인간 안에 있는 장기를 연결하는 데서 온다.

이것을 **사물인터넷**IoT, Internet of Things이라 부르는 것이다. 이미 기계 간M2M, Machine to Machine 연결이 수십억 개에 이르고 기계 중심 네트워크 연결이 사람과의 연결 수보다 훨씬 더 빠르게 증가할 것으로 보인다. 일종의 IoT 네트워크를 사용하는 회사의 비중은 지난 6년간 3배가 늘었다. 재고로 있거나, 운송 중이거나, 작업 현장에 있는 모든 형태의 부품과 제품이 이 네트워크에 연결된다. 이제 우리는 IoT 노드의 필연적 성장의 초기 단계에 와 있다.

10년 전, 많은 예언가가 2020년까지 약 1조 개의 사물이 연결될 것이라고 너무 성급하게 주장했다.[4] 그런 일은 일어나지 않았다. 오늘날의 IoT는 약 100억 개에서 200억 개의 사물을 연결하는 것으로 추산된다. 이미 사람보다 사물이 훨씬 더 많지만, 우리가 유용한 정보를 추출할 수 있는 잠재적 노드의 우주를 기준으로 본다면 아직은 미미한 비중이다. 위치와 온도, 속

---

* 아마존의 회장 제이 베이조스가 사비로 운영하는 우주 탐사 기업으로 일반인 우주여행을 계획 중인 민간 우주개발 업체
** 일론 머스크가 설립한 우주 탐사 기업

도, ID, 화학 성분 등 연결될 유용한 정보는 끝이 없다.

네트워크를 아주 작은, 심지어 미세 노드로까지 확장하는 데 있어서의 난관은 연결을 구축하기 위한 초소형, 초저전력 무선을 가용할 수 있는지다. 이는 에너지에 중점을 둔 기술 과제인데 초기 전문가들이 생각했던 것보다 훨씬 더 어려운 것으로 밝혀졌다. 스마트폰에 있는 무선 칩에 가용한 전력과 미세 IoT 칩에 동력을 공급하는 전력 간의 차이는 로켓과 장난감 드론 간의 전력 차이와 비슷하다. 무선 네트워크를 기계에 들어가는 부품부터 피부 층까지 모든 사물에 깊숙이 확장하려면 실질적으로 전력 없이 작동할 수 있는 무선 칩이 필요하다.

물론 어떤 것도 전력 없이는 작동할 수 없다. 하지만 해결책이 있다. 예를 들어, 초효율의 무선 칩은 온보드 전력이 0일 때 가동할 수 있으며, 대신에 에너지를 무선으로 보냄으로써 원격으로 전력을 공급한다. 전력의 무선 전송은 1899년 니콜라 테슬라 Nikola Tesla에게서 비롯했다.[5] 여전히 빌딩을 밝히고 차를 운행하는 수준의 무선 전력 전송은 불가능한 꿈으로 드러났다. 최소한 대단히 비현실적이고 위험한 꿈이다. 하지만 마이크로센서의 노드처럼 필요 전력이 수천 혹은 수백만 배 더 적다면 물리학 측면에서 흥미로워지고 기술적으로도 달성할 수 있을 것이다.

수백만 사람이 이미 E-ZPass(한국은 하이패스) 및 이와 유사한 형태의 RFID Radio Frequency Identification 칩으로 고속도로 통행료를 지불하는, 원격 저전력 노드가 펼치는 마술을 경험했다. 전지와 플러그 없이 소위 '리더기reader'라는 외부 전원으로부터 전력이 온다. 그 리더기가 무선 에너지를 무전력 칩에 쏘는 것이다. 그 에너지는 RFID 칩에 조회query 신호를 전송할 뿐 아니라 칩이 리더기에 무선 신호를 회신할 수 있도록 잠시 활기를 불어넣는다.

RFID는 제한된 양의 단편 정보를 획득하기에 적합하다. 이를테면 사물의 ID, 장소, 진위를 읽는 것이다. 그 정도의 정보로도 가치가 있는 사물은 수천억 개가 넘는다. 최소한 옷, 음식, 수화물, 놀이동산과 스포츠 행사의 입장객, 의약품, 창고나 트럭의 박스, 거대하면서 미로 같은 글로벌 공급망에서의 특정 부품이나 물품을 모니터링하는 데 있어 매우 가치 있는 정보다. RFID와 비슷하게, 무선 전력 공급에서 부상하는 선택 사양으로 마이크로파 영역의 안테나가 있다. 그것이 우리를 둘러싸고 있는 주변 전파에 있는 아주 작은 에너지를 거둬들인다. 심지어 주변 전파에 데이터를 얹어 전송까지 한다.[6]

여전히 **온보드 전력**_{on-board power}*이 필요한 분야나 장소에는 주변의 진동, 동작, 기온 차이, 유수로부터 에너지를 모을 수 있는 극소형 기계를 제조하는 데 사용할 수 있는 소재의 발전을 생각해 볼 수 있다. 사람 피부에서 발생하는 열이나 땀, 혹은 인체에 이식된 바이오센서용으로 심근 박동으로부터 에너지를 얻을 수도 있다. 이러한 아주 미세한 에너지 회수용 기계들은 미세 논리 칩을 제조하기 위해 개발된 기계와 소재를 통해 제조할 수 있는데, 많은 에너지를 생산해 낼 수는 없다. 하지만 점점 더 저전력을 요하는 센서와 무선 노드에는 충분하다.

이것은 단지 시작일 뿐이다. 이 책의 후반부로 넘어가면 **웨어러블**_{wearable} 범주의 의미를, 섭취할 수 있고 이식할 수 있는 전자소자를 포함하는 것으로 완전히 바꿔 놓을 만반의 태세를 갖추고 있는 생체적합성 전자 소재류가 새롭게 부상하는 것도 볼 수 있다. 노스웨스턴대학교의 생체전자공학_{bio-electronics} 선구자 제임스 로저_{James Roger}가 말했듯이 "몸에 짜 넣은 센서는 손에 든 스마트폰이나 웨어러블 장비의 자연스러운 연장이다." 그리고 "결

---

* '차상전력'이라고도 하며, 선상, 기내, 차내에 전원이 탑재된 것을 말한다.

국 몸과 긴밀하게 통합될 것이다."[7] 웨어러블 장비는 건강과 안전에 지대한 영향을 가져올 것이다. 스포츠와 엔터테인먼트 분야에서는 말할 것도 없다. 노드와 네트워크에서의 상변화를 매핑해 보려는 우리의 목적으로 볼 때 웨어러블 장비는 천문학적으로 큰 노드의 우주, 지금까지 본 어느 것보다도 큰 규모의 노드를 시사한다.

새로운 IoT 노드 시대는 주거 및 산업 응용에서 이미 시작되었다. 그 둘이 가장 수월하기 때문이다. 잘 생각해 보자. 집, 가전제품, 기계, 도시를 모두 '더 스마트하게' 만드는 것이 쉬운 이유는 눈에 보이는 노드로부터 실시간으로 정보를 얻기 때문이다.[8] IoT를 배치해 경계, 전체 추적, 지오펜싱geofencing*, 연료와 소재 사용량, 공급망 관리, 장비 상태, 교통, 다양한 유형의 환경 및 안전 모니터링을 위한 네트워크를 구축하게 된다.[9]

초기 과도한 열광적 예언(2020년까지 1조 대!)에서 정신을 차린 IoT 예언가들은 이제 도래하는 50년 동안 대략 400억 대의 IoT 장비가 연결될 것이고 계속해서 가속화되리라고 예측한다.[10] 기업 분야가 가장 큰 범주를 차지한다. 물리적 사물 전 범위와 문명을 구성하는 모든 사물에서의 활동에 관련되기 때문이다. (그림 4.1)

노드의 우주를 무선으로 연결하는 기반 기술인 무선통신의 관점에서 예측할 수 있는 미래는 궁극적으로 1인당 수천 개는 아니더라도 수백 개의 무선통신을 포함하는 인프라를 동반한다. 대부분은 일상생활에서 안 보이는 것이다.[11] 이미 1세기 전, 가구마다 단 하나의 무선통신(라디오)을 가진 세상에서 시작해 오늘날에는 한 사람당 하나의 무선통신(휴대폰)을 지닌 대단한 여정이었다. 이제 노드 수 1조의 미래는 열망이 아니라 불가피한

---

* 사람이나 사물이 정해진 영역 안에 있는지를 아는 것

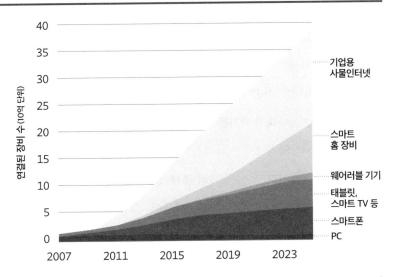

그림 4.1 새로운 네트워크 패러다임: 개인용에서 유비쿼터스 기업용 노드로

출처: 데이비드 머서(David Mercer), 글로벌 연결 및 IoT 장비 예측 업데이트(Global Connected and IoT Device Forecast Update),
Strategy Analytics, 2019

현실이다. 무선통신 기술이 노드의 우주를 확장한 것뿐 아니라 대역폭 확장에도 중심에 서 있다는 것은 우연이 아니다.

정보 초고속도로: 대역폭 3.0

빤히 보이는데도 마치 숨겨져 있는 것처럼 보이지 않는 대역폭 혁명에서 최고의 전조는 오늘날 스마트폰의 비디오 채팅 기능이다. 오디오가 아닌 비디오는 부상하는 Z세대가 선호하는 통신 모드이다.[12] 이와 동일한 기능으로 실시간 스포츠 경기나 영화를 손바닥만 한 전화기로 스트리밍해 볼 수 있다. 이것을 가능하게 만든 것이 바로 광대역 무선 네트워크다. 아주 오랜 역사를 가진 아이디어고, 오늘날 당연히 여기는 그 기능을 실현하기까지 기술적으로 아주 먼 길을 걸어왔다.

라이브 비디오를 전송하는 아이디어는 라디오 초기 시절까지 거슬러 올라간다. 1919년 RCA를 설립한 지 얼마 안 되어서 라디오 선구자 데이비드 사노프가 비디오 전송 연구를 시작했다. 1964년이 되자 AT&T가 탁상 위에 고정해 놓는 투박한 **픽처폰**(텔레비전 전화picture phone)을 소기의 소비재로 출시했다. 비록 상업적으로는 실패작이 되었지만, 이후 공상과학 영화에서는 단골 소재가 되었다. 특히 스탠리 큐브릭Stanley Kubrick이 연출한 아서 C. 클라크Arthur C. Clarke의 〈2001 스페이스 오디세이 2001: A Space Odyssey〉 영화에 카메오로 등장하기도 한다. 만화가 체스터 굴드Chester Gould는 AT&T의 탁상용 픽처폰이 등장한 같은 해에 그의 연재 만화 〈딕 트레이시Dick Tracy〉에서 처음으로 손목 TV 아이디어를 내고 묘사했다. 그런 상상이 선순환되면서 모토로라의 엔지니어 마틴 쿠퍼Martin Cooper가 1983년 최초의 휴대폰을 발명한다. 그는 딕 트레이시의 손목 TV 아이디어에서 영감을 받았다고 말했다.[13]

엔지니어들은 비디오의 정보량을 전송하려면 훨씬 더 큰 대역폭이 필요하다는 것을 처음부터 알았다. 그리고 그런 도전에 효과적으로 대응하기 위해서는 무선통신이 물리적으로나 에너지 소비 측면에서 줄어야만 한다는 것도 알았다.

1902년, 굴리엘모 마르코니Guglielmo Marconi는 캐나다 노바스코샤Nova Scotia주의 글레이스 베이에서 처음으로 상업용 무선 신호를 송출했다. 당시 대역폭은 겨우 전신 신호 하나를 전송할 정도였지만 거의 즉시, 영국 콘월Cornwall에서 신호를 수신했다. 그런데 당시 송출 작업을 위해 바로 인접해 전용 석탄 화력발전소를 건설해 수백 킬로와트에 이르는 에너지를 공급해야 했다.

마르코니의 혁명적 시도로부터 10년 후, 제1차 세계 대전에서는 무게가 1톤에 이르는 '휴대용' 무선통신 세트가 처음으로 등장했다. 말이 휴대용이지 사실 말이 끄는 수레 위에 싣고 다닐 정도로 거대했다.[14] 제2차 세계 대전쯤에는 모토로라가 16킬로그램 정도의 무선통신 장비를 개발했고, 군인들은 이를 등에 메고 다녔다. 전쟁이 끝나고 40년이 지나 다시 모토로라가 세계 최초의 무선 휴대폰을 반도체 무선 칩셋을 이용해 개발했다. 마침내 그 거대하고 과다한 전력을 소비하던 진공관을 대체하게 된 것이다.

무선 정보 대역폭을 위한 새로운 패러다임의 첫 번째 징후는 1993년 IBM이 '사이먼Simon'을 발표하면서 등장했다. 휴대용 컴퓨터 사이먼은 무선 네트워크를 사용했다. 말하자면 최초의 스마트폰이었지만 성공하지는 못했다. 무선 기술이 일반 전화만큼의 대역폭을 제공할 수 있을 정도로 발전하리라고 예측했던 것이 주요 패착이었다. 같은 해에 애플이 '뉴턴newton'이라는 소형 개인용 정보 단말기PDA, Personal Digital Assistant를 내놓았지만 무선 연결은 안 됐다. 뉴턴의 빠른 몰락에 이어 유사한 PDA가 시장에서 아주 반짝 성공하는데, 그중 1997년 출시된 '팜 파일럿Palm Pilot'*도 포함되어 있었다.

상업적 변곡점을 만든 것으로 잘 알려진 것은 2007년에 나온 애플의 아이폰이었다. 아이폰과 곧바로 이것을 모방한 다른 제품들의 성공은 우아한 디자인보다는 다른 활성화 기술의 도래와 더 연관되어 있다. 특히 그 이전까지는 일반 전화로 연결된 데스크톱에서만 가능했던 것에 필적할 만큼 충분한 대역폭의 무선 네트워크가 중요했다.

무선 네트워크가 연결에서 라스트마일과 인치를 좌우하는 것은 맞지만 유선 네트워크는 여전히 네트워크에서 필수적인 기능이다. 지역의 지방 도로가 고속도로를 없애는 것이 아니라 오히려 실질적으로 고속도로를 활성

---

* US Robotics에서 출시되었다.

화하는 것과 같다. 육지나 해저의 통신 케이블은 빅토리아 시대(보통 1830년대부터 1900년까지를 일컬음)부터 시작되었지만, 지금까지도 계속해서 왕성한 속도로 설치되고 있다. 많은 것이 150년 전의 첫 전신 케이블과 같은 길을 따르고 있다. 장거리 케이블의 대역폭 용량 역시 계속해서 확장되고 있다. 하나의 고속도로 위에 수백 개의 고속도로를 쌓아 놓은 것에 비유될 만큼 성공했다. 더군다나 소요 비용은 몇 년마다 반으로 감소한다.[15] 글로벌 케이블 통신은 2년마다 두 배가 넘게 늘어나고 있다. 그리고 많은 부분이 무선 노드의 확대를 통해 서비스되고 있다.

미래에 모든 무선 노드를 제대로 연결하기 위해서는 여전히 더 큰 대역폭이 필요하다. 말로는 설명하기 어려운 전자기파의 물리학 때문에 대역폭을 더 확보하려면, 더욱더 짧은 무선 파장이 필요하다. 마르코니의 진공관에서 발생한 전파는 길이가 수백 미터나 돼서 전신류의 모스 부호 정도를 전송할 수 있었다. 하지만 부단한 혁신을 통해 마침내 반도체 기반 칩 크기에서 무선통신이 효과적으로 초단파 파장을 생성하는 데 성공했다. 바로 모놀리식 마이크로파 집적회로MMIC, Monolithic Microwave Integrated Circuits 다.

마르코니로부터 MMIC까지의 오랜 행군 동안 엔지니어들은 1바이트를 무선으로 전송하는 데 필요한 에너지를 100억분의 1로 줄였다. 동시에 대역폭은 백만 배가 늘었다. 역사상 그 어떤 정보 전송 시스템도 그런 경이로운 발전을 달성하지 못했다. 오직 정보 물리학에서만 그런 발전을 달성할 수 있었다. 물리적 운송에서도 그런 성장이 가능하다면, 예를 들어 자동차 한 대에 들어가는 연료로 미국의 모든 상업 비행 일 년 치의 연료를 공급할 수 있다는 의미다.[17] 그 작은 MMIC는 레이더 대역에서 운용되기 때문에 자동차와 산업용 로봇의 자율 운행뿐 아니라 자동차 크루즈 컨트롤

(자동 주행 속도 유지 장치)에 맞게도 조정할 수 있다.

더 짧은 파장의 물리학이 오로지 광섬유 케이블로만 겨우 가능했던 데이터 용량을 제공하는 반면, 해당 파장은 대기 중에서 짧은 거리만 전파될 수 있다. 그래서 기지국이 많아야 한다. 사용자와 기지국 간의 거리를 좁혀 네트워크를 이 단파(소위 **5세대 5G**)로 옮길 계획이면 무선통신 셀_{radio cell}이 필연적으로 증가한다. 많게는 10배 늘어나고 기지국은 피자 상자 크기로 줄어든다.[18]

통화량과 복잡도가 늘어나면 이 마이크로 셀 혹은 나노 셀이 자체 임베디드 컴퓨터를 이용해 스마트 안테나를 제어하거나 심지어 연결에 끼어들어 조정까지 하는 동반 상승효과를 낼 것이다. 똑같은 고속도로에 일종의 속임수를 써 더 많은 교통량을 운행하는 방식이다. 이것 역시 물리적 교통량이 존재하는 아날로그 세상에서는 불가능할 일이다.

새로운 확장이 일어나기 전에 오늘날의 무선 대역폭 상태에서 출발하는 긴 여정의 순효과를 고려해 보자. 오늘날의 스마트폰 하나는 1970년경 미국 전체 통신 시스템보다 1,000배나 많은 데이터를 송수신한다.[19] 5G가 유비쿼터스화되면서 모바일 사용자들은 100배 늘어난 대역폭 용량에 접속하게 될 것이다. 각 네트워크 셀이 다룰 연결된 장비 수는 100배가 늘어나고 1제곱마일당 데이터 통화량은 1,000배가 될 것이다.[20] 상당히 폭발적인 비율의 성장이다. 이 모든 것은 계속 비용이 감소하면서 이루어질 것이다.

유비쿼터스 고대역폭 네트워크로는 먼저 더 많은 동영상 트래픽을 소화할 수 있다. 이미 세계적으로 하루에 1인이 평균 35분을 일종의 모바일 동영상을 보는 데 쓰고 있다. 1세대 모바일 인터넷이 부상하던 동안 6년여에 걸쳐 700%가 증가한 것이다.[21] 더 많은 소셜 미디어, e-게임, 스트리밍 비디오를 수용할 수 있다. 하지만 그 어떤 것도 사회를 바꾸는 경제 혁명이 되지는 못한다. 중요한 것은 고대역폭의 네트워크가 사업에서 동영상 도구를 활용하게 한다는 사실이다. 엔터테인먼트만을 위해서가 아니라 데이터 중심 분석이나 전방위적인 자동화를 위해서다. 또한 데이터 중심 증강 현실과 가상 현실(AR과 VR)의 확산을 가능하게도 한다. 이것들은 소매와 교육, 제조, 건설, 자동차, 농업, 헬스케어 분야에서 오랫동안 기대했던, 사실 본질적으로는 새로운 부류로 여겨지는 도구들이다.

대역폭과 노드의 확대는 네트워크를 '통신' 자체뿐 아니라 정보 인프라에 사용하게 한다는 것이 핵심이다.

'세계의 두뇌'와 앱

제임스 글릭James Gleick은 2011년 저서 〈정보The Information〉에서 인류의 정보 도구 창안과 사용의 역사를 알파벳alphabet에서부터 구글의 모회사 '알파벳 Alphabet'까지 추적했다. 네트워크가 가진 중심적 역할을 명성에 걸맞게 명료하게 표현하고 있다:

> "뇌를 만드는 것은 지식의 양이 아니다. 지식의 분포도 아니다. 바로 상호 연결성이다… 네트워크는 추상적 대상object이자, 네트워크의 도메인domain 은 정보다."[22]

허버트 조지 웰스H.G. Wells는 인생 말년에, 미래를 일종의 〈세계의 두뇌 World Brain〉(웰스의 책 제목)로 설명하는 사색적인 책을 집필했다. 글릭이 이야기했듯이 세계의 두뇌는 "책이라는 정적인 형태를 초월"해서 "네트워크 형태를 취할 것"이다. 웰스는 이 책을 1938년에 썼다. 전화와 전신 네트워크가 전 세계를 가로지르는 초기 시대가 50년 정도 진행된 때다.

웰스의 예측 이후 오랜 시간이 지난 1962년, 미국 도서관 자료위원회Council on Library Resources는 시기가 임박했음을 느끼고는 그들이 '**미래의 도서관**'이라 이름 붙인 연구를 시작하면서 MIT 소속, 컴퓨터 과학자 J.C. 리클라이더J.C. Licklider에게 일종의 **세계의 두뇌**가 가능한지에 대한 분석 임무를 맡겼다. 케네디 대통령의 유명한 "이 60년대 안에 달에 가겠다"는 문샷 연설도 바로 그 해였다. 트랜지스터의 대량 생산이 시작되고, 미국 가정의 90%가 텔레비전을 보유하고, 최초의 통신위성을 지구 궤도로 진입시킨 것도 바로 그 해다. 1962년에는 전 세계적으로 2,000대 정도의 컴퓨터가 있었다. 영국과 미국에서 제2차 세계 대전 동안 비밀리에 두 대를 제작한 것과 비교하면 많이 늘어난 것이다.[23] 일 년 전인 1961년에는 레너드 클라인록Leonard Kleinrock 교수가 〈대규모 통신망에서의 정보 흐름Information Flow in Large Communication Nets〉이라는 논문을 발표했다. 그가 상상한 것은 엄청난 양의 데이터를 본질적으로 오류가 발생하기 쉬운 네트워크를 통해 전송할 때 오류 수정을 원활하게 하는 개념인 **패킷 스위칭**packet switching이라는 아이디어였다. 이 개념은 훗날 인터넷의 핵심 아키텍처가 되었다.[24]

도서관 자료위원회는 그들의 프로젝트가 책 자체, 혹은 TV에 관한 것이 아니라 일종의 **신도서관**neolibrary에서의 '지식의 발전과 응용'에 관한 것임을 잘 알고 있었다. 리클라이더의 말을 빌려 말하자면 그것은 "계층 형태보다 격자에 더 가까운 구조… 바로 네트워크일 것이다."[25] 리클라이더에게는 네트워크의 구축 가능성이 분명하게 보였다. 하지만 최종 보고서에서는 그 비전에 급진적 기술 발전과 새로운 발명이 필요하다고 반복해서 언급했다.

1962년의 예언가들이 당시 목격한 무선통신과 텔레비전의 급속한 확장을 감안할 때 리클라이더의 예측이 얼마나 빨리 다가올지에 관해 열광한 것은 이해된다. 1920년 초기에 미국 가정의 라디오 보급률이 0%에서 90%까지 올라가는 데 단지 20년이 걸렸다. 제2차 세계 대전 후의 TV 보급 속도는 더 놀라웠다. 가정당 보급률이 거의 0%에서 90%까지 가는 데 불과 10년이 채 안 걸렸다. 주요 정보 제품의 수용 속도는 이후 50여 년간 필적할 것이 없었다. 하지만 이 모든 것은 전부, 휴대폰과 스마트폰, 인터넷이 등장하기 전까지의 이야기다. (그림 4.2)

1964년, 고대역폭과 비디오 중심 양방향 네트워크라는 아이디어가 벨 연구소의 물리학자 만프레드 브라더톤Manfred Brotherton에게 영감을 주었다. 그것은 라디오와 TV를 방송하던 기존의 단방향 네트워크와는 근본적으로 달랐다. 브라더톤이 그런 정보 네트워크를 묘사하기 위해 처음 쓴 단어가 바로 **초고속도로**superhighway였다. 당시 미국이 4만 6,000마일의 주간interstate 고속도로 시스템이 가져다줄 경제적 약속에 사로잡혀 있던 때였던 것을 감안하더라도 논리적 과장이 심한 단어였다. 그런 물리적 인프라의 구축 작업은 불과 6년 전 아이젠하워 대통령이 주간 고속도로 시스템을 개시하는 법안에 서명한 이후에 시작됐다.

정보 초고속도로라는 관용구는 1974년 한국계 미국인 아티스트 백남준이 리클라이더나 브라더톤과 똑같은 가능성을 보기 전까지는 그렇게 대중적이지 않았다. 백남준은 록펠러 재단 의뢰로 작성한 선견지명 있는 예견에서 앞서의 둘보다 덜 기술적인 방식으로 그것을 표현했다. 그는 **정보 초고속도로**의 혜택이 미국 주간 초고속도로의 혜택을 잇는 것으로 상상했고 주간 초고속도로가 1974년까지는 "경제 성장의… 근간이 되었다"고 썼다.[26] 이 말은 한참 후에, 상원의원 앨 고어Al Gore가 연설에서 인용하면서 더 유명해졌다. 백남준이 말한 것처럼 말이다.

> 우리가 지금 보는 대중 엔터테인먼트 TV는 차별화된 비디오 문화로 나눠
> 지거나 혹은 분기되어 많은 부문이 생겨날 것이다. 픽처폰, 텔레 팩시밀리,
> 쇼핑을 위한 양방향 대화형 TV, 도서관 검색, 여론 조사, 건강 상담, 사무
> 실 간 데이터 송신 등 다양한 변형이 TV 세트를 확장시키고 혼합 전화 시
> 스템으로 바꿀 것이다. 그것은 일상의 편의성뿐 아니라 삶 자체의 풍요로
> 움을 위한 수많은 새로운 응용 시스템이 될 것이다.

이제 우리가 모두 알듯이 백남준의 비전이 나오기는 했지만, 완벽하게
실현되기 위해서는 인터넷이 필요했으며 고대역폭의 무선 스마트폰 중심
네트워크의 등장을 기다려야만 했다. 그리고 2015년 모든 인터넷 연결의
반 이상을 모바일 기기가 차지하면서 드디어 루비콘을 건너게 된다.●

그 뒤로 인터넷이 통신 네트워크를 사용하는 정보 인프라로 변신했다는 사
실은 이후 전혀 새로운 범주의 소비재가 등장하는 것에서 완벽하게 알 수 있
다. '특정 용도'의 소프트웨어 프로그램, 즉 앱app이 그것이다. 이제 대부분의 사
람이 알고 있듯이 앱은 범용 소프트웨어가 아닌 전문 소프트웨어 도구이다.

특정 용도의 도구라는 아이디어 자체는 아주 오래됐는데 망치를 생각
하면 바로 알 수 있다. 자동차 정비소를 방문해 보면 엄청나게 다양한 특
정 용도의 기계 도구를 목격할 수 있다. 실제로 인류는 모두 합치면 최소
7,000가지에 이르는 각기 다른 유형의 특정 용도의 수공구를 발명했다. 이
것들 하나하나가 일종의 기계 앱인 셈이다.[27] 수공구 산업은 세계적으로
연간 160억 달러에 달하는 나름 규모 있는 사업 분야다.[28] 하지만 앱의 경

● 루비콘은 이탈리아의 강 이름으로, '루비콘 강을 건너다'라는 표현은 되돌아 갈 수 없는 상황에 처했을 때 쓰는 비유적
표현이다.

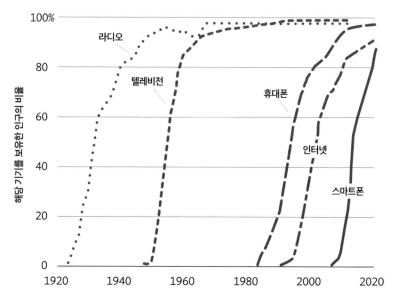

그림 4.2 네트워크 성장률: 라디오에서 스마트폰까지

출처: 르 마송(Le Masson), 파스칼(Pascal) 등. "리스크 관리를 위한 새로운 관점(A New Perspective for Risk Management)", 〈Principia Designae-사전 설계, 설계 및 사후 설계: 첨단기술사회의 사회적 동기(Principia Designae- Pre-design, design, and post-design: Social Motive for the Highly Advanced Technological Society)〉, Springe Japan, 2015."

우, 생기고 난 지 불과 10년이 지났을 뿐인데 스마트폰용으로만 최소 3백만 개의 다양한 앱이 존재하고 있다.[29] 앱 산업 자체도 이미 연간 700억 달러 규모가 되었다.[30]

오늘날 지구상에서 앱이 생소한 사람은 거의 없을 것이다. 미국언어연구회American Dialect Society는 '앱'을 2010년 올해의 단어word-of-the-year로 선정했다. 미국 기업연구소American Enterprise Institute의 브렛 스완슨Bret Swanson의 2012년 말을 빌리자면, 앱 출시 이후 앱의 다운로드 수는 "4년 만에 0에서 600억 건"으로 증가했다. 그간 보았던 여느 것과도 다른, 특히 소재 영역에서는 불가능하기조차 한 도입 속도이다.[31] 이제 전 세계 앱 다운로드 수는 일 년에

1,000억 건이 넘고 여전히 성장 중이다.[32] 비록 앱의 약 40% 정도는 게임이지만 그 비중은 다른 유틸리티 범주가 확장되면서 몇 년 안에 3분의 1로 줄어들 것이다.

앱 혁명은 상대적으로 쉬운 소프트웨어 중심의 앱들, 이를테면 게임과 소셜 미디어, 사진 서비스, 신문 구독 플랫폼, 식당 예약, 택시 호출 서비스 등에서 시작했다. 비즈니스와 금융, 유용성&생산성, 음식 배달, 자동차, 집과 여행, 헬스케어 등의 앱은 성장의 초기 단계에 있다. 이제 앱은 경제의 틈새에 있는 모든 것을 쉽게 보고, 조정하고, 예정할 수 있도록 전환하고 있다. 아직은 비중이 낮지만 비즈니스와 산업, 헬스케어 시장 대상의 앱 개발은 확고하게 자리를 잡았다.

예를 들어, 몇 개의 응용 분야를 임의로 주목해 봐도 쓸 만한 앱들이 있다. 훈련과 상호 학습을 위한 앱, 의사에게 클라우드 인공지능의 원격 접속을 통해 간호조무사에 버금가는 기능을 제공하는 앱, 농부에게 관개 및 수확과 관련해 날씨 및 시장 정보를 제공해 의사결정을 지원하는 앱, 건설 장비를 임대하려는 건설업자용 앱, 상업용 빌딩의 에너지 관리를 위한 앱, 기저귀부터 모유 수유까지 다양한 조언을 구하는 소비자용 앱까지 있다.

미 국립과학재단The National Science Foundation은 **오픈 액세스*** 온라인 연구에 앱을 사용한다. 연산 능력에 있어서 드레드노트dreadnought*급인 슈퍼컴퓨터의 세계마저 기계의 복잡성을 개선하는 데 앱에 의존하는 중이다. 앱의 잠재적 용도를 나열하면 필연적으로 더 많은 정보가 즉시, 그리고 유용하게 전송될 때 혜택을 받는 사회의 모든 것이 목록에 포함된다.

---

* 오픈 액세스(open access)는 누구나 장벽 없이 학술정보를 인터넷에 접속해 읽고 쓸 수 있는 것을 말한다.
* 영국의 전함 이름으로, 20세기 초에 사용되었다.

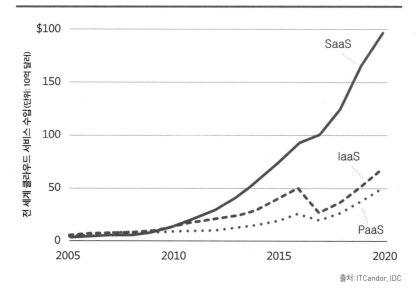

그림 4.3 '서비스로서의(as a Service)' 정보 인프라

전 세계 클라우드 서비스 수익(단위: 10억 달러)

SaaS

IaaS

PaaS

$100

150

100

50

0

2005　2010　2015　2020

출처: ITCandor, IDC

- **참고:** 클라우드 중심의 정보 서비스는 2020년 이전 10년 동안 폭발적인 성장세를 보였다. 새로운 부류의 상거래에서 창출된 액수만 총 3,000억 달러에 달했다. 기업에서는 SaaS와 IaaS, PaaS의 유틸리티 같은 편의성을 점점 더 많이 활용하고 있다.

일종의 '세계의 두뇌'는 정말 이 제멋대로 뻗어 나가는, 숨겨진 정보 인프라로부터 출현한다. 클라우드 중심 정보 서비스의 도래는 2020년 이전 10년 동안 폭발적 성장을 보였다. 새로운 부류의 상거래에서 창출된 액수만 3,000억 달러였다. 여기서 말하는 새로운 부류는 서비스로서의 소프트웨어 SaaS, 서비스로서의 컴퓨팅 인프라 IaaS, 서비스로서의 전체 비즈니스 플랫폼 PaaS 등을 말한다. (그림 4.3) 그런데 이 모든 것의 중심에 데이터센터가 있다.

정보 부동산: 고층빌딩과 디지털 대성당

역사는 1996년을 최초의 디지털 대성당을 목도한 해로 기록할 것 같다.

별도의 행사는 없었지만 '엑소더스 커뮤니케이션Exodus Communications'이라는 회사가 최초의 현대식 데이터센터를 구축한 해다. 캘리포니아주 산타클라라Santa Clara에 위치한 1만 5,000제곱피트(약 422평)의 이 데이터센터는 인터넷 서비스 사업자ISP, Internet Service Providers 전용으로 **서버**server 하드웨어를 호스팅하기 위한 것이었다.[33] 같은 해에 대규모 정전 사태가 미 서부 일곱 개 주에서 발생해, 사내 인터넷 장비를 보유한 많은 정보 주력 회사들을 오프라인 상태로 만들었다. 반면 엑소더스 데이터센터와 이를 사용하는 고객들은 백업 전원 시스템 덕분에 온라인 상태를 유지할 수 있었다. 데이터센터의 주요 이점과 디자인 특성을 잘 보전한 것이다.[34] 엑소더스는 1998년에 상장되었으며 인터넷 1.0 시대에 크게 상승한 주식 중 하나가 되었다. 이후 2001년, 주식시장 버블 붕괴에 희생되었지만 그들의 부동산 자산을 다른 데이터센터 회사들의 대표단이 인수해 오히려 더 확장되었다. 인수한 회사들은 전적으로 새로운 산업 생태계를 구성하는데, 심지어 새로운 부류의 상업용 부동산까지 등장시켰다.[35]

그렇게 클라우드가 필수적인 인프라로서 등반길에 오르기 시작했다. 그리고 상시 가동 데이터센터의 주요 역할도 시작되었다. 공공 전력망의 변덕스러운 상황에서 격리되어 보호받기 때문에 가능한 것이다. 유비쿼터스 클라우드가 성숙해지면서 경제의 광범위한 영역에 걸쳐, COVID-19 팬데믹으로 인한 재택 명령이 전 세계에 걸쳐 파문처럼 번지는 2020년에도 많은 사람이 계속해서 근무하거나 학습하는 것이 가능했다.

하지만 이전 시대의 상징적인 상업 빌딩 형태를 놀랄 만큼 부수고 나온 이 디지털 대성당은 대부분이 우리 시야에서 벗어나 있어 기본적으로 보이지 않는다. 이러한 현실은 디지털 혁명이 왠지 우리 경제의 일종의 비물질화 조짐을 보여준다는 일반적인 비유에 기름을 붓는 원인일 수 있다. 사이버공간과 가상현실의 마술이 경제 성장을 하드웨어 및 에너지 사용으로부터 분리했다는 것이다. 하지만 사실이 아니다.

뭔가를 상기시키기에는 부족하고, 심지어 생소하게 느껴지는 용어 **데이터센터**는 1970년대에 등장했다. 사무용 빌딩이나 대학교 내에 컴퓨터를 채워 놓은 방들이 확산되는 것을 표현하기 위한 것이었다. 하지만 이는 마치 고층빌딩을 오피스센터라고 부르는 것과 같다. 최신의 데이터센터를 70년대 컴퓨터실과 닮았다고 하는 것은 마치 세계 최고 고층빌딩인 두바이의 부르즈 할리파Burj Khalifa를 애리조나주 툼스톤Tomnstone의 옷 가게와 닮았다고 하는 것과 같다.

최초의 근대적 고층빌딩인 241미터 높이의 울워스 빌딩이 1913년 지어졌을 때, 울워스 빌딩은 세계에서 가장 높은 건물이었다. 1311년 완공된 160미터 높이의 영국 링컨성당Lincoln Cathedral보다 높으면서 거주가 가능한 울워스 빌딩을 건축하기까지, 링컨성당이 완공된 후로부터 600년이나 걸렸다. 최초의 고층빌딩에 대한 당시의 경외심은 비단 그 높이에 대한 것만은 아니었다. 고층빌딩의 필요성과 건설에 따른 상업적 의미에 대한 것이기도 했다. 이런 이유로 뉴욕타임스가 울워스 빌딩을 **상업의 대성당**이라고 대서특필한 것이다.[36]

고층빌딩은 고강도 철강, 전력, 자동차 같은 당시 새로운 기술이 성숙 단계에 접어들면서 가능해졌다. 그런 빌딩의 존재 자체가 비즈니스의 경제 집중과 경제 가속화를 가능하게 했다. 이와 유사하게 지금 시대에는 새로운 부류의 부동산으로 데이터센터가 자리매김했으며 실리콘과 소프트웨어, 디지털 초고속도로 기술의 합류로 가능해졌다.

10년도 더 전에 구글 엔지니어가 100만 제곱피트(2만 8,103평)의 **하이퍼**

스케일 데이터센터의 등장을 예견하면서 그것을 창고 규모의 컴퓨터라고 명명했다. 하지만 이보다는 과거 1913년 뉴욕타임스에 대서특필의 동기가 되었던 같은 이유로 **디지털 대성당**이 더 적절해 보인다. 고층빌딩이 규모가 커지고 건립 수 측면에서 급증한 것과 마찬가지로 데이터센터의 규모와 건립 수도 급증했다. 지금은 훨씬 더하다. 오늘날의 디지털 대성당은 면적에서, 최초의 엑소더스 데이터센터보다 약 100배가 크지만 그들이 호스팅하는 컴퓨팅 성능 측면에서는 기하급수적으로 성장하였다.

세계 최대 규모의 데이터센터 중 하나(최소한 이 책을 쓰는 시점-2020~21년-에서는)는 네바다 Nevada 주 리노 Reno 근처에 소재하고 있다. 면적은 부르즈 할리파의 거의 두 배에 이른다.[37] 부르즈 할리파가 약 10만 개의 생물 프로세서(사람)를 수용한다면 데이터센터는 약 20만 개의 실리콘 프로세서를 수용한다. 고층빌딩과 데이터센터의 평당 건축비는 거의 같지만 데이터센터는 고층빌딩과 비교해 평당 5배의 임대료를 벌어들인다.[38]

비록 부르즈 할리파 규모의 고층빌딩은 실제로 많지 않고, 건립 계획 단계 중인 것도 몇 안 되지만 하이퍼스케일 데이터센터는 전 세계적으로 이미 500여 곳이 있고 가까운 장래에 100곳 이상 건립될 것이 예상된다.[39] 각각의 면적은 100만 제곱피트(2만 8,103평) 이상이다. 오늘날 세계 최대인 10곳의 데이터센터 면적을 합치면 10채의 초고층빌딩의 면적을 합한 것보다 더 크다.[40] 그리고 5,000곳 이상의 초대형급 데이터센터가 세계적으로 운영되는데 초대형급(이를테면 올워스급의 고층빌딩) 오피스센터가 1,500채인 것과 비교된다.[41] 이보다 더 작은 데이터센터도 약 8백만 곳에 이른다.[42] 이렇게 부동산 측면에서만 비교해 봐도 우리가 정보 인프라의 물리적 규모 면에서 변화의 초기 단계에 있다는 것이 분명해진다.

오늘날 연간 약 200억 달러 정도가 클라우드 데이터센터 내 실리콘 서버를 추가하는 데 쓰인다. 2020년에만 COVID-19로 인한 대봉쇄와 경기 후퇴라는 경제 하강 기류로 그 속도가 약간 늦춰졌을 뿐이다. 이 수치는 불과 10년 전 연간 지출의 두 배에 해당한다. 무어의 법칙에 따른 발전을 고려하면 그 지출은 연간 추가되는 컴퓨팅 성능이 10년 전 그것과 비교해 300배가 증가했다는 것을 나타낸다.[43]

이제 클라우드 구조의 새로운 특성을 설명해야만 한다. 바로 **엣지 데이터센터**다. 수만 곳의 마이크로 데이터센터가 클라우드 인프라의 엣지에 구축돼 고객과 더 가까워질 것으로 예측된다. 엣지에는 더 작은 데이터센터가 수반되지만 그중 다수는 최초의 엑소더스 중앙 데이터센터보다 규모 면에서 크고, 컴퓨팅 성능 면에서는 전부 엑소더스를 능가한다.

그렇다면, 왜 '엣지'인가? 믿기 어렵겠지만 AI가 주도하는 지능을 먼 곳의 데이터센터로부터 다양한 유형의 실시간 응용 분야로 전송하기에는 광속조차도 너무 느리다. 이를테면 자율주행차, 자동화 제조, 스마트 물리 인프라(사무실이나 병원에 있는) 같은 응용 분야의 경우다. 다가오는 10여 년에는 전 세계적으로 총 7,000억 달러가 클라우드용 엣지 컴퓨팅을 구축하는 데 쓰일 것으로 예상된다.[44]

클라우드는 '정보' 인프라이기 때문에 그것의 규모와 성장을 측정하기 위해서는 핵심 지표로 돌아가야 한다. 즉, 돈이나 평수가 아니라 생성되고 송수신되고, 처리되는 바이트$_{byte}$가 그것이다. 오늘날의 클라우드는 2007년 전체 동안보다 많은 디지털 트래픽$_{traffic}$을 며칠마다 관리하고 있다. 참고로, 2007년은 아이폰이 처음 출시된 해이다. 2025년까지 디지털 트래픽은 다시 400%가 증가할 것이다. 디지털 트래픽의 천문학적인 용량과 디지털 부동산의 보편성은 앰비언트 컴퓨팅 시대의 도래를 알리는 지표다.

이 전환적 인프라가 기술의 다른 영역에는 어떤 영향을 끼치는지 3부에서 다루기 전에 잠시 에너지와의 관계를 살펴보자. 부동산과 고층빌딩, 고속도로 등은 모두 에너지를 사용하는 인프라이다. 클라우드도 마찬가지고, 바로 이 점이 사회의 클라우드화를 100년 전 사회의 전력화_{electrification}에 비유하는 문제의 핵심이다. 분명 클라우드화는 에너지를 생산하기보다는 에너지를 더 소비하는 편에 가깝다.

정보 인프라에 활력을 불어넣기

2020년의 팬데믹 봉쇄 기간 방대한 수의 사람이 출장보다는 화상회의를 요구받았고 온라인 쇼핑도 급격히 늘어났다. 만약 국가 차원의 봉쇄가 10년 혹은 20년 전에 일어났다면 지금처럼 통신을 이용해 재택근무를 할 수 있었던 사람들은 수백만 해고자 무리에 합류했을 것이다. 그리고 대학과 학교의 수천만 학생들의 **재택** 수업은 실현되지 못했을 것이다.

아니나 다를까, 2020년에 수천만 명의 사람이 줌_{Zoom}이나 이와 유사한 프로그램을 이용해 업무를 보거나 사회와 교류하면서 디지털 트래픽이 급증했다. 그뿐만 아니라 전자상거래와 원격진료를 이용하고, 비디오 게임을 더 많이 하고, 더 많은 영화를 스트리밍해 봤다. 사람들은 석유가 소요되는 통근이나 쇼핑을 포기했지만, 디지털로 전환되는 것 역시 석유처럼 필연적으로 에너지를 사용한다. 다만 감춰져 있을 뿐이다. 밝혀진 바에 따르면 에너지 사용량은 모든 형태의 트래픽(교통이든 통신이든)에서 핵심 지표다.

클라우드의 에너지 소모 본성은 다른 많은 인프라, 특히 운송과는 아주 다르다. 운송에 있어서 사람들은 연료 탱크를 채울 때 어디에 90%의 에너지가 쓰였는지를 알 수 있다. 스마트폰이나 데스크톱의 경우에는 에너지의 99%가 먼 곳에 숨겨진 채 전자를 빨아들이며 디지털 대성당과 제멋대로 뻗어 나가는 초고속도로에서 소비된다.

비트$_{bit}$ 운송의 물리학에는 놀라운 사실이 있다. 클라우드 인프라를 이용한 동영상 시청 1시간은 버스로 10마일(16킬로미터)을 갈 때 한 사람이 소비하는 연료 양보다 많은 에너지를 사용한다는 점이다.[46] 사람이 혼자 차로 출퇴근을 하는 대신 줌을 사용한다면 에너지의 순절감으로 이어진다. 하지만 만약 학생이 걸어서 학교에 가는 대신 줌을 사용한다면 인지할 수 있을 정도로 에너지 소비가 증가한다. 바로 이것이 우리 사회 에너지 사용의 미로 같은 본질이며, 100만 제곱피트(2만 8,103평) 빌딩을 열이 발산되는 실리콘으로 가득 채운 결과다.

데이터센터의 1제곱피트(약 0.028평)는 고층빌딩의 1제곱피트보다 전기를 100배 더 빨아들인다.[47] 앞에서 주목했듯이 이제 데이터센터의 면적이 고층빌딩 면적보다 더 넓다. 이것이 데이터센터 기업이 자체 빌딩을 면적이 아니라 메가와트$_{megawatts}$의 관점에서 더 자주 이야기하는 이유다. 특징 없는 디지털 대성당 곳곳에 '서버'라는 실리콘 기계를 설치하는 랙$_{rack}$이 수천 대가 있다고 생각해 보자. 서버는 인터넷에서 물리적 핵심이다. 개별 랙은 테슬라 전기차 50대보다 많은 전력을 매년 소모한다. 더군다나 데이터는 눈에 보이지 않는 수십억 마일의 정보 초고속도로를 이용해 데이터센터를 오고 간다. 정보 초고속도로는 별도로 많은 수의 전력 소모 장치들로 구성되어 있어서 바이트를 오고 가게 한다.

1바이트를 옮기는 에너지 비용은 미미하다. 하지만 우리가 작업을 맡기는 트랜지스터의 수가 천문학적이라는 것은 알 것이다. 이제 인류는 매년 세계의 모든 농장에서 재배한 밀과 쌀의 알갱이를 합한 것보다 1만 배 많은 수의 트랜지스터를 제조한다. [48]

글로벌 정보 인프라는 몇십 년 전에는 존재하지도 않았다가, 이제는 일본 전체가 사용하는 전력의 두 배를 사용한다. 그 추산은 몇 년 전 하드웨어와 트래픽에 기반한 것이다. 분석가 일부는 디지털 트래픽이 최근 몇 년간 치솟으면서 데이터센터의 에너지 사용량에서 효율성 개선으로 인해 증가세가 정체되거나 둔화되었다고 주장한다. [49] 하지만 그런 주장은 상반되는 사실에 기반한 추세를 마주 본다. 2016년 이후 데이터센터의 하드웨어와 빌딩에 대한 지출은 극적으로 가속화되어 왔으며, 더불어 해당 하드웨어 전력 밀도(단위 부피당 전력량)도 엄청나게 증가했다.

이제 정보 인프라는 새로운 특성을 더해 실리콘 부동산의 발자국을 더욱 확장하고 있다. 즉, 엣지 데이터센터를 추가하는 것이다. 최근 예측에 따르면 2020년대에 약 10만 메가와트의 엣지 하드웨어가 추가된다고 한다. 쉽게 말하면 거의, 미국의 상업용 사무 빌딩 전체 공조 시스템에 전력을 공급하는 것과 같다. [50]

하지만 결국 클라우드 인프라가 얼마나 많은 전력을 더 사용할 것인가는 데이터 사용이 얼마나 빨리 증가하느냐에 달려 있다. 컴퓨팅과 통신의 전체 역사에서 바이트 수요는 엔지니어들이 효율성을 향상시키는 속도보다 훨씬 더 빠르게 커져 왔다. 이런 추세가 바뀔 것이라고 이야기할 근거는 없다.

그리고 이제는 AI가 에너지 측면에서(일단 경제적 측면은 신경 쓰지 말자. 나중에 다룰 것이다.) 최신의 예측할 수 없는 요인이다. 왜냐하면 여태껏 발명된 것 중 가장 데이터에 굶주려 있고 실리콘을 집중적으로 사용하기 때문이다.[51] 세계는 수십억 개의 AI 칩을 더 이용할 여정에 올라서 있다. 기계학습만을 위한 컴퓨터 성능의 수치만 해도 몇 개월마다 두 배가 되면서 무어의 법칙의 성장률을 앞지르고 있다.[52] 에너지 회계$_{energy\ accounting}$●를 위한 단일 인공지능 애플리케이션의 패턴학습 단계에서만 하더라도 하루에 1만 대의 차보다 많은 에너지를 사용할 수 있다는 것에 주목해야 한다.[53]

정보 인프라의 에너지 특성에는 근본적으로 밝혀진 뭔가가 있다. 사실 모든 인프라에서 그렇다. 2020년 초에 공표된 마이크로소프트의 에너지 선언문에서 기업이 "인간 번영에서의 발전… 불가분하게 에너지 사용과 엮여 있다."는 사실을 주시한 것에 찬사를 보낸다.[54] 클라우드 중심의 21세기 인프라도 다르지 않을 것이다. 그리고 좋은 것으로 판가름 날 것이다.

● 다양한 활동에 대한 에너지 소비를 측정, 분석 및 보고하는 행위

3 영역에서의 기술 혁명:
정보·소재·기계

기술은 기하급수적으로 성장한다.

J.C. 리클라이더Licklider

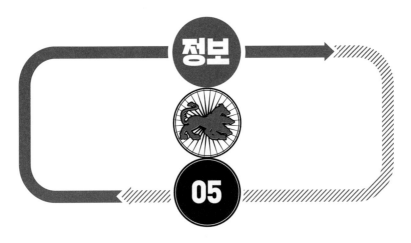

정보:
지식의 호황

이제 인터넷이 전화 통화와 다르듯이 클라우드가 인터넷과 다르다는 것은 아주 분명해졌을 것이다. 지금부터는 3 영역 중 첫 번째 영역, 정보에 대한 클라우드의 영향으로 넘어가 보자. 정의에 따르면 정보는 '무언가 혹은 누군가에 관해 알게 되거나 이해하게 된 사실'이다. 정보는 이러한 정의에 따라, 지식 역시 무언가 또는 누군가에 대한 '이론적 혹은 실제적 이해'라는 정의를 가능하게 만든다. 정보는 모든 것에 단단히 붙어 있다.

클라우드는 이제 다른 시대를 열고 있다. 계산적 측정이 실시간 추론 분석 및 실시간 공유와 결합해서, 완전히 다른 현상이 관련되는 시대다. 정보 획득의 규모와 정확도, 정보에 대한 유례없는 접근성과 즉시성은 측정할 수 있는 것들의 폭증과 함께 역사상 견줄 것이 없을 정도다. 이러한 혁신의 교차가 정보와 지식 창출에 있어서 **상변화**를 나타낸다. 물론 이제는 모든

것을 책의 권 수 대신 바이트 수로 계산한다. (그림 5.1)

클라우드가 정보 획득의 수단을 질적으로 어떻게 변화시키고 있는지로 넘어가기 전에 먼저 정보가 어떻게 저장되는지, 그리고 정보에 접근하는 방법에서 벌어지는 양적 변화를 살펴본다. (나중에 생산 수단에서 벌어지는 변화에 대해서도 알아볼 것이다.) 우리가 정보 획득에서 천문학적으로 규모가 커진 시대에 사는 것은 분명하다. 지금부터 머지않은 미래에 접근할 수 있는 정보의 순규모는 정보에서 일어나는 이 중대한 상변화에서 핵심 도화선 중 하나다. 그 규모는 "양은 그 자체로 질이다."라는 말이 사실임을 웅변한다.

우리 시대를 기록하자면, 오늘날 생존한 노년 세대는 책과 종이 간행물이 정보와 지식의 주요 보고 역할을 할 때 교육받은 마지막 세대이다.

공식적으로는 인쇄된 책의 종말을 보지 못했다. 리클라이더가 말했듯

그림 5.1 규모, 정확도, 실시간의 교차에 따른 정보 획득에서의 상변화

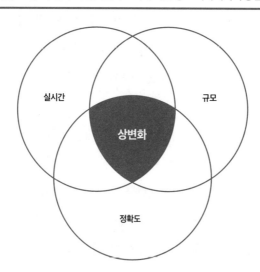

이 "정보를 보여주는 매체로서의 인쇄물은 그야말로 최상"이다. 디지털 도서관이나 디지털북 플랫폼(e-book 리더)도 책에 대한 욕구를 완전히 없애지는 못했다. 오히려 그 어느 때보다도 많은 책이 팔리고 있다. 세계적으로 매년 수백억 권의 책이 팔리고 산업 규모만 440억 달러에 이른다.[1] 최근 몇 년간 이북 e-book 은 판매가 정체되어 있는데 양장본의 판매는 오히려 늘고 있다. 그리고 판매되는 책의 절반은 논픽션이다.

하지만 알렉산드리아 Alexandria 대도서관까지 거슬러 올라가는 가치 척도로 책과 학술지의 수를 세는 것은 더 이상 정보량에 대한 핵심 기준이 아니다. 1960년대 중반에 현존 정보의 실제 페이지 전부를 저장하는 데 필요한 디지털 메모리의 바이트 수가 얼마나 되는지를 추정한 리클라이더를 생각해 보자. 그 당시의 추정치로는 엄청나게 큰 숫자였다. 그는 디지털 미래의 도서관이라는 비전을 실현하기 위해서는 디지털 메모리 용량이 주요 걸림돌이라고 봤다. 그는 당시 모든 책과 출판물을 저장하는 데는 10억 메가바이트가 필요할 것이라고 계산했다. 단, 미술품과 음악은 제외했다. 이것은 메인프레임의 메모리 시스템이 1메가바이트만 가능했을 때 이야기다. 또, 그만큼 컸던 것은 당시 존재하는 모든 정보의 총계로 1페타바이트로 추정했다. 페타바이트는 우리 시대의 큰 숫자에 대한 명명법이었다. 그는 그 양이 2000년까지 5배 증가할 것이라고 예상했다.[2]

하지만 2000년이 되자 정보의 양은 5배가 아닌 최소 10만 배가 증가했다. 그리고 Y2K 이후 20년 동안 정보의 총계는 적어도 1,000배 증가했다. 2040년까지 다시 1,000배 증가할 것 같다. 정리하자면 Y2K 이전의 40년 동안 데이터 우주의 규모는 10만 배 늘었지만 Y2K 이후 40년에는 100만 배가 늘어날 것이다. 확실히 '그 자체로 질이라고 할 수 있는 양'이 맞다. 정보의 성장에 점근선 혹은 한계가 있을 것이라 기대할 이유도 없다. 정보는 사실상 한계가 없는 영역이다. 이 세상에서 우리가 지식을 추구하면서 어떤 방식으로든 측정할 수 있는 것의 수에는 끝이 없다. 그것이 상거래든 과학이든 말이다.

큰 숫자에 사용하는 접두사가 동이 나고 있다

이 세계의 디지털 도서관은 리클라이더가 1960년대 중반에 상상했던 것을 훨씬 넘어서 있다. 사실 1990년대가 되자, 리클라이더뿐만 아니라 다른 이들이 상상했던 것도 넘었다. 아직 클라우드 시대의 초기인데도 리클라이더가 보고서를 발표할 때 존재하지 않았던 숫자의 이름을 사용할 수밖에 없는 상황이다. 지금은 데이터를 **제타바이트**zettabytes로 세는데, 이 접두사는 리클라이더의 연구로부터 30년이 지나 만들어졌다.

명명법은 중요하다. 번호를 붙이고 세는 것, 즉 우리가 숫자에 사용하는 이름은 아마 인류의 가장 오래된 기술일 것이다. 그것은 우리가 아이디어와 패러다임을 짜는 것을 돕고 상거래를 할 수 있도록 한다. 우리가 사물을 측정하는 데 사용하는 숫자를 보면 문명의 상태를 꽤나 파악할 수 있다. 역사학자들은 형식을 갖춘 번호 붙이기가 기원전 4천년 수메르인으로부터 시작되었다고 본다. 하지만 당시에는 상상할 수도 없이 큰 숫자였던 백만에 사용할 단어(상형문자)는 고대 이집트인들이 처음 만들었다.[4] 그 이래로 줄곧 사회의 소비와 서비스 규모가 확장되면서 큰 숫자의 사용과 함께 그런 큰 수와 친숙해지는 것이 필요해졌다.

식품과 광물의 연간 생산량은 이제 수백만 톤으로 계산된다. 이 밖에 사람과 장비의 수는 수십억 단위로, 항공과 고속도로 사용량은 합쳐서 수조 마일로, 전기와 천연가스는 수조 킬로와트 혹은 입방피트(세제곱피트)로, 경제는 수조 달러로 계산된다. 하지만 일 년에 1조의 속도라면 그 어떤 것일지라도 1제타에 이르는 데 10억 년이 걸린다.

큰 숫자에 대한 이름을 지어내는 과정은 우리가 측정하고 계산할 수 있는 것의 역사가 어떻게 확장되어 왔는지를 개략적으로 떠올리게 한다. 엄청나게 큰 수에 대응하는 접두사를 잘 모르는 독자를 위해 설명하자면, 먼저 각 접두사는 1,000배로 뛰었음을 알린다. 우리에게 친숙한 킬로$_{kilo, 1,000}$ 접두사는 1795년까지 거슬러 올라간다. 1,000킬로, 즉 100만에는 1873년에 메가$_{mega}$라는 접두사가 주어졌다. 10억에 대한 기가($_{giga}$ 1,000메가)와 테라($_{tera}$ 조 혹은 1,000기가)는 둘 다 리클라이더의 시대인 1960년에 채택됐다. 1975년에는 접두사 페타($_{peta}$ 1,000테라)와 엑사($_{exa}$ 1,000페타), 그리고 1991년에는 제타($_{zetta}$ 1,000페타)가 공식적으로 탄생했다.

큰 숫자에 사용하는 이런 접두사는 편리하지만, 본질적으로 어떤 맥락 없이는 상상하기 어렵다. 1달러 지폐를 제타만큼 쌓는다면 지구에서 9,300만 마일(1억 5천만 킬로미터) 떨어져 있는 태양까지 70만 번을 왕복할 수 있다. 그런 규모는 상상조차 불가능하다. 지구 대기를 구성하는 모든 분자의 질량은 약 5제타그램이다.

제타 이후로는 제타보다 1,000배 큰 것에 대한 공식 접두사 요타$_{yota}$만 있다. 2020년대가 지나기 전에 클라우드가 요타바이트 시대를 돌파할 것이기 때문에 일부 컴퓨터 과학자들은 비공식적으로 새로운 접두사를 승인했다. 1,000요타에 해당하는 브론토$_{bronto}$바이트와 1,000브론토에 해당하는 지옵$_{geop}$바이트가 그것이다.[5] 안타깝지만, 파리의 국제도량형국

International Bureau of Weights and Measurements은 덜 창의적인 명명을 선택할 수도 있다.[6]

오늘날의 전 세계 디지털 도서관 규모에 관한 관점을 얻는 또 다른 방법을 생각해 보자. 리클라이더와 반대로 시작할 수 있다. 리클라이더는 그 시대의 실제 책 권수를 바이트 단위로 표현했다. 이와는 반대로, 예를 들어 클라우드에서의 바이트 수를 파운드 단위로 표현하는 것이다. 오늘날 60제타바이트로 추정되는 연간 저장되어 이동하는 정보 총량은 사실 일종의 물리적 하드웨어에 저장되어 이동한다. 그래서 60제타바이트의 무게가 얼마나 나가는지를 물을 수 있다. 바이트 하나의 무게는 순전히 수학적이라 적절하지 않고, 이를테면 60제타바이트를 하나의 디지털 도서관에 수용할 수 있는 하드웨어의 무게를 말한다.

답은? 1,500만 톤이다. 그런 실제적 특징을 잡아 낼 수 있었던 것은 아마존 덕분이다. 아마존은 정보를 한 저장소에서 다른 저장소로 이동하는 데 사용하는 기계로 정보의 '무게'를 추정할 수 있었다.

아마존은 자체 클라우드 인프라를 확장하면서 뜻 모를 이름의 제품인 스노우모바일 snowmobile을 출시했다. 스노우모바일은 무게 33톤, 길이 45피트(13.7미터)의 세미 트레일러 트럭으로, 디지털 메모리로 가득 차 있다. 한 대의 스노우모바일은 100페타바이트의 데이터를 저장할 수 있는데 대략 스마트폰 200만 대에 담길 수 있는 데이터 양이다. 스노우모바일은 대규모 사내 데이터 저장소가 있는 조직이 그 정보를 클라우드로 옮길 때 사용하는 수단이다. 다양한 유형의 조직에서 대부분의 애플리케이션을 클라우드로 옮기는 사례가 점차 늘고 있다. 규모의 경제 덕분에 데이터 저장뿐 아니라 프로세스와 보안에도 클라우드가 더 저렴한 대안이기 때문이다. 현장의 실제 업무와 유지보수 업무도 당연히 없애준다. 하지만 사내 현장에서 원거리의 하이퍼스케일 데이터센터로 데이터를 옮기려면 수단이 있어야만 한다.

근거리에 비해 장거리 데이터 전송 속도가 느려지는 것은 피할 수 없고 성가신 물리학적 현실 중 하나다. 100페타바이트의 소중한 데이터를 원거리의 창고 규모 데이터센터로 옮기려면 최고의 고속 광네트워크를 사용하더라도 20년이 걸린다. 만약 거리가 몇 미터라면 약 1주일이면 할 수 있는 작업이다. 그래서 고객 현장에 스노우모바일을 주차시키고 데이터를 업로드한 후 그 저장소를 클라우드 데이터센터까지 말 그대로 운전해 가는 것이다. 참으로 아이러니하지 않을 수 없다. 업로드하는 동안 스노우모바일의 실리콘 하드웨어는 석유 약 40배럴(6,360리터)에 해당하는 전력을 소비한다. 그리고 도로로 진입해서 클라우드 데이터센터까지 트럭을 운전해 갈 때는 강철 엔진에서 다시 약 10배럴(1,590리터)의 석유가 소비된다.

이런 관점은 우리에게 뭔가 유용한 것을 말해준다. 바야흐로 2020년대가 요타$_{yotta}$바이트 시대를 맞이하는 가운데, 아마존의 사례는 인프라를 구축하고 운영하는 것과 관련해서 공학 및 사업에서의 실제 난관으로 무엇이 실재하는지 보여준다.

데이터는 새로운 석유다

"데이터는 새로운 석유다."라는 참신한 표현은 영국의 수학자이자 데이터 과학자인 클리브 험비Clive Humby가 2006년에 말한 것으로 보인다.[7] 석유와 데이터의 차이는 석유는 에너지를 생산하는 반면 데이터는 에너지를 사용한다는 점에서 분명해진다. 하지만 그 점이 중요하지는 않다. 석유는 연소 엔진에 연료로 사용되면서 수많은 새로운 유형의 제품과 서비스를 만들고

20세기의 경제 상승을 주도했다. 이제 우리는 원시 데이터, 즉 정보가 실리콘 엔진에 연료로 사용되면서 훨씬 더 많은 새로운 제품과 서비스를 창출해 21세기의 번영을 이끌리라는 것을 안다.

이 비유를 계속 설명하자면, 자원으로서의 데이터는 역사상 아주 독특하다. 우리가 측정하고 기록하고 싶은 뭔가를 단순히 상상하는 것만으로도 데이터가 만들어지기 때문이다. 데이터의 한계는 '디지털화할 것이 뭐가 더 있지?'라는 질문에 대해 답하면 알 수 있다. 대답은 무엇이든, 모든 것이다.

그래서 우리는 데이터의 본질 자체가 전환되는 시대에 살고 있다. 이제 데이터는 합성 제품(플라스틱, 약품, 휘발유)이 화학 이전 세계의 천연 제품(나무, 종이, 곡물)과 다른 것처럼 디지털 이전 세계와는 다르다. 우리는 아직 생성하고, 저장하고, 나중에 유용한 제품이나 서비스로 가공해야 할 데이터의 다양성과 규모 모두에서 전례 없는 확장의 벼랑에 서 있다.

고대 이집트인은 곡물의 저장 같은 것에 관한 데이터를 모았다. 이런 데이터들이 계획을 가능하게 했기 때문이다. 로마의 인구조사는 인간이 계산 용도로 가장 싫어하는 세금 징수에 정확도를 더했다. 데이터 수집의 두 형태(공급 관리나 세입 징수) 모두 오랫동안 문명의 중심에 있었다. 이제 우리는 광산에서부터 공장과 소비자에게까지 전달되는 자재를 계산하고 추적하는 디지털 수단을 가지고 있다. 실시간으로 언제든 측정할 수 있는 모든 것(장소, 기온, 속도, 마모율 등)에 관한 특성도 마찬가지다. 현대의 데이터는 병원을 방문하는 환자 수나 도시를 운행하는 차량의 대수를 넘어선다. 이를테면 개별 환자의 심박수, 특정 위치나 활동(서 있거나, 자거나, 움직이거나, 숨 쉬는 것)에 대한 실시간 데이터, 혹은 차나 점차 늘어나는 기계 및 장비의 위치, 속도, 작동 상태에 대한 실시간 데이터가 그것이다.

여기에 더해 데이터에 관한 데이터가 있다. 금융 파생상품과 유사하다고 생각하면 된다. 금융 거래에는 어떤 거래든 세부 사항에 상관없이 속도와 규모에 유의미한 정보가 있다. 이를테면 주식시장 가치에서의 변화 방향과 속도 같은 것이다. 마찬가지로 데이터를 취합하고, 전송하고, 저장하고, 처리하는 모든 기계에서 발생하는 **디지털 배기**digital exhaust●에도 유의미한 정보가 있다. 소위 말해서, **메타데이터**metadata는 디지털 시스템의 규모가 범위와 세분화granularity에서부터 모든 것의 틈새로 뻗어가면서 더욱 중요해지고 있다.

메타데이터로부터 추출된 패턴은 데이터 기계 자체의 상태를 넘어서 많은 것을 알려준다. 기계가 갖고 있는 복잡성과 모든 것이 얼마나 기계에 의존하는지를 감안할 때, 이 패턴은 기계의 상태만큼 중요하다. 메타데이터는 주데이터가 무엇을 하는 데 이용되는지에 관해 많은 것을 알려준다. 예를 들어, 전화를 걸거나 받은 장소 및 빈도 혹은 기계 작동에 관한 패턴은 기계를 사용하는 데 있어 기저 활동에 관해 뭔가를 알려줄 수 있다.

앞에서 주목했듯이 이제까지는 구 경제old economy 비즈니스에 대한 흥분과 혼란이 대개 정보 중심 활동에 집중됐다. 전화와 텔레비전, 메일, 뉴스, 엔터테인먼트, 광고, 금융, 여행 서비스의 가상 세계가 그 예이다. 한편 경제의 대부분, GDP의 80% 이상은 물리적인 실제 기계와 그 활동에 연관되어 있다. 이를테면 농장과 공장, 주택, 사무 빌딩, 병원, 발전소, 차량 등이다. 디지털화는 하드웨어 관련 활동에서는 아직 초기 단계에 머물러 있다.

● 디지털 배기(digital exhaust)는 '디지털 발자국'이라고도 하며, 개인이 웹 사이트 및 서비스와 상호 작용할 때 생성되는 '모든 정보' 또는 '소비자 데이터'이다.

물론 소프트웨어는 오래전부터 하드웨어 영역을 점진적으로 침범해 왔다. 산업 자동화에 사용하는 소위 **펌웨어**firmware (하드웨어의 일부로 내장된 소프트웨어) 제어 시스템은 인터넷보다 먼저 등장했다. 하드웨어 디지털화가 지체된 것은 해당 산업의 수장들이 세상에 어두워서가 아니라 효과적이고, 저렴하고, 견고하고, 정확해 어디서나 유용하게 활용할 수 있는 센서를 개발해 상업화하기가 어려웠기 때문이다. 센서와의 무선 연결이 최근에서야 상업 규모로 자립하게 된 것이 도래하는 상변화의 열쇠 중 하나다. 이러한 센서에서 발생하는 데이터의 양은 지금까지의 모든 데이터를 무색하게 만들 정도일 것이다.

자원으로서 데이터는 가공하지 않은 아날로그 데이터(시간의 흐름을 보여주는 시계 바늘이나, 온도의 변화를 보여주는 수은주)와는 다르다. 사람이 데이터 자원을 만들었기 때문이다. 그리고 데이터 자원을 만들기 위한 기술 수단이 규모와 정확도에서 계속 확대되고 있다.

인공 환경과 자연환경은 무한한 데이터 보고다

최소한 기원전 250년경의 알렉산드리아 대도서관부터는 물리적 도서관이 정보의 주된 저장소였다. 당시 50만 권을 소장해(일부는 수백만 권이었다고 추정한다) 세계 최대 규모의 도서관이었다. 정보와 지식의 중앙화는 알렉산드리아시에 정치 권력과 경제력 둘 다를 안겨 주었다. 그리고 세계의 천재들을 끌어들이는 역할을 했다. 아리스토텔레스Aristotle가 스승의 반열에 있었고 아르키메데스Archimedes와 유클리드Euclid가 연구를 통해 대대로 이어지는 주요 통찰에 이르게 되었던 곳도 바로 그곳이었다.

그와 비견될 만한 전환을 가져온 또 다른 정보 시스템은 1440년경, 구텐베르크가 활판 인쇄술을 발명하고 나서 도래했다. 그전까지는 필경사가 책 한 권을 만드는 데 꼬박 4개월이 걸렸고 그 안에 담긴 정보는 말로 퍼트리는 것보다 빨리 퍼질 수 없었다. 현대적인 표현을 빌리자면, 인쇄기는 정보 저장의 기하급수적 개선이라 할 수 있으며, 필경사보다도 최소 200배 빨리 책을 만들어 냈다.

또 다른 500년이 흐른 뒤, 정보를 저장하고 공유하는 수단으로 똑같이 중요한 차기 기술 전환이 등장했다. 19세기 중반의 회전식 증기 인쇄기는 펄프지를 만든 화학 혁명과 함께 물리적 정보 생산율을 100에서 1,000배나 신장시켰다.

20세기 중반까지는 정보 생산이 세상을 삼킬 것처럼 보였다. 제2차 세계 대전 기간 루스벨트 대통령의 과학 고문을 했던 버니바 부시 Vannevar Bush 는 〈디 애틀랜틱 The Atlantic〉 1945년 호에서 다음과 같이 썼다:

> 인간 경험의 총체는 엄청난 속도로 확장되고 있다. 그런데 그 결과로 생긴 미로를 관통해 곧바로 주요 항목에 도달하는 데 사용하는 수단은 돛단배 시절에 사용하던 것과 똑같다.[9]

그리고 겨우 15년이 지나 리클라이더가 1962년 도서관 자료위원회 의뢰 연구에서 당시 엔지니어와 학자들이 공유했던 인식을 통합해 보고했다. 컴퓨터는 근본적으로 정보에 대한 저장과 접근을 개선하는 길을 유일하게 제공한다는 것이다. 도서관 자료위원회는 이러한 상황을 잘 알고 있었다. 그들의 사명선언문에서 미래의 저장소는 "오늘날의 도서관과 아주 같지는 않을 것"이고 책에 "기반하지도 않을 것"이라고 언급한 것이다.[10]

리클라이더를 통해 우리는 문서를 보여주는 데 당시로는 획기적이었던 전자스크린을 종이 대신 사용하는 아이디어의 기원을 발견했다. 컴퓨터를 키보드가 아니라 터치스크린으로 조작하고 컴퓨터 코드 대신 일반 언어를 사용해 검색할 수 있는 소프트웨어의 기원도 마찬가지다. 우리 시대에는 이제 진부한 예측이 되어 버린 "기술은 기하급수적으로 성장한다."를 명확하게 표현한 것은 아마 리클라이더가 처음일 것이다.

기하급수적 성장은 우리 시대에도 빠른 속도로 진행되고 있다. 그런데도 수사적 과장이 현실을 과소평가한 드문 경우다. 데이터 생산의 대폭발은 우리가 구축한 인공 환경의 운영과 활동을 관찰하고 측정하는 본질과 역량에서 기인한다. 여기다 다양한 종류의 하드웨어 및 시스템에서의 자동화가 증가하면서 증폭 효과가 일어난다.

자동화에는 센서와 소프트웨어, 제어 시스템이 필요해 필연적으로 방대한 데이터 스트림이 발생한다. 완전 자율주행차와는 한참 거리가 먼 **커넥티드**connected **자동차**도 수반되는 특성과 안전 시스템 때문에 차 한 대당 하루에 몇 테라바이트에 달하는 데이터가 발생한다. 이미 세계적으로 10억 대가 넘는 차가 있고 미래에는 훨씬 더 많아질 것이다. 따라서 그러한 추세로 일 년이 아니라 하루에 몇 제타바이트의 데이터가 발생할 것이다. 이것은 수많은 다른 하드웨어에서 유지보수와 안전을 향상하기 위해 발생하는 기계당 몇 테라바이트의 데이터는 포함하지 않은 양이다. 전체 비즈니스와 공급망, 인프라의 활동과 모든 일상 사물의 활동에서 발생하는 데이터는 말할 나위도 없다.

이와 유사하게, 밀접하게 연결된 또 다른 데이터 확장형 거시 영역macro에서는 자연환경의 모든 특성을 감지하고 측정하는 우리의 역량이 거침없이 발전하고 있다. 예를 들어 농경지에 뿌릴 수 있는 **스마트 더스트●** 센서를 이용해서 거대한 가상 도구에 필적하는 센서를 개발하고 있다. 또한 새로운 부류의 과학 장비가 전례 없는 혁명을 예고하고 있다. 망원경과 현미경이 발명된 이후 그 어느 것과도 견줄 수 없는 혁명이다. 이제 과학자들은 천문학 자체의 연구에서뿐 아니라 생물학의 연구에서도 새로운 장비로 천문학적 규모의 정보를 모으고 있다. 그리고 이러한 연구 하나하나에서 몇 페타바이트의 데이터가 발생한다.[11]

측정 수단의 진보는 어떤 경우에는 컴퓨팅에서의 주요 발전보다 훨씬 더 급격하기까지 하다. 이제 센서는 자연의 바닥까지 쫓아 정말 마술 같은 방법으로 측정할 수도 있다. 오늘날의 기기는 사실상 개별 박테리아의 움직임까지 귀 기울일 수 있다. 예를 들어 과학자들은 최근 원자핵 지름의 1,000분의 1 크기에서 벌어지는 움직임을 측정할 수 있는 센서를 개발했다.[12]

모든 추세는 결국 포화상태를 맞게 된다. 하지만 인류는 어떤 견지에서 보더라도 정보 공급의 정점에서 아주 멀리 떨어져 있다. 정보는 유일하게 한계가 없는 자원이다.

인류의 부상에 있어 기본적인 전환들 가운데, 정보에 접근하고 저장하는 수단만큼 근본적이면서 드물게 바뀐 것은 거의 없다.

● 1990년대 후반 미국 캘리포니아 대학교에서 처음 개발한 저가격, 저전력, 소형의 컴퓨터 센서이다. 센서의 크기가 눈에 보이지 않을 정도로 작아서 마치 먼지처럼 뿌릴 수 있는 센서라는 뜻에서 이러한 이름이 붙었다.

06

정보: 상거래의 디지털화

클라우드 시대에 우리가 어떤 것을 측정하고 그에 관한 정보를 수집하는가에 있어
규모가 있으면서 유례없이 확장할 영역은 바로 상거래와 산업이다.

2008년, 드디어 정보의 루비콘을 건넜다. 그해 처음으로 사람보다 기기
가 더 많이 인터넷에 연결된 것이다.[1] 불과 5년 전만 해도 사물보다 10배
많은 사람이 인터넷에 연결되어 있었다. 이제 데이터의 대다수는 일상에
구축된 환경에 숨겨진, 그 수가 점점 늘고 있는 기기로부터 수집되고 있다.
스마트폰이 아니라 이를테면 빌딩과 가정, 병원 등이다. 다음에 도래하는
것은 전적으로 새로운 부류인, 생체에 적합한 센서의 부상이다. 뒤에서 살
펴보겠지만 이 센서는 사람의 생물학적 기능에 관해 수집할 수 있는 정보
를 근본적으로 확장해 준다. 그리고 이러한 정보는 의료 영역뿐 아니라 우
리의 개인 건강에도 관련될 것이 자명하다.[2]

데이터 흐름의 지배적인 형태는 개인적(이메일과 비디오 엔터테인먼트)인
영역에서 산업 및 상업 영역으로 옮겨갔다. 매년 사물인터넷_IoT에 쓰이는

수천억 달러에서 소비자 응용 분야는 이제 15%가 채 안 된다.[3] 그럼에도 대부분의 조직은 아직 IoT 시스템을 배치하지 않고 있다.[4] 또 이 수치는 정보 시스템 중 옛날 방식의 관리, 마케팅, 영업, 회계 분야에 대한 지출은 계산하지 않은 것이다. 측정 용도로 배치되는 과학 분야 기기에서 사용하는 정보 시스템(하드웨어와 소프트웨어)도 빠져 있다. 반도체와 제약 생산부터 운송과 농업 시스템까지 모든 형태의 생산과 프로세스를 모니터링하고, 제어하기 위해 배치한 IoT 시스템만의 수치인 것이다.

정보가 경제를 완전히 지배하게 될 미래는 기업의 자본 지출에 대한 정부의 기본 회계에서 알아볼 수 있다. 자본 지출은 4개의 기본적인 주요 범주로 나누어져 있는데, 인건비와 세금을 제외하면 미국 기업들의 최상위 지출원에는 '정보'가 포함되어 있다. 하드웨어 측면에서는 직접적으로, 기업용 소프트웨어 측면에서는 간접적으로 포함되어 있다. 기업용 소프트웨어는 클라우드 어딘가에 위치한 하드웨어 안에만 있다. 정보는 21세기가 시작된 이후 미국 자본 지출에서 가장 큰 범주였다. (그림 6.1) 이런 추이는 나머지 선진국에서도 비슷하게 나타난다.

상거래 데이터의 쓰나미

일상적인 측정에서 정신을 번쩍 들게 만든 디지털화 예는 2020년 팬데믹 동안 볼 수 있었다. 바로, 전 세계에서 시민들이 빌딩이나 공공장소에 들어갈 때, 혹은 대중교통을 이용할 때 누군가 체온 측정을 위해 '총(비접촉식 온도계)'을 이마에 겨누는 모습이다.

이런 모습은 1999년, 프란체스코 프랭크 폼페이 Francesco Frank Pompei의 발명

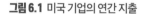

그림 6.1 미국 기업의 연간 지출

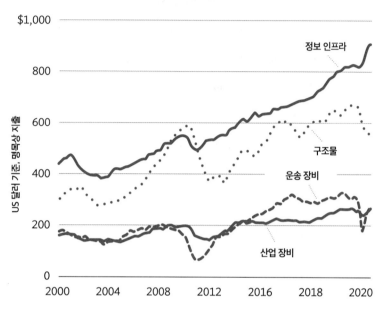

출처: 세인트루이스 연방준비은행(Federal Reserve Bank of St. Louis)

품인 원격 디지털 온도계에 그 공을 돌려야 한다. 원래는 아이의 체온을 쉽게 재기 위해 고안된 이 온도계는 이후 가정과 병원뿐만 아니라 산업과 상거래의 수많은 응용 분야에서 보편화되었다.

폼페이의 발명은 디지털 시대의 도구 덕분에 가능했다. 온도계는 적외선(이를테면 열)을 감지하는 특성을 가진 새로운 부류의 반도체 소재와 소형 컴퓨팅 칩에서 실행되는 온보드on-board 소프트웨어가 결합된 것이다. 온도 측정에 사용한 조잡한 도구는 이집트 시대까지 거슬러 올라가 찾을 수 있다. 우리에게도 친근한, 이제는 구식인 유리 소재의 의료용 체온계 역시 100년이 넘는 기간 동안 사용되고 있다. 유리 체온계는 그 당시를 기준으로, 150년 전인 다니엘 파렌하이트Daniel Fahrenheit가 발명한 온도계에 비해 4 배나 측정 속도가 빨라진 것으로, 열을 재는 기술에서 일어난 마지막 도약 이었다.

온도는 종종 생물학적 과정(물질대사와 항상성)뿐 아니라 화학 의약품 제 조 공정이나 연소 공정에서 상태를 판단하기 위해 취하는 첫 번째 측정값 이다. 온도를 통해, 거의 모든 형태의 활동을 직접적으로 판단하기 때문에 우리 우주의 기본 특성이기도 하다. 바로 이 점이 우리 몸이든 경제이든, '뜨거워hot'지는 뭔가를 표현할 때 온도를 비유에 사용하는 이유다.

이제 실리콘 센서의 크기나 비용이 줄면서 온도와 다른 환경 현상을 지 속적이고 대규모로 측정할 수 있게 되었다. 센서가 탑재된 소비자 사용 기 기로는 이미 다양한 질병의 초기 증상을 발견할 수 있다. 온도뿐 아니라 심 장 박동수, 혈액 내 산소 포화도, 움직임과 그런 측정이 이루어진 위치(가끔 은 위독한 항목) 등을 측정함으로써 가능하다.

개인의 위치를 정확하고 지속해서 식별할 수 있는 능력의 확산은 역사 상 측정에 있어 가장 놀랄 만한 진보다. 이와 비교할 만한 위치 측정의 발 전은 18세기 중반으로 돌아가 봐야만 한다. 1714년, 영국 정부는 항해용 항법 장치를 개발한 사람에게 보상하기 위해 경도상longitude prize*을 시상하기 로 했다. 그 난제(항해용 항법 장치의 개발)가 실제로 풀리기 50년 전이었다. 이제 운전자와 보행자 모두 개인적, 실시간, 정밀 내비게이션을 당연하게 여긴다.

수백만 대의 기계 혹은 스마트폰을 가지고 다니는 사람의 개별 움직 임과 위치를 동시에 측정하는 능력은 1950년대나 60년대에는 없던 아

---

* 인류의 난제를 해결한 사람에게 주는 상

이디어였다. 아니 상상도 못 했다. 그때 스탠퍼드 대학교의 브래드퍼드 W. 파킨슨Bradford W. Parkinson과 비영리 단체인 에어로스페이스 코퍼레이션 Aerospace Corporation의 이반 A. 게팅Ivan A. Getting이 정확한 내비게이션에 위성 신호를 이용하는 방법을 고안했다. 둘은 2003년, GPS의 발명으로 미국 공학 한림원National Academy of Engineering이 수여하는 드레이퍼상Draper Prize을 수상했다. 드레이퍼상은 공학 분야의 노벨상에 해당하는 것이다.[5] 군용의 실용 GPS 시스템은 1989년 이후에야 출시되었다. 상업용 GPS 시스템은 4년 후인 1993년 후반에 출시되었다. 그리고 실리콘 제조 기술에서의 상당한 발전으로 GPS 칩셋 크기가 축소되면서, 그 결과 1999년쯤에는 처음으로 핸드폰에 적용되었다. 모든 전화기에 기본적으로 GPS 칩셋이 탑재되기까지 10년이 채 걸리지 않았다. 그러면서 개별적인 사람, 동물, 기계의 정확한 위치를 측정할 수 있게 되었다.

돌이켜보면 얼마나 많은 사람이 2020년 코로나 봉쇄 기간, '집에 머물겠다'라고 선택하는지 알기 위해, 별도의 설문조사를 할 필요가 없었다. 마치 도시의 교통량처럼, '집에 머무는 것'을 실시간으로 측정할 수 있기 때문이다. 수백만 대의 스마트폰과 연관된 모든 움직임을 보여주는 데이터를 익명으로 이용하면 되는 것이다. 미국인의 4분의 3이 스마트폰을 가지고 있고, 5분의 1이 헬스 센서가 탑재된 스마트워치나 피트니스 트래커를 차고 있어 이미 도시 규모(시골 규모도 마찬가지)의 건강 관련 움직임의 패턴을 시각화하는 능력을 갖추고 있다.[6] 측정의 연대기에서 이와 비슷한 그 어떤 것도 가능했던 적이 없었다.

우리가 보고, 하는 것의 디지털화

GPS를 발명한 사람들과 마찬가지로 1969년 벨 연구소 소속 윌러드 보일Willard Boyle과 조지 스미스George Smith가 아니었으면, 수조 장에 이르는 사진을 찍는 수십억 대의 카메라에 대한 아이디어를 떠올리기 어려웠다. 하지만 그해 둘이 발명한 실리콘 소자는 디지털카메라를 실현시켰다. 둘은 후에 전하결합소자CCD, Charge-Coupled Device를 발명해 2006년 드레퍼상을, 2009년에는 노벨 물리학상을 수상했다. 이 실리콘 센서는 사진용 필름의 한 세기에 걸친 군림의 종말을 알리는 신호였다.

CCD 이미저(이미지 센서imager ●)는 동종의 실리콘 기술인 CMOS 이미지 센서가 곧 대체했는데, CMOS 이미지 센서의 주요 이점은 CMOS 트랜지스터와 같은 제조 기술을 이용해 생산할 수 있다는 것이었다. 그래서 실리콘 CPU의 빠른 비용 절감과 성능 향상에 업혀 갈 수 있었다. GPS 칩셋이 그랬던 것과 많이 닮았다.

물론 디지털카메라의 발명은 물리적 필름의 지배를 종식시켰다. 물리적인 사진용 필름은 시각 정보를 기록하고 많은 형태의 시각적인 측정에 있어 그 이전까지는 혁명적 수단이었다. 1900년 조지 이스트먼George Eastman이 코닥 브라우니Kodak Brownie 카메라를 발명해 사진의 대중화를 가져온 것에 필적할 만큼 중요한 전환이었다. 당시 사진 이미지의 확산은 단순한 새로운 소비재(그리고 과학용/상업용 도구)의 부상이 아닌, 그 이상으로 화제를 일으켰다. 또한 사생활에 관한 우려도 불러일으켰다. 사람들은 많은 사람에게

● 반도체 기술로 이미지를 획득하는 장치

부여된 권한으로 자신들이 원치 않는 촬영이 이루어지는 것을 우려했다. 전체적인 맥락을 고려했을 때 정확히 어떤 사진이, 사진에 찍히는 자의 의사에 반하는지에 관해 법적으로도 진퇴양난의 상황이었다. 사람들이 우려한 것은 이후에 이미지가 조작되는 것이었다.[7] 지금은 우리에게 익숙한 이슈이다.

그럼에도, 디지털카메라는 이제 세계에서 가장 많이 이용되면서 데이터를 발생시키는 정보 도구가 되었다. 스마트폰의 기본 기능이기 때문만이 아니라 상거래와 과학에도 많이 내재되어 있기 때문이다.

우리가 정보를 측정하고 기록하는 데 믿을 만한 수단으로 시각적인 도구에 자연스럽게 끌리는 것은 대체로 시각이 인간의 5대 감각 중 지배적인 위치에 있기 때문이다. 뇌에는 청각보다 시각을 담당하는 신경세포가 약 10배 더 많다.[8] 이 때문에 우리는 통상 GPS 측정치를 받아서, 보는 방식으로 지도를 사용하는 것이다.

시각적 측정의 확산은 비트뿐 아니라 픽셀pixel로도 계산할 수 있다. 픽셀은 화면을 구성하는 이미징 기능 단위다. 1970년, 디지털 이미징 이전에는 실질적으로 디지털 픽셀이 전혀 생산되지 않았다. 2007년까지(스마트폰 시대가 시작된 해) 연간 2조의 픽셀이 생산되어 전화기 및 과학 장비에 사용되었다. 2020년까지는 1만 조의 픽셀이 매년 생산된다.[9] 포효하는 2020년대는 페타 픽셀의 시대가 될 것이다.

이미지가 단어 그대로의 '그림'에서 '디지털 비트의 결합'으로 전환되면서 이미지를 쉽게 저장하고, 공유하고, 수정하고, 조작할 수 있는 전례 없는 능력이 창출됐다. 이 특성은 모든 스마트폰 소유자가 알듯이 다양하고, 매력적인 고객 서비스를 낳는다. 더불어 산업, 의료, 과학에도 유용한 특성임이 증명되었다. 디지털 픽셀을 분석하는 소프트웨어는 안면 인식 기능을 이용해 얼굴을 읽어 스마트폰의 잠금을 풀 수 있을 뿐 아니라 예측 의료적 통찰력을 제공한다. 디지털카메라는 계속해서 무어의 법칙 추이를 따르고 있고 측정과 정보 수집의 수단과 장소 역시 계속해서 확장하고 있다.

스마트폰은 다른 부류의 측정 기기 몇 가지를 탑재하고 있다. 그것들 역시 무어의 법칙 궤적을 따르는데, 특히 마이크로폰과 가속도계가 그렇다. 이 둘은 스마트폰 자체에서 만들어진 정보를 확장할 뿐 아니라 다른 모든 종류의 기계와 기기로도 확산되고 있다.

모션을 측정하는 미세 가속도계accelerometer *는 상당히 유용한 실리콘 도구이다. 전화기가 기울거나 움직이는(사용자가 걷거나 앉는 것 등) 것을 감지할 뿐 아니라 민감도가 향상되면서 빌딩이나 방에서 **관성 항법**INS, Inertial Navigation System이라 불리는 것을 보조한다. 현재, 최소 인치 단위까지 위치를 정확하게 측정할 수 있다. 오늘날의 가속도계는 불과 10년 전과 비교해, 크기는 절반이고 전력은 70분의 1만 사용한다. 비용도 많게는 10분의 1로 줄어들어 결과적으로 움직이는 모든 것에 내장되는 경우가 늘고 있다.[10]

스마트폰의 디지털 마이크 성능과 유용성에서도 이와 같은 궤적과 확장을 보아 왔다. 원래 마이크의 목적은 음성 통화를 하기 위한 것이었다. 하지만 다양한 음향 신호를 측정할 수 있는 기술을 산업, 의료, 상거래에서 사용하게 되었다. 최신의 음향 실리콘 센서는 심장과 폐 소리를 온보드 소프트웨어를 통해 측정할 수 있으며, 옷의 바스락거리는 소리 같은 잡음도 소거할 수 있다. 사실상 개인용 디지털 청진기가 될 수도 있다.[11]

디지털 측정 도구 제품군은 계속해서 확대일로를 걷고 있다. 여기에는

---

* 진동 또는 구조물의 운동 가속을 측정하는 장치

생체적합성과 등각성 센서가 포함되는데, 일부는 피부에 문신으로 새겨지거나 이식될 것이다. 더불어 스마트 전도성 원사는 옷과 밴드 같은 패치가 데이터를 생성하고 감지하는 기능을 가지게 한다. 이 모든 것이 실시간 측정과 모니터링-그럼으로써 진단까지-을 위한 툴킷을 창출해 준다. 한때는 공상과학 소설의 영역이었으나 이제는 빠르게 부상하는 실세계의 산업이다.

사람, 프로세스, 혹은 기계의 정상 상태를 유지하기 위한 싸움의 반은 관찰과 측정에 있다. 그리고 이런 응용으로서, 개인용 자동차의 정상 상태를 유지하기 위한 노력은 처음이면서 빠르게 성장하고 있는 분야다. 실제 자율주행으로까지 가는 여정에서 (언제라도) 사람이 운전하는 동안 차가 무엇을 하는지에 관한 정보는 점차 더 그 가치가 높아지고 있다. 새 차에 장착되는 센서의 급증은 100개가 넘는 각기 다른 매개변수와 연관된 데이터를 발생시킨다. 이는 통상 4개의 범주로 나뉜다. 이동성(운전 거리, 위치, 속도 등), 행위(깜빡이, 브레이크, 와이퍼 등의 사용), 차량 상태(모터 온도, 냉각수 수위, 전지 상태 등), 그리고 안전(잠금, 안전벨트, 에어백, 급제동 혹은 코너링 등)이다.[12] 이런 데이터는 제조업체, 도시 계획자, 차량 운용자, 보험사, 투자자, 규제기관, 소유자에게 통찰력을 제공해 준다. 데이터는 공유하기 전에 익명으로 처리할 수 있다. 하지만 여전히 사생활과 소유권에 관한 많은 논란이 있을 것이다.

클라우드 시대에 우리가 어떤 것을 측정하고 그에 관한 정보를 수집하는가에 있어 규모가 있으면서 유례없이 확장할 영역은 바로 상거래와 산업이다. 그 자체로 엄청나며 필수 산업인 엔터테인먼트와 연관된 바이트는 계속해서 확대될 것이다. 하지만 2020년대에는 상거래 데이터 쓰나미가 엔터테인먼트와 유튜브에 관련된 디지털 트래픽의 천문학적 규모마저 덮칠 것이다. 유튜브는 최근까지도 디지털 저장과 전송에 있어 최대 규모의 사용자 중 하나였다.

화폐의 디지털화: 에르마$_{ERMA}$에서 핀테크까지

1967년 ATM(현금자동인출기)의 발명은 소액의 은행 지점을 자동화하고 대중화했다. 세계적으로 3백만 대의 현금인출기가 설치되었다. 2007년 스마트폰의 발명은 모두가 가상의 디지털 ATM을 손에 쥐고 편리하게 자금에 접근할 수 있도록 대중화를 이끌었다. 스마트폰은 이전의 방식인 ATM과 비교했을 때 자금 접근성을 1,000배나 증가시켰다. 그런데 똑같은 소비자 기기인 스마트폰이, 클라우드를 사용하게 되면서 거의 모든 종류에 달하는 금융 서비스 전체를 대중화하고 초개인화했다. 금융 서비스 중 다수는 많은 사람에게는 클라우드 전에는 접근이 어렵거나 거의 불가능한 것이었다. 그런 편의성은 거래에 속도를 더했다. 역사를 반추해 보면 편의성은 늘 경제를 부양했다.

물론 화폐는 상거래의 중심이고 이미 오래전에 제품 및 서비스의 주요 교환 수단으로 물물교환을 대체했었다. 모두가 역사상 다른 어떤 주제보다 화폐와 물건 가격의 역사를 많이 안다. 브랜다이스 대학교$_{Brandeis University}$의 데이비드 피셔$_{David Fisher}$ 교수는 "오직 한 가지 유형의 원재료$_{source material}$가 문서화된 역사 전체에 걸쳐 있다. 가격 기록이 바로 그것이다. 이집트 사막에서 파라오 시대의 생활비가 기록된 고문서를 학자들이 발견했다."[13]라고 지적했다.

우리는 필명의 사토시 나카모토 Satoshi Nakamoto가 처음으로, 우리 시대에는 화폐에 관한 모든 것이 디지털화의 소용돌이 속으로 끌려 들어간다는 것을 분명히 보여준 것에 대해 공로를 인정해야 한다. 이제는 유명해진 **비트코인**을 나카모토가 2009년에 출시했을 때 관심을 보인 사람은 거의 없었다. 비트코인은 통화의 유형과 교환의 수단 둘 다를 디지털화한 완벽한 예다. 이 둘은 전 역사를 통해 화폐의 주요 특징이었고, 근본적 변화를 겪은 적이 거의 없었다.

은퇴한 인류학 교수 잭 웨더포드 Jack Weatehrford에게도 공로를 돌려야 한다. 인터넷 초기 시절이었던 1997년에 출간한 명쾌한 책 〈돈의 역사와 비밀 그 은밀한 유혹 The History of Money: From Sandstone to Cyberspace〉에서 당시로는 드물게 선견지명 있게 예측했다. 웨더포드는 우리가 "화폐 및 가치 시스템에서 어느 하나가 지배하지 않고 다수가 경쟁하는 과도기에 접어들고 있다."라고 썼다.

화폐의 디지털화를 향한 행진은 컴퓨팅의 여명기에 바로 시작되었다. 사실, 컴퓨터를 최초로 상업적으로 이용한 것은 바로 돈을 징수하는 서비스였다. 제2차 세계 대전 때 적군의 암호를 풀기 위해 에니악 ENIAC을 개발한 두 사람은 전쟁 후 바로 진공관 컴퓨터를 개발하는 연구를 했고 최초의 유니박 UNIAVC을 1951년 6월 14일, 미 인구조사국에 설치했다. 정부는 최초로 알려진 인구 조사(기원전 약 3,800년 바빌로니아 왕국) 이후, 꾸준히 과세 목적으로 사람과 소유 자산을 산정해 왔다. 한편 민간 금융 부문에서는 뱅크오브아메리카 Bank of America가 1955년에 **에르마** ERMA를 발표했다. 판도를 바꾸는 회계용 전자식 기록기 Electronic Recording Machine for Accounting였다. 수표를 기록하고 계산하고 처리하는 인간 컴퓨터인 회계 장부 담당자를 대체할 것이었다.

최초의 에르마는 8,000개의 진공관을 사용하고, 무게는 2.5톤에 전기 사용량은 수십 가구의 사용량보다 더 많았다. 최종적으로 구축된 32대의 기록기(우연히도 GE가 만들었다)는 훨씬 더 효율적인 트랜지스터를 사용할 것이었다.

에르마는 시간당 4만 장의 수표를 처리할 수 있었다. 숙련된 회계 장부 담당자가 시간당 200장을 처리하던 것과 비교됐다. 물론 이것은 소비자보다는 은행에 더 이득으로 작용했다. 웨더포드는 고객이 마주할 전자 화폐에서의 발전이 1960년 시작될 것이라고 봤는데, 1960년은 아메리칸 익스프레스가 여행자 수표에 자기magnetic 잉크

1955년 뱅크오브아메리카의 에르마(ERMA)의 실제 모습(출처: CHM, Computer History Museum)

를 도입한 해였다. 그리고 1972년 샌프란시스코 연방준비은행이 전자 지불을 처음으로 도입해 수표를 없앴다. 전자식 장부와 거래 추적의 탄생, 특히 개별 계좌마다 실시간으로 거래를 쉽게 연결할 수 있는 능력은 신용카드를 혁명적으로 확산시킬 수 있는 인프라를 제공했다.

신용카드를 보편적으로 이용함에 따라, 이는 1300년대의 **은행권**banknote의 기원● 이래 통화의 형태에서 발생한 첫 번째 주요 변화로 간주된다. 동전과 지폐의 기원은 그보다 훨씬 더 오래되었다(둘 다 기원전 600~700년경).

신용카드의 편리성은 마법과도 같았다. 단순히, 신용 자체에 접근할 수 있어서만은 아니다. '신용' 역시 돈과 관련된 다른 것과 마찬가지로 오래된 기원이 있다. 신용 시스템은 동전 시대보다 먼저 등장해 기원전 1750년경 바빌론의 지배자 함무라비Hammurabi까지 거슬러 올라간다.[14] 하지만 신용의 유용성을 천문학적으로 확장시킨 것은 바로 **신용카드**였다.

● 은행권은 일정한 화폐액을 표기한 지권으로서 원래는 신용화폐의 한 형태였으며, 일반적 유통수단으로서 은행에 의해 발행된 것이다. 여기서 말하는 1300년대의 은행권 기원은 이탈리아 페루치(Peruzzi) 은행이 제공한 것을 말한다.

신용카드의 기능을 유용하고 안전하게 흡수한 네트워크를 촉발시킨 인물과 연도를 지정해야 한다면 그것은 다시 J.C. 리클라이더가 될 것이다. 그의 1962년 〈세계의 두뇌〉 논문에서 리클라이더는 통신 전송 프로토콜을 개발해 많은 양의 데이터를 높은 신뢰도로 전송할 수 있게 했고, 바로 그것이 직접적으로 인터넷과 전자상거래를 뒷받침하는 프로토콜을 이끈 것이다.[15]

하지만 스마트폰이 신용카드의 전체 기능을 흡수하면서 급격히 뒤를 쫓았다. 카드 번호를 전화기에 저장해서 사용하는 것부터 시작해서, 곧 전체가 앱으로 옮겨가 전자 결제를 신용카드나 은행 계좌로부터 직접 할 수 있게 됐다. 그렇게 구매 행위 전체가 디지털로 흡수되었다.

신용카드의 편의성은 10년 넘게 이어지는 실물 현금의 약화를 촉발시켰다. 그리고 디지털화는 그런 추세를 가속했는데, 여기에 더해진 팬데믹 봉쇄는 가속화에 속도를 더했다. 스마트폰 시대의 여명기였던 2010년까지는 금융 결제에서 현금이 차지하는 비율이 미국은 51%, 스웨덴은 56%, 중국은 99%였다. 그러나, 2020년이 되자 미국, 스웨덴, 중국에서의 현금을 이용한 결제 비율은 28%, 9%, 41%로 변했다.[16] 신흥시장에서는 아지 전체 거래의 70~90%가 현금으로 결제되고 있다.

이제 금융 서비스의 모든 기능이 클라우드에 흡수되고 스마트폰에 의해 대중화되고 있다. 가지각색의 대출, 보험, 투자, **로보어드바이저**robo-advisor●, 계약, 그리고 이 모든 것에서 파생되어 고도로 전문화된 수십 가지 금융 수단이 있다. 급기야 금융 상거래에서 사용되는 이런 새로운 수단을 지칭하

● 로봇(Robot)과 어드바이저(Adviser)의 합성어로, 컴퓨터 알고리즘을 사용하여 고객과 금융 데이터를 분석해서 투자 상품을 추천해주는 서비스를 의미한다.

는 **핀테크**라는 단어가 생겨났다. 2020년 여름 설문 조사에 따르면 약 60% 의 미국인이 COVID-19 팬데믹 이전보다 핀테크 앱을 더 많이 사용해 돈을 관리했다. 73%는 그것이 **뉴노멀**이라고 답했고, 80%는 은행에 직접 가지 않고도 돈을 관리하고 있었다.[17]

이 모든 것은 기성 기업과 벤처 기반의 스타트업 간의 글로벌 경주에 불을 붙였다. 어느 때보다도 치열하게 핀테크 제품과 플랫폼을 더 편리하게 만드는 경주에 말이다. 2020년, 이전 5년 동안 대략 총 500억 달러의 벤처 펀딩이 상위 250개의 비공개 핀테크 기업에 투자되었다.[18]

그런데 뭔가가 우리를 다시 **합성화폐**synthetic money로 데려가고 있다. 소위 말하는 **암호화폐**다. 그것은 **명목화폐**fiat money를 수반하는 거래의 세계에는 전혀 신경 쓰지 않는다. 명목화폐는 통화 유형으로 선언됨에 따라 결정된 통화다. 이를테면 정부 당국이 통화를 재정 약속으로 보증한다고 선언하는 것이다. 가치 교환으로서의 비트코인과 그 외의 순수 디지털 구조는 그들의 디지털 사촌 격(이를테면 항공사나 소매점의 보상 프로그램)과는 다르다. 또한 기존의 신용카드 혹은 은행 계좌로부터 자금을 디지털 거래하는 것과도 다르다. 디지털 코인은 전적으로 합성된 것이다. 이를테면, **비트코인**은 수학적으로 채굴mine할 수 있다. 그리고 다른 기업, 정부, 혹은 보증과는 전적으로 다른 별도의 교환 수단이다.

비트코인 하나하나는 본질적으로 나카모토가 만든 퍼즐에 대한 답이다. 그리고 단지 2,100만 개의 답만이 있어 결국 2,100만 개의 비트코인만이 존재한다. 비트코인의 **채굴**에는 엄청난 수의 컴퓨터가 완전 탐색 연산을 활용해 답을 찾아내는 것이 수반된다.

2021년 초에는 채굴되지 않은 비트코인이 대략 약 250만 개였다. 그리고 유통되는 1,850만 개 비트코인의 총가치가 1조 달러를 넘었다. 불과 1년 사이에 가치가 5배 증가한 것이다. 숫자가 커 보일지 모르지만, 현재의 맥락에서 모든 글로벌 금융자산의 총가치의 겨우 1,000분의 1에 불과하다. 글로벌 금융자산에는 주식과 부동산, (정부가 아닌) 민간 부채 및 투자, 관련 금융 계약과 협정 등 모두가 포함된다.[19]

종종 비트코인을 블록체인과 혼동하는 사람이 많다. 블록체인은 비트코인을 등록하고 교환하는 데 사용되는 네트워크 구조다. 분산 아키텍처를 가지고 있고 데이터베이스는 한 대의 컴퓨터에 저장되는 것이 아니라 네트워크 도처에 있는 수많은 컴퓨터 안의 **블록**block이라고 부르는 단위로 저장된다. 이 블록은 순차적이고 무결성을 증명하는 방식으로 코딩되어 있다. 또 모든 블록은 네트워크의 어떤 노드로부터도 투명하게 검증할 수 있다. 그래서 블록체인 네트워크는 어떤 종류의 교환에도 반드시 필요한 보안을 제공한다. 이 때문에 이를테면 헬스케어 기록을 관리할 때나, 고가의 제품 혹은 상하기 쉬운 제품의 공급망을 온전하게 관리할 때 등 점차 블록체인 네트워크의 사용이 늘고 있다.

블록체인의 유연성과 보안은 확실히 매력적이다. 하지만 그 특성들에는 금융에서 블록체인의 사용을 제한하는 대가가 뒤따른다. 분산 특성 때문에 블록체인 네트워크는 1초당 단지 수십 개의 거래만을 처리할 수 있다. 반면, 신용카드 사업은 1초당 수만 개를 처리해야 한다. (안전한) 데이터센터라면 쉽게 처리할 수 있는 수준이다. 분산형 블록체인 아키텍처에서는 필연적으로 블록체인 전반에 연결된 수많은 컴퓨터가 에너지를 소비해 가면서 모든 거래를 확인한다.

비트코인을 채굴하기 위해서는 컴퓨터가 수없이 들어찬 웨어하우스에서 엄청난 양의 에너지를 사용하는 것이 필요하다. 사뭇 역설적이게도 하나의 비트코인을 채굴하는 데 소비되는 에너지는 1온스(8.3돈)의 금을 채굴하는 것에 필적한다.[21] 왜 비트코인 채굴장이 밀집된 위치가 수력발전소 근처나 값싼 석탄을 때는 화력 전력망이 있는 내몽고에 위치했는지는 소비되는 에너지 비용을 들으면 이해할 것이다.[22]

전 세계 비트코인 채굴자들이 소비하는 전기를 kWh(킬로와트시) 단위로 합치면 미국 뉴저지주 전체가 소비하는 양에 필적한다.[23] 통화를 옮기는 것과 관련된 실제적 특징은 원칙적으로 12세기 성전기사단*이 마주한 유형의 네트워크에서 벌어지는 문제와는 약간 다르다. 그때는 말이 끄는 수레를 보호하는 서비스를 제공해 유럽 대륙 사방으로 금을 실어 나르는 것이었다.[24]

하지만 디지털 주화, 즉 암호화폐는 글로벌 금융의 거대한 생태계에서 단지 일부에 불과하다. 핀테크에서 비롯되는 금융 관련 디지털 트래픽은 기본 통화 거래 자체의 성장에 발맞춰 확장되며 결국은 그 성장을 앞설 것 같다. 그리고 금융 거래에서 속도와 실시간 지식이라는 필수 역할 때문에 관련 디지털 트래픽도 반드시 실시간으로 운영되어야만 한다. (그림 6.2)

사이버와 물리의 교차점

'**사이버**cyber'라는 단어는 '사이버네틱스(인공두뇌학 cybernetics)'에 뿌리를 두고 있다. 이 말은 컴퓨터 시대의 여명기였던 제2차 세계 대전 기간, 수학자 노버트 위너Norbert Wiener의 제어 시스템 이론에 대한 연구에서 비롯되었다. 그리고 윌리엄 깁슨William Gibson이 1984년 공상과학 소설 〈뉴로맨서

---

* 유럽과 성지를 오가던 기사와 순례자를 대상으로 오늘날의 은행 역할도 했다.

그림 6.2 도래하는 상거래 데이터 쓰나미

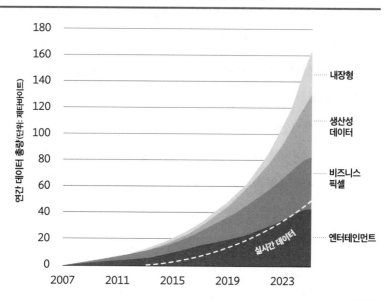

출처: IDC

Neuromancer 〉에서 '사이버공간 cyberspace'이라는 말을 만들어, 가상 세계에서 천상의 것처럼 보이는 시스템으로 언급했다.

비즈니스 측면에서, 인터넷이 새로운 형태의 상거래를 사이버공간에 촉발시켰다는 것은 너무 오래된 이야기다. 이제 다음 진화 단계를 이끄는 것은 클라우드다. 클라우드는 사이버 세계와 물리 세계를 충분히 차별화되는 무언가로 직접 융합한 것이라 새로운 단어를 붙이는 것이 마땅하다. 미국 국립과학재단 National Science Foundation의 헬렌 질 Helen Gill은 2006년 두 세계의 기능과 운영을 완전히 융합한 시스템을 표현하기 위해 **사이버물리** cyber-physical **시스템**이라는 단어를 만든 공로를 인정받고 있다.[25]

정보 시스템이 질문에 답하는 차원을 넘어서 사물의 행위를 포함할 때

(그리고 많은 경우 통제까지), 이는 차이를 크게 벌리는 특별함이다. 사이버물리 시스템은 물리 현실로부터 사이버 시스템까지 방대한 정보 흐름을 수반한다. 그 흐름이 실세계 사건의 속도와 복잡성을 처리할 정도로 빠르도록 보장하는 것은 사이버물리 시스템을 상용화하는 데 있어, 핵심적인 기술 걸림돌이다. 사이버물리 시스템의 최첨단에는, 적어도 대중화에서는, 다양한 방식의 자율주행차와 로봇이 있다.

공장은 최첨단 사이버물리 기술이 처음 등장한 곳이다. 제조는 본질적으로 기계, 활동, 비즈니스가 함께 편성되어 실시간으로 운영되는 분산 네트워크를 수반한다. 소재, 그리고 관련 기반 기술과 부품을 획득해야 하는 현실을 고려하면 당연하다. 이런 상황과 관련되어 정보를 측정하고 획득하려는 역할은 근대 공장의 초창기까지 올라가 볼 수 있다. 프레더릭 테일러 Frederick Taylor의 1911년 책 〈과학적 관리법 The Principles of Scientific Management〉은 공장의 워크플로우와 기계에 관한 데이터를 획득하고, 분석하고, 사용하는 방법을 오늘날의 과학 용어로 다루었다. 테일러는 공장 효율을 높이는 과제에 대해, 공장과 작업자의 시간 및 동작을 연구하여 해결책을 찾았다.

테일러가 공장 효율성에 관심을 두게 된 이유가 이익 추구에만 있지는 않았다. 그 시대의 맬서스식 사고 Malthusian thinking●를 반영한 것이기도 하다. 테일러는 시대의 불안감을 책에 소개했다.

> "우리의 숲이 사라지고, 수력이 낭비되고, 홍수로 토양이 바다로 실려 나가는 것을 볼 수 있다. 그리고 석탄과 철의 고갈도 목전에 닥쳤다."[26]

● 영국의 경제학자인 토머스 맬서스는 '인구론'을 주장했다. 인구가 기하급수적으로 증가할 때, 식량 자원의 증가는 선형적으로 증가하고 이는 곧 식량의 고갈을 불러일으키고, 국가 경제의 파산 위험을 증대시킨다는 주장이었다. 19세기에 주장된 이 이론과는 달리, 화학 비료의 등장과 기계화된 농업 활동의 영향으로 20세기의 농업 생산량은 증가한 인구를 감당하고도 충분했다.

그럼에도, 후에 **테일러리즘**Taylorism으로 알려진 그의 과학적 관리법은 대량 생산을 고취시켰다. 특히 헨리 포드Henry Ford와 그 이후 자동차 공장의 엄청난 자동화 역사에 큰 영감을 주었다.

테일러 시대의 측정 도구에는 초기 IBM 시대의 **타뷸레이터**(천공계산기 tabulator)와 천공카드가 포함되어 있었는데 디지털 시대에 등장한 산업제어시스템Industrial Control Systems에 자리를 내주게 된다. 1968년에 간단한 단일 용도의 **PLC**(논리연산제어장치Programmable Logic Controller)가 발명된 것이다. 1986년까지는 PLC가 PC에 묶여 있었다. 그리고 1992년에는 인터넷 통신 프로토콜을 이용해 로컬 이더넷Ethernet 네트워크에 연결되었다. 클라우드 시대로의 선회는 2003년 웹 서버가 내장된 PLC가 처음으로 출하되면서 도래했다. 그래서 테일러로부터 클라우드까지의 거의 한 세기에 걸친 진화는 결국 공장을 진정한 사이버물리 시스템으로 만드는 능력으로 정점을 찍었다. 이것은 헨리 포드의 대량 생산 라인의 출현보다 더 중요하다. 전동기와 벨트가 주도하는 기계의 시대를 영원히 뒤로 한다는 의미와 같다.

세계의 600만 제조 시설에서는 디지털화에 속도를 내고 있다. 세계 도처의 공장들에서는 기계를 연결하고 그것들을 맹렬한 속도로 클라우드 네트워크에 연결하고 있다. 수십억 개의 측정 센서와 정보 생성 노드가 더해지고 있다.[27] 산업용 **OEM**(주문자 상표 부착 생산Original Equipment Manufacturer)이 이제 모든 정보 기술 지출의 거의 반을 차지하고 있다.

오로지 (물리적) 공급망에서의 제품 흐름에 관한 데이터 분석에만 특정된 사이버 분석 산업의 규모가 지금의 30억 달러에서, 6년 안에 3배가 될 것으로 기대된다는 사실에서 사이버물리 미래의 전조 중 하나를 본다.[29]

또 다른 광범위한 전조는 클라우드 시대의 도래를 가리킨다. 2020년은 사물에 관한 데이터의 양이 폭증했음에도, 데이터의 반 이상이 회사나 집 혹은 개인 기기가 아니라 원거리 클라우드에 저장되는 상황을 목격하는 해가 됐다. (그림 6.3)

수량과 흐름, 과정을 관찰하고, 측정하고, 계산하고, 기록하는 행위는 선사 시대 인간이 석판에 양의 마릿수를 긁어 기록한 이후로 상거래의 핵심이었다.

자연환경에서 온갖 것을 측정하고 관찰하는 방법에 있어서도 거의 마찬가지라고 할 수 있다. 그것이 호기심 때문이든, 아니면 우리 자신을 자연의 상습적 위협으로부터 예측해 보호하기 위해서든, 혹은 자연의 풍요로움을 이용하려고 보호하기 위해서든 상관없다.

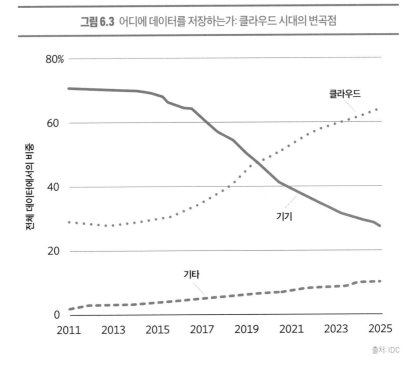

그림 6.3 어디에 데이터를 저장하는가: 클라우드 시대의 변곡점

출처: IDC

정보: 과학의 디지털화

방대한 자연이라는 바다에서 발견되기만을 기다리는 것들이 있다. 이에 필요한 과학과 기술은 기하급수적으로
발전하고 있다. 이들 모두가 자신을 먹여 살린다는 것을 알 것이다. 누군가 새로운 원리나 이론을 발견한다.
그것은 새로운 지식일 뿐 아니라 더 많은 지식을 추구하기 위한 새로운 도구이기도 하다. – 클로드 섀넌Claude Shannon

2020년 7월 30일, COVID-19 팬데믹으로 인한 봉쇄가 한창일 때 NASA가
30억 달러의 과학 장비를 발사했다. 이로부터 6개월 후, 이 장비가 화성에
도착했음을 알리는 조촐한 팡파르가 있었다. '퍼서비어런스(인내Perseverance)'
라는 이름의 이 화성 탐사선은 사이버물리 영역에서의 발전에 융합 현상
이 일어나고 있음을 완벽하게 보여주었다. 로봇의 핵추진 센서 및 분석 기
기군은 디지털카메라가 장착된 최초의 자율드론과 통합되어 있고 우주왕
복선에서 사용하는 것보다 1,000배 더 강력한 온보드 컴퓨터도 탑재하고
있었다. 이 모든 것은 과학적 호기심을 충족시켜 주려는 서비스의 일환이
었다. 실제로 8년 전 화성에 도착한 이전 장비의 이름은 '큐리오시티(호기
심 Curiosity)'였다. 19세기 후반에 천문학자 퍼시벌 로웰Percival Lowell이 갈릴레오
가 상상했던 망원경보다도 훨씬 강력해진 망원경으로 화성을 관찰하며 운

하의 존재를 보고한 이후, 과학자들은 화성에 매료되기 시작했다.

과학 기기의 위력과 다양성은 가늠하기 힘들 정도로 확장되었다. 이 모두를 목록으로 나열하면 1,000개가 넘는 전혀 다른 데이터 생성 도구가 열거되어 있을 것이다. 행성 탐사선에서 스마트폰 앱까지 믿을 수 없을 만큼 광범위한 용도, 크기, 가격을 보인다. 하지만 새롭게 발명된 기기는 이제 한 가지 공통점이 있다. 바로 디지털화다. 게다가 점점 더 '클라우드 연결'이라는 특징까지 공유한다. 그럼으로써 새로운 기기들은 데이터 쓰나미를 과학자들이 더 효율적으로 분석할 수 있도록 지원한다.

다시 지구로 돌아와 디지털 기기의 전형으로 50억 달러에 달하는 **LHC**(거대강입자충돌기 Large Hardon Collider)가 있다. 이것은 성능이나 크기에서 비대해진 일종의 현미경으로, 현실 구조 내 극소 특징을 자세히 들여다보기 위해 고안되었다. 가히 과학 기기의 괴물로, 지하 500피트(약 152미터)에 묻혀 있는 입자가속기는 둘레만 거의 20마일(약 32킬로미터)에 이르며, 20만 명이 사는 도시가 사용하는 전력만큼 소비한다. 1억 5,000만 개의 센서는 매초 페타바이트 데이터를 만들어 내는데, 상상도 못 할 만큼 많은 양이다. 이 때문에 42개국에 걸쳐 분산된 엑사바이트급의 저장 용량이 필요했다.[1] 2011년 7월에는 그간 물리학자들이 가설로 내세웠던 소위 '**신의 입자** god particle'를 발견했다고 발표한 것으로 유명하다.

과학 기기의 주목적은 연구를 용이하게 하는 데 있지만, 종종 관련된 기초 기술이 새로운 부류의 제품과 서비스를 실현시키기도 한다. 역사에서 볼 수 있는 많은 사례 중 하나를 들자면 전파를 측정하기 위해 고안된 과학 기기가 물체를 실시간으로 추적하는 레이더로 이어져, 제2차 세계 대전에서는 특히 중요한 역할을 수행했다. 나아가, 이 과학 기기는 배와 비행기의 항행과 안전을 개선했으며 농업에 유용한 날씨 예보를 극적으로 향상시켰다. 이후, 차와 심지어 손동작을 감지하는 기기에도 사용되기 시작했다. 반도체 기반의 디지털 X선 이미저imager는 1970년경 NASA의 궤도 X선 망원경을 위해 만들어졌는데 지금 병원과 치과에서 흔한 저선량 X선 기기로 바로 이어졌다. 컴퓨터 아키텍처와 소프트웨어는 원래 LHC(거대강입자충돌기) 같은 장비에서 벌어지는 과학 데이터 대홍수(엑사플러드exaflood)*를 처리하기 위해 고안된 것이다. 그리고 이제는, 컴퓨터 아키텍처와 소프트웨어가 무수히 많은 상거래 응용 분야에도 유용한 것으로 밝혀졌다.

기초 연구로부터 나온 파생 상품의 목록을 만드는 일은 1973년부터 NASA의 홍보 미션이었다. 달 착륙 이후 예산 압박으로 NASA가 공공 지원을 추구하던 때였다. NASA는 그때부터 약 2,000개의 파생 상품에 대한 권리를 주장하고 있다. 간접 파생 상품은 별개로 하더라도 과학기기 자체의 발전은 제약부터 비행기까지 전 영역에 걸쳐 기업 연구소와 공장에서 오랫동안 활용되어 왔다. 과학 기기 운용에 있어서, 기업은 다른 기관과의 격차가 크게 벌어질 정도로 주요 위치에 있다. 대학이나 정부의 연구실이 아닌 바로 기업이 말이다.

디지털 기술을 이용해 이질적 부분들로 이뤄진 기기를 결합하는 능력(상호 보완적인 기기만 결합하는 것과 반대)은 컴퓨팅 측정만이 갖는 특징적인 위력이다. 말 그대로 현존하는 모든 대상을 관찰하면 응용 분야가 나온다. 박테리아와 단백질부터 곤충, 항공기 날개의 초음속 기류, 사람의 CT 스캔, 치료용 약물 분자 등이 그 예이다.[2]

---

* 엑사바이트(exabyte) + 홍수(flood)의 조합어로 동영상 등의 데이터가 인터넷 혹은 통신망에 엄청난 교통체증과 마비를 일으키는 사태를 말한다.

과학 기기가 초디지털화되는 시대를 보면서 우리는 광역화된 경제에서 무엇을 기대해야 하는지를 알 수 있다. 과학에 대한 최첨단 추이는 발견 자체의 속도나 그것이 장기적으로 새로운 마법을 예고하는 전조인지 알려주는 것에 그치지 않고, 단시일 내에 상용 분야로 옮겨갈 하드웨어와 소프트웨어의 특징에 대해서도 알려준다.

지식 추구에서의 현미경과 망원경

처음으로 적혈구를 본 시기는 1658년으로 거슬러 올라간다. 이제는 현미경으로 하나의 적혈구를 구성하는 10억 분자 각각을 볼 수 있다. 관찰 능력에서의 이와 같은 발전은 결국 어느 정도는 실용주의적 지식을 낳게 된다. 19세기 중반에 이탈리아 과학자 필리포 파치니Filippo Pacini가 당시엔 강력한 현미경으로 인정받던 현미경을 이용해 콜레라 박테리아를 관찰하고 그것을 플로렌스의 1854년 콜레라 팬데믹의 원인으로 정확히 지목했다. 그로부터 얼마 안 지나 로베르토 코흐Robert Koch와 루이 파스퇴르Louis Pasteur가 세상에 세균론germ theory*을 내놓았다.[3]

사실 최초로 현미경을 발명한 사람은 역사에 감춰져 있다. 하지만 기계적 렌즈 연삭 기술이 충분히 발달한 1590년경이었을 개연성이 크다.[4] 망원경의 경우 갈릴레오와 관련된 것으로 더 잘 알려져 있다. 하지만 이 기기들이 다 광학 렌즈로서 같은 분야기 때문에 갈릴레오는 1609년경에 현미경의 설계를 발전시키는 데 관여하기도 한 셈이다.

---

* 세균 유래설 혹은 미생물 원인설이라고도 한다.

비록 노벨위원회가 이런 식으로 말한 것은 아니지만 2017년 노벨 화학상은 사실 현미경의 세 번째 시대가 도래한 것을 알린 기기에 수여되었다. **전산현미경**computational microscopy 중의 하나였다. 불가사의하게 들리는 **초저온 전자현미경**cryo-EM, Election Microscope의 발명을 보면 소프트웨어가 과학 기기에 투입되는 과정에서 발생하는 구조 변화를 이해하게 된다. 이 전자현미경을 사용하면서 미생물학 분야에서 발견이 이어졌다. 여기에는 온전한 생물 세포에 관한 최초의 고해상도, 컴퓨터 생성 3D 이미지가 포함된다. 그리고 최근에 구조가 밝혀진 바이러스를 이용해 암세포를 사멸시킬 수도 있다.[5]

스웨덴 왕립과학원Royal Swedish Academy of Science은 2017년 노벨상을 발표하면서 초저온 전자현미경의 무엇에 주목했는지 간결하게 포착했다. 사실은 과학 측정 자체에 주목한 것이다:

> 이미지는 이해 과정에서 핵심적인 요소다. 과학적 돌파구는 종종 인간 눈에는 보이지 않는 대상을 성공적으로 시각화하면서 기반이 마련된다. 하지만, 생화학 지도는 오랫동안 빈 공간으로 남겨져 있었다. 가용한 기술로는 생물의 분자 기계 중 대부분에서 이미지를 생성하기가 어려웠기 때문이다. 초저온 전자현미경은 이 모든 상황을 바꿔 놓았다. 이제 연구자는 생체 분자를 동작 중에 동결할 수 있고 그들이 이전에는 결코 보지 못했던 과정을 시각화할 수 있다. 이것은 생명 내 화학에 대한 기본 이해와 제약의 발전 모두에 결정적인 역할을 한다.[6]

초저온 전자현미경은 다른 주요 발명과 비슷하다. 자동차부터 컴퓨터 자체까지 이 모든 것은 다양한 기반 요소에서 수년간의 진전과 발전이 정점에 이르렀을 때 등장한다는 점이다. 하지만 역사학자들은 종종 이들 각각의 출현을 한 사람, 팀 혹은 기업의 덕으로 돌린다.

노벨상은 시작된 이후 현미경의 혁명에 많은 상을 줬다. 아주 작은 대상을 더 명확하게 보는 능력을 크게 발전시킨 공로였다. 현미경 관찰에서 현상학적으로 첫 번째 선회는 전기 시대와 함께 등장했다. 오랫동안 단지, 광학 렌즈라는 구조를 차용했던 시대로부터 변화의 시작은 1933년에 독일 과학자 에른스트 루스카_{Ernst Ruska}가 전자현미경을 발명하면서다. 그는 1986년 노벨 물리학상을 수상했다. 초저온 전자현미경은 디지털 선회의 완벽한 예다. 전자현미경의 점진적 개선이 그보다 더 중요한 소프트웨어와 실리콘의 발전과 결합하면서 양쪽 모두에서 이점을 취했다.[7] 초저온 전자현미경은 필연적으로 소형 슈퍼컴퓨터와 쌍을 이루어 배치해야 한다. 슈퍼컴퓨터가 분당 테라바이트에 달하는 영화 제작과 같은 과정을 처리해야 하기 때문이다. 이는 할리우드 영화 2,000시간을 스트리밍하는 데이터 전송 속도에 버금간다.

고도화된 초저온 전자현미경 영역 말고도 현미경 분야 전체가 디지털 혁명 중이다. 고해상도 디지털 이미저(카메라)가 온보드 분석기, 그리고 초소형 반도체 조명기(현미경 LED)와 결합한 결과이다. 그래서 이것을 활용하는 많은 연구 분야에서 고성능 현미경이 더 이상 책상 위에 설치된 대형 장비가 아니라 손바닥 크기로 작아진 것을 보게 되었다. 결국 현미경은 실시간으로 실제로 필요한 장소에서 활용할 수 있도록 확장되었다. 연구실에 묶여 있는 것이 아니라 접근하기 어렵거나 위험한 환경에 활용되면서 역사적으로 불가능했던 방법으로도 정보를 수집하도록 확장된 것이다.[8]

이제 디지털 형태로 관찰한 것을 수집하면서 그 정보를 고해상도의 (디지털) 모니터에서 원격으로 볼 수 있게 됐을 뿐 아니라 그것을 실시간으로 공유하고, 저장하고, 분석할 수도 있다. 이것은 기계 학습과 AI를 응용해 연구자가 미묘한 변화나 현상을 연구실의 고정된 환경에서가 아닌, 자연적인 방법으로 발견하도록 지원한다. 이것은 기존과 큰 차이를 보이는 특별함이다.

현미경과 마찬가지로 망원경 역시 비슷한 디지털 혁명이 있었다.

사람들이 바이러스 말고 다른 것에 관심이 있던 코로나 이전 시기였던 2019년 4월 10일, 세계 언론은 정말 아름다운 사진의 출시를 환영하고 있었다. **사건지평선망원경** EHT, Event Horizon Telescope*이라는 과학 장비로 촬영한 초거대질량 블랙홀 사진이었다. 이 사진은 블랙홀의 직접 이미지로는 역사상 최초였다. 5,000만 광년 떨어진 비현실적인 대상이 지구 지름의 조리개를 가진 장비에 포착된 것이다. 태양계의 지름은 1광년의 1,000분의 1 정도이다.

EHT가 촬영한 초거대질량 블랙홀의 사진과 EHT의 공식 보도자료(출처: EHT 공식 홈페이지(eventhorizontelescope.org))

조리개의 크기는 모든 망원경의 특성으로 빛(정보)을 수집하는 능력과 해상도를 결정한다. EHT의 조리개는 원자시계, GPS, 슈퍼컴퓨터가 동원되고 6개 대륙, 7개 전파망원경을 지구 규모에서 배열해 디지털 방식으로 연결함으로써 가능했다. 그 한 장의 EHT 사진은 사람의 눈에는 안 보이는 1밀리미터 파장대에서 촬영되었는데 총 4.5페타바이트의 데이터가 빚어냈다. 데이터 크기가 전 세계 수십억 대의 스마트폰에 있는 총 용량보다도 커서 거의 1,000개의 하드디스크 드라이브에 저장해야 했다. 사이버물리 현실에 다시 한번 고개를 저으며 이 드라이브들의 무게가 합쳐서 0.5톤이라는 점에 주목하지 않을 수 없다.[9] 시간상으로는 갈릴레오 시대부터 500년이 걸렸다. 그때는 광학 조리개가 겨우 몇

---

* '사건의 지평선'은 블랙홀의 안과 밖을 연결하는 경계면으로 일반상대성이론에서 그 너머 관찰자와 상호작용할 수 없는 시공간으로 언급된다.

인치에 불과했다. 그러다 1948년 헤일 천문대_{Hale Observatories}*가 위임을 받아 팔로마산_{Mount Palomar}에 200인치(약 5미터) 반사경을 설치하면서 수십 년 동안 광학망원경의 왕으로 군림했다.

가시광선 파장에서 운용되는 망원경 역시 컴퓨터 전환을 거치면서 엄청난 성능 향상을 낳았다. 이것 역시 디지털 마법을 부린다. 고대 천문학자들이 할 수 없던 것이다. 지구 표면에서 꿈틀대는 대기로 인한 중앙 이미지 왜곡 현상은 레이저와 실시간 변형 광학이 조합된 소프트웨어로 측정함과 동시에 공기 분자가 만든 간섭을 제거함으로써 효과적으로 없앨 수 있었다. 디지털 해법은 망원경을 우주 공간에 두는 것에 해당한다. 그래서 20억 달러가 투입되는 30미터 망원 천문대가 120억 달러의 허블우주망원경_{Hubble Space Telescope}을 훨씬 앞설 것이다.

망원경을 우주 공간에 두는 것에는 또 다른 이유가 있다. 특히 우리 대기가 완전히 차단하는 파장에서 보기 위해서, 그리고 지구의 배경 노이즈에서 벗어나기 위해서다. 이제 천문학자들은 달의 뒷면에서 원격으로 장비를 조정하는 것을 꿈꾼다. 이것들이 마치 **퍼서비어런스**_{Perserverance}**가 해낸 것처럼 소프트웨어 중심의 관찰 기술의 한계를 초월해 주기를 기대할 수도 있다.

퍼서비어런스의 최첨단 센서 기술 중 다수가 생물학에 초점을 맞춘다는 것은 우연이 아니다. 과학자들은 퍼시벌 로웰_{Percival Lowell}이 〈삶의 터전으로서의 화성_{Mars as the Abode of life}〉을 출간했을 때처럼 여전히 화성에서 생명체 흔적의 가능성을 궁금해한다. 이 책은 H.G. 웰스_{H.G Wells}가 써서 더 유명한 공상과학 소설 〈우주 전쟁_{The War of the Worlds}〉에 영감을 주었다. 그리고 화성과

---

* 미국 캘리포니아 공대가 운영하던 천문대
** NASA의 다섯 번째 화성 탐사선

외계인 관련 공상과학 소설 장르가 오랫동안 지속되도록 불을 지폈다. 지식의 수많은 분야에서처럼, 잘못된 믿음을 잠재우거나 근본적으로 새로운 아이디어를 입증하기 위해 더 발전된 기기를 도입했고 가끔은 더 개선된 이미지를 찍었다.

주요 기기 업체 일부는 19세기까지 거슬러 올라가는 역사를 가지고 있다. 이들은 자체의 디지털 및 소프트웨어 역량을 확대하거나 새로운 클라우드 기반의 과학 데이터 및 소프트웨어 회사를 인수했다.[10] 데이터 폭주를 감안하면 소프트웨어와 소모품이 과학 기기 산업과 관련된 연 매출 총 650억 달러 중에서 4분의 3을 차지한다는 것은 놀랄 일이 아니다.[11]

정보는 무한 자원이다

측정 수단에서 이루어지는 클라우드 중심의 디지털화는 뭔가 색다른 과학 장비로 한정되지 않는다. 간단한 측정 수단마저 디지털화되고 있다. 일례로 4,000년을 거슬러 올라가, 길이를 재는 자의 발명을 생각해 보자. 자는 이제 스마트폰 앱의 편의성, 정확성, 보편성으로 대체되었다. 스마트폰 앱으로 구현된 자는 첨단 디지털카메라 혁명에서 발견되는 사진 기술을 사용한다. 이 기술은 수십억 대의 스마트폰이 발휘하는 보편성 덕분에 대대적으로 탄력을 받았다.

하지만 오늘날 고해상 고속 카메라에 사용되는 과학적 디지털 이미징 기술은 성층권 같은 곳에서도 가동된다. 이 경우 1초당 2만 4,000장의 이미지 프레임과 24기가바이트의 데이터를 생성해 낸다. 그런 정보 세분화 granularity 기술은 연구에서뿐 아니라 많은 제조 및 일상 활동들, 이를테면 로봇과 자율주행차, 드론의 내비게이션 같은 것에도 유용하다.[12] 과학 영역에서의 속도 기록은 어느 정도일까? 1초에 10조 프레임을 포착할 수 있는 카메라다. 그런 속도라면 화학 반응에 대해 스톱모션stop-motion 사진을 찍을 수 있다.

1940년대와 1950년대 해럴드 에저턴Harold Edgerton이 고속 사진술을 태동시켰던 시절에 가능했던 것과 비교하면 정말 놀라운 도약이다. 에저턴의 멀티 플래시 사진술은 매초 120장의 이미지로 이전에는 전혀 눈치채지 못했던 현상을 사진으로 포착해 세상을 놀라게 했다. 이를테면 벌새humming bird 날개의 흐릿한 형체나 날아가는 총알을 스톱모션 사진으로 촬영했다. 그런 기기의 이중적 활용에 관한 한 고전으로 에저턴은 단편 영화〈윙크보다 더 빠른Quicker'n a Wink〉으로 고속의 자연 이미지를 보여주어 1940년 아카데미 단편 영화상을 받았다. 이 밖에도 많은 과학상을 받았는데, 여기에는 1973년 받은 미국의 국가과학상National Medal of Science도 포함된다.

일부는 과학적 비밀을 추구하는 목적에 이의를 제기한다. 많은 것이 특히 지난 대과학big science 세기 동안에 이루어졌다. 일부, 아주 소수 인구가 기초 연구에 몰두하는 것 말고는 시공간 구조의 파문 혹은 생물학 분자의 진동을 사진으로 촬영하는 그런 일에 신경을 쓰겠는가? 예산과 대중 및 정치 지원의 현실을 감안할 때 이러한 질문에 답하는 이유가 NASA가 파생 상품의 목록을 만드는 데 동기가 되었다.

과학에 대해 일종의 공익성(혹은 유용성)을 주장할 수 있다. 이 주제는 책의 마지막으로 돌리겠다. 특히 이제 직간접적으로 공학, 제조, 의료 영역으로 활용이 확산되는 컴퓨터 지원 기기의 발전으로 그렇게 주장할 수도 있다. 서로 별개로 보이는 응용 분야에서 유사성이 분명하게 존재한다. 예를 들어 의학 연구는 비접촉 상태 순수 관찰만으로 측정하고 추론해야 하는 제약을 천문학과 동일하게 갖는다. 의학 연구에 있어서는 상처를 내지 않기 위해서, 천문학에서는 가까이할 수 있는 것이 거의 없기 때문이다. 그리고 둘 다 천문학적인 규모의 데이터를 관리하고 분석하는 새로운 방법을 찾는 도전을 공유하고 있다. 1온스(약 29.5밀리리터)의 피에는 3조 개의 바이러스 입자가 포함되어 있다. 은하계의 별보다 많은 숫자다.[14]

과학자와 철학자는 오랫동안 우리의 측정 수단과 세상의 작동 이론 사이에 존재하는 공생 관계를 인식하고 있었다. 정보화 시대의 여명기에 클로드 섀넌Claude Shannon의 혜안은 오늘날까지도 의의가 있다.

> 방대한 자연이라는 바다에서 발견되기만을 기다리는 것들이 있다. 이에 필요한 과학과 기술은 기하급수적으로 발전하고 있다. 이들 모두가 자신을 먹여 살린다는 것을 알 것이다. 누군가 새로운 원리나 이론을 발견한다. 그것은 새로운 지식일 뿐 아니라 더 많은 지식을 추구하기 위한 새로운 도구이기도 하다.[15]

디지털화가 '더 많은 지식'을 추구하기 위해 사용되는 기기를 얼마나 근본적으로 확장시킬 것인지를 섀넌이 인식하고 있었는지는 명확하지 않다. 그러나 인식했으리라 생각한다. 모든 물질적 사물과 과정은 정보에 의해 실체화된다. 사실, 우주의 모든 대상은 정보에 기초를 두고 있다.

21세기가 막 시작한 2002년에 MIT 컴퓨터 과학자 세스 로이드Seth Lloyd 교수는 존재할 수 있는 정보량의 한계와 여전히 훨씬 더 많은 관찰력이 필요하다는 것을 이해해야 하는 이유에 관해 생각해 볼 만한 관점을 내놓았다. 그의 중요한 연구 논문, 〈우주의 계산 능력Computational capacity of the universe〉에서 로이드는 우주가 정보 관점에서 10의 90승 비트로 기술될 수 있다고 계산했다.[16] 이런 상상도 할 수 없는 거대한 숫자는 아직 명명할 수조차 없다. 하지만 맥락상, 해당 숫자는 우주 전체에 존재하리라 예상되는 수소 원자 수보다 1만 배 더 크다.

정보는 무한한 자원이다. 인류가 클라우드를 사용해 이제 역사상 처음으로 정보에 접근하기 시작했다. 그리고 정보 자원 자체에 상응하는 규모로 체계화하고 정제하기 시작했다.

그래서, 이어지는 내용에서는 실용 분야로 넘어갈 것이다. 우리 우주를 구성하는 소재에 대해 이해하고 조작하는 내용이다. 소재 영역에서 인류는 근본적으로 새로운 제품과 서비스를 창출하고 있다.

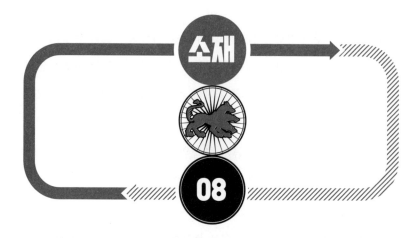

소재: 비물질화에서 재물질화로

문명화를 이끈 사물, 게다가 밝고 아름답게 하는 모든 사물은 다 발명과 제품, 도구, 그것들에
기반한 서비스를 구축하기 위해 사용한 소재에서 출발했다.

MIT 과학자 앤드류 맥아피Andrew McAfee는 "인류 역사 전체에서 우리 관
점은 지구로부터 자원을 취득할 수 있는 능력과 밀접하게 연동되어 있었
다… 하지만 더는 아니다."[1]라고 언급했었다. 이에 대해 우리는 "그렇게 빨
리는 아니다."라고 말한다.

의료 MRI 장비에서 시작해 브라질 탄광의 대형 트럭까지 직선을 그어
자원을 추적해 보자. 그러면 MRI의 초전도 자석에 필요한 니오븀Niobium이
나온다. 네오디뮴Neodymium* 소재의 산업용 레이저에서 시작해서 내몽고의
거대 바이원어보Bayan Obo 광산까지, 그리고 스마트폰에서 시작해 전지 생산
에 이용되는 코발트가 매장된 콩고까지. 각각의 지역은 해당 원소의 세계

---

* 희토류의 하나

최대 공급처이다.[2]

그렇다면 무게가 나가지 않는 비디오 스트리밍을 살펴보자. 실리콘 엔진용, 네트워크용, 디지털 디스플레이용 소재는 빼더라도, 한 사람이 영화 하나를 볼 때마다 매번 약 1파운드(약 454그램)의 채굴된 소재가 소비된다. 영화 시청에 사용하는 전력을 생산하기 위해, 이를테면 풍력 또는 태양열 발전 장비를 제조하기 위해서다.

인류와 자연에서 가용한 소재 간의 이러한 연결은 우연도 아니고 불편하지도 않다. 그저 현실이다. 물질의 본질에 관한 최초의 과학적 사색은 기원전 300년 전, 히포크라테스 Hippocrates의 책 〈공기, 물, 장소에 관하여 Air, Waters, and Places〉에서 찾을 수 있다. 그리고 수천 년에 걸쳐 야금술사, 화학자, 연금술사가 물질의 속성을 이용하거나 창의적 혼합물을 통해 새로운 속성을 만들려고 애써 왔다. 연금술사들은 수 세기 동안 납을 금으로 바꾸는 시도를 했었다. 소재 과학에서 첫 근대기의 시작은 1869년 러시아 화학자 드미트리 멘델레예프 Dmitri Mendeleev가 작성한 원소 주기율표로 보는 것이 타당하다.

자연의 운용을 지배하는 원리에 관한 지식으로 새로운 소재를 합성하는 능력은, 특히 화학공학을 통해, 이전에는 가능하지 않았던 제품을 가져다주었다. 경제적 관점에서 보면 이것은 인류 역사 전체를 통해 사용되어 왔던 일반 소재들, 이를테면 목재와 석재, 기초 금속 등을 퇴색하게 만드는 화학 소재의 생산을 가져왔다. 물론 세 종류의 자연 소재는 아직도 많이 이용된다. 한번 주위를 둘러보자. 어디에서나 볼 수 있을 것이다. 전 세계 목재 산업의 연간 규모는 2,500억 달러가 넘고 아직도 성장하고 있다. 오래된 이 세 가지 소재를 합치면 아직도 연간 3조 달러에 이르는 산업 규모를 보인다. 산업 규모 중, 80%는 금속이 차지한다. 하지만 오늘날의 세계는 연간 6조 달러에 이르는 화학 소재를 생산(합성)하기도 한다. 여기에 제약 산업에서 추가로 1조 달러가 더해진다. 화학 조작으로 탄생한 분자라는 아주 독특한 범주다.

앞에서 말했듯이 소재가 모든 것을 만드는 데 사용되는 빌딩블록이라는 것은 최초의 자동차와 비행기부터 비료, 사진 필름까지를 보면 분명하다. 하지만 과거에는 소재 혁신이 제품 혁신을 불러온다는 생각은 논외였다. 최근 수십 년 동안 컴퓨터 과학에 의해 가려진 것이다. 타당한 이유가 있었다. 실리콘 밸리의 투자가 피터 틸Peter Thiel이 말해 유명해진 '원자 대신 비트' 세계에 모두가 매료된 이유는 (아주 최근까지) 기존 **원자 산업**이 성숙하고 성장이 느린 반면에, **비트 산업**은 맹렬한 속도로 성장해 온 사실 탓이다. 과거 50년 동안 컴퓨터 하드웨어 산업은 0에서 시작해 연간 거의 2조 달러 규모의 산업으로 성장했다. 그 모든 하드웨어를 제작하려면 일반 소재와 고도로 전문화된 소재 둘 다를 대량으로 소비해야 한다. 여기에는 완전히 새로운 종류의 소재도 포함되어 있다. 이런 현실은 통신 시대와 함께 시작되었다.

최초의 대서양 횡단 전신 케이블은 1858년에 완공되었는데 전기의 발견과 오래된 소재 중 하나인 구리의 활용에 기반했다. 하지만 단열재가 없었다면 완공하지 못했을 것이다. 최초의 케이블은 19세기 초 인도에서 우연히 발견된, 특이한 물성을 지닌 천연 라텍스 구타페르카gutta-percha를 이용했다. 구타페르카는 열대 나무 수액에서 추출할 수 있었다. 이런 우연이 하나 더 있는데, 이번에는 짜증 나는 경우다. 천연 고분자에 대한 연간 수요는 0에서 시작하여, 순식간에 현재는 오늘날의 가치로 환산했을 때 거의

20억 달러 규모에 달하게 되었다. 전 세계 전신 네트워크 자체가 0에서 출발해 1900년까지, 30년 동안 30만 마일의 케이블을 매설하면서 수요가 폭발한 결과다.[3] 빅토리아 시대에는 구타페르카에 대한 수요가 증가함에 따라 이를 과잉 수확하는 것은 물론이고, 심지어는 잠재적으로 생태계 재앙까지 이를 것으로 보였다. 정보의 가상적 특성, 그리고 관련 인프라의 물리적 특성 간의 불가피한 연결이 초래하는 초창기 사례였다. 앞에서 언급한 것처럼, 예를 들어 아이폰의 전지와 콩고의 코발트 광산 사이에도 직선 연결은 오늘날 존재한다.[5]

이제 전체 주기가 끝나고 있다. 신흥 기술과 각종 신규 서비스가 새로운 부류의 소재, 특히 **전산 소재**computational materials에 의존하는 시간으로 돌아가고 있다. 헬스케어용 생체적합성 전자 소재류부터 로봇용 합성 피부 소재, 언젠가 전기자동차를 실제 게임체인저로 만들 상온 초전도체 소재 등이 그것이다. 이제 도래하는 세 번째 소재 시대는 사이버물리 시대의 또 다른 특성이다. 클라우드를 이용해 기존 소재의 제조 수단을 개선하는 이상이 될 것이다. 물론 그것도 포함한다. 또한 슈퍼컴퓨터와 AI를 이용하는 **컴퓨테이션 디자인**computational design으로 신소재를 설계(만들거나 발명하거나 합성하는)하는 것이다. 여기에는 자연 소재에서는 불가능한 물성을 보이는 것들이 포함된다. 전산 소재는 150년 전 화학의 여명기에서처럼 근본적으로 영향력이 상당한 선회이고, 이것이 신소재 분야로 이어져 상당한 시간이 지나면 현존하는 소재들의 상업적 가치를 또 퇴색시킬 것이다.

하지만 현존하는 소재들 역시 지속될 것이다. 우리가 석기 시대를 완전히 뒤로 하고 떠났다고 생각하는가? 오늘날, 세계에서 여전히 매년 350억 달러가 넘는 자연석을 사용한다는 것을 생각하자. 화강암과 대리석은 그 강도와 내구성, 외관 같은 성능 특성이 다른 소재나 인조 소재 등 어떤 가격으로도 쉽게 맞출 수 없기 때문에 꾸준히 선호되는 건축 소재다. 물론 석재 자체의 모양을 다듬거나 석조 빌딩을 설계할 때는 모두 **CAD**computer-aided-design와 컴퓨터 제어 절단기로 작업한다. 이러한 발전은 효율 향상을 높이는 데 일조하며, 중요해지고 있다. 하지만 석재라는 소재 자체는 고대 그리스인이 사용했던 것과 여전히 같다. 앞으로도 지속될 것으로 보이는 패턴이다.

동시에, 도래하는 소재 시대에는 석재처럼 단단하지만 물보다도 가벼운 소재, 혹은 나무의 기본 경량 구조를 모방한 금속, 바이러스를 모방해 목표 세포에 약물을 전달하는 나노공학 소재를 현실적으로 상상할 수 있다. 그런 가능성은 확장된 지식(앞에서 다룬 것 같은), 새로운 생산 수단(뒤에서 다룰 주제), 그리고 우리 시대 디지털 대성당의 실리콘 엔진에 의해 구동되는 소프트웨어로부터 나온다.

석재에서 실리콘까지

우리 시대에 떠오르는 소재는 자연에서 발견되는 규사가 아니라 반도체급 실리콘 원자재다. 하지만 실리콘이 마지막은 아닐 것이다. 실리콘은 우리의 디지털 대성당과 전체 클라우드를 구성하는 실리콘 엔진의 주요 빌딩블록이다. 20세기 전에는 존재하지도 않았던 소재다.

1916년 폴란드 화학자 얀 초크랄스키Jan Czochralski가 커다란 통나무 크기의 원통형의 부울boule로 실리콘 결정을 성장growth*시키는 공법을 발견했다.

---

* 화학자가 생물학 용어를 차용했다.

완벽에 가까운 결정질 실리콘 제조법이다. 자연은 자신의 완벽한 결정 소재를 탄소로부터 키운다. 다이아몬드가 그렇다.

초크랄스키의 발견이 우연이었다는 이야기는 유명하다. 그는 독일의 전기 장비 회사 연구소에서 금속을 실험 중이었다. 20세기 초에 등장한 전기와 무선 기술에 의해 가능해진 고온 장비를 이용했다. 그러다 우연히, 사용한 장비가 큰 덩어리의 순수 결정질 실리콘을 성장시킬 수

실리콘 부울(silicon boule)
(출처: 위키피디아)

있다는 것을 발견했다. 초크랄스키 공정에 사용하는 기술과 도구를 완벽히 하기까지는 시간과 추가 기여자들이 뒤따라야 했고, 이제 그 공정에는 영원히 그의 이름이 붙었다. 1949년 벨 연구소가 처음으로 상업용 제조 시스템을 선도했다.[6]

디지털 시대의 여명기부터 계산하면 초크랄스키 실리콘의 양은 1,000배 정도가 늘어 일 년에 약 1만 5,000톤이 생산될 정도로 성장했고 아직 끝이 보이지 않는다. 물론 오늘날 사용하는 화강암 블록의 크기는 본질적으로 로마 시대에 사용되는 것과 같은 반면, 실리콘 원자재의 총사용량은 실리콘 트랜지스터의 크기가 1,000분의 1로 줄었음에도 오히려 1,000배 성장했다. 이제 트랜지스터 제조업체는 매년 실리콘 원자재를 사는 데 수백억 달러를 지출한다. 태양광 전지 제조에 사용하는, 트랜지스터 제조보다 20배나 큰 규모의 실리콘 지출 비용은 이 계산에 넣지 않았다는 사실을 주목하자.

소재의 급진적 발전은 불과 50년 사이에 키티호크부터 달 착륙까지 이루어진 기술 발전사에서도 중심에 있었다. 오늘날의 염원하는 문샷 목표 다수와 비교해도 마찬가지일 것이다.

그리고 새로운 부류의 소재가 차세대 디지털 기술에서 핵심이다. 이 기

술들은 무어의 법칙을 지속시키고, 논리 성능을 더 확장시키고, 소비자 친화형 인터페이스를 실현시켜, 결국 클라우드가 가속화한 서비스의 범위를 확대할 것이다. 인터페이스 관련 소재는 터치스크린, 안면 인식용 레이저 칩, 리튬 전지, 웨어러블 전자 제품, 드론 같은 상품을 실현하게 만든다. 이것들은 아주 소수의 예에 불과하다.

그리고 선순환 구조에서 이제 AI와 클라우드가 발전을 약속한다. 그것은 주요 소재를 발견하고, 채굴하고, 가공하는 방식에서 지난 한 세기 동안 목격한 것 중 가장 본질적인 발전이다. 이것이 중요한 것은 모든 -대부분이 아니라 전부다- 제품과 서비스가 필요적으로 원재료를 획득해 유용한 형태로 전용하는 것에서 출발하기 때문이다. 하지만 그건 특별한 것이 아니다. 슈퍼컴퓨팅 기반 AI와 기계 학습이 신소재를 전산으로 발견하는 시대로 인도했다. 새로운 소재는 자연 소재를 지배하는 법칙을 위배하거나 최소한 회피하는 것들이다. 이 자체가 역사적으로 선회라는 사실은 덜 인정받아 왔다.

초크랄스키와 같은 우연은 여전히 발견에서 짜증 날 정도로 중요한 역할을 할 것이다. 심지어 우리가 추론과 컴퓨팅 성능이 지배하는 시대에 살고 있음에도 말이다. 하지만 미래의 급진적 소재 발명에서 구조적 변화가 보인다. 비록 과학의 원리에 바탕을 두고 있지만, 기존의 시행착오가 지배하는 시대에서 컴퓨터 도구가 증폭하고 가속화하는 시대로의 이동이다. 관련 도구들은 몇 시간 안에 한 세기만큼의 시행착오를 인실리코 in silico 로 수행할 것이다. 그것이 활용 소재에서 종류와 양 모두를 근본적으로 확대할 것이다.

하지만 디지털 시대에는 사회가 비물질화한다는 통념이 있다. 경제가 점점 더 서비스 중심적으로, '아마존화 Amazonifcation'와 '우버화 Uberization'되면서 "자원 집약적 생산의 필요가 필연적인 것은 아니다."[7]는 명제이다. 이런 세계관에서는 소재, 그리고 소재 중심의 산업은 구닥다리에 불과하다.

맥아피 McAfee를 편견 없이 본다면 그는 책에서 기본적으로 소재 사용에 대한 효율성에서 급진적 개선을 말했다. 다시 말해, 우리는 기반이 되는 소재 사용에서의 성장을 능가하는 부의 증가를 보았고 보게 될 것이다. 그것에 관해서는 이견이 없다. 사실, 그 추세는 클라우드 시대에 속도가 더 붙는다. 하지만 클라우드가 이끄는 부에 관한 이차적인 가속화는 사회의 원재료 소비에서 절대적 -비록 상대적으로 더 느리더라도- 성장을 견인할 것이다.

주기율표 작동시키기

비물질화의 증거는 종종 우리가 앞에서 했던 것처럼 이번 세기와 지난 세기의 상징적 제품을 비교해 보면 나온다. 바로 스마트폰과 자동차이다. 차는 스마트폰보다 1만 배 더 무겁다. 한 분석가가 말했듯이 1980년대의 청소년들이 차를 타고 쇼핑몰로 몰려가 오디오 카세트 수백만 대를 샀지만, 오늘날의 청소년들은 음악을 디지털로 스트리밍해 듣는다. 이렇게 보면 요즘이 비교적 비물질화된 것 같다.[8]

하지만 스마트폰의 등장이 생산되는 자동차 대수나 가동되는 자동차 대수의 감소로 이어지지 않았다. 또한 전 세계의 많은 사회가 여전히 자동차에서 에어컨까지, 20세기가 대표하는 육중한 제품들을 일소하지도 못했다.[9] 최근 수십 년 사이에 경제 규모가 커지면서 그런 경제에서 소재 전반의 사용에 있어 성장이 더 느려진 것은 사실이다. 이것은 더 부자 국가에서 소재 사용의 경제적 효율성이 더 높아졌다는 것을 의미하는 것이지 탈동조화(디커플링decoupling)●된 것이 아니다.

세계 경제는 매년 약 1,000억 톤의 건축, 식품, 연료, 금속 소재를 필요로 한다. 이것의 평균을 내보면, 한 사람당 사는 동안 2백만 파운드(약 907톤)의 소재가 필요하다는 것이다.[10] 그리고 인터넷의 여명 이후 세계에서 사용되는 소재의 총량은 두 배 이상이 되었다. 소재에는 다리와 빌딩을 짓는 데 사용되는 모래와 더불어 결정질 실리콘으로 전용되는 모래 등도 포함된다. 작물 성장을 촉진하는 질소, 철의 강도를 높이는 바나듐도 포함된다. 디스크 드라이브와 전동기의 자석에 사용하는 희토류인 디스프로슘dysprosium도 포함된다. 대부분이 탄화수소인 에너지 소재는, 사회에서 사용하는 모든 종류의 소재 총중량의 단 15%를 차지한다.

가난한 국가들이 음식과 집, 도로, 빌딩에 대한 1인당 접근권에서 포화수준에 도달할수록 결국 소재에 대한 수요 증가는 느려질 것이라고 예상할 수 있다.[11] 하지만 이들 국가는 아직 포화로부터 한참 멀다. 부국에서는 1,000명당 소유한 자동차 대수가 약 800대인 것을 생각해 보자. 면허증을 가진 운전자보다 소유 차량 대수가 더 많다. 반면 그들보다 빈곤한, 수십억이 사는 지구 한편에서는 그 비율이 차 한 대당 사람 100명에 가깝다.[12] 아직 상용화되지 않은 새로운 부류의 제품은 언급하지도 않았다.

물론 오늘날의 부국에서는 1인당 소재 수요가 평균보다 훨씬 높다. 만약 효율성이 둔화되거나 성장을 멈추더라도 여전히 1인당 2백만 파운드의 소재 수요라는 물질적 사실은 엄연하다. 소재로 만든 기계가 언젠가는 닳

● 한 나라 경제가 특정 국가 혹은 세계 전체의 경기 흐름과 독립적으로 움직이는 현상

기 때문에 소재 수요는 계속된다. 물리적 현상과 경제적 현실은 다분히 수사적으로 보이는 **순환 경제**circular economy* 아이디어가 본질적으로 불가능함을 지적하고 있다. 순환 경제에서는 거의 모든 소재가 재사용되거나 재활용된다.[13] 오늘날 전 세계 소재 중 10% 미만이 그렇다.

재활용recycling에서 상당한 기술 중심의 발전이 있을 것으로 가정하는 사람조차 향후 20년 안에 소재 전반의 수요가 약 300% 정도 증가할 것이라고 예측한다. 세계가 플라스틱과 종이, 알루미늄, 실리콘(모래), 칼슘(석회석)을 더 많이 이용할 것으로 추정되기 때문이다. 1844년 캐나다인 찰스 페너티Charles Fenerty가 발명한 현대판 종이에 대한 수요조차 인터넷 시대 동안 더 성장했다. 사실, 종이 사용은 계속해서 증가할 것으로 예상된다. 심지어

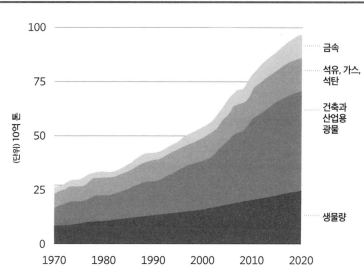

그림 8.1 인구 증가와 부의 확대로 인해 전 세계 소재 사용량이 증가하고 있다

출처: OECD(Organization for Economic Cooperation and Development, 경제협력개발기구)

---

* 쓰레기를 줄이고 자원을 최대한 활용하자는 경제 시스템

필기용 종이 사용 비율은 계속해서 줄어드는 상황인데도 말이다. 인터넷이 문서용 종이 수요의 증가는 둔화시켰지만, 포장 박스용 종이 수요가 빠르게 증가하도록 자극했기 때문이다. 원클릭 온라인 쇼핑을 생각해 보면 이해될 것이다.[14] 사실 이것은 소재의 수요 궤적에서 볼 수 있는 일반적 현상이다. 비록 새로운 소재가 오래된 소재의 일부 활용 영역을 밀어 내지만 종종 그런 오래된 소재에 대한 새로운 활용 영역이 새로운 소재에 대한 새로운 활용 영역의 등장과 함께 서로 평행을 이루게 된다.

하지만 주장에 따르면 선진 경제권은 더욱더 서비스 주도형으로 바뀌고 있다. 이는 정확히 사실이며, 제2차 세계 대전 후 널리 퍼지기 시작했다. 세계적으로 서비스 부문은 20세기 말까지 주요 고용처가 되었다.[15] 하지만 모든 서비스는 생산된 제품에 의존하고, 그것들은 당연히 소재를 사용해 만든다. 트럭과 비행기가 없는 페덱스 FedEx는 없지 않은가! 병원, MRI 장비, 의약품이 없는 의료도 없다. 통신, 데이터센터, 제품을 포장할 박스가 없는 아마존도 없다. **원클릭 쇼핑**과 당일 배송의 편리함은 지난 6년여에 걸쳐 창고 건설과 화물운송 모두에 호황을 가져왔다.

정보: 소재의 부상하는 가치

물건을 만드는 데 사용하는 소재량에서는 오늘날의 세계와 1세기 전 세계 간의 소재 차이가 크게 발견되지는 않는다. 결국 부와 인구가 증가한 결과가 더 많은, 더 큰 빌딩을 초래했고 이어서 더 많은 콘크리트, 철, 유리를 사용하게 했다. 대신 이전에는 사용하지 않거나 아니면 적게 사용하던 원소와 소재에 관한 지식과 활용에서 두 시기 간의 차이가 발견된다.

그래서 예를 들면 구리(고대 기록 전에서부터 인간이 이용했던 원소다)에 대한 수요는 계속해서 성장했지만 더불어 해당 원소의 새로운 물성이 지속적으로 발견되면서 이 소재에 대해 전적으로 다른 수요를 견인했다. 네오디뮴$_{neodymium}$을 생각해 보자. 네오디뮴은 1885년에 발견되어 주로 유리 채색에 사용되었다. 그러다 1982년 GM의 과학자가 이 원소를 이용해 세계에서 가장 강력한 자석을 만들 수 있다는 것을 발견했다.[16] 네오디뮴으로 만든 자석은 21세기 초에 가용했던 그 어떤 자석보다도 10배 더 강력한 자성을 지녔다.

1세기 전에는 자동차를 소수의 소재만으로 제조하였다. 나무와 고무, 유리, 철, 구리, 바나듐, 아연이 전부였다. 오늘날의 자동차는 연료가 어떤 계통인지 상관없이 36개 이상의 비연료 광물로 제조한다. 여기에는 소위 17개 **희토류** 원소를 혼합한 경우가 점차 늘어나고 있다. 이와 비슷하게, 1980년경의 휴대폰이 주기율표의 24개 정도의 원소를 포함하고 있었다면, 오늘날의 스마트폰은 70가지의 개별 원소가 갖는 성질을 최대한 활용하고 있다. 역시 희토류가 포함된다.

소재 생산에 필수적인, 원자를 결합하는 새로운 방법을 끊임없이 발견하고 발명하려는 노력은 세상을 변화시키고 미래를 발명할 제품을 만드는 방법이다. 19세기 말에 토머스 에디슨$_{Thomas Edison}$이 조잡한 탄소 섬유를 전등용 필라멘트로 실험했지만, 1950년대에 화학 산업이 성숙한 뒤에야 고강도의 탄소 섬유를 제조할 수 있는 역량을 확보할 수 있었다.

이와 비슷하게, 1833년 마이클 패러데이$_{Michael Faraday}$가 최초로 반도체 효과에 주목하고 칼 브라운$_{Karl Braun}$이 1874년에 최초의 반도체 다이오드(2극진공관$_{diode}$)를 발명했지만, 벨 연구소 소속 과학자들이 최초의 반도체 트랜지스터를 발명한 것은 1947년이 되어서였다. 바로 존 바딘John Bardeen과 월터 브래튼Walter Brattain, 윌리엄 쇼클리William Shockley 이렇게 3인이 말이다. 이들은 후에 1956년 노벨 물리학상을 공동 수상했다. 여기서 바딘이 두 번째 노벨상을 받게 됐다는 점에 주목할 필요가 있다. 초전도성이 어떻게 작동하는지를 밝힌 공로로 노벨상 역사상, 노벨 물리학상을 두 번 수상한 유일한 사람이 되었다. 정말 마법 같은 현상으로 아직도 광범위하게 활용할 수 있는 소재를 찾고 있다. 그동안 반도체 기기의 지난 반세기 동안의 진보와 확장은 소재 과학 중심으로 전개된 이야기였다.

원자와 분자를 결합하는 새로운 방법에 대한 탐구는 소재 과학과 화학의 본질이다. 반도체뿐 아니라 신약 발견에서도 그렇다. 제약 과학자들은 **저분자**와 **고분자** 치료제라는 명명법을 사용한다. 이 명칭에서는 저분자(이를테면 아스피린)는 12개의 원자가 결합하여 만들어지는 반면, 고분자(이를테면 휴미라*)는 수만 개의 원자로 구성되어 있다.[17] 우리는 소재를 무게 관점에서 생각하기 때문에 고분자 약물의 복잡성으로 인해 1온스(28.3그램)당 제조 비용은 금보다 고가인 결과를 낳는다. 반면 저분자 약물은 1,000배 이상 더 저렴할 수 있다는 것을 생각해 보자. 미래 치료제는 특히 비용이 더 저렴한 경우, 언제나 우리 우주에 존재하는 원소 세트에서 지금껏 본 적이 없는 기발한 조합으로 발견될 것이다. 그것이 슈퍼컴퓨팅의 초인적 성능이 역량을 발휘할 분야이다.

역사는 종종 철기 시대와 청동기 시대부터 석유화학 시대까지의 소재 관점에서 쓰여 있다. 지금 우리가 실리콘 시대에 살고 있다는 것은 분명하다. 하지만 실리콘은 우리가 다른 소재를 사용하는 방법을 개선하거나 심

---

* Humira, 자가면역질환 치료제

지어 변경하는 데 사용할 수 있기 때문에 특별하다. 그리고 **전산 소재**의 마법으로 이어지기도 한다. 이미 자연에서는 불가능한 물성을 달성한 사람들, 무생물을 프로그래밍해서 생명 활동을 흉내 내거나 심지어 생명 활동 자체에 손을 대는 사람들도 있다.

문명화를 이끈 사물, 게다가 밝고 아름답게 하는 모든 사물은 다 발명과 제품, 도구, 그것들에 기반한 서비스를 구축하기 위해 사용한 소재에서 출발했다. 그래서 소재가 세 가지 핵심 기술 영역 중 하나를 차지하는 것이다. 소재 영역에서도 앞에서 언급한 **3의 법칙**을 볼 수 있다. 클라우드가 그들 전부에 영향을 미친다. **소재 게놈**으로부터의 정보, 새로운 성능 역량, 문명의 욕구를 충족시키는 데 필요한 규모로 소재를 생산하는 역량, 셋이 동시에 존재해야 한다. 그런 조합이 상변화에 불을 붙인다. (그림 8.2)

그림 8.2 성능, 규모, 정보의 교차점에서 소재의 상변화

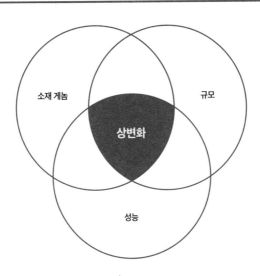

소재: 수학에서 합성으로

자연은 역대 최고의 화학자이다.

— 프랜시스 아널드 Frances Arnold

조르조 리엘로 Giorgio Riello가 목화 역사에 관한 방대한 저서에서 말했듯이 영국 하원위원회는 1751년에 목화가 한계 산업이라고 선언했다. 목화 산업이 양모 혹은 아마포 linen와 비교했을 때 질이나 양, 여러 면에서 결코 경쟁할 수 없을 것 같다는 이유에서다. 하지만 영국은 1850년까지도 자국민에게 양모로 만든 옷을 입힐 수 없었다. 그렇게 하기 위해서는 국가의 전체 농경지의 두 배가 넘는 면적에서 양을 길러야 했기 때문이다.[1] 목화 자체가 아주 오래된 소재인 것은 맞지만 목화 산업이 부상한 것은 산업 혁명의 결실이었다. 특히 방적기와 조면기의 발명은 저비용, 고품질의 목화 생산에 기폭제가 됐다.

1700년대 후반에 이르자 면직물이 유럽으로 거래되는 원자재 무역액 전체에서 반 이상을 차지했다.[2] 1812년 러다이트 운동 Luddite riot*이 방직 공

---

* 영국 노동자들이 벌인 기계화 반대 및 기계 파괴 운동

장과 여타 공장들을 폐허로 만드는 것은 우연이 아니다. 그들의 우려와 불안이 노동력과 기술 발전, 생산성 사이의 상호 영향에 초점을 맞추었던 것도 마찬가지다. 비록 우리의 현대 사회가 모든 원자재를, 그것이 의류, 식량, 연료, 혹은 제조 목적이든 상관없이 경제적 지배 관점에서 황혼기로 강등시켰지만 그럼에도 섬유 산업은 오늘날에도 1조 달러 규모에 이르는 엄청난 글로벌 산업이다. 마치 석재가 지금까지도 집요하게 사용되는 것처럼 목화도 그렇다. 18세기 영국 현인들이 상상했던 것보다, 방대하고 다양한 시장에서 목화는 여전히 40%의 점유율을 차지하고 있다.[3]

한편 역사적으로 존 웨슬리 하얏트_{John Wesley Hyatt}가 1869년에 최초의 합성 고분자를 발명한 것으로 인정받는다. 우연한 발견의 또 다른 예이다. 사실 그는 의류 회사에서 일한 것이 아니었다. 당시 당구공의 원자재였던 코끼리 상아를 대체하는 재료를 찾으려는 공개경쟁에 참여하고 있었다.[4] 하얏트는 목화에서 나온 천연 섬유소_{cellulose}에서 시작해 마치 상아 같은 소재를 합성하는 데 성공했다. 이런 이유로 합성 소재의 이름이 '셀룰로이드_{celluloid}'가 됐다. 또 다른 40년이 지난 1907년에는 리오 베이클랜드_{Leo Baekeland}가 **베이클라이트**_{bakelite}라는 합성 소재를 발명했다. 진정한 의미에서 합성 고분자였지만, 처음 이 소재를 발명했을 때는 당시 새롭게 등장한 전기 산업용 절연재로 사용할 계획이었다. 하지만 베이클라이트는 무수히 많은 용도로 쓰일 수 있음이 밝혀졌다.[5]

소재의 역사를 연대순으로 기록하기 위해 많은 책이 헌정되었다. 특히 경제를 추진하고 경제 혁명(그리고 전쟁)을 일으키는 관점에서 화학 제조의 역할이 강조되었다. 그것은 우리가 자주 보았던 것과 동일한 패턴에서 비롯된 혁명이었다. 즉, 상호 연관된 전환이 교차하면서 형성되는 것이다.

합성 고분자의 경우 다음 세 가지가 필요했다.

- 근대 화학chemical science 자체가 태동하면서 반응을 이해하고, 예측하고, 창안하는 틀 framework이 만들어졌다.

- 새로운 부류의 기계와 제어 장치로 인해 대규모 합성과 제조가 가능해졌다. 여기에는 고강도 철이 중요한 역할을 하는데, 합성 공정에는 종종 극한의 온도와 압력이 필요하다.

- 원재료이자 에너지 공급용으로 탄화수소를 충분히 생산할 수 있는 산업의 도래가 필요했다. 특히 에너지 공급 측면에서의 성장이 주요 역할을 했는데 모든 화학 합성에는 에너지가 많이 소비되기 때문이다.

1920년대에 이르자 천연 소재의 수확이 아닌 합성 소재의 생산이 제품 제조만큼 대규모 산업이 되었다. 그리고 공법과 공정이 개선되고 관련 지식이 발전함에 따라 화학 생산이 비상했다. 1920년부터 1950년까지 불과 30년 사이에 600%가 성장한다.[6]

고분자를 합성하는 능력은 원시 금속 시대 이후 아주 오랜 시간이 걸려 발전했다. 고분자는 풍부하면서 유용한 천연 소재 중 하나로 양모와 실크, 사람의 모발, 거북 껍질의 빌딩블록*, 그리고 목화와 나무, 모든 식물의 섬유소cellulose의 빌딩블록뿐 아니라 단백질 자체의 빌딩블록이다. 천연 고분자의 물성을 성공적으로 복제함으로써 산업 혁명에서 주요 역할을 했다. 화학의 시대 전까지는 우리가 사용하는 모든 고분자를 자연으로부터 수확했다.

포효하는 1920년대 동안 등장한 새로운 역량 중 중요한 하나를 뽑는다면, 천연 비료의 성분을 복제한 화학 물질을 발명한 사건이다. 프리츠 하버 Fritz Haber는 합성 비료를 1908년에 고안했다. 그리고 그 공로로 1920년 노벨상을 받는다. 카를 보슈Carl Bosch는 합성 비료를 대규모로 생산하는 데 필요

---

* 여기서의 '빌딩블록'은 생체 고분자의 구성단위가 되는 분자를 말한다.

한 고압, 고온의 장치를 고안해 동료 프리드리히 베르기우스Friedrich Bergius와 공동으로 1931년 노벨 화학상을 수상한다. 이래서 탄생한 것이 **하버-보슈 공정(하버-보슈법)**이다. 1920년대에는 **그린 혁명**green revolution이 탄생해서 1에이커(약 1,224평)당 수확되는 곡물량을 획기적으로 증대시켰고 말 그대로 세계를 먹여 살렸다.

하버-보슈 공정은 관련 산출물을 제조하고 유통하는 기계류와 협업해 세계 인구의 절반에게 식량을 공급하는 데 직접적으로 기여하고 있다. 또한, 그 어떤 단일 발전보다 효과적으로 기아를 종식시키고 있다. 이제 역사상 처음으로 사람이 굶주린다면, 그것이 자연의 변덕 때문이 아니라 정치와 관리 부실, 악의 때문이라고 주장할 수 있게 됐다.

그렇다. 우리는 산업 규모의 화학 공정과 비료의 과다 사용이 환경 훼손을 수반하는 것을 알고 있다. 이 난관에 대한 해법으로는 다른 환경 영역과 마찬가지로 1차 원료 추출에서부터 최종 활용까지 전 공급망에 걸쳐 지식과 정밀성, 관리를 더 보완하는 것이다. 한 예로 최근의 **정밀 농업**의 발명을 생각해 보자. 정밀 농업은 (인치 단위까지) 초정밀도로 조정되는 자율주행 기계, 일기 예보와의 실시간 연계, 영양분과 수분의 제곱피트(1제곱피트는 약 0.02평) 단위 마이크로 센싱micro sensing, (궁극적으로는) 적당량의 화학 물질을 적소에 공급하는 자연 능력을 모방한 나노공학 입자 등 여러 분야의 조합이 맞물려 있다. 이런 조합을 통해 생산성은 획기적으로 늘리고(비용은 낮추면서) 환경 영향은 줄이는 것, 모두를 성취할 수 있다. 이 기술 역량 모두는 다가오는 10년의 주역들이고, 늘 그렇듯 새로운 소재를 발명하는 것에 의존한다.

세상을 먹여 살리고 약을 투여하는 것부터 주거, 운송,

하버-보슈 공정과 화학 비료의 개발(출처: 이너그린 Youtube)

해상 운송까지, 그러한 임무를 달성할 기계와 공정의 특징 및 유용성은 유용한 물성을 가진 소재가 얼마나 가용할 수 있는지에 따라 결정된다. 그리고 이 모두를 함께 엮어주는 것은 필수적인 구조재로 만들어진 인프라이다.

1849년, 조제프 모니에_{Joseph Monier}가 철근을 이용해 콘크리트를 강화하는 아이디어를 생각해 냈다. 그의 혜안은 3,000년이나 오래된 소재의 능력을 크게 향상시켜 오늘날의 다리와 고층 건물이 가능하게 했다. 그 구조재 개념은 1935년 오웬스 코닝_{Owens Corning}이 발명한 최초의 강화섬유 고분자, 섬유 유리에 반영되었다. 그리고 1970년대의 탄소섬유 강화 소재들이 이를 뒤따랐다. 강화 섬유가 보트의 나무를 대체했다면 탄소 섬유는 비행기와 고성능 자동차의 알루미늄을 대체했다. 이제는 구조재의 최근 발전들로 긴 목록이 만들어지며, 계속해서 강도와 유연성 (혹은 역으로 경직도) 간의 모순을 야기했던 경계가 허물어지고 있다. 예를 들어 나무의 나노 구조 특성을 모방하지만 티타늄보다 훨씬 가볍고 강도 높은 금속을 만드는 것이다.[7]

새로운 경량급 소재는 오랫동안 꿈꿔왔던 개인용 공중비행체(새는 독특한 뼈 구조 때문에 날 수 있다)를 실현하기 위해서뿐 아니라 유용한 로봇을 개발하기 위해서도 중요하다. 웨어러블과 이식 8, 소모성 전자 소자는 말할 것도 없다. **게임체인저**_{game changer}는 성능 면에서 완전히 새로운 영역을 차지하는 소재로부터 나올 것이다. 예를 들어 철강의 강도와 고무의 유연성을 동시에 달성하는 소재와 같은 것 말이다.

새롭고 스마트한 소재들

소재 과학이 추구하는 목표는 자연의 물성을 대체하는 것에서 그치지 않고 자연에서는 불가능한 새로운 물성을 띠는 소재를 합성해 내는 것이다. 어떤 의미에서는 과학자들이 연금술에 담긴 고대 철학적 사상으로 회귀한다고 하겠다.

강도와 경도는 내구성 및 비용과 함께 구조재의 실제 활용에 있어 주요 지표이지만, 과학자들과 엔지니어들은 다수의 다른 물성을 측정하기 위한 구체적 지표와 목표를 오래전에 개발했다. 그중 많은 것이 일상 제품에서도 친숙하다. 질감과 온도 저항성, 연성, 다공성, 밀도, 혼화성_{miscibility}[*], 반사율_{albedo}[*], 그리고 전자기장과 관련된 다양한 전기적 물성, 특히 광학 영역이 그렇다.

우리 시대를 정의하는 소재인 실리콘은 동시대에 다른 소재를 이용하는 다른 공정의 발명이 없었다면, 클라우드 성장을 촉진하는 능력이 오래전에 꺼졌을 것이다. 이들 소재 중 일부는 무어 법칙의 지속을 가능하게 하는 데 중요했고, 일부는 고대부터 소재였던 유리를 정보 케이블로 전용轉用하는 것을 가능하게 했다.

모든 발명에서는 혁신과 다양한 사람의 조합이 목격되는데, 이는 전진에 필수적인 요소다. 하지만 통신 분야에서는 길고 유연한 유리 케이블을 생산하기에 적합한 소재에 대한 주요 발명이 1970년 코닝 글라스_{Corning Glass}의 팀에서 나왔다. 하지만 상업적 증산을 이끈 제조 공정이 완벽해지기까지는 10년이 더 소요되었다. 게다가 정보를 완벽하게 광선에 부호화하는 데 사용할 고체 레이저라는 부수적이고 소재 중심적인 발명이 없었다면 아마 유리 케이블의 생산은 불가능했을 일이다. 광섬유 케이블의 엄청난

<small>* 혼합할 수 있는 능력</small>
<small>* 빛에 대한 반사 정도</small>

폭발은 1990년대의 비이성적 과열에서 본질적인 부분이었다. 그것은 소재 혁신에 기반한 정보기술~info-tech~ 호황이었다.

그리고 이제 우리는 발견 속도에서 감속을 보는 것이 아니라 가속화되는 것을 보고 있다. 최근 새로운 물성의 소재가 폭발적으로 증가하고 있음을 보여주는 척도는 전문 과학 학술지의 폭증에서 그 정도를 가늠할 수 있다. 부수적으로 소재에 대한 명명법도 폭증하고 있다. 소재에만 전념하는 〈Advanced Materials〉라는 이름의 과학지도 1988년에야 발간된 것이다.

그리고 21세기의 첫 20년 동안 소재에 관한 전문 과학지가 약 12 종류나 더 발간되었다. 새로운 전문 학술지 각각의 이름과 발행일은 그 자체가 소재 혁명의 속도와 심도를 평가하는 로드맵이다. 〈Advanced Engineering Materials(1999년)〉, 〈Advanced Functional Materials(2001년)〉, 〈Small(2005년)〉, 〈Advanced Energy Materials(2011년)〉, 〈Advanced Healthcare Materials(2012년)〉, 〈Advanced Optical Materials(2013년)〉, 〈Advanced Material Interfaces(2014년)〉, 〈Advanced Electronic Materials(2015년)〉, 〈Advanced Materials Technologies(2016년)〉, 〈Small Methods(2017년)〉, 〈Solar RRL(2017년)〉이 있다.

도대체 무엇이 최근 20여 년간에 이러한 폭증을 가능하게 했을까? 바로 새로운 정보 수집 도구와 컴퓨팅 성능이다. 이러한 요소들이 거의 언급 안 된다는 것 자체가 전산 소재 시대가 만연하고 있음을 나타내는 지표일 것이다.

최근 등장한 소재의 일부 물성은, 아서 C. 클라크~Arthur C. Clarke~의 충분히 첨단화된 기술은 어느 것이나 마법처럼 보이기 시작한다는 법칙이 사실임을 보여준다. 깃털보다도 가벼운 **에어로젤**~aerogel~을 생각해 보자. 그 얇은 막으로

토치램프의 열을 차단할 수 있다. 1그램(파리 한 마리의 무게)의 초다공성 소재를 생각해 보자. 미세한 표면이 있어서 그것을 펼치면 축구 경기장 하나를 덮을 수 있다.[8] 이런 소재로는 요컨대, 육중한 고가의 압축 탱크보다 수소 분자를 더 효과적으로 저장할 수도 있다. 또한, 신소재 관련 자료들을 폭넓게 찾다 보면 새로운 소재로 '초강력 접착제hyper-glue'가 나오는데, 이처럼 분자 수준에서 두 물질을 접합시키는 일종의 '슈퍼' 접착제를 만들 수도 있다.

아니면 '페로브스카이트perovskite'라고 부르는 특이 광물의 발견을 생각해 보자. 이 광물의 발견은 19세기 중반까지 거슬러 올라가지만 최근 수십 년에 와서야 새롭고, 유용한 소재들이 그것의 고유한 분자 구조를 바탕으로 해서 개발되었다. 저가의 태양광 발전에서 이 광물을 사용하는 것은 아직 상업적으로 성공하지 못했지만 최소한 10여 개 회사가 상업적 가능성을 쫓고 있다. 페로브스카이트를 주로 활용할 분야는 아마도 저가의, 초고감도 X선 탐지기일 것이다. 의료 영상의 크기와 비용, X선 노출 등을 극적으로 줄여줘 장비를 병원 내 특정 장소에서 환자 일선으로 옮겨 사용할 수 있다.[9]

탄화규소SiC, silicon carbide는 광물 모이사나이트moissanite*에서 발견되는 또 다른 희귀 천연 소재다. Y2K(보통 2000년을 말한다) 바로 전에 천연 다이아몬드 같은 결정체, 탄화규소를 합성하는 공법이 인조 다이아몬드 보석이라는 틈새시장을 만들어 냈다. 하지만 탄화규소를 소재로 사용한 전자기기라는 개념이 가능해진 것은 그 이후 21세기 초 반도체급의 성장 공정이 완성되

---

* 자연적으로 발생하는 탄화규소로 이뤄진 다양한 결정질 다형체이다. 다른 모조 다이아몬드보다 가장 천연 다이아몬드와 비슷하기 때문에, 인조 다이아몬드로도 사용된다.

면서다. 탄화규소가 갖는 본질적으로 우수한 물성 두 가지는 온도와 고전압에 대한 내성인데 바로 이러한 특성이 고출력 SiC 전자제어 시스템의 최근 상용화를 이끌었다. 탄화규소 전자기기는 기존 실리콘 전력 트랜지스터를 이용해 전력을 전달하는 기존 전력 전자기기와 비교했을 때, 크기와 무게가 10분의 1에 불과하다.[10] 그리고 이러한 기능은 광범위한 응용 분야를 가진다. 특히 운송에서 전동화가 이루어지는 북새통에서는 더 그랬다.

그리고 1991년 탄소나노튜브 carbon nanotube가 발견되었다. 그 공은 일본 과학자 수미오 이지마Sumio Iijima에게 있다. 이 원자 크기 소재의 전기 물성은 이미 첨가제로 효과가 있었다. 하지만 그 놀라운 역학적 물성이 아직 상업화되지는 않았다. 탄소나노튜브는 철의 강도보다 300배 강한 케이블을 만들 수 있는 잠재력이 있는데 말이다.

탄소 기반 신소재 가운데 **그래핀**graphene을 무시할 수는 없다. 그래핀은 최근에야 발견돼서 아직 유용한 소재로 실현된 것이 많지 않다. 그래핀은 2004년 러시아 출신의 영국 물리학자 콘스탄틴 노보셀로프Konstantin Novoselov와 안드레 가임Andre Geim이 우연히 발견했다. 탄소 원자가 완벽한 육각형 격자로 배열되어 있고, 겨우 원자 한 개 두께 정도로 얇은 막을 형성한다.[11] 이런 물성은 거의 마법이나 다름없다. 하지만 상업적으로 활용 가능한 규모로 생산하거나 생산 장비를 개발해야 하는 과제가 아직 남아 있다.

그래핀의 물성이 다른 소재에 활용되어 새로운 기능을 갖게 된 영역 목록은 전방위적이다. 컴퓨터와 센서부터 전지와 정수기까지, 매우 다양하다.[12] 여기서는 아직 만들어지지 않은 근본적으로 새로운 부류의 소재는 언급하지 않는다. 이를테면 일종의 그래핀 시트sheet 발포제로 절연, 센서, 혹은 모든 화학 합성에서 필수적인 여과 과정 등 마법 같은 물성을 실현하는 것이다.[13] 그래핀의 존재는 단일 원자 두께의 신소재 연구에 영감을 불어넣었다. 대표적인 예가 2019년 발표된 원자 너비의 포스포린 phosphorence* 나노리본이다.[14]

마지막으로, **메타물질** metamaterial로 새로운 물성의 소재를 만드는 능력이 출현한 것이 최고의 예다. 1967년, 러시아 물리학자 빅토르 베셀라고 Vicor Veselago는 자연이 달성할 수 없는 물성을 보여주는 소재를 만들 수 있겠다고 생각했다. 이를테면 '음의 굴절률'이다. 물이 담긴 컵에 숟가락을 반쯤 넣으면 빛의 굴절 때문에 숟가락이 아래로 구부러진 것처럼 보인다. 메타물질은 그런 물리 현상을 반전시켜 숟가락이 위로 구부러진 것처럼 보이게 한다. 1990년대에 영국의 존 펜드리 John Pendry 교수가 광학 메타물질을 만드는 개념을 선도했다. 이어 2000년에 미국 물리학자 데이비드 스미스 David Smith가 음의 굴절률을 가진 최초의 소재를 발견해 냈다.

메타물질은 신비로운 제품(통신용 초고속 광학 스위치)과 소비자 지향 제품(기존의 유리 렌즈의 성능을 복제하면서도 작고, 평평한 스마트폰 카메라 렌즈), 둘 다에 새로운 기회를 제공했다. 또한 실제 홀로그래픽 디스플레이를 만드는 방법도 제공했다. 홀로그래픽은 공상과학에서 단골 소재인 일종의 대형 3D 투영이다. 메타물질은 전파나 음파로 투명 망토와 비슷한 속임수를 이용해 물질이 소리, 레이더, 심지어 빛에도 안 보이도록 설계할 수 있다. 이 때문에 몇 년 전에 〈스타트렉 Star Trek〉에 나오는 투명 망토가 발표되기를 간절히 바랐다. 더 이상 투명 망토와 같은 아이디어는 단지 공상과학 소설에나 나오는 것이 아니다. 물론 실제로 구현하기에는 난관이 남아 있다.

소재 과학에서 이룩하는 많은 발전은 생물학적 응용 분야와 특히 연관

---

* 흑연을 박리해 그래핀을 만들듯 흑린을 박리해 만들며 광반응성을 가진 소재

된다. 생체적합성이 그렇다. 이를테면 외부 소재에 대한 인간 신체의 자연스러운 거부 반응을 다루는 것이다.[15] 생물학 영역에 관한 한 두 가지의 천연 소재, 즉 피부와 근육의 유효성을 복제하는 것이 의료뿐 아니라 로봇공학에서도 중요한 과제로 남아 있다. 다행스럽게도 엔지니어들이 두 부류의 조직을 모방하려는 목표에 빠르게 다가가고 있다. 최근 연구소에서 개발한 '자가치유 촉각감지 인공 피부'는 몇몇 동시대 빌딩블록에서의 발전을 3D 프린팅 기술([4부. 포효하는 2020년대]의 주제)과 결합함으로써 성취할 수 있었다.[16] 인공 근육은 미래에 로봇뿐 아니라 보철(인공 기관)이 인체 기능을 모방하기 위해 필요한 동력 공급에 핵심 요소다. 여기서도 최근에 새로운 기반 소재들을 조합해서 놀라운 돌파구가 마련되고 있다. 보철의 경우 과학자들은 탄소 나노튜브를 고분자 원사용 비계로 사용해 액추에이터actuator*를 개발하는 데 사용해 왔다. 근육의 광범위한 동작과 내구성을 복제한 액추에이터는 특히 동력 대 중량비PWR, power-to-weight ratio가 뛰어나다.[17]

참신한 물성을 보이는 소재를 설계하면서 마주하는 핵심 과제는 원자와 분자의 수많은 잠재적 조합과 싸우는 것이다. 이 가능성의 범위는 '가능한 조합'이라는 확률론적 본질 때문에 더욱 도전적으로 다가온다. 하지만 슈퍼컴퓨터에 탑재된 AI 도구가 도래하면서 역사상 최초로 믿기 어려운 수준의 복잡성을 다룰 수 있게 되었다.[18] 이러한 전환으로 인해 한 세기 전에 화학의 기반이 되는 원칙을 발견한 것과 유사한 가능성을 갖게 되었다. 과거 그런 발견은 근본적으로 새로운 종류의 유용한 소재를 낳았다.

2020년대는 상온 초전도체의 장래에 대한 발표로 시작되었다. 거의 60년 전에 처음 발명된 초전도체 선재wire는 MRI 장비뿐 아니라 많은 과학 기기와 아직 상상도 못 했던 다른 제품들을 실현하게 한다. 초전도체 발명

---

* 전기, 유압, 압축 공기 등을 이용해 기계를 구동시키는 장치의 총칭

이후 우리를 애타게 하면서 오랫동안 추구해 온 목표는 상온에서 초전도 물성을 갖는 소재다. 현재는 액체 헬륨을 이용해 화씨 -440도(섭씨 -262도)까지 선재를 냉각시켜야만 제대로 작동할 수 있다. 하지만 2020년 초에 버팔로 대학교University of Buffalo의 연구팀이 그 달성하기 힘든 목표에 더 가까워지게 만드는 소재를 발견했다. (단, 아직은 높은 압력이라는 조건이 붙는다.) 팀의 일원인 이론화학자 에바 주렉Eva Zurek은 기존의 화학 구조 데이터베이스가 연구팀이 활용한 알고리즘이 제안한 종류의 소재를 포함하고 있지 않았다는 데 주목했다. "우리의 화학적 상상력도 컴퓨터에서 관련 소재들을 발견하기 전까지는 그것들을 생각해 내지 못했다."[19]고 말했다. 이제 알고리즘이 우리의 역량을 증대시켜 신소재를 상상하고 창안하게 한다.

자연을 베끼다: 생체모방 소재

자연은 이미 우리가 사는 우주에서 가장 스마트한 물질을 만들고 있다. DNA에 내장되는 정보 코딩에는 자연의 다른 사물이 만들어진 것과 같이 92종의 원자 세트를 이용한다. 하지만 DNA 프로그램은 자기 복제와 보행이 가능한 생물학적 기계를 만들어 낸다. 2018년 노벨 화학상 수상자인 프랜시스 아널드Frances Arnold는 "자연은 역대 최고의 화학자이다."[20]라고 말했다.

무엇보다도 자연은 수십억 년을 앞서서 분자 조합 실험을 시작했다는 이점을 가지고 있다. 하지만 오늘날의 컴퓨터는 1980년경의 컴퓨터보다 100만 배는 더 강력하다. 그리고 몇 년 안에 다시 1,000배는 더 강력해질 것이다. 그런 실리콘 엔진은 결국 탐색, 설계, 심지어 인실리코 실험까지도 관련 작업에 필요한 성능을 제공함으로써 자연을 베끼거나, 자연의 한계를

극복해 무생물 소재에 정보 기능을 추가하려는 우리의 목표에 활용될 것이다. (그림 9.1)

사회가 요구하는 어지러울 정도로 많은 무생물 소재에 관해서는, 미국 국립표준기술연구소National Institutes of Standards and Technology에서 소재게놈이니셔티브MGI, Materials Genome Initiative를 관장하는 짐 워런Jim Warren이 적절한 시각으로, "소재 과학은 말 그대로 수플레souffle를 만드는 것과 같다. 비유가 아니라 정확히 똑같다. 소재를 만들 때는 성분만 중요한 것이 아니라 공정과 공법이 물성을 결정한다. 수플레도 똑같다."[21]라고 말했다. 소재를 개발하면서 스마트 기기를 사용하는 목적은 요리사처럼 기술을 이해하고 그것을 과학으로 전환하고, 결국 대량으로 상업 제품을 생산하기 위해서다.

소재 게놈materials genome이라는 용어는 2002년 펜실베이니아 주립대학교 Pennsylvania State University의 소재과학 교수인 지 큐이 류Zi-Kui Liu가 생물학에서 차용해 만들었다. 류는 소재의 기반 물성에 바탕을 둔 컴퓨팅 도구가 새로운 소재를 어떻게 개발할지에 대한 지침을 곧 줄 것이라고 인식했다. 마치 DNA가 생물학적 조립에 대한 지침을 주는 것과 같다. 하지만 당시 연구자들은 컴퓨팅 성능의 발전이 지금처럼 가속화될 줄은 거의 상상하지 못했다.

순수 전산 소재 개발 분야에서는 특히 금속에서 일부 초기 성공을 볼 수 있었다. 이것은 컴퓨터를 실세계의 실험을 지원하는 데 사용하는 것과는 완전 다르다. 순수 전산 소재 발명에는 물질의 근간인 분자 및 원자 사이의 힘을 계산하는 소프트웨어를 사용해 물리 실험을 모방하는 작업이 수반된다. 예를 들어 노스웨스턴 대학교Northwestern University에서 분사한 소기업 퀘스텍QuesTek은 컴퓨터 주도의 물리 모델을 사용해 상용 합금 설계에 최초로 성공했다. 퀘스텍은 전투기 랜딩 기어에 사용되는 강철 합금을 개발했는데

그림 9.1 소재에 대한 정보 콘텐츠의 증가

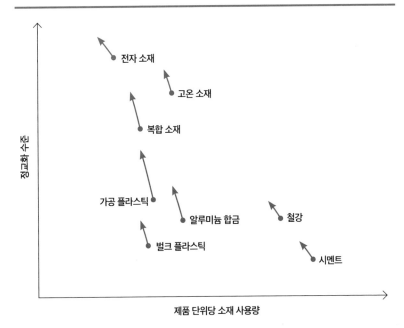

출처: 생태 재구성: 지속 가능한 발전을 위한 시사점(Eco-Reconstructuring: Implications for Sustainable development), UN 대학교
(The United Nations University), 1998

유해 금속인 카드뮴_{cadmium}을 사용하지 않고도 기존 옵션의 물성을 그대로 복제했다. 그 뒤에 다른 합금을 컴퓨터로 개발해 애플이나 스페이스X 같은 기업의 특정 이행 목표를 맞추었다.[22]

이와 비슷하게 비금속 응용 분야에서, 과학자들이 슈퍼컴퓨팅을 이용해 약 160만 가지의 가능한 분자를 평가하고 물성을 파악해 월등한 성능의 **OLED**(유기발광다이오드_{Organic Light Emitting Diodes})를 개발하는 데 성공했다. OLED는 스마트폰과 TV 스크린으로 많이 활용된다.[23] 그리고 2020년 초, 코로나바이러스 위기 동안 새로운 치료제를 찾으려는 노력 속에서 테네시

대학교_{University of Tennessee}의 과학자들이 기계 학습 알고리즘과 세계 최고 성능의 슈퍼컴퓨터인 **서미트**_{Summit}*를 이용해 수천 가지 생물학적 화합물에 대해 수백만 가지의 조합을 모델링했다. 그 결과 며칠 걸리지 않아, 몇몇 후보 치료제를 찾아냈다. 이전에는 몇 개월이나 걸리는 작업이었다. 이와 동시기에, 잘 알려진 실리콘 밸리의 소프트웨어 기업가 톰 시벨_{Tom Sieble}의 최근 회사 C3.ai가 연구와 '산업 규모의 인공지능'을 촉진하기 위해 클라우드 기반의 '데이터 레이크'를 구축했다. 여기에는 코로나바이러스와 관련 있는 광범위하며 이질적인 글로벌 데이터 세트가 저장되어 있다.[24]

이 소재 영역에는 실리콘 엔진을 생산하기 위해 개발된 물리적 도구가 시너지를 내는 피드백 고리가 존재한다. 엔지니어들은 실리콘 트랜지스터를 마이크론_{micron, μ}보다 작은 크기로 생산하는 똑같은 도구를 이용해 **초소형 정밀기계 기술**_{MEMS, Micro-Electro Mechanical Systems}이라는 분야에서 아주 작은 크기의 비논리 소재를 만들어 낸다. 원자 크기에서 공학이 관여할 수 있고, 필연적이라는 생각은 리처드 파인먼_{Richard Feynman}에게 공을 돌릴 수 있다. 특히 리처드 파인먼의 유명한 1959년 강의에서 "밑바닥에는 충분한 공간이 있다."고 말한 점을 주목하자. 최초의 MEMS 장비는 1968년에 제작되었지만 'MEMS'라는 약어 자체는 실리콘 공학 시대가 호황을 맞기 시작하는 1986년까지 만들어지지 않았다.[25] 이제 스위치와 소리굽쇠_{tuning fork}, 아니면 시계, 마이크로폰, 그리고 수많은 여타 기계 장비 등 눈에 보이지도 않는 소형 기계 장비를 제조 관점에서 생각할 수 있다는 것은 정보와 소재, 기계 중 세 번째인 기계 영역이 발전한 결과이다. 즉, 마이크론 크기의 트랜지스터를 생산하기 위해 설계된 기계 덕인 것이다.

---

* 오크릿지 국립연구소(Oak Ridge National Laboratories)에 있었다.

소재에 대한 수많은 정성적 기능이 최근 빠르게 출현하는 것을 또다시 명명법에서 확인할 수 있다. 전산 소재, 소재 게놈, 메타물질에 더해 생각할 수 있는 것들은 다음과 같다.

- 전자 섬유 : 기본적인 전자 소자 기능이 융합된 의류용 섬유
- 생체적합성 소재: 자연 및 인간의 조직과 호환되는 소재, 치료제의 초특이 전달뿐 아니라 이식과 섭취 가능한 (미세) 진단용 전자기기에 필수적인 소재
- 과도 전자소자 transient electronics: 사전에 프로그램된 시간이 지나면 분해되도록 -실제로는 사라지도록- 설계된 스마트 센서와 통신 칩
- 적응형 소재: 이를테면 특정 힘이나 이벤트에 대한 반응으로 강도를 높이거나 다른 물성으로 바뀌는 것으로 주위 환경에 반응하는 소재
- 자가 치유형 소재: 생존이라는 자연의 필수 기능을 복제한 소재
- 프로그래밍 가능한 소재: 제조 당시 소재 안에 프로그램된 지침에 기반해 작동하거나 운용되는 소재
- 자가 조립형 소재: 생체 모방 biomimicry 이라는 자명한 목표

근본적으로 새로운 부류의 소재가 약속하는 시대는 연금술사의 꿈을 넘어 결코 상상도 못 했던 기기들이 갖는 잠재력을 우리에게 보여주고 있다.

미래의 소재화

특별한, 심지어 마법 같은 물성을 보이는 완전히 새로운 소재를 고안해 낼 수 있다는 인류의 생각은 고대 이집트에서 탄생한 연금술에서 그 기원을 찾을 수 있다. 켐 Khem *은 과거에도 그리고 지금도 마법처럼 비옥한 나일

---

* 아랍어로는 알 케미아(al-khemia)로, '검은색'을 뜻하는 단어다.

강의 범람원을 일컫는다. 여기서 화학_chemistry이라는 단어가 유래했다.[26]

연금술은 천 년 이상을 지배했다. 어떤 성분을 원래 형태에서 다른 형태로 바꾸는, 특히 비금속을 금으로 바꾸는 데 있어 열쇠가 될 신화 속 '철학자의 돌_Philosopher's stone'을 좇아다녔다. 뉴턴과 갈릴레오도 연금술에 손을 댔었다. 이처럼 고대인들이 가졌던 연금술에 대한 아이디어는 맞는 것으로 밝혀졌다. 단지 연금술에 필요한 기술이나 기계가 없었을 뿐이었다. 하지만 지금은 할 수 있다.

이제 컴퓨팅 기계가 바로 철학자의 돌이다. 1980년, 로렌스 버클리 국립연구소_Lawrence Berkeley National Laboratory 소속 팀이 완전 탐색과 입자가속기를 이용해 비스무트_Bismuth(원소 기호 Bi, 원자번호 83번)를 다른 원소로 바꾸는 데 성공했다. 물론 금으로 바꾼 것이었다.[27] 대단한 업적이었다. 하지만 극소량이었고 비용으로 치면 금 1온스(약 8.29돈)당 1,000조 달러가 소요된 셈이었다. 우연히도 같은 해 1980년에 당시 4년차 회사였던 애플이 나스닥 증권거래소에 상장되었는데, 그 당시 기준 1956년 포드_Ford가 공개된 이래로 가장 성공적인 IPO였다.[28] 이는 철학자의 돌이 될 만큼 고성능 컴퓨터로 이어질 기폭제가 될 조짐이었다.

현대의 연금술사들이 마법을 부릴 수 있게 된 주 요인은 컴퓨팅 기계의 등장 덕분이다. **전자 소재 과학**이라는 용어와 아이디어가 1990년대에 등장한 것은 우연이 아니다. 동명의 과학 학술지도 1990년에 창간됐다.[29] 컴퓨터화학 교수인 헨리 르제파_Henry Rzepa가 1994년 논문에서 선견지명 있게 주목했듯이 인터넷으로 인해 작은 회사들이 연구 공룡들과 경쟁하는 능력이 향상될 뿐 아니라 초보자조차도 훨씬 영리해진다.[30]

인터넷과 2000년경부터 시작된 고성능 컴퓨팅의 확산에 따른 영향은

그림 9.2 CAS(Chemical Abstract Service)에 등재된 누적 물질 수

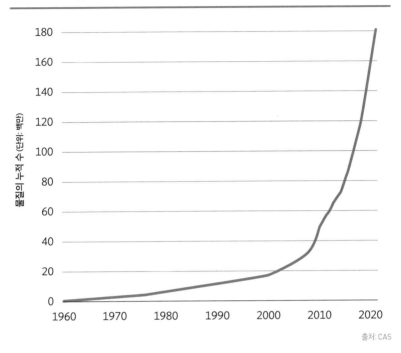

출처: CAS

발명 물질 목록에서 찾아볼 수 있다. 그 목록은 1907년 최초로 작성되어 이제는 거의 2억 가지의 물질이 등재되어 있다. 2005년부터 2015년까지 10년 동안은 이전 세기보다 4배나 많은 물질이 목록에 등재되었다.[31] 그리고 이후 불과 5년 후인 2020년까지 거의 그만큼의 물질이 다시 더해졌다. (그림 9.2) "양은 그 자체로 질이다."는 말이 다시 상기된다.

앞에서도 언급했지만 새로운 종류의 제품과 서비스를 창출하기 위한 소재의 메뉴를 방대하게 가지고도 여전히 소프트웨어보다 하드웨어를 상업화하는 데 더 많은 시간이 소요된다는 사실을 다시 언급할 필요가 있다. 특히 규모 면에서 안전하면서 실현 가능한 시스템을 만드는 데는 시간이 걸

린다. 사실 신소재를 찾고 규모를 확장하는 미래의 이 과정에서 많은 예상은 실패로 돌아갔다. 초음속 비행기라던가 상업 우주여행이 그렇다. 하지만 이번에는 뭔가 다르다고 말하고 싶다. 이제, 역사상 처음으로 우리는 인 실리코로 운영하고 안전 시뮬레이션을 수행해 산업 공정의 완성도를 가속하는 것을 기대할 수 있다.

하지만 사회에 수플레를 수톤씩 공급하기 위해서는 관련 기계 및 공정뿐 아니라 많은 에너지가 필요하다. 공상과학 소설 및 만화 작가들이 좋아하는 비유에는 오랫동안 가상의 에너지 물성을 가진 소재가 등장했다. 스타트렉에 나오는 '다이리튬 결정체dilithium crystal'부터 영화 〈터미네이터〉에 나오는 아이스하키 퍽 크기의 원자력 전지까지 다양하다. 세 번째 기술 영역인 기계를 다루기 전에 소재가 에너지와 결합했을 때 실재와 기회는 뭔지 간략히 요약해 보겠다.

10

소재: 에너지와의 결합

백만 명의 삶에서 지식이 나오고, 백만 명의 섬세한 장인들이 그 방도를 구축했다.
증기는 시녀였고 하인 같은 불꽃이었고, 우리 기운에 물을 주고, 모두가 우리 기계에 굴복했다.
바위, 나무, 돋아나는 허브에서 우리는 이 방랑하는 아름다움을 그렇게도 눈부시게 만들었다.

– 존 메이스필드John Masefield, 〈배와 그 건조자The Ship and Her Makers〉 中

2021년 초, 자동차 제조업체들은 생산에 필요한 주요 투입 소재의 부족으로 차량 생산을 중단해야만 했다. 바로 반도체가 원인이었다.[1] 코로나19 봉쇄로 인한 반도체 공급망의 혼란은 자동차 제조업이 21세기 초에 조용히 경계를 넘었다는 사실을 보여주었다. 제조업체들은 이제 차량을 생산하면서 강철보다 실리콘에 더 큰 비용을 지출하고 있다.[2]

이런 변화는 자동차 **인포테인먼트**infortainment*와 통신 시스템이 광범위하게 변화해서 비롯된 것이 아니다. 그보다 변속기와 브레이크, 조향장치, 창문, 와이퍼, 조명장치, 히터, 팬, 펌프, 안전장치 등 거의 모든 기능에서 전력을 감지하고 제어하는 데 사용되는 반도체가 수량과 다양성이 지난 20년 동안

---

* 정보 전달에 오락을 동반하는 자동차 기기

꾸준히 증가했기 때문이다. 전력 관련 실리콘에 대한 지출은 전기자동차와 하이브리드 자동차의 경우 거의 두 배가 되었다. 사실 완전히 전동화된 자동차가 이제 자체 생존 가능한 옵션이 되었다는 사실은 최소한 리튬 전지만큼이나, 실리콘 **전력 칩**power-chip 덕분이다.[3]

논리 트랜지스터를 만드는 데 사용되는 초고순도의, 거의 완전한 결정질 실리콘을 생산하기 위해 사용되는 기술의 수십 년에 걸친 개선은 전력 트랜지스터의 지속적인, 심지어 급속한 성장을 병행해서 이끌었다. 과거에는 100킬로와트 전력 수준을 관리하려면 냉장고 크기의 상자를 전자기계 부품들로 가득 채워야 했었다. 그 정도면 1톤을 움직이는 데 충분한 전력이었다. 오늘날의 전력 칩은 상자 크기가 냉장고 크기에서 집에 있는 전자레인지만 하게 작아졌고, 심지어는 자동차 보닛 아래에도 들어갈 만큼 작아졌다.

21세기의 시작은 새로운 부류의 반도체 소재가 상업성이 있다는 것을 보여주었다. 바로 탄화규소와 질화갈륨GaN, Gallium Nitride이 그것이다. 탄화규소와 질화갈륨은 전력 칩을 실현시킴으로써 일반 전력망 운용에서뿐 아니라 자동차에서도 성능이 더 좋으면서도 더 작은 전력 진자소자power electronics를 사용할 수 있게 만들었다. 21세기에는 반도체가 자동차 플랫폼에서 에디슨의 백열등을 대체하는 상황을 조용히 지켜보기도 했다. LED 조명은 2007년에 자동차의 전조등으로 처음 도입되었다. LED 조명이 발명된 지 약 40년이 지나서다. 2020년까지는 신차 모델의 거의 90%가 LED 조명을 장착했다. 자동차 안팎 곳곳에 LED 조명이 확산된 것은 말할 것도 없다.[4]

전력 칩과 LED는 전력망이나 일반 조명 등 다른 대형 에너지 시장을 대체하는 데는 좀 더디었다. 하지만 다음은 그들의 차례다.

세상을 밝히다: 고래기름과 석탄 가스에서 반도체로

그린피스_{Greenpeace}*가 설립되기 100년도 훨씬 전에 고래를 구한 것은 석유나 에디슨의 전구가 아니라 석탄이었다.

캐나다의 지질학자이자 물리학자인 에이브러햄 게스너_{Abraham Gesner}는 캐나다 노바스코샤_{Nova Scotia}에서 태어났다. 그는 최초의 유정油井이 펜실베이니아주 타이터스빌_{Titusville}에서 시추되기 10년도 전에 등유를 발명했다. 이는 조셉 스완_{Joseph Swan}이 기증해서 런던 사보이 극장_{Savoy Theatre}이 상업용 빌딩 최초로 전기 전구로 조명을 켜기 35년 전이기도 하다.

야생동물 보호에 관심이 있는 사람이라면 알겠지만, 인류는 과한 포경으로 고래를 거의 멸종 위기까지 몰고 갔다. 꼭 필요한 조명에 당시로서는 고래기름이 좋은 소재라고 알려졌기 때문이다. 그랬다. 과거에는 고래기름이 다른 동물이나 식물 기름보다 높게 평가되어 등이나 양초에 쓰였다. 하지만 고래기름에 대한 수요는 1846년 등유의 발명으로 한순간에 붕괴된다. 석탄에서 뽑아낸 이 '합성' 기름은 더 깨끗하게 연소되고, 냄새는 덜 나면서, 불은 더 밝아 가정용 등으로 최고였다.

30년이 더 지나, 사보이 극장을 전기 전구로 밝힌 다음 해, 에디슨의 펄 스트리트 발전소는 석탄을 태워 '합성' 전력을 생산해 뉴욕시에 상업용 전기 조명을 공급했다. 석탄을 태워 생산한 전력은 가정용 등에서 급속히 등유를 대체하기 시작했다. 그리고 가로등에서는 석탄 가스를 대체했다. 이렇게 핵심 에너지 소재로서 석탄의 오랜 부상이 시작됐다.

오늘날의 세계는 또 다른 에너지 소재 혁명이 없었다면 매년 수백만 톤

---

* 국제 자연보호 단체

의 석탄을 태우고 있었을 것이다. 1962년, GE의 엔지니어 닉 홀로니악 Nick Holonyak이 경악할 만큼 효율적인 발광 다이오드, 즉 **LED**를 발명한다. LED는 반도체 소재의 멋들어진 물성을 활용한 것이다. 석탄은 여전히 주 연료원으로 세계 전력의 40%를 공급하고 있는데(천연가스는 2위로 20%가 넘는다.), 이제 초고효율 LED의 사용이 광범위하게 늘면서 석탄 사용은 감소하고 있다.

LED는 더 저렴하고 보편적인 조명을 향한 역사의 오랜 기술 행진에서 세 번째 전환일 뿐이다. LED는 연소나 소재에 강제해 빛을 내지 않는다. 연소나 소재를 통해 빛을 내는 방법은 역사에서 이전까지 알려진 유일한 방법이었다. 대신 LED는 '화합물' 반도체의 혼합물로 만든다. 주로 갈륨과 인듐을 기반으로 한다. 정교하게 설계된 양자 현상으로부터 원자 수준에서 광자를 방출하도록 만들었다. 비유하자면, 불을 지피려고 나뭇가지를 문지르는 대신 부탄가스 라이터를 사용하는 것과 같다.

상업용 LED는 1968년에 소개됐다. 홀로니악의 강림 후 단 6년이 지난 때이다. 초기 LED는 비효율적이었고, 적은 빛을 애절하게 찔끔찔끔 냈지만 무어의 법칙 속도로 빠르게 달라졌다. LED가 반도체 논리 칩과 같은 유형의 제조 공정을 사용하고 같은 부류의 물리학에 기대어 개발되었기 때문이다. 오늘날의 LED는 1968년의 LED보다 1,000배는 더 효율적이다. 그리고 오늘날의 최고 LED는 백열등보다 20배 더 효율적이다. 이것은 바이트와 광자 영역에서만 가능한 수준의 성과다 . 그 결과 오늘날 방 하나를 밝히는 데 드는 비용은 20세기 여명기의 1,000분의 1에 불과하고 1845년보다는 1만분의 1 수준이다.

반도체 소재의 혁명은 전 세계에 소중한 빛을 제공하는 기술의 가속화에 중추적 역할을 했다. 조명이 전 세계 전력의 8분의 1을 소비하지만, 오래된 보온재인 석탄과 현대 양자 소재인 갈륨 간에는 이상하지만 중요한 관련성이 목격된다. 21세기 초기 20년에는 LED가 전 세계 조명에서 차지하는 비중이 0%에서 거의 50%까지 올라갔다. 제대로만 간다면 2030년까지는 90%에 도달할 것이다.[5]

실리콘 전력망

본질로 들어가 보면, 전력망은 두 가지 기능을 수행하기 위해 소재에 좌우된다. 바로, 에너지를 생산하고 그 에너지를 사회에 안정적으로 배전하는 기능이다. 세상이 디지털화되고 클라우드에 상시 접속할 수 있게 되면서 안정성은 어느 때보다 더 중요해졌다.

에너지의 안정성은 얼마나 빨리 에너지 물질이 시장으로 이동하는가와 밀접해 있다. 석유와 천연가스, 석탄은 광산에서 시장까지 파이프라인과 기차, 트럭, 배를 통해 약 10에서 60mph(시간당 마일)로 이동한다. 여기서는 주로 기계적인 하드웨어 문제가 안정성을 좌우한다. 반면에 전류는 빛의 속도로 이동하는데 거의 불가해한 6억 7,000만 mph(약 10억 7,800km/h)다. 이런 속도에서 안전성과 안정성을 보장한다는 것은 극도로 어려운 일이다.

전력망의 안정성은 전기에 상응한 속도로 전자 센서와 통신, 소프트웨어가 빠르게 작동해 계획과 예측, 통제가 가능한지에서 나온다. 이상적으로는 전력을 정보와 마찬가지로 유통하며 안정성을 확보할 수 있는데, 인터넷을 닮은 일종의 상호처리 그물망 구조interactive mesh structure를 이용하는 것이다. 소위 **스마트 그리드** 말이다.

오늘날의 전력망은 과거의 방송 텔레비전 산업과 닮았다. 1960년경의 영상 산업은 소수의 중앙화된 영상 콘텐츠 생산자가 있어서, 콘텐츠를 대량의 방송 시스템을 통해 광범위한 지역에 퍼져 있는 수많은 고객에게 송출했다. 일종의 탑다운top-down 유통 시스템이었다.

인터넷은 이러한 텔레비전 산업을 일대다에서 다대다로, 대화형interactive, 주문형on-demand으로, 그리고 유연한 시스템으로 바꾸었다. 유튜브는 아마추어가 일부 할리우드 전문가보다 더 많은 관객과 시청자를 사로잡을 수 있는 새로운 텔레비전이다. 이런 네트워크는 새로운 종류의 유통(광섬유와 무선) 발명뿐 아니라, 더 중요하게는 바이트를 제어하고 유통하는 방식을 혁명적으로 바꾼 새로운 종류의 스위치와 라우터router에 의해 가능해졌다.

원칙적으로는 스마트 그리드를 전력에도 똑같이 적용할 수 있다. 하지만 중요한 차이가 하나 있다. 전력과 정보의 전송이 둘 다 전자를 옮기는 것에 뿌리를 두지만 전력의 물리는 석유와 더 유사하다는 점이다. 통신 시스템에서는 전자(혹은 그들의 양자 사촌으로, 무선과 광파에서 전자기파를 형성하는 광자)의 일관된 흐름을 약간의 전력으로도 측정할 수 있다. 대개는 1와트 이하다. 하지만 전력 시스템에서는 전자의 흐름이 1,000에서 100만 배 더 크다. 전력망급의 전력을 스위칭하고 라우팅하고 관리하는 것은 완전히 새로운 수준의 하드웨어와 소재를 요구한다.

엔지니어들은 전력망급의 전자를 감시하는 소프트웨어와 센서를 오랫동안 접해 왔다. 하지만 그런 규모에서 전력을 라우팅하고, 초대형 유조선 수준의 에너지를 대형 여객기보다 빠르게 배전할 수 있는 스위치를 실제로 제조할 수 있는 전력 전자장치의 도래는 이제서야 보고 있다. 고체 상태의 전력 전자장치는 황금시대를 맞이하고 있다. 차세대 실리콘 기술뿐만 아니라 더 중요하게는 전력망 전력을 다루는 탄화규소$_{SiC}$와 질화갈륨$_{GaN}$ 반도체가 성숙해졌기 때문이다.

전력 제어에 우수한 반도체 소재들의 출현은 맨 처음 에너지를 생산하는 데 사용되는 소재들의 변화보다 더 중요할 것이다.

공급 측의 에너지 소재

인류는 이제까지 상당히 적은 종류의 에너지 생산 소재를 발견하거나 발명했다. 사실, 단 3개다. 지구의 에너지 중 97% 이상은 가장 오래된 두 부류의 소재인, 연소 소재(탄화수소와 생체소재)와 동력 소재(물, 공기, 동물)에서 얻는다.

세 번째 부류의 기본 에너지 소재는 원자 현상을 수반하고 있는데, 먼저 **광전효과**다. 광전효과는 태양광(에너지)을 가능하게 한다. 다음은 **핵분열**인데, 핵분열은 원자력(에너지)을 가능하게 한다. 아인슈타인$_{Einstein}$은 광전효과를 발견해서 1921년 노벨상을 받았고 오토 한$_{Otto\ Hahn}$은 핵분열을 발견해서 1944년 노벨상을 받았다. 광전효과는 통상적으로 실리콘을, 핵분열은 우라늄을 수반한다. 소수의 여타 소재들은 둘 다에서 사용될 수 있다. 이런 놀라운 기술의 상업적 출현이 세간의 열정을 고취시킨 것은 지극히 당연했다. 엄청난 이론적 잠재력 때문이기도 하고 그 둘이 역사로부터의 근본적 단절을 선언하기 때문이기도 했다. 이전에는 두 현상을 결코 보지 못했었다.

1954년, 미국 원자력위원회$_{Atomic\ Energy\ Committee}$의 초대 의장이었던 루이스 스트라우스$_{Lweis\ Strauss}$는 원자력의 놀라운 잠재력을 극찬하던 강의 도중, 이런 말을 한 것으로 알려졌다. 원자력이 언젠가는 "계량기로 요금을 매기는 것도 불가능할 정도로 저렴해질 것이다."[6]라는 말이다. 물론 이후, 수십 년간 많은 비난을 받으며 웃음거리가 됐었다. 원자력은 1970년경 전 세계 전력의 2%를 차지하던 것에서 1995년에는 18%까지 오르다, 오늘날에는 10% 밑으로 떨어졌다.

2018년 우리는 스트라우스의 과장된 표현이 데자뷔 되는 순간을 목격했다. 태양광이 아직 전 세계 전력의 2%도 채 안 되던 시점에 똑같이 열정에 찬 UBS 은행의 한 에너지 분석가가, "2030년까지는 (태양광의) 비용이 0에 근접할 수 있어 사실상 공짜가 될 것이다."[7]라고 열변을 토한 것이다.

더 좋고 저렴한 소재를 찾아 상업화하는 것은 태양광과 원자력 에너지를 지금보다 급진적으로 확대하는 데 필수적이다. 만약 역사가 지침이 된다면 AI와 클라우드로 인해 가능해진 발전의 가속화를 고려할 때 필요한 발견은 필연적이다.

하지만 2020년대에 필요한 소재의 해법을 찾는다 하더라도 그 이후 전환의 속도가 타성에 의해 제한받을 것이다. 현재 시행되는 공격적인 보조금과 제안된 내용들을 고려할 때 (최소한 태양광의 경우가 그렇다. 원자력에 대한 열정은 결국 회복될 것이라 본다), 원자 현상으로 얻는 에너지의 비중이 높아질 것이라고 보는 데는 의심의 여지가 없다. 하지만 원자 현상으로 얻는 전 세계 에너지의 비중이 오늘날보다 5배가 늘어난다고 해도, 전 세계 수요를 겨우 15% 충족하는 것이다. 전 세계 규모에서 에너지 전환은 아직 느리다. 현재 탄화수소와 석유, 천연가스, 석탄은 전 세계 에너지 수요의 약 85%를 충족시키고 있다.

다음 20년에 걸쳐 전 세계의 탄화수소를 전부 대체하려면(일부에서 제안한 일정이다), 전 세계 재생에너지 생산(풍력도 계산에 넣었을 때)이 최소 90배 증가해야만 한다.[8] 쉽게 말하면 이렇다. 50년 전, 세계 석유 및 가스 생산량은 오늘날의 전 세계 재생에너지 공급량과 (동등한 조건에서) 같은 수준이었다. 그 기간, 석유와 가스 생산은 10배가 늘었다. 비용은 차치하더라도 모든 소재 중심의 에너지 인프라 –그리고 모든 것이 필연적으로 소재 의존적이다– 가 이제 그때보다 절반의 시간 내에 9배 더 확장할 수 있다고 생각하는 것은 환상이다.[9]

세계 에너지의 현재 상황은 다음 10년 혹은 20년 내에 크게 바뀌지 않을 것이다. 모든 국가가 더 많은 재생에너지를 사용하겠다는 현재의 약속을 충족시킨다고 해도 (그리고, 분명히 말하면 지금까지 누구도 그 약속을 지키지 않았다), 지금부터 20년 후 전 세계 에너지의 5분의 1 이상이 재생에너지로 충당되지는 않을 것이다. (그림 10.1)

탄화수소 시대 이전 사회는 모든 에너지를 재생 소재에서 얻었다. 나무와 똥(동물의 대변), 유수(흐르는 물) 등이다. 사람들과 짐승에 의해 에너지로 전환되는 음식도 있었다. 그리고 탄화수소 시대 전까지는 모든 경제의 부중 약 60~80%가 생존에 필요한 에너지를 획득하는 데 사용되었다. 오늘날에는 현대 경제의 부 중 겨우 10%만이 에너지를 획득하는 데 사용된다.

그야말로 위압적인 전 세계 에너지의 규모는 하나의 공통된 반응을 끌어낸다. "사람을 달에 보낼 정도라면 분명 '(열망하는 에너지 목표)' 정도는 할 수 있을 것이다." 하지만 세계 에너지 경제를 전환하는 것은 사람을 달에 보내는 것과 다르다. 모든 인류를 전부 달에 보내는 것에 더 가깝다. 그것도 영구적으로.

기계 생산에 내재된 에너지

다시 자동차와 컴퓨터로 돌아가 보자. 자동차는 스마트폰보다 1만 배 더

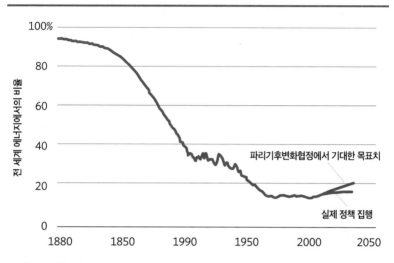

그림 10.1 전 세계 에너지 중 재생에너지가 차지하는 비율

파리기후변화협정에서 기대한 목표치

실제 정책 집행

출처: 국제 에너지 기구(International Energy Agency), 2020 아웃룩, 패트릭 모리아티(Patrick Moriarty)& 데이먼 호너리(Damon
Honnery), "재생 가능 에너지의 미래 점유 비율(Energy Accounting for a Renewable Energy Future)", Energies, 2019년 1월 호

무겁지만 차량 한 대를 제조하는 데 들어가는 에너지는 스마트폰의 400배
에 불과하다.[10] 그래서 스마트폰이 자동차보다 1파운드(약 454그램)당 25배
의 내재embodied 에너지를 더 요구한다. 이 차이는 스마트폰 제조에 에너지 집
약적 소재가 사용되기 때문이다. 예를 들어 1파운드의 반도체급 실리콘을
제조하는 데는 1,000파운드 강철을 제조하는 만큼의 에너지가 소요된다.[11]

내재 에너지는 광산에서 채굴해서 광석을 갈고 화학적으로 광물을 분리
하고, 원소 성분을 재련해 순도를 높여 최종 제품을 제조하기까지 사용되
는 연료를 뜻한다. 간단히 말하면 제품이 작동되기 전까지 소요되는 모든
에너지를 말한다. 그러고 나면 제품 자체가 더 많은 에너지를 소비하거나
(자동차), 아니면 에너지를 생산한다(태양광 패널). 사실, 모든 에너지 소비의
약 15%는 제품 제조에 사용되는 화학 물질을 분리하는 공정에 들어간다.[12]

말했듯이 내재 에너지는 분명 모든 제품에 있다. 햄버거 하나를 (요리하는 것이 아니라) 생산하는 데도, 컴퓨터 하드디스크, 옷 심지어는 마리화나용 대마초를 재배하는 데도 내재 에너지가 들어간다. 온실에서 대마초를 키운다면 1파운드의 대마초를 재배하는 데 필요한 에너지가 1파운드의 알루미늄을 생산하는 데 소요되는 에너지보다 200배 더 큰 결과를 초래한다.[13] 미국에서는 대마초 재배가 수백만 대의 자동차가 1년에 사용하는 연료에 맞먹는 에너지 발자국을 수반한다.[14] 운동화 한 켤레를 제조하는 데 1갤런(약 3.79리터)의 휘발유에 해당하는 에너지가 든다. 세계는 연간 250억 켤레의 신발을 제조한다. 그렇다면 매년 5,000만 대의 자동차가 소비하는 연료에 맞먹는 내재 에너지가 들어가는 셈이다.[15] 경주용 범선 5대를 만들 탄소 섬유를 만드는 데 필요한 에너지는 대서양을 건너는 상업용 비행기가 사용하는 에너지와 같다.[16]

데이터센터 하나를 구축하는 데 필요한 소재들의 총내재 에너지는 이집트 기자 피라미드Great Pyramid of Giza의 내재 에너지보다 훨씬 크다.[17]

프랑스는 최근 수입 물자가 차지하는 내재 에너지를 분석하기 시작했다. 정확한 국내 에너지 소비량을 측정하기 위해서다. 그 결과, 기존 회계에서 단순하게 국가 내 연료 소비량만을 계산해 보고되었던 것보다 70%가 더 높았다.[18] 이론상 센서와 소프트웨어를 활용해 수입과 관련된 품목별 데이터를 모두 수집할 수 있지만 (그 과정에서 정치나, 경제, 사생활 침해는 제쳐 두고라도) 미로 같은 산업 공급망의 특성이 그런 전망을 훨씬 더 골치 아프게 한다. 이를테면 수입 다이아몬드가 분쟁 무관conflict free 국가에서 채굴되었다는 것을 보장하는 것보다 더하다.

이런 예들이 전지와 태양광 패널, 풍력 발전 터빈을 석유와 천연가스, 석탄을 대체해 사용하는 것에 대한 소재 및 내재 에너지의 현실을 인식하게 만든다.

전기차에 동력을 공급하는 1킬로와트의 전력은 약 1파운드(약 0.45kg)의 휘발유를 대신한다. 그 전력은 약 0.5파운드의 천연가스를 태워서 생산하거나 혹은 400파운드의 태양광 패널이 5초 동안 생산하는 전력이고, 풍력 발전 터빈 하나가 5톤짜리 날개를 5초 동안 돌려 생산할 수 있는 전력이다. 물론 태양광 패널과 풍력 발전 터빈을 제조하기 위해서는 소재에 대한 내재 에너지가 필요하다.

모든 기계는 마모되기 때문에 **재생에너지**는 부적절한 명칭이다. 어떤 종류의 에너지 기계든 제조하고 대체하려면 지속해서 에너지 집약적인 소재 발굴에 몰두해야 한다. 풍력이나 태양광 기계를 제조하는 것은 천연가스 발전소보다 생산된 에너지 단위당 소재의 총톤수_{ton數}●가 10배나 더 요구된다.[19] 이 소재들 대부분은 기존에 많이 사용하던 이를테면 콘크리트와 철강, 유리 같은 것이다. 그리고 이것들은 재생 불가능한 에너지를 이용해 제조한다. 예를 들어 유리를 제조하는 데 사용되는 에너지는 천연가스가 70% 넘게 공급하고, 유리는 태양광 전지판을 구축하는 데 필요한 총톤수의 약 20%를 차지한다.[20]

이들 각기 다른 옵션에 수반된 소재 규모는 7만 5,000가구에 필요한 100메가와트_{MW}를 공급하는 상황을 기준으로 쉽게 시각화할 수 있다. 그 정도에 필요한 전력을 생산하려면, 천연가스 점화 터빈은 웬만한 큰 집 하나 크기에 육박한다. 그리고 풍력을 이용해 전력을 생산하려면 워싱턴 기념탑_{Washington Monument} 크기(총높이 170m)의 터빈 20개를 10제곱마일(약 25.9제곱킬로미터)의 대지에 거리를 두고 배치해야 한다. 20개의 풍력 터빈을

● 화물의 중량이나 배의 용적량 따위를 톤의 단위로 나타낸 것

제작하는 데는 날개에 900톤의 재활용 불가능한 플라스틱뿐 아니라 3만 톤의 철광석과 5만 톤의 콘크리트가 필요하다. 마지막으로 태양광 장비를 이용하면 시멘트와 철강, 유리의 총톤수가 풍력보다 150% 더 소요된다.[22]

이런 계산은 풍력과 태양광 장비의 주요 부품을 제조하는 데 필요한 다양한 핵심 요소를 포함하지 않았다. 비록 주요 광물의 양은 적지만 광물을 추출하는 데 관련된 공정이 훨씬 더 에너지 집약적이다. 현재 고려되는 풍력과 태양열 장비를 확장하는 계획은 대략 12개 주요 광물에 대한 유례없는 수요 증가를 주도할 것이다. 여기에는 니켈과 디스프로슘, 네오디뮴, 텔루륨, 코발트, 리튬 등이 포함된다.[23] 세계은행의 한 조사는 모든 광업 엔지니어들이 알고 있는 것에 주목했다. "청정 에너지로 전환해 생활하도록 추정되는 기술들은… 사실 구성 측면에서 현재의 전통적 화석 연료 기반의 에너지 공급 시스템보다 훨씬 소재 집약적이다."[24] 결국 본질은 소재 문제이다.[25] 그리고 이는 상당한 내재 에너지를 수반하고 있다. 마지막으로 채굴과 광물 정제에 사용하는 새로운 기술이 주로 마주칠 문제이다.

전지의 경우 석유 1배럴에 포함된 만큼의 에너지를 저장하는 전지를 제조하려면 최소한 100배럴의 석유가 필요하다.[26] 전지 소재의 세계 최대 공급국인 중국에서 생산되는 전지의 경우, 전력의 상당 부분이 석탄에서 비롯한다.

이 사실들은 세계가 더 이상 태양광 패널, 풍력 터빈, 전기차를 생산하지 않을 것이라는 의미는 아니다. 계속 생산할 것이다. 오히려 소재가 개선되면서 더 많이 생산할 것이다. 이것들이 의미하는 것은 재생에너지 장비의 사용이 크게 증가하더라도 2020년대에 혁명적 **에너지 전환**으로 귀결되지는 않을 것이라는 사실이다.

대신, 소재와 기계, 사회 간의 완벽한 결합이 우리 미래에는 더욱 더 중요해질 것이다.

피할 수 없는 에너지-소재 결합은 제작자와 뱃사람, 심지어 시인에게도 오래전부터 분명했다. 1930년부터 1967년까지 영국의 계관시인이었던 존 메이스필드John Masefield는 젊은 시절 잠시 상선의 선원으로 일했다. 후에는 공장에서 노동자로 일했고, 결국 1920년대에 시인으로 성공했다. 메이스필드의 아름다운 시 〈배와 그 건조자 The Ship and Her Makers〉에서 그는 자연 광석에 묻혀 있는 광물에서부터 에너지를 포획하는 장엄한 범선을 건조하기까지 에너지-소재 결합을 시구로 잡아냈다.[27]

인간 노동의 지혜로 태어나기 전에는
대낮의 빛조차 보지 못했다.
지구 중심 어둠 아래,
내가 누웠던 대륙의 무게에 짓눌리고,
그 무게에 갈아져 열을 내던, 그때는 몰랐던
공기, 빛, 소음, 인간의 세계를.

산의 요새에서 쇠를 찢고,
불을 뿌려 절로 단조했다.
모양도 없는 돌에서 주조하기를 배워
휘두르는 칼, 직선의 배 용골을
소나무를 베어 널빤지를 만들고, 전나무를 쪼개고,
무수한 아마를 벗겨 배를 만들었다.

백만 명의 삶에서 지식이 나오고,
백만 명의 섬세한 장인들이 그 방도를 구축했다.
증기는 시녀였고 하인 같은 불꽃이었고,

우리 기운에 물을 주고, 모두가 우리 기계에 굴복했다.
바위, 나무, 돋아나는 허브에서
우리는 이 방랑하는 아름다움을 그렇게도 눈부시게 만들었다.

Before Man's labouring wisdom gave me birth
I had not even seen the light of day;
Down in the central darkness of the earth,
Crushed by the weight of continents I lay,
Ground by the weight to heat, not knowing then
The air, the light, the noise, the world of men.

We tore the iron from the mountain's hold,
By blasting fires we smithied it to steel;
Out of the shapeless stone we learned to mould
The sweeping bow, the rectilinear keel;
We hewed the pine to plank, we split the fir,
We pulled the myriad flax to fashion her.

Out of a million lives our knowledge came,
A million subtle craftsmen forged the means;
Steam was our handmaid and our servant flame,
Water our strength, all bowed to our machines.
Out of the rock, the tree, the springing herb
We built this wandering beauty so superb.

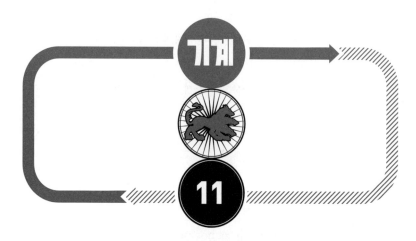

기계: 인간 증폭기

기계는 '인간 본성'과 이질적이지 않다. 오히려 떨어질 수 없는 것이다.

— 데이비드 나이David Nye

대성당을 지을 때 사용하던 지렛대와 도르래부터 스마트폰을 용접할 때 사용하는 레이저까지, 기계는 부를 늘리고, 삶의 환경을 향상시키고, 우리에게 안락을 주는 데 필수적 요소였다. 우리는 "기계는 '인간 본성'과 이질적이지 않다. 오히려 떨어질 수 없는 것이다."라는 역사학자 데이비드 나이David Nye의 표현을 좋아한다.[1]

기원전 3세기에 아르키메데스Archimedes가 지렛대의 물리적 원리를 발견했다. 역사는 이 발견을 자연의 힘을 사람의 이익에 활용하려는 인류의 끊임없는 추구 중 최초의 것으로 기록했다.[2] 지렛대 이후 모든 기계는 내재된 논리가 있다. 일종의 고정된 소프트웨어 코드인데 그것이 설계의 정수이다.

지난 1,000년에 걸쳐 발명된 아찔할 정도로 다양한 기계들은 그야말로 끝없이 다양한 작업에서 탄생하였다. 밀을 빻는 작업(제분)부터 관광객 수송 작업까지. 대부분의 기계는 일상에서 볼 수 없었고, 수많은 활동의 미로에 숨어 있었다. 광산과 공장, 혹은 농장과 식품 가공 공장에서 시작해 우리가 일상에서 운전하고, 요리하고, 오락을 위해 시청하거나 사용하는 제품과 다른 기계를 제작하고 배송하는 데 사용되었다.

기계라는 세 번째 영역에서도 똑같은 패턴의 조합이 눈에 띈다. 마이크로프로세서와 클라우드로 인해 외부 힘에 역동적으로 반응하는 능력이 더해짐으로써 기계를 제어하는 방법을 본질적으로 바꾸었다. 기계가 실제로 자가인식self-aware하게 된 것이다. 이와 동시에 분자 수준까지 정확성을 가려내는 혁명이 일어나고 있다. 이 모든 건 실리콘 엔진 제조에 필요한 기계의 발전 덕분에 가능해진 것이다. 세 번째로는 신소재로 인해 우수한 성능을 가진, 특히 상당한 고속의 기계를 구현하고 실현할 수 있게 되었다. 또다시 정보와 소재, 기계 이 셋의 교차가 상변화에 불을 지폈다. (그림 11.1)

역사상 많은 기계 혁명은 현재와 마찬가지로 일상의 시야에서 벗어나 있었다. 의류비를 낮춰준 조면기부터 운송비를 낮춰준 디젤 기관, 모든 면에서 생산재의 가격을 낮춘 핵심적인 전동기까지 그랬다. 그런 발명은 가끔씩 등장하는, 이를테면 자동차나 냉장고 같은 시민들이 매일 이용하는 새로운 종류의 기계보다 더 흔하게 등장했었다.

두 영역 모두에서 우리의 관심은 혁명적 변화를 일으키는 기계들에 있다. 특히 이전에는 불가능하던 것을 실현하는 것에 더 관심을 두었다. 기존 기계를 개선해 비용을 줄이고 기능과 신뢰성을 더하는 것의 가치는 따로 증명할 필요가 없다. 그 가치가 폭발적 확산을 주도하기 때문이다. 하지만

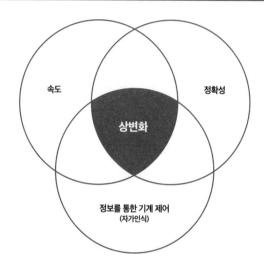

그림 11.1 속도, 정확성, 정보의 교차에서 기술의 상변화

상업적으로 성공할 수 있는 자동차의 발명은 자동 변속기나 ABS 시스템 같은 기술이 더해지는 것보다 본질적으로 다른 혁명이다.

역사의 패턴은 우리에게 가까운 미래에 관해 뭔가를 알려주고 곧 도래하는 중요한 기계 혁명을 조명하게 해준다.

질문으로 시작해 보자. 20세기에 처음으로 상용화된 많은 기계 중 지난 세기 경제에 중대한 영향을 미친 기계 하나를 고르라면? 선택 사항에는 전동기와 자동차 혹은 냉장고와 에어컨이 들어 있을지 모른다. 컴퓨터는 20세기에 너무 늦게 나왔고 성숙하기까지 시간이 걸렸다. 하지만 선택 사항으로 고려될 첫 번째 항목은 단연 디젤 기관이어야 한다.

19세기 말 루돌프 디젤_{Rudolf Diesel}이 내연 기관에 관한 새로운 개념을 발명했다. 어설프게 발명한 것이 아니라 당시에는 새로운 개념이었던 열역학을 제대로 적용했다. 열역학 자체는 사디 카르노_{Sadi Carnot}가 증기 기관의 발명에서 착안했다. 그래서 물리학에서는 동력 기관에서 추출할 수 있는 최대 에너지를 **카르노 (효율) 한계**Carnot limit라 부른다. 원래 디젤은 소규모의 사업장이나 기업에서 사용할 동력 기관을 찾고 있었다. 19세기 말까지는 증기 기관이 갖는 규모의 경제 때문에 대규모 공장에서만 설치할 여유가 있었고, 증기 기관이 창출하는 경제적 이점도 대규모 공장으로 한정되었다는 것을 의미했다.

당시 이런 상황에 대해 고민하며 디젤은 관련된 아이디어로 머릿속이 가득했다. 1893년, 첫 특허 신청서에 그는 이렇게 썼다:[3]

> 소규모 산업은 가능한 분산해서 도시 주변, 혹은 시골에라도 건설하는 것이 공기와 불빛, 공간도 없이 복잡한 대도시에 산업이 집중되는 것보다 더 낫다는 것에는 누구나 동의한다. 이러한 목표는 신청에서 제안하려는 독자적인 기계에 의해서만 달성할 수 있다. 기계는 정비하기도 쉽다. 새로운 엔진이 소규모 산업의 발전에 현재 추세보다 더 견고한 기반을 제공할 것으로 확신한다. 사실 현재 추세는 경제와 정치, 인도주의적, 위생적 관점에서 잘못되었다.

디젤의 발명은 실로 엄청나게 중요한 것이었지만, 디젤 자신이 생각했던 것과는 다른 측면에서 그 중요함이 돋보였다. 그가 명확히 표명한 문제는 오히려 나중에 동시대 사람인 니콜라 테슬라Nikola Tesla가 발명한 **유도 전동기**induction electric motor에 의해서 해결되었다. 19세기 초반 전동기가 소규모의 제조업체에 호황을 일으키기는 했지만, 이제 우리가 모두 알듯이 규모의 가치를 위해 많은 공장이 더 커지는 현상을 일소하지는 못했다. 디젤과 동시대인들이 상상한 대로 제조를 대중화하려면 전적으로 다른 기계의 발명이 필요했다. 이는 뒤에서 살펴볼 것이다.

실용적인 디젤 기관은 디젤의 특허가 만료된 후, 거의 20년이 지나서야 자리를 잡았다. 그렇게 되기까지 디젤 기관에 내재된 물리학과 관련된 고온 및 고압에서 안정적 작동을 실현하게 하는 소재에서의 발전이 부수적으로 필요했다. 1911년이 되어 최초의 디젤 동력 해양선이 건조되었다. 그 이후 엔지니어들은 디젤 동력의 열역학 효율을(따라서 경제 효율도) 꾸준히 개선했다. 오늘날의 디젤 기관은 최초의 디젤 기관보다 효율이 대략 300% 개선되었다. 그리고 디젤의 열망에도 불구하고 디젤 기관의 크기와 동력은 더 커졌다. 오늘날 최대 디젤 기관은 10만 마력 이상으로 고층빌딩 크기의 초대형 선박을 추진하거나 소도시급 전력을 생산해 낸다.

우수한 성능의 디젤 기관은 급속히 다른 형태의 해양 추진 기관을 대체했다. 대형 육상 차량도 마찬가지였다. 또한, 디젤의 괄목할 만한 동력으로 인해 대형 화물선의 건조가 가능해졌다. 그 결과 오늘날 엄청난, 4분의 1마일(약 400미터) 길이의 '리바이어던Leviathan●'으로 칭할 거대 선박을 볼 수 있게 됐다. 디젤 기관 발명 하나가 세계를 바꾸었다.

디젤 기관이 장거리 상거래 비용을 극적으로 절감하자 19세기 전반, 세계적으로 교역은 호황을 맞았다. 그 결과로 항구의 크기나 복잡도가 상당해졌고, 미국 트럭 운송사의 경영자 말콤 맥린Malcolm McLean이 화물 운송의 새로운 논리를 개발하게 되었다. 맥린은 화물 이동에서 분산 기계들의 운영 시스템을 효과적으로 재설계했다. 1956년 맥린이 발명한 **컨테이너화 모델**은 화물을 선적하고 하역하는 논리를 근본적으로 바꾸었다.

사실 맥린의 컨테이너화 모델은 단순한 아이디어였다. 흐트러져 있어

● 성서에 나오는 바다 속 거대한 괴물의 이름이기도 하며, 강력하고 거대한 것을 지칭할 때 쓰이는 말이다. 아주 큰 함선이나 배를 비유할 때 쓰이기도 한다.

신기에 어렵고 노동력이 많이 들었던 화물을 다루기 쉬운 표준화된 컨테이너로 바꾸는 것이다. 공장이나 출발지에서 미리 컨테이너에 제품을 실어 운송하면 된다. 물론 컨테이너 자체는 기계가 아니다. 하지만 컨테이너화 모델은 일종의 분산 '기계'다. 내부에 상품을 적재한 컨테이너가 트럭이나 기차로 부두에 도착하면 컨테이너에서 상품을 비우는 것이 아니라 통합 갠트리_{gantry} 크레인으로 컨테이너 자체를 선박에 바로 적재한다.

컨테이너가 도입되고 첫 10년간은 선박들도 컨테이너를 적재할 수 있게 개조되었다. 최초의 컨테이너 전용선들은 1970년대에 진수되었다.[4] 이제 부두에서는 소프트웨어로 제어되는 갠트리 크레인과 디지털 위치 추적이 더해져 시간당 100여 대 트럭 크기의 컨테이너를 선박에 적재할 수 있다.[5] 경제적 관점에서 말하면 컨테이너화 논리는 해상 운송의 생산성을 최소 2,000% 증대시켰다. 디젤 기관과 함께 강력한 증폭기로 역할을 한 것이다. 그것은 1970년에서 2020년까지 세계 경제에서 무역의 비중이 10배 확대되는 결과를 이끌었다.[7]

우리가 **컨테이너화**_{containerization}라 부르는 화물 운영 시스템이 경제적 측면에서 20세기의 세계 무역을 바꾸어 놓은 것은 컴퓨터 운영 체제_{OS}의 등장보다 훨씬 더 큰 결과를 낳았다. 컴퓨터 운영 체제는 1983년 빌 게이츠_{Bill Gates}가 개발한 마이크로소프트의 운영 체제를 말한다. 하지만 컨테이너화의 경우처럼, 마이크로소프트 운영 체제 역시 본질적으로 논리 설계였다. 컨테이너와 비슷하게 컴퓨터 기계의 다양한 장치가 사람과 연결되는 방법을 단순화한 것이다.

크게 보면, 컨테이너화 논리는 최근 소프트웨어 산업까지 뻗어 나갔다. 그리고 컴퓨터 산업에서 하나의 기술 용어가 되었다. 클라우드에서 사용할 수 있는 소프트웨어의 다양성과 복잡성이 폭증하면서 소프트웨어 패키지를 응용 프로그램 간에, 그리고 클라우드 제공자 간에 쉽게 전송하는 것이 중요한 도전이 되었는데, 그래서 엔지니어들이 고안한 해법이 바로 컨테이너화이다. 이를테면 서로 다른 전문 소프트웨어 패키지를 표준화된 가상 '컨테이너'에 적재해 더 쉽게 다른 컴퓨터로 전송하는 것이다.[8] 소프트웨어 컨테이너화는 21세기의 클라우드 컴퓨팅 확장을 견인했다. 마치 맥린의 발명이 20세기 세계 무역에 기여한 것과 똑같다. 2010년에 소프트웨어 컨테이너화의 선도 기업이 회사 이름을 도커 Docker 라고 명명한 것은 우연이 아니다.

다시 기계의 세계로 돌아가 보자. 디젤 추진 선박은 이제 세계 교역 상품 전체의 80%를 운송한다.[9] 디젤은 말 그대로 '세계화의 엔진'이었다. 그리고 세계 경제 성장을 견인하는 부수적 역할도 했다. 운송비는 근대 전까지는 소비자에게 배달되는 대부분의 소재와 상품의 전체 비용 중 절대적으로 큰 항목이었다. 디젤의 발명이 있기 전에, 극동에서 발견되는 값싼 향신료가 유럽의 소비자에게는 비쌌던 이유가 바로 운송비 때문이었다. 간단히, 좀 단순화하면 이렇다. 주장컨대, 루돌프 디젤이 만든 기계(디젤 기관)로 인해 30조 달러 규모의 세계 교역이 가능했다.

기발하고 중요한 기계

이전 시대에 가장 중요한 기계 하나를 논의하기 위해 시간을 되돌려, 19세기로 간다면 단연 증기 기관을 중요한 기계로 선정할 수 있을 것이다. 그리고 더 뒤로 시간을 돌려 중세의 경제, 사회, 정치의 대변혁 시기로 가면 이번엔 축융기*가 될 것이다. 용어는 제쳐놓고라도 축융기는 원래의 목적이 세월의 뒤안길에 잊혀졌다.

중세 시대엔 기계가 '이성과 수학의 시대'에 개화하면서 대단한 발전을 이뤘다. 발명가들은 논리를 새로운 기계 설계에 적용했다. 역사학자 장 짐펠Jean Gimpel이 집필한 〈중세의 기계The Medieval Machine〉에서 연대순으로 기록했듯이, 이 시기는 사회 최초의 대기계 시대였다. 짐펠은 당대의 새로운 기계 중에서 축융기를 기계화와 부 창출에 있어 결정적인 기계로 선정했다.[10]

당시 옷이 베틀에서 나온 후 다음 단계는 짐펠이 적은 것과 같다. "옷을 문질러 닦고, 씻고, 물에서 두드려 두텁게 하는 축융 과정이었다. 원래 이 과정은 옷을 통에서 짓밟던 사람이 하던 작업이었다."[11] 축융기는 이 노동 집약적인 공정을 단 한 명의 감독자로 대체했다. 감독자는 수력을 이용한 바퀴가 해머를 움직여 옷을 두드리는 작업을 감시하는 것이 전부였다. 일부 지역에서는 풍차를 이용하기도 했지만 지속적으로 사용할 수 있는 수력을 더 선호했다. 축융기를 통한 생산성의 비약적 향상은 유럽 전역에 걸쳐 부의 폭발을 낳았다. 이는 당시 과세를 위한 인구조사에 잘 정리된 사실이다. 그리고 중요한 중세 시대의 기계, 축융기가 또 다른 중요한 소재를 만드는 데 관련되어 있었던 것은 절대 우연이 아니다. 앞에서 주목했듯이 직물의 생산과 판매는 역사의 상당 부분에서 세계 교역에서 주도적인 위치를 점유했다.

중세 기계 혁명의 생산성은 거의 3세기에 걸쳐 부와 복지, 인구에서 세계가 그때까지 보지 못했던 성장을 주도했다. 그때는 지구가 **중세 온난기**

---

* 비누 용액과 알칼리 용액을 섞은 것에 겹친 양모를 적셔 열이나 압력을 가하고 마찰해 조직을 밀도 있게 만드는 모직물 가공 기계

(950~1350년)였다. 기온이 그 이전과 그 이후 세기들보다 평균 2도 정도 높았다. 그런 온난기가 겨울나기를 쉽게 했을 뿐 아니라 농업 생산량도 증대시켰다. 그런 '소최적기 Little Optimum*'에서의 행복한 합류는 14세기가 바뀔 즈음에 온난기가 끝나면서 함께 끝나게 된다. 오늘날의 기후과학에 관심이 있는 사람을 위해 말하자면 이어지는 소빙하기 Little Ice Age는 500년간 계속되었고, 최근에야 기후가 다시 따뜻해지기 시작했다. 소최적기 종식에 뒤따른 것은 대기근이었다. 그리고 바로 이어진 두 번의 타격이 백년 전쟁 Hundred Years War과 흑사병 the Black death이었다.

시계를 더 뒤로 감아 기원전 1,500년 미노스 문명 Minoan Civilization으로 돌아간다면, 가장 중요한 기계 발명의 상징으로 범선을 선정할 것이다. 그리스 산토리니 Santorini의 고고학 발굴에서는 미노스인들의 집 벽에 근대적 모양의 돛이 달린 배의 벽화가 나왔다. 그 범선 기계들은 제임스 와트 James Watt의 발명이 배들의 추진 방식을 바꾸기 전까지 3,000년이 넘게 상거래(그리고 전쟁)에서 중추적 역할을 했다.

수년간 역사가들은 다양한 분류법으로 기계들을 분류해 왔다. 다양하면서도 고도로 전문화된 용도의 기계 종류가 너무 많았기 때문이다. 가까운 장래에 기계 유형을 탐색하려는 우리의 목적에는 브라이언 로턴 Brian Lawton이 2,000년 넘는 기간의 발명을 다룬 두 권짜리 명작 〈다양하고 기발한 기계의 역사 History of Various and Ingenious Machines〉에서 개략적으로 서술한 4가지 기초 기계 유형 분류법이 적합하다. 기계를 운송과 제조, 발전, 무기 용도로 분류한 것이다.

로턴의 책에는 정보 기계라는 분류가 없었다. 실수로 간과한 것이 아니

---

* 중세 온난기를 달리 표현한 말

라 고대 그리스부터 20세기 초에 걸쳐 발명된 수천 개의 기계 가운데 아주 일부만이 정보 생성에 사용되었다는 사실을 반영해서다.

하지만 지난 수십 년 동안 새로운 정보 기계의 급증을 목격할 수 있었다. 특히 클라우드가 그렇다. 이 정보 기계들은 기계라는 엄격한 정의를 전부 충족시켰다. 즉, '작업을 수행하는 장비'인 것이다. 하지만 클라우드의 전체를 아우르는 범위와 다른 많은 기술 내로 혹은 주변에 투입되는 현상은 클라우드가 범용 기계 중 보기 드문 기계임을 말한다.

논리를 기존 기계 내에 혹은 주변에 투입한다는 것은 굉장히 중요하다. 오늘날의 표현으로 하면 기계들을 '스마트'하게 만드는 것이다. 말했듯이 논리는 역사상 기계 설계에 모두 내재되었던 것이고 지금도 그렇다. 하지만 이제는 기계의 고정적인 논리에다 새로운 기능을 추가한다. 바로 **동적 논리**dynamic logic라는 것이다. 기계가 자신의 움직임을 실시간으로 조정하는 능력과 예측력을 갖고, 심지어는 자율성까지 가지게 되었다.

중세의 기계 호황은 20세기 '추론의 시대'를 향한 긴 행진의 출발이었다. 지금부터 우리는 인공 이성의 시대를 시작한다.

12

기계: 운송의 마법

●

잘 들어라! 비행기와 자동차가 결합하고 있다.

– 헨리 포드Henry Ford

●

멀리 1918년 과학 잡지 〈사이언티픽 아메리칸Scientific American〉 1월호까지 거슬러 가보면 '미래의 차'에 대한 비전을 찾아볼 수 있다. "핸들이 더 이상 쓸모없게 되고 작은 제어판control board을 통해 운전한다."는 것이었다.[1] 세계가 **자율주행차**의 테스트에 처음으로 성공한 것은 지금으로부터 60년 전이다.[2] 앞 유리를 까맣게 칠한 1957년 쉐보레Chevy 조수석에 RCA(Radio Corporation of America 당시 기술의 마법사 같던 기업) 엔지니어를 태운 차가 네브래스카주의 US. 77번 국도를 천천히 운전했다.

RCA의 그 시현이 있고 거의 반세기가 지나자 실리콘 밸리의 많은 기업가는 로보카robocar의 등장이 임박했다고 잔뜩 기대했다. 2012년 구글의 공동 창립자 세르게이 브린Sergey Brin은 2017년까지 완전 자율주행 기술을 갖게 될 것이라고 전망했는데, 그 혼자만 이렇게 전망한 것이 아니었다. 애널리스트 집단은 약간 조심스러웠을 뿐 자율주행차가 "2025년 전에 지구 전역의 고속도로를 달릴 것이다."라고 마찬가지로 예측했다. 그렇지만 이러한 전망은 발명과 상용화를 마친 제품 간의 차이를 제대로 인식하지 못함으로써 절제되지 않은 흥분을 드러낸 경우다.[4] 그들은 완전 사이버 시스템과 비교해 사이버물리 시스템을 효과적으로 사용하는 데 걸리는 도전과 시간을 이해하지 못했다.

그럼에도, 오늘날 수십 개가 넘는 회사들이 로보카에 매달려 있다. 기존의 자동차 제조사뿐 아니라 테크 거인부터 스타트업까지 모두 망라한다.[5] 하지만 로보카의 상업성에 관한 한 지금 우리는 잘해야 1900년대 초의 자동차와 유사한 위치에 있다. 당시에도 수백 개의 회사가 처음으로 자동차를 제조하고 있었다. 역사는 미친 듯한 질주와 수십억 달러에 달하는 투자 이전에 개최된 2004 자율주행차를 위한 다르파 그랜드 챌린지 DARPA Grand Challenge*에서 최초의 로보카가 등장한 것으로 기록할 것 같다.[6]

미군 역시 오랫동안 자율차량을 찾아왔는데, 전투에 특화된 이유 때문이었다. 산업체들은 자율차량을 제한된 환경, 이를테면 광산 지역이나 창고 같은 곳에서 특정 작업에 사용할 생각이었다. 하지만 PR이나 과장 보도에도 불구하고 시민들이 이용하는 일상의 도로에서는 진정한 자율성을 달성한 회사가 없다. 진정한 자율성은 사람처럼 어떤 환경, 어느 때라도 차량이 스스로 운용할 수 있다는 것을 의미한다. 사실 AI 주도의 차량에서 이미 사고와 사망자가 발생했다는 것이 아직 해결 못 한 기술적 난제 몇 가지를 부각시키고 있다.[7]

현재 사양으로 보면 자율주행차는 항상 백업할 수 있는 차내 동승자에

---

* 미국 국방부 최고위 연구기관인 국방고등기획국이 후원하는 무인 자율주행차 경주 대회

의존한다. AI가 혼란을 겪게 되면 즉시 운전자가 운전을 맡도록 지시가 내려진다. 2018년의 치명적 충돌 사고에 붙은 머리기사를 생각해 보자. "테슬라는 운전자가 오토파일럿$_{Autopilot}$*의 경고를 무시했다고 말했다."[8] 테슬라의 우수한 오토파일럿으로 축적한 로봇 자동차의 주행거리는 상당하지만 해당 차의 운전자 매뉴얼에는 '운전자 지원$_{driver\ assist}$' 시스템이 완전 자율적인 것이 아니며, 운전자가 즉각 운전할 준비가 '되어 있어야만' 한다고 조심스럽게 언급하고 있다.

자율주행차가 성공하려면 세 가지 작업을 실시간으로 완전하게 수행해야만 한다. 인지와 예측, 계획이다. 엔지니어와 규제기관은 오랫동안 인간-기계 인터페이스에서의 안전을 보장하기 위한 관례와 지침 둘 다를 개발하느라 씨름해 왔다. 특히 사이버물리 시스템의 경우는 더 그랬다. 세계는 그 점에서 2019년 보잉 787 맥스$_{Max}$의 비극적 사건(에티오피아 항공기 사고로 승객과 승무원, 157명 전원이 사망함)이 비행기의 자동조종 시스템에서 유래했다는 것을 목격하기도 했다.

신뢰성에 관한 예를 들자면, 실제로 시간이 지나지 않고는 한 부품 혹은 시스템이 오랜 시간에 걸쳐 성능을 다할지 알 수 없다. 의약품에 대한 임상 시험처럼 수천 시간의 신뢰성 시험을 하려면 시간이 걸린다. 지름길은 없다. 하지만 기술적으로는 몇 가지 지름길이 있다. 소위 **가속수명**$_{accelerated\ lifecycle}$ 시험인데 기계를 극한 조건 혹은 외력을 가한 상태에 두어 오랜 기간에 걸쳐 발생할 누적 스트레스를 시뮬레이션하는 것이다. 그런 시험의 시뮬레이션은 점차 더 인실리코에서 수행할 수 있다. 하지만 가상 시험에서 실행할 적절한 벤치마크 데이터를 처음 얻으려면 오랫동안 운영된

---

* 테슬라의 자율주행 시스템

실제 기계로부터 불가피하게 데이터를 얻어야만 한다. 이런 이유로 그 지름길에서도 도전이 등장한다. 새로운 소재나 새로운 소프트웨어를 기계에서 사용할 때는 더 도전적이다.

두 번의 보잉 맥스 사고의 원인은 비행제어 시스템(즉, 사이버물리 상호작용)까지 거슬러 올라갔다. 기계의 보이지 않는 특성 때문에 발생했던 초기 사건들과는 전혀 거리가 멀다. 이와 비슷한 역학 관계는 역사상 최초의 상업용 제트 여객기에서도 목격됐다. 1952년 드 하빌랜드 코멧De Havilland Comet 은 당시로는 혁명적인 알루미늄으로 제작한 첫 비행기였다. 하지만 비행을 시작하고 첫 18개월 동안 3번의 치명적인 공중 참사가 일어났다. 공중 참사 중, 1953년 5월에 발생한 공중분해 사고는 알루미늄의 기반이 되는 금속공학을 잘못 이해한 설계 실패 때문으로 밝혀졌다.[9] 이와 비슷하게 금속공학을 잘못 이해한 경우로 타이타닉의 선체 파손을 촉발한 원인을 꼽을 수 있다. 공학의 역사는 비슷한 서사나 가끔은 비극적 사고로 가득 차 있다. 물론 최근 수십 년 동안에는 소재 과학과 기준시험이 발전하면서 훨씬 줄어들긴 했다. 이제 안전을 보장하는 도전은 사이버물리 소프트웨어라는 '안 보이는' 영역으로 옮겨 갔다.

신기술의 안정성을 결정하는 것은, 특히 사람 주변에서 운행되거나 사람을 태우는 기계인 경우 통계적 차원의 안전성을 제공하는 것 이상이다. 위험의 심리학도 수반한다. 역사는 평균적으로 새로운 하드웨어는 대체하려는 하드웨어보다 훨씬 더 안전해야만 한다는 사실을 말해 준다. 모델 T를 운전하는 경우를 생각해 보자. 1세기 전의 모델 T는 오늘날의 차와 비교했을 때 여러 측면에서, 특히 안전성에서 초기 단계였다. 하지만 당시 말과 마차를 타는 것보다는 실제로 마일당 사망자 수에서 10배나 더 안전했다.

최근 국도에서는 유인운행people-piloted 시, 1억 마일당 사망자가 1명에 불과하다. 그 통계는 정의상 부주의하고, 과속하고, 초보 운전이고, 음주 운전자가 낸 사고까지 포함한다. 게다가 날씨나 도로 상황과 관계없이 낸 통계다.[10] 이 지표에 따르면 지금까지 **자율주행 로보파일럿**robo-pilot 은 너무도 안전하지 못한 상황에서 실행해 왔다.[11] 항공 운송은 기술적으로 가능해졌을 때가 아니라, 비행이 (지상) 운전보다 훨씬 안전해졌을 때 비로소 급성장하기 시작했다. 로보카 역시 같은 규정을 유지할 것이다.[12]

자동차가 자율적으로 운행되려면 훨씬 더 향상된 비전vision 시스템과 센서가 필요하다. 모든 상황에서 사람보다 우월하지는 않더라도 최소한 같아야 한다. 또한, 모든 상황에서 사람의 의사결정을 능가하는 더 나은 알고리즘도 필요하다. 이런 것들은 아직 존재하지 않는다.[13] 특정 기능에 있어 사람을 능가하는 센서는 많다. 하지만 사람의 능력을 모든 상황에서 능가하는 센서는 아직 없다.[14] 이를테면 카메라, 레이더, 무선, 적외선 등 다양한 센서들을 사용하기에는 아직 이 센서들이 고가이고, 군사 용어를 빌리자면 상황 인식 측면에서 여전히 사람의 능력보단 부족하다.

로보카가 마주한 가장 큰 난관은 여전히 소프트웨어가, 심지어 슈퍼컴퓨터조차도 운전자 대 운전자 그리고 보행자 대 운전자 간에 지속적으로, 가끔은 미묘하게 일어나는 행동 및 허용이라는 연출 상황을 모방하지 못하는 현실에 있다. 순간적인 눈맞춤이나 끄덕임, 미묘한 몸짓 말이다. 정말 모방하기 어려운 작업이다. 그래서 사람의 행동을 모방하는 작업은 목록의 최상위에 위치한다. 특히 복잡한 환경에서는 더하다. 코넬대학교 컴퓨터과학 교수인 바트 셀먼Bart Selman이 기계에 대한 자기 생각을 밝힌 것을 음미해 보자. 기계에는 아직 사람 행동에 '내재된', 맥락에 대한 '상식적 이해'가 부족하다는 것이다. 셀먼이 지적했듯이 로보카는 "자신이 왜, 어딘가로 운전하는지 이해하지 못하고", AI를 필요한 수준까지 끌어올리려면 아마 "10년 혹은 20년이나 30년"이 걸릴 수도 있다.[16] AI가 강력하고 중요한 것은 맞다. 하지만 그것은 마법이 아니며, 완성된 기술도 아니다.

물론 센서와 소프트웨어는 계속 향상되고, 가격은 계속해서 떨어질 것이다.[17] 그리고 클라우드 엣지 인프라가 확대되면서 고속 5G 네트워크를 이용해 모든 자동차에 슈퍼컴퓨터를 가상 설치하는 것이 가능해질 것이다.[18] 그것이야말로 게임체인저가 될 것이다. 한편, 센서와 AI 조합은 운전을 더 안전하게 만들고 있다. 첨단운전자보조 시스템ADAS, Advanced Driver Assistance Systems은 이제 자동 변속기만큼 흔한 장치가 되어 가고 있다. 사실 ADAS는 자율주행이 아니라 자율정지를 의미하는 자동차다.

광의적으로 정의하면, ADAS는 도로변에서 갑자기 뛰어나온 아이를 운전자가 인식하지 못했을 때 자동으로 자동차를 제동할 뿐 아니라 광범위한 사고의 예방을 지원하고 운전자에게 잠재적 위험을 경고하는 것을 반자율적semi-autonomously으로 한다. 아마 치명적 사고율을 많게는 90%까지 줄일 수 있을 것이다.[19] 이런 분명한 이유로 ADAS가 운행의 본질에서 상변화를 구성하지는 못할지라도 중요하다. 역설적이지만 이러한 사실은 더 이상 로보카의 주요 장점으로 안전성을 주장할 수 없게 할 것이다. 〈사이언티픽 아메리칸〉에서 1918년 상상했듯이 '핸들이 더 이상 쓸모없게' 되려면 아직도 엔지니어들이 해야 할 일이 많다.

로보카가 실제 도로에서 상업화되기 전, 완벽해지기까지 아마 2020년대 시간 전부가 필요할 수도 있다. 교통량이 밀집된 도시 중심부에서는 자동차의 속도가 느리므로, 자동화에 따른 안전성을 달성하기가 쉬워질 공산이 있다. 로보카가 개인의 이동성에 혁명을 일으키는 정도는 무엇보다 소중한 시간을 얼마나 아껴주는지로 측정될 것이다. 오직 인구 중 1%를 위한, 기사가 딸린 차는 교통 체증으로 낭비되는 시간을 다른 목적에 전용하는 한 방법이다. 그런 이유로 우버$_{\text{uber}}$와 리프트$_{\text{Lyft}}$가 다른 사람들에게 인기가 있다. 하지만 로보카는 자유와 사생활의 조합에서 더 큰 비약을 제공한다. 자동차 제조업체는 실내를 완전히 새로 설계해야 한다고 생각한다. 이를테면 침대가 비치된 차량 등이다. 만약 이런 차량이 생겨난다면 장거리 여행이나 통근 때문에 수면 시간을 줄일 필요가 없게 된다.

로보카가 에너지도 줄여줄 것이라는 주장도 있다. 이 주장은 로보카가 엉성한 인간 운전자보다 효율적으로 운전할 것이라는 기대에서 출발한 것이다.

하지만 컴퓨팅은 필연적으로 에너지를 사용하고 로보카 보닛 아래에 위치한 AI 컴퓨터는 연장 코드가 없을 것이기 때문에, 온보드 컴퓨팅이 차량의 연료 효율성을 떨어뜨릴 것이라 보는 것이 더 적절하다. 오늘날 최고급의 센서와 실리콘에 필요한 에너지는 차량의 추진 연비를 약 10% 혹은 그 이상 저하시킨다.[20] 그만큼의 에너지 부담을 미국의 모든 차량에 부가하면 순연료 수요가 현재 캘리포니아 도로 위 모든 차량의 연료 수요만큼 증가한다. 시간이 지나면 로보카의 두뇌가 필연적으로 더 효율적으로 될 것이고, 고속 5G 네트워크로 인해 온보드 컴퓨팅이 근처의 전력망에서 운용되는 슈퍼컴퓨터에 전가될 것이다. 하지만 그런다고 해서 에너지 사용이 없어지는 것은 아니다.

그래서 에너지 미적분에서는 자동차를 운전하는 관점에서 인간의 행동을 생각하지 말고, 결과적으로 왜 로보카 사용이 늘어날 것인지를 생각해 봐야 한다. 바로 편의성과 비용, 안락감, 안전성 때문이다. 이것들은 정확히 에너지 사용을 증가시키는 속성들이다. 즉, 이를테면 안락한 취침 때문에 더 크고 무거운 자동차로 더 자주, 더 빨리 운전하는 것이다. 에너지 절감을 '서비스로서의 운송'에서 찾으려는 과열된 분석은 절대 일어나지 않을 인간 행동 변화를 가정하고 있다. 즉, 더 천천히 자동차를 운행하고 더 작은 자동차에 더 많은 사람이 탑승하는 것과 같은 비현실적 가정 말이다. 좀더 현실적인 가정은 로보카가 없었다면, 운전하지 못했을 수백만의 사람이 운전하는 것이 가능해진다는 것이다. 너무 어리거나 늙거나 아니면 노약자가 그런 부류에 속한다. 로보카급의 편의성은 더 많은 에너지 사용 행동을, 경제학자들의 용어를 빌자면, '유도'할 것이다.[21] 한 분석에서 밝혔듯이 그런 유도된 행동과 광범위한 로보카 사용으로 인해 미국 차량 주행거리 전체가 증가할 것이고 그 증가량은 오늘날 캘리포니아 차량 총주행거리의 두 배에 해당할 것이다.[22]

로보카의 확산에 대한 초기 과대광고 역시 고속도로 위의 로보트럭에 관한 유사한 주장을 불러일으켰다. 트럭은 도로 위에서 일반 자동차와 똑같은 문제와 직면한다. 특히 사이버물리 시스템에서의 안전성 문제가 그렇다. 그럼에도 5년 전부터 일부 전문가들이 "5년 안에 장거리 트럭 운전사 수백만 명이 일자리를 로봇에 빼앗긴다."라고 주장하는 것은 너무 편향적이다.[23] 이제 그런 예상이 나온 지 5년차가 되어 가지만 트럭 운송사들은 로봇을 트럭에 태우고 있지 않다. 대신 더 많은 운전사를 모집하기 위해 운전사 급여를 많게는 40%나 인상했다.[24]

사람을 태운 수톤이 나가는 기계를 고속으로 안전하게 운행한다는 것은 벅찬 일이다. 자동화는 결국 그런 측면에서도 일어날 것이지만 옹호자들이 예견하는 속도는 아닐 것이다. 반면 자율성 혁명은 이미 광산과 농장에서 시작되었다.

로보광부와 로보농부가 먼저 오다

미국 일리노이주 팔미라Palmyra의 농부 프랭크 앤드루Frank Andrew는 1940년 무인 트랙터를 발명하였다.[25] 쟁기로 밭을 일구고 씨를 뿌리는 반복 작업에 지친 프랭크는 트랙터에 드럼통을 묶는 설계를 했다. 밭 가운데 위치한 드럼통이 트랙터를 안으로 당겨서 원형 경로가 줄어드는 방식이었다. 1950년대에는 포드 역시 무인 트랙터를 설계하려 시도했다. 하지만 그러려면 매설 케이블이 필요했다. 이후 수십 년에 걸친 발전으로 마침내 소형 컴퓨터와 고대역폭 무선 연결이 등장하면서 판도가 바뀌었다. 코로나바이러스 봉쇄만 아니었다면, 2020년 팜 프로그레스Farm Progress 전시회에는 최초의 완전 자율주행 농장 트랙터가 선보일 예정이었다.[26]

농업과 산업, 광업 분야에서 실질적인 자율성이 제공하는 절감 효과는 오랫동안 분명했다. 크게는 좀 더 통제된, 혹은 원칙과 훈련을 통해 통제 가능한 환경에서의 자동화가 훨씬 더 쉽다는 현실적인 결과다. 실용적인 측면에서 농장과 산업 기기에 들어가는 센서와 자동화 하드웨어의 비용은 이미 고가인 기계에서 차지하는 비중이 작다. 여기에 더해 경제적 그리고 노동력 절감의 혜택을 정당화하기도 훨씬 더 쉽다. 특히 이 산업 분야에서 숙련된 노동력의 부족이 커지기 때문이다.

결과적으로 상업용 자율주행은 이미 오프로드 차량에 10년 전에 도래했다. 수백 종류의 로보트럭이 세계 곳곳의 광산 지역에서 운영되고 있다. 캐

터필러_{Caterpillar}는 기술 잡지에 등장하는 로보카 회사 목록에는 없지만, 그들의 자율주행 덤프트럭이 2020년대가 시작도 되기 전에 이미 "12억 6,000만 톤을 안전하게 운송하고 4,300만 킬로미터를 운행"했다고 홍보한다.[27] 물론 농업과 건설, 광업 기계는 자동차보다 대수가 훨씬 적지만, 세계 총판매액이 1년에 거의 9억 달러에 이른다.[28]

주요 광업 기계 제조업체들은 조용히 자율주행 트럭을 상용화했다. 다수는 관련 기술을 유사한 산업 기계로 확장할 계획이다. 농업 분야에서 로보트럭은 곧 존 디어_{John Deere} 같이 전통적으로 대형 장비를 제작한 회사로부터 등장할 것이다. 소형 로봇 떼를 밭에 뿌려, 잡초를 뽑거나 비료를 살포하는 것을 생각하는 업체들도 최근 등장했다.[29] 자동화 기계는 건축 현장의 공정에도 존재하는데, 벽돌 쌓는 로봇부터 케이블 부설 로봇까지 있다.

조만간 바다에서 조업이나 석유 생산, (언젠가는) 해저 채굴을 위해 부유하는 기계도 볼 것이다. 이 기계들은 문명이 요구하는 기가 톤의 소재를 회수하고 운송하는 끝이 없는, 엄청난 작업 현장에 배치될 것이다. 적절한 시기에 맞춰 온 것이다. 그래서 기본 소재를 공급하기 위한 모든 작업을 완료하는 데 필요한 노동 시간을 줄이려는 수 세기 동안 지속된 추세를 잇게 된다.

전동화 운송: 중요하지만 상변화는 아니다

스튜드베이커_{Studebaker}가 상업용 전기자동차 라인업의 생산을 중단한 지 정확히 100년 만인 2012년, 테슬라가 자신의 첫 번째 전기자동차를 선보였다. 100년 전, 그 당시에는 전기 차량_{EV, Electric Vehicle}이 거의 20년간 차량 판매를 주도했다. 내연 기관ICE. Internal Combustion Engine이 실용화되기 전까지 이야기다. 그리고 내연 기관의 화학과 최소한 일부 틈새시장에서라도 경쟁할 정도로 전지 화학과 제조 공정이 발전하기까지 그로부터 또 1세기가 걸렸다. 이제는 거의 다 왔다.

그럼에도 여전히 전기자동차는 고객이 자동차를 선택할 때 주로 고려하는 똑같은 특성을 가졌다. 이를테면 자동차의 스타일과 안락감, 편의성, 게다가 점차 늘어나는 기술 특성에 대한 관심은 두말할 나위가 없다. 승용차나 트럭의 연료원을 전환하는 일은 의미가 있지만 그것이 자동차의 주요 본질을 바꾸지는 못한다. 말의 사료를 바꾸어 마차의 승차감, 속도를 개선하겠다는 것과 다름없다. 크게 무엇이 달라지겠는가?

2020년대가 시작되는 시점에는 판매된 최종 소비자용 차량의 97% 이상에서 내연 기관ICE을 발견할 수 있다.[30] 이제 전기자동차가 갖는 비율이 정부의 독려나 지원금 없이도 상당히 커질 것이 분명하다. 하지만, 얼마나 빨리, 얼마나 크게 성장할지는 아직 확실치 않다.

내연 기관 대신 전기자동차를 선택하는 것이 차량 혁명은 아니지만 다른 연료로 전환한다는 것은 뒤에 [14. 기계: 모든 사물에 동력을 공급하기]에서의 혁명을 다룰 때 논의할 주요 시사점이다. 지금은, 전기자동차에 대한 관심 중 많은 부분이 전지가 자동차의 동력을 공급하기에 환경 측면에서 우수한 방법이라는 주장에서 비롯된 것이다. 하지만 전지는 다른 모든 에너지 시스템처럼 물리적 공급망이 있다. 전기자동차를 타면서 우리는 지구로부터 추출해 낸 액체(석유) 대신 고체(전지)로 에너지의 형태를 전환했다. 둘 다 환경적 (그리고 지정학적) 중요성과 위험을 모두 가지고 있다. 전지의 물리학에 연결된 핵심 요소가 있다. 전기자동차 한 대의 수명 동안 지구로부터 추출해 내는 총소재량은 기존 내연 기관 한 대의 총소재량보다 훨씬 크다. 그래서 전기자동차와 내연 기관 자동차 둘 중의 선택은 사실 다른 유형들 사이 그리고 에너지 소재원들 사이의 선택이다.

전기자동차를 생산하는 것이 더 단순하고 결국에는 더 저렴해질 것이라는 주장이 있다. 이에 대해서 전기자동차와 내연 기관 간 주요 차이점이 복잡성을 줄이는 것이 아니라, 복잡성의 위치가 달라지는 것이 현실이다. 전기자동차의 전동기는 단순하지만 자동차에 동력을 공급하는 전지는 복잡하다. 약 0.5톤의 전기화학 배터리팩은 수천 가지 부품과 용접, 배선, 전자 소자, 냉각기로 이루어졌다.[31] 투입 노동과 그에 따른 비용에 있어 현대식 전지 공장은 기존 엔진 공장의 생산 효율에 맞추기 위해 계속 추격하고 있으며, 언젠가는 성공할 것이다. 내연 기관은 배터리팩과 비교했을 때, 작업자 한 명당 두 배 이상의 동력 기관을 생산하고 있다.[32]

그렇더라도 내연 기관 추진 시스템 대비 전기자동차라는 선택은 많은 구매자에게 매력적이다. 그리고 많은 정책입안자는 가격이 극적으로 떨어지지 않는 한 일부 지역에서의 내연 기관 차량 사용을 금지하려 하는데, 그런 정책은 지속 불가능할 것으로 보인다. 대부분의 사람이 부담 없이 구입할 수 있는 차종에 있어서는 전기자동차가 30~50% 더 비싸다. 비용을 획기적으로 낮출 전망은 낮은데 왜냐하면 전지 제조 비용의 3분의 2 정도는 원자재에 쓰이기 때문이다. 그것들 모두가 세계 소비재이기 때문에 수요가 오르면 덩달아 가격이 오른다. 그리고 만약 전기자동차 판매가 예상대로 증가한다면 원자재에 대한 수요 역시 유례없는 수준으로 오를 것이다. 물론 제조와 광업에서 스마트 혁명이 동반되어 원자재 가격의 상승을 완화하거나 전적으로 상쇄하기를 바랄 것이다. 그렇더라도 여전히 전기자동차는 부유한 소비자에게 적합한, 값비싼 선택이다.

그럼에도, 2020년대가 시작되는 시점에 세계의 전기자동차 대수는 1,000만 대가 안 되는 데서 시작해 10년이 채 지나기 전에 1억 대 이상으로 증가할 것이라고 기대하기에 충분할 만큼의 부유층이 있다. 그로 인해 전지 공장과 광물 채굴, 양쪽이 괄목할 만하게 확장할 것이다. 하지만 전기자동차 총대수가 이를테면 2030년까지 3억 대에 이른다고 해도, 세계의 도로를 다닐 15억 대의 차량에서 차지하는 비중은 겨우 20% 정도이다. 경량차(승용차와 5톤 이하 트럭)가 전체 석유의 절반 정도를 소비하기 때문에, 산술적으로는 전기자동차가 세계 석유 사용의 겨우 10% 정도만을 대체할 뿐이다. 석유는 오랫동안 운송 기계에서 주요 에너지원으로 남아 있을 것이다.

세계 소비자가 선호하는 운송에서 지난 10년에 걸쳐 일어난 가장 중요한 변화는 바로 좀 더 큰 차량, 특히 SUV 혹은 등가물로의 전환이다. SUV는 이제 세계에서 구매된 모든 소비자 차량의 3분의 1 이상을 점유하고 있다. 미국에서는 거의 50%에 육박하는데, 픽업트럭과 같은 상업용 차량까지 포함하면 전체 차량 판매의 80%에 근접한다.[33] (그림 12.1) 이 극적인 변화는 에너지와 환경이라는 인식이 부상하는 시기의 모습 중 하나로 일컬을 수 있는데, 밀레니얼 세대가 구매자로 등장한 시기에 벌어졌다.

이런 추세는 소비자 행동에서의 변화를 시사한다. 지난 50년에 걸쳐 모든 차량의 주행거리는, 특히 통근같이 실용적 기능과 관련해서는 지속적으로 상당히 줄었다. 대신 사회적, 개인적, 오락적 용도로의 차량 주행거리는 지속적으로 늘었다.[34] 1960년대에는 미국 내에서 출장이 전체 주행거리의 3분의 1을 차지했지만 이제는 겨우 5분의 1에 그친다. 이런 용도 변화로 인해 더 크고 안락하고, 더 편리한 차량에 대한 선호가 높아진다고 일부 설명할 수 있다.

혼잡을 완화하는 원클릭 배송: 화물 드론

소비자의 문 앞에 치약부터 트럭까지, 거의 모든 제품을 배송하는 배후 원동력이 편의성이라는 사실은 누구도 눈치채지 못하고 있다. 많은 제품이 익일, 심지어 당일에 고객의 온라인 기기에서 문 앞으로, 클라우드가 가능하게 한 트럭 운송 택배의 도래는 편의성을 증명하는 보증서가 되었다. 그

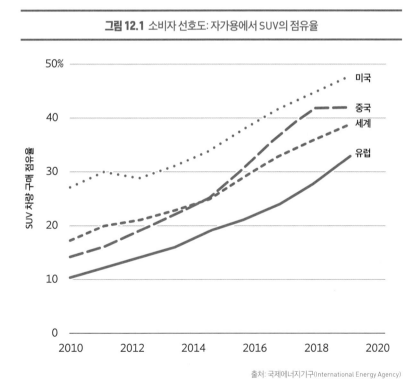

그림 12.1 소비자 선호도: 자가용에서 SUV의 점유율

출처: 국제에너지기구(International Energy Agency)

런 편의성은 코로나로 인한 대봉쇄 여파로 수백만 명에게 강요된 측면도 있다. 하지만 소비자가 선호하는 쇼핑 형태로 부상해 잘 자리 잡고 있다.

이제 자율비행 화물드론의 투입이 임박했다. 자율비행 화물드론은 자율성이 2020년대 일상의 소비자 부분에서 실제 서비스가 가능한 기계를 낳은 첫 영역이다. 비록 상식에 배치되는 듯하지만 자율성은 지상보다는 비행 시스템에서 기술적으로 더 수월하다. 공중 비행은 지상보다 장애나 변수가 훨씬 적기 때문이다. 무슨 말이냐면, 비행 중인 많은 기계의 엄청난 속도에도 불구하고 예상치 못한 사건이 발생했을 때 대응할 여유 시간이 더 많다는 것이다.

최초의 자동조정장치는 〈사이언티픽 아메리칸〉이 (아마도 이것에 영감을 받아) 자율주행차를 상상하기 5년 전인 1912년, 서비스하기 시작했다. 1947년까지 미 공군은 최초의 자동이착륙을 자동조정장치를 통해 성공적으로 시험했다. 원격조정 무선비행기 드론은 제2차 세계 대전 동안 표적기로 활용됐다. 하지만 1984년 냉전Cold War 상태가 되고 나서야 다르파DARPA가 자금을 지원한 항공발명가 에이브러햄 카렘Abraham Karem이 실용 드론 시제기prototype를 제작했다. 그리고 10년 후 이것은 제너럴 아토믹스General Atomics의 유명한 프레데터Predator 드론이 되었고 소위 말하는, '저강도' 전투를 극적으로 바꾸었다.

하지만 상업용 드론의 유행을 가져온 것은 전투용 드론이 아니었다. 오히려 스마트폰 혁명에서 이뤄낸 기술적 성과와 함께, 앞서 익숙한 3인조 교차점에서의 핵심 발전이 성숙해지면서 출현했다. 여기 3인조는 로보카의 희망을 발전시킨 기술 조합과 같다. 기본적으로 향상된 반도체 비전 및 내비게이션 시스템(이를테면 카메라와 GPS), 현대 소재(가볍고, 고강도), 마지막으로 다양한 소비자 용도와 일반 업무 용도에 적합한 전지 전력이다.

소형 비행기와 여객용 드론, 아니면 소위 '에어택시'라는 아이디어는 그 럴듯한 근거에서 우리의 상상력을 사로잡았다. 하지만 처음으로 시장에서 유의미한 점유율을 보인 건 화물드론이었다. 마치 디젤 추진 화물선과 컨 테이너화처럼, 화물드론은 궁극적으로 소비자가 사용하는 모든 물품을 배 송하는 공급망과 관련된 경제적 탄력성에서 티핑포인트tipping point*를 예고 하는 것이었다.

소매업종 분야에서 쇼핑몰 쇼핑부터 택배 배송까지 전환되며 연결된 것 은 창고 건설과 물류에서의 대유행을 일으켰고, 이러한 유행은 2020년 코 로나 봉쇄로 인해 가속화되었다. 그리고 택배 상자를 고객에게 배송하는 **라스트마일**Last mile과 특히, 최종적으로 고객의 문 앞까지 배송하는 문제에 초집중하게 하였다. 2020년대가 무엇을 가져다줄지 예견할 수 있는 최근 의 상업적 이정표 두 가지를 생각해 보자.

2016년 3월 28일, 네바다주 호손Hawthorne의 FAA(미국 연방항공국) 지정 무인항공기 시스템 시험장에서 드론 제작사 플러티Flirtey가 처음으로 FAA 로부터 드론 배송을 승인받았다.[35] 이 드론은 결국 2019년에 스미소니 언 국립 항공우주박물관Smithsonian's National Air and Space Museum 고사머 앨버트로스 Gossamer Albatross**관에 합류했다. 그런 다음 2019년 10월 1일, UPS의 신규 사 업부 플라이트 포워드Flight Forward가 드론을 무인 소포 배송에 운영할 수 있 는 FAA 승인을 최초로 받았다.[36] 그와 같은 부류의 전세기 항공사에 대한

---

* 작은 변화들이 어느 기간 쌓여 일순간 거대한 반향을 일으키는 극적인 순간

● 유통, 운송, 통신업계에서 제품이나 서비스가 소비자와 만나는 최종 단계를 뜻하는 용어. 안전하고 빠른 배송, 신선 식품의 품질 유지, 고객 만족과 감동 서비스 등이 이에 포함된다고 볼 수 있다.

** 1979년 인간 동력만으로 영국해협 22마일 횡단에 성공한 비행기

FAA 인증은 UPS에 야간 비행에 대한 권한과 함께 결정적으로 55파운드(약 25킬로그램) 이상의 무게가 나가는 기계를 운영할 수 있도록 허가했다. 그 래서 드론을 화물 배송에 사용할 수 있게 되었다. UPS는 먼저 병원에 소포 를 배송하는 것부터 시작하겠다고 말했다. 최초를 위한 경쟁에서, 알파벳 Alphabet의 드론 사업부인 윙Wing은 그 이전인 2019년 4월에 이미 비가시거리 BLOS, beyond-line-of-sight 화물 배달과 야간 배달 시험에서 FAA의 인증을 받았다.[37]

지난 수년간은 드론 배달의 다양한 측면에서 '최초'라는 수식어를 자주 볼 수 있었다. 이런 최초에는 전통적인 소포 배송 회사들(FedEx나 UPS)과 테크 거인Amazon, Uber, Google 뿐 아니라 수십억 달러의 벤처캐피털이 설립한 수 십 개의 스타트업도 있었다. 2020년 코로나바이러스로 인한 봉쇄 기간에 온라인 소매의 급증은 문 앞까지의 직접 배송direct-to-doorstep을 최적화하고 로 봇화하려는 아이디어를 촉진하는 역할을 했다.

새로운 부류의 경량 드론은 2010년 디지털카메라가 장착된 소형 소비 자용 장난감으로 알려지면서 현대적인 형태로 처음 등장했다. 그렇게 성공 적인 소비재를 처음 소개한 공로는 프랑스의 제작사 패럿Parrot에 있다. 하 지만 이후에는 중국의 DJI가 해당 시장을 장악했다. 구현 기술들은 빠르게 상용 분야를 넓혀 갔으며, 크기를 키우는 기술과 소수지만 완전 자율주행 버전의 기술까지 이어졌다.

군용 목적의 드론 구매는 여전히 드론 시장에서 상당 부분을 차지한다. 하지만 전체 드론 대수만 본다면 소비자용 드론은 소수에서 2020년까지 미국에서만 100만 대가 판매될 정도로 성장했다. 2019년이 끝나면서 상업 용 드론은 빠르게 성장하는 분야가 되었다. 지출 측면에서도 곧 국방 영역 의 지출을 능가할 것이다. 상업용 드론 사용은 거의 경제 전 분야에서 발견된다. 인프라와 건축, 농업, 보안, 조사, 보험, 광업, 응급서비스, 저널리즘, 전력망과 파이프라인, 풍력터빈의 점검, 영화 촬영, 오락, 소포 배송 등이다. 전체 200억 달러 규모의 산업이 되고 아마도 2020년대 중반 전에 최소한 두 배로 성장할 것 같다.[38]

드론 활용과 관계된 광범위한 경제적 이점은 사실 기술이 아니라 규제기관의 속도 때문에 제한적이었다. 오히려 화물 배송은 규제 해제면에서 사람의 비행보다 훨씬 쉬웠다. 안전성 및 소음 관련 규제에 대한 필요성을 두고 논란을 벌이는 사람도 거의 없었다. 둘 다 기술적으로 해결할 수 있는 문제들이었고 역사상 사회적 도전이나 법적 우선순위에서 특별한 주제도 아니었다. 자동차의 초창기에도 소음에 대한 항의는 머플러와 이와 유사한 개선 장치를 요구하는 입법으로 그쳤다.[39]

안전성에서의 주요 전환점은 저고도 인증 및 통지 기능LAANC, Low Altitude Authorization and Notification Capability에 대한 FAA의 규제 프레임워크에서 나왔다. 이에 따르면 모든 드론(소비자용 장난감, 혹은 실내용을 제외한)은 자체 위치를 실시간으로 보고해야 한다. 이것은 저고도로 비행하는 수많은 신종 물체를 지상의 기존 레이더를 이용해 감지하고 감시하는 것보다 더 용이하고 효과적이다.

규제기관은 인구가 밀집한 지역을 통과하는 비행에 대한 해결안도 승인했다. 여기에는 중복 전력시스템, 하나 혹은 (쿼드콥터의 경우) 두 개의 로터(회전 날개rotor)가 손실되어도 착륙 가능한 능력의 입증, 즉시 전개되는 낙하산 등이 포함된다. 한동안 드론의 초기 이용 중 다수는 완전한 자율주행 대신 조종사의 원격 제어가 수반되었다. 군에서는 여전히 지배적인 운영 방식이다. 하지만 2018년 평가에서 미국 공학한림원은 인구 밀집 지역에

서의 자율비행 드론의 사고 위험은 다른 통제된 위험 수준과 동일한 범위에 있다고 결론 내렸다.[40]

2020년대가 가기 전에 도시 내 상공을 비행하는 저고도 상업용 드론의 교통량이 오늘날의 고고도 여객기 교통량을 초과할 공산이 크다. 이것이 갖는 시사점은 뒤에서 살펴보자.

그리하여, 결국 에어택시가?

환상과 예측 실패와 관련해 가장 많았던 질문이자 비난은, "그래서 하늘을 나는 차는 어디에 있는데?"였다. 많은 사람이 하늘을 나는 차를 구현하기 위해 의욕적으로 추진해 왔다. 특히 헨리 포드가 그랬는데, 전해지는 말에 의하면 그가 1940년에 죽을 때 이렇게 말했다고 한다. "잘 들어라! 비행기와 자동차가 결합하고 있다." 그가 옳았다. 하지만 실용화에 필요한 것을 판단하는 데 거의 1세기나 걸린 것뿐이었다.

실질적인 개인 비행을 가능하게 하는 기계는 인간의 가장 오래된 열망 중의 하나로 최소한 고대 그리스의 이카루스Icarus* 신화까지 거슬러 올라간다. 그 이후 비교적 최근에 공학 혁신가들이 그런 종류의 개인 비행을 달성하는 데 중요한 영역에서 단발성 위업들을 이뤄냈다.

두 가지 이정표를 고려해 보자. 둘 다 나는 기계를 발명하는 일의 어려움에 관해 많은 것을 시사한다. 1977년, 항공우주 산업의 선구자이자 에어로바이런먼트AeroVironment의 창업자인 폴 맥크레디Paul MacCready는 페달 동력인

---

* 그리스 신화에 등장하는 인물로, 미노스 왕이 통치하는 크레타섬을 탈출하기 위해 아버지가 만든 밀랍으로 깃털을 붙여 만든 날개를 달고 하늘을 날다, 태양열에 밀랍이 녹아 떨어져 죽었나.

고사머 앨버트로스가 역사상 처음으로 순수 인간 동력으로 비행에 성공하는 것을 지켜보았다. 2년 후인 1979년, 미국 기계공학학회the American Society of Mechanical Engineers에서 세기의 엔지니어Engineer of the Century로 명명된 맥크레디는 올림픽급의 선수가 앨버트로스의 페달을 밟아 상징적인 영국해협을 22마일(35.4킬로미터)가량 횡단하는 것을 보았다. 그로부터 30년 후, 프랑스 항공우주 엔지니어 프랭키 자파타Franky Zapata가 같은 영국해협을 이번엔 제트동력으로 횡단하는 개인 비행에 최초로 성공했다. 등유를 사용하는 소형 제트 프로펠러로 구동되는 플라이보드 에어Flyboard Air에 서서 횡단한 것이다. 앨버트로스의 비행이 2시간 49분이 걸렸다면 자파타의 비행은 단 22분이 걸렸다.

곡예 같은 두 비행은 공학 기술의 경이였다. 그리고 둘 다 소재 발전의 척도였다. 더 최근에는 온보드 컴퓨팅에서의 혁혁한 발전이 이루어져 난제였던 플라이보드 5개 소형 터빈을 안정적으로 조정하게 되었다. 하지만 앨버트로스와 플라이보드 에어, 둘 다 새로운 개인 이동 수단으로서 시장을 형성하지는 못했다. 사실 두 위업 다 몇몇 사람을 달에 착륙시키는 것과 같았다. 오늘날의 기술로 숭배할 만하지만 일상 활용과는 거리가 있다. 누구도 올림픽 사이클 선수급의 기량, 5mph(시속 약 8km) 속도를 내야 하는 기계를 사용할 것 같지는 않다. 100mph(시속 약 160km) 속도를 내지만, 비행할 수 있는 시간은 고작 10분에 불과한 플라이보드도 마찬가지다.

아직은 이카루스와 맥크레디, 자파타가 단발성으로 달성한 유형의 개인비행을 보편적으로 사용할 수 있도록 상변화에 필요한 요소를 발명해야만 한다. 하늘을 나는 오랜 꿈의 주요 걸림돌은 에너지 소재 영역에 있다. 잠시 후에 살펴볼 주제다. 모든 운송 기계는 질량을 가진 물체를 옮기는 데 있어 중력 및 저항이라는 물리학과 씨름해야만 한다. 동시에 일련의 지표에서 요구되는 사항도 충족시켜야 한다. 이를테면 신뢰성과 속도, 안전성, 안락함, 비용 등인데 이것들은 종종 서로 충돌한다.

지금까지의 개인 비행은 부유층이나 초부유층에게만 구매 여력이 있어, 약 3만 대에 이르는 수백만 달러짜리 개인용 비즈니스 제트기, 혹은 50만 대의 소형 프로펠러 구동 비행기를 소유하고 있었다. 그것들은 분명 일상적 이동이 아닌, 장거리용의 비행 운송 수단이다. 비록 소수지만 일부가 비싼 개인용 헬리콥터를 소유해 통근이나 다른 일상 이동에 사용했다.

도심항공교통UAM, Urban Air Mobility으로 가는 여정에는 화물드론을 가능하게 했던 똑같은 기술을 거쳐 간다. UAM은 (아마도) 계속해서 좌절되었던 나는 차에 대한 열망과 거리를 두기 위해 만든 새 이름 같다. 500파운드(약 227킬로그램)의 무생물 화물을 싣고 비행할 수 있는 자율비행 기계는, 일단 안전성은 제쳐두고, 몇몇 승객쯤은 쉽게 태울 수 있다. 새로운 유형의 운송 서비스로서 UAM의 잠재력은 권위와 투기 영역에서 기존의 항공 회사 및 전문가의 기술 분석 영역으로 확실히 옮겨졌다. 2018년, 미국 헬리콥터협회American Helicopter Society는 우리가 곧 "수직이착륙 비행장(버티포트vertiport)을 이용하는 중량화물 에어택시 시대를 기대하게 된다."라고 결론지었다. 버티포트는 마치 헬리콥터 이착륙장 같은, 기존 공항보다 작은 면적의 이착륙장을 말한다.[41]

2020년대가 시작되면서 수십 개의 회사가 탑승용 드론의 설계와 시제품을 선보이고 있다. 이런 시제품은 보잉과 에어버스Airbus, 벨 텍스트론Bell Textron 같이 유서 깊은 항공회사뿐 아니라 토요타나 현대 같은 자동차 제조업체에서도 나온다. 토요타는 스타트업 '조비 애비에이션Joby Aviation'에 투자를 감행했다. 이 회사가 자랑하는 4인승의 시속 200마일(약 321킬로미터)의 속력을 자랑하는 전지 동력 드론은 150마일(241킬로미터)을 비행할 수 있고 기존 비행기보다 이륙 소음이 100배나 작게 설계되었다고 알려졌다.[42] 자체 제작하는 현대의 경우 우버 에어Uber Air와 파트너십을 맺고 있다. 보잉과의 조인트 벤처가 관여한 한 기계는 뉴질랜드에서 1,000번 이상의 시험 비행을 마쳤다. 스타트업 '릴리움Lilium'은 7인승, 175mph(시속 282km) 속력을 자랑하는 에어택시 시제품을 개발해 비행했으며 4개의 날개에 분산된 35개의 소형 로터를 이용해 150마일(약 240킬로미터)을 비행한다고 주장했다.[44] 이 밖에도 자금 여력이 있는 스타트업들이 호시탐탐 기회를 노리고 있다. 아직 누구도 상용으로 서비스하고 있지 않지만 현실로 가는 여정임은 확실하다.

안전한 비행은 긴급 착륙을 할 수 있다는 신뢰에 주안점이 있다. 드물지만 주요 기간이나 극한 조건(예를 들어 고온의 기후에서는 공기가 희박해져 저속 비행을 어렵게 한다)에서 엔진 한두 개의 장애가 발생한 경우다. 지금까지는 이러한 요구 사항을 충족시키려면 엄두도 못 낼 만큼 비용이 많이 들었거나 불가능했다. 하지만 고성능 전동기를 이용한 멀티로터 설계(12개를 사용하는 경우도 있다)가 여분의 주전력을 전제로 이중화 사항을 제공한다. 물리학이 비행에 효과적인 방법을 좌우하겠지만 이제 필요 기술들은 가용하게 되었다.

기술은 착륙장에 대한 지역 조례의 한계를 넘는, 결코 가볍지 않은 도전에서도 주요 열쇠이다. 안전성은 논외로 하더라도 소음 관련 우려에 많이 좌우된다. 소음이 심하고 붐비는 수직이착륙 비행장을 도시나 지역 주민들이 용인하지는 않을 것 같다. 하지만 전동로터는 기본적으로 엔진 동력 로터보다 더 조용하다. 그리고 새로운 부류의 흡음재와 프로펠러 날개, 프로펠러 덮개의 새로운 (컴퓨터 지원) 설계로 소음을 더 줄일 수 있다. 이 능동형 소음 제거 기술에 더해 지역 음향 환경을 역동적으로 매핑할 수 있는 센서와 결합한 온보드 AI를 사용하면 소음을 예측하고 제거할 수도 있다. 이 모든 것이 소음을 아주 제거하지는 못하지만, 도시 지역의 기존 소음과 크게 다르지 않은 수준에는 이미 이르렀다.

화물드론, 이어서 승객용으로 수천억 달러의 비행 기계를 제조하기 위한 경쟁은 이미 시작되었다. 많은 기존 항공사가 경쟁에 참여하겠지만 새로운 비행 기계 시장은 새로운 회사 역시 낳을 것이다. 이 산업은 매년 수천억 달러짜리 대형기를 생산하는 기존 산업과는 꽤 다를 것 같다.

기계: 생산 수단

●

우리가 원하는 대로 원자를 배열할 수도 있다. 저 아래 그 원자까지! 정확히 무슨 일이 벌어지는지는 볼 수 없지만 우리가 작은 규모에서 사물의 배열을 조정할 수 있다면 물질이 가질 수 있는 가능한 물성에서 상당히 확대된 범위를 얻게 될 것이다.

– 리처드 파인먼 Richard Feynman

●

　디지털 시대에는 제조 기계가 몰락할 것으로 보인다. 물론, 중요한 점이지만 혁명적 요소는 아니다. 하지만 우리 시대의 상징적 기업가 일론 머스크 Elon Musk가 작년에 제조와 제조 기계라는 영역을 어느 위치에 뒀는지를 생각해 보자. 일론 머스크는 "테슬라의 장기적 경쟁 우위는 제조에 있을 것이다."[1]라고 말했다. 그가 말하는 것은 구식 기술을 완벽하게 익히는 것뿐 아니라 새로운 기술 또한 선도해야 한다는 의미다. 현대 사회를 가능하게 하는 모든 사물은 뭔가를 제조해야 한다. 또한, 제조 공정은 논리와 에너지를 이용해 소재를 유형의 제품으로 전환하는 잘 고안된 기계에 의존한다. 스마트폰은 모래를 실리콘과 유리로 전환하는 기계가 있어 제조할 수 있었다. 보크사이트 Bauxite를 알루미늄으로, 망간과 원소 혼합물을 컴퓨터와 메모리 칩으로, 석유를 플라스틱으로 전환하는 기술도 필요했다. 물론, 작은 치약부터 일론 머스크의 자랑거리인 테슬라까지 모든 사물에서 같은 논리를 발견하게 된다.

이제 100년 전에 제조에서 보았던 유형의 또 다른 희귀한 전환을 보게 된다. 바로 새로운 종류의 제조 기계와 새로운 제조 논리가 동시에 결합한 것이다. 지난 혁명에서는 대량 생산이 제조 '논리'였다. 그리고 그 혁명은 생산 수단에 사용되었던 새로운 종류의 기계 하나가 아니라 일련의 기계들에 의해 가능했었다. 새로운 기계로 넘어가기 전에, 생산에서 새로운 운영 논리가 이미 클라우드와 사물인터넷$_{IoT}$의 결합으로부터 등장하고 있다는 것에 주목한다. 이 느리게 진행되는 혁명이 흔히 일컬어지는 **스마트 제조**가 되었다. 하지만 내막에 밝은 사람들은 이것을 **4차 산업 혁명** 혹은 **인더스트리 4.0** $_{Industry\ 4.0}$으로 부른다. 클라우드+IoT의 혁명적 결과는 뭔가를 아주 다른 규모로 가능하게 한다는 데 있다. 소프트웨어 산업 용어로는 **서비스로서의 제조**$_{MaaS.\ Manufacturing\ as\ a\ Service}$라고 불러야 하는 것이다.

생산 제품을 서비스로 전환하는 것은 새로운 아이디어가 아니다. 예를 들어 GE 등 비행기 엔진 제조업체들은 오래전부터 엔진을 판매하는 것에서 추력$_{thrust}$[*] 지원 서비스를 판매하는 것으로 옮겨갔다. 제조업체가 기계와 유지보수를 월별 요금을 받고 제공하는 것이다. 이것은 신뢰성에 대한 부담과 동기를 애당초 그 기계를 설계하고 제작한 전문가에게 이전한다. 또한 기계의 구매자와 운영자를 본연의 업무에 몰두하게 한다. 제조업체들에 대한 최근 조사를 보면 다수의 업체가 **서비스로서의 제조**라는 비즈니스 모델로 전환하는 것을 적극적으로 고려하고 있다고 한다.[2]

하지만 제조 공정 자체를 서비스로 바꾸는 것은 아주 다르다. 고객 시각에서는 **MaaS**를 아마존이나 우버의 운영 특성과 유사한 것으로 여긴다. 일

---

[*] 프로펠러의 회전 또는 가스 분사의 반동으로 생기는 추진력

부 연구자들은 이 새로운 구조 모델을 좀 더 확실하게 '클라우드 제조'라고 명명했다.[3] 전자상거래를 '클라우드 소매'라고 부르는 맥락과 유사하다.

소매와 비교해 제조를 클라우드화_{cloudifying}하는 것은 다른 현실적 도전을 수반한다. 특히 사이버물리 세계에서 중요한 안전과 품질 관리에서 그렇다. 하지만 MaaS는 클라우드에 연결된 시험원 품질 수준의 시험 및 측정이 부상하는 것을 지렛대로 삼고 잇다. 이것들은 화학 소재나 의약품부터 식료품까지 모든 분야에서, 부품의 제조뿐 아니라 소재 처리를 감시하는 데 투명성과 신뢰를 주는 핵심 요소다.

이와 유사하게 MaaS의 채택 과정에서는 제조업에서 오래전부터 수용했던 자동화를 지렛대로 삼는다. 자동화에는 이제 로봇이 포함되며, 그중 상당수가 이미 클라우드에 연결되어 있다. MaaS를 향한 진화는 제조 전 단계에서의 투입과 제조 후 배송까지의 공급망에 대한 클라우드 통합과 로봇화에 편승하고 있다. 기존 제조 기계를 활용하는 MaaS 운영 논리로의 전환은 새로운 부류의 기계 등장으로 가속화될 것이다. 중세와 지난 세기 산업 혁명의 구조적 형태가 반복되는 것을 보게 된다.

많은 기계가 서로를 보완하면서 각 시대를 나아가게 하지만 늘 소수의 상징적인, 심지어 선동적인 기계도 있었다. 새로 부상하는 시대에, 중세 시대 축융기, 20세기 디젤 기관이 당시 제조에서 차지하는 의미를 2020년대에는 3D 프린터가 보여줄 것 같다.

3D 프린터는 루돌프 디젤

루돌프 디젤 스스로, 그의 발명품이 주로 소규모 제조사들에 혜택을 줄 것이라고 상상했던 것처럼 우리 시대에 3D 프린터를 발명하고 홍보하는 사람들도 똑같이 생각한다.

3D 프린터는 다른 유형의 기술로 마이크로프로세서와 소재의 공생으로 실현된 분야다. 그래서 정말로 우리 시대의 발명이다. 이 기술의 기원은 20세기 후반까지 거슬러 올라가지만 다양한 현실 세계의 혁신처럼 상업성에 도달하기까지는 20여 년이 걸렸다. 다시 말해서 가까운 미래는 어제가 아니라 10년 혹은 20년 전에 발명된다고 하겠다. 거의 모든 사물의 패턴 특성이 이전에 보였던 것과 같다.

3D 프린팅의 시초는 물리학자 척 헐$_{Chuck\ Hull}$에게 주어져야 할 것 같다. 헐은 1983년에 플라스틱 부품을 제조하는 새로운 공정으로 특허를 출원했다. 이때 '**광조형술**$_{SLA,\ Sterolithography}$'이라는 용어가 사용되었다. 헐은 3D 시스템즈$_{3D\ Systems}$라는 회사도 공동 설립했는데, 이 회사는 지금까지도 업계를 선도하고 있다. 곧이어 1986년 텍사스 대학교 대학원생인 칼 데커드$_{Carl\ Dekard}$와 지도교수인 조 비먼$_{Joe\ Beaman}$이 '선택적 레이저 소결술$_{selective\ laser\ sintering}$' 특허를 신청함으로써 금속 3D 프린팅의 시대가 시작됐다. 이후 1988년, 리사와 스콧 크럼프$_{Lisa\ \&\ Scott\ Crump}$가 용융 저층술$_{fused\ deposition}$이리는 그때까지와는 다른 3D 프린팅 기술을 선보였고 스트라타시스$_{Stratacys}$라는 회사를 시작했다.

이런 유형의 기계와 친숙하지 않은 사람들을 위해 설명하자면, 3D 프린팅의 원리는 지금 많은 가정과 사무실에 있는 프린터와 같다. PC의 글자와 그림을 종이 위에 2D 이미지로 출력하는 것이 프린터다. 3D 프린터의 경우, 대상 물체를 얇게 자른 상세 3D 맵$_{map}$을 이용해 한 번에 한 층(겹)씩 쌓아 적층으로 대상 물체를 제조할 수(프린트할 수) 있다. 분말 플라스틱, 금속 등 소재를 이용해 연속해서 층을 쌓으면 그 과정에서 3차원의 물체가 완성된다. 2D 프린터와 마찬가지로 3D 프린터도 원소재를 녹여 융합시키기 위해 열(통상적으로는 레이저)을 이용한다. 모양을 형성하기 위해 소재를 (드릴이나 절단 등을 통해) 제거하여 부품을 제조하는 기존 기계와의 본질적 차이는 3D 프린터는 소재를 추가한다는 것이다. 그래서 '**적층 제조** AM. Additive Manufacturing'라는 용어가 3D 프린팅과 동의어로 쓰인다.

3D 프린터는 척 혈이 생각했던 것처럼 새로운 창작물의 시제품을 빠르게 만들어서 제품 개발 공정을 가속할 뿐 아니라 기존 '제거하는' 기계로 제조하기에는 너무 복잡한 (심지어 불가능한) 부품을 제조할 기회를 열었다. 최초의 3D 프린터 회사들은 벌써 30년 전에 설립되었지만, 완전히 유용한 기계들은 겨우 10년 전에야 현실화되기 시작했다. 그때 역시 통상적 과대광고 주기가 시작되어 3D 프린터 하나가 "세상을 바꾼다."라고 약속하는 헤드라인이 10년 전에 등장했었다.[4]

일부 권위자들은 과거 PC와 프린터처럼 소비자가 필요로 하는 대부분의 제품을 생산할 수 있는 데스크톱 3D 프린터가 갑자기 모든 가정에 도래하는 것을 목격할 것이라고 주장했다. 그래서 수많은 대형 제조사가 완전히 무너질 것이라는 말까지 들렸다. 루돌프 디젤이라면 열렬히 받아들일 미래다. 하지만 지금까지 펼쳐진 현실은 디젤 기관의 궤도에 더 가깝다. 즉, 3D 프린팅은 주로 대기업에 혜택이 돌아가고 있다. 물론 소기업에서도 번창하고 있지만 3D 프린팅의 핵심 역할은 좀 더 광범위한 MaaS 혁명을 가속하는 데 있을 것이다.

상장된 3D 프린터 기업의 주가가 10배 정도나 오르도록 했던 매체와 투자자의 과대광고 주기는 이제 뒤편에 남겨졌다. 그사이 기술 자체는 무대 뒤에서 꾸준히 역량과 규모 둘 다를 개선해 왔다. 수십 년간의 지식 성장은 마침내 (금속이 아니라 고분자) 제조 속도에서 거의 100배의 향상을 이끌어 냈고 광범위한 산업 활용이 가능한 기술이 되었다.[5] 2020년이 되자 전 세계 3D 프린터 산업의 매출 규모가 거의 120억 달러에 달했다. 지난 6년 사이에 거의 6배가 성장한 것이다.[6] 틈새시장을 겨냥한 새로운 기계에서 이제는 산업용 도구로 옮겨간 것이다.

이전 시대의 혁신 기계처럼 3D 프린터의 진정한 기회는 구식 기술을 대체하는 데 있지 않고, 새로운 기회를 실현하는 데 있다. 3D 프린터는 수리점에서 예비 부품을 디지털 파일로 저장하는 미래를 가능하게 한다. 특정 부품을 비싼 재고로 보관하기보다 수요에 따라 프린팅해 내는 것이다. 실제로 이런 가능성은 군수 지원에 동기를 제공했다. 부품 대신에 (통상은 분말) 원재료를 컨테이너로 운송하는 것은 마치 인쇄된 문서 대신 잉크 카트리지를 보내는 것과 같다. 이런 색다른 사례로 많은 연구자가 생체적합성 소재로 미세한 뼈대를 3D 프린팅해 장기 조직이 성장하도록 하고, 그럼으로써 장기 치료용 대체 조직을 '프린팅'하는 기술을 선보였다. 규모 측면에서는 3D 프린팅 개념을 트럭 크기 형태로까지 보게 되었다. 이 기계는 속건성 콘크리트를 컴퓨터가 제어하는 패턴으로 분사해서 건물 외형을 프린팅한다. 아니면 마찬가지로 보트의 전체 구조를 프린팅한다.

이제까지 대부분의 3D 프린터는 플라스틱 물체를 만들어 왔다. 주된 이유는 금속보다 플라스틱을 녹이는 것이 더 쉬웠기 때문이다. 금속은 하나의 부품을 프린팅하는 데 몇 시간이 걸릴 수 있다. 특정 응용 사례, 이를테면 고관절부터 턱까지 맞춤형 티타늄 뼈 대체물 같은 경우라면 용인되는 속도였지만, 그 정도 속도는 중간급 규모의 제조업에서도 비현실적인 속도였다. 하지만 새로운 금속 분말과 결합된 새로운 디자인 접근법(어떻게 3D 프린터 자체를 조종하느냐에 관한 새로운 논리)이 프린팅 속도에서 커다란 개선을 낳았다. 여기서 얻어진 도약이 수 세기나 오래된 주조 및 단조를 이용해 달성한 것과 같은 금속공학적 특성(경도, 연성, 내구성 등)을 내는 순수 금속 분말을 이용해 고속으로 프린팅하는 것이다.

그런 도약은 궁극적으로 금속을 속성으로 가열하는 방법을 요구한다. 그리고 이 도전은 전대미문의 고전력과 새로운 유형의 레이저가 공정 상태에 대한 고해상도 및 고속 실시간 감지와 결합되면서 해결되고 있다. 여기에 레이저 빔의 모양과 출력, 기타 특성을 컴퓨터로 능동적으로 통제하는 것이 결합된다. 그야말로 정보와 통제의 융합이 이루어지는 또 다른 사례다. 고속의 3D 금속 프린팅은 대량 맞춤형의 실현에서 핵심 역할을 할 것이다. 금속이 일상에서 사용하는 수많은 제품에서 중심적 위치에 있기 때문이다.

초기 과도한 낙관은 우수한 정보와 통제, 3D 프린팅에 적합한 소재의 발전에 대한 필요성을 상당히 과소평가했다. 우리는 무어의 법칙이 정보와 통제를 가져다주고, 소재 과학의 이름 없는 영웅들이 신소재를 가져다준 것을 보았다. 수 세기에 걸친 금속의 주조, 절단, 단조 경험은 심오한 지식 체계를 만들었고 그것을 오늘날의 센서와 소프트웨어가 더 증폭하고 실시간으로 가용하게 했다. 금속공학적 품질을 보장하는 것은 금속의 파손이 치명적 결과를 낳을 수 있는 세계에서는 아주 필수적이다. 이를테면 교량 붕괴부터 비행기 혹은 차량 충돌까지 다양하다. 품질 관리를 연구하고, 검증하고, 실현하기까지는 시간이 걸린다. 하지만 최근 몇 년간 더 많은 3D 금속 부품이 이 엄격한 과정을 통과했다. 이를테면 항공우주 인증 같은 것이다.

다양한 응용 분야에서 3D 프린터를 사용하는 최상의 경우는 계속 공장 안에 머물면서 MaaS 미래에 사용할 제조 도구들에 추가되는 것이다. 또 다른 응용 분야에서는 3D 프린터가 고객이나 특수 용도, 혹은 공급망의 '엣지'로 더 가까이 옮겨갈 것이다. 클라우드 자체의 구조를 모방하는 것인데 여기에는 치과, 병원 혹은 수리점 등이 있다.

3D 프린터는 기존의 도구와 기술 어떤 것도 배제하지 않는다. 새로운 기술이 산업 생태계에 더해지고 증폭되는 것이다. 역시 오래 지속된 패턴이다. 캘리포니아에 위치한 일론 머스크의 테슬라 공장은 2020년 중반에 세계 최대 알루미늄 주조 기계를 인도받았다.[7] 당시로서는 유일무이했던 그 기계의 소재용으로 새로운 소재 과학이 동시에 개발되어야 했다. 무엇보다 그 괴물과도 같은 기계는 차량의 중요한 하부 전체를 제작하는 데 기존의 79개 부품을 단 2개의 거대 부품으로 주조함으로써 대체할 수 있었다. 그 결과 조립 비용을 절감할 뿐 아니라 구조적 강도, 마침내 안전성도 향상되었다.

그럼에도, 그 기계는 여전히 금속 주조를 사용한다. 금속 주조는 정말 오래된 기술이다. 아마 그 시작은 5천 년은 거슬러 올라가야 할 것이다. 3D 프린팅이 훨씬 우수하고 빨랐다면 머스크는 주조 대신에 3D 프린팅을 선택해 추진했을 것이라고 본다. 테슬라 공장은 원자(비트가 아니라) 세계의 고유한 패턴을 전형적으로 보여준다. 여기서는 구식과 신식이 공생한다. 순수 디지털 영역에서는 이런 경우를 찾기 힘들다. 데스크톱 컴퓨터를 사용하면서는 깃펜과 잉크가 필요 없다. 3D 프린터 중심으로 통합될 비즈니스 모델들은 3개의 서로 다른, 하지만 서로 연결된 문제들을 상대할 것이다. 필요한 수량, 설계 복잡성의 정도, 맞춤형과 표준화 사이의 긴장이 그

것이다.[8]

3D 프린터는 클라우드와 결합해서 마침내 포효하는 2020년대에 시장에 영향을 미치고 MaaS를 활성화하는 데 기여할 것이다.

다음으로 파인먼의 기계가 있다

제조 기계를 구분하는 한 가지 방법으로 해당 기계가 나중에 다른 기계에 투입될 주요 부품이나 소재를 제조하는지, 아니면 정제된 투입물을 사용해 최종 제품을 제조하는지를 알아보는 것이 있다. 기본적으로 정교한 기계에 투입되는 소재에는 고대부터 내려온 세 자연 소재(돌, 나무, 목화)를 획득해 유용한 형태로 변형한 것들이 포함된다. 이 소재들은 여전히 폭넓게 사용되고 연간 7,000억 달러 규모의 세계 시장을 형성한다.[9] 그리고 이러한 소재들을 가공하는 관련 기계들은 이제 더 스마트해지고 있어, 소재를 채취하는 것부터 절단까지 자동으로 해낸다.

그런 다음 근대를 대표하는 세 주요 투입물(강철, 플라스틱, 반도체)을 생산하는 기계들이 있다. 세계가 이 투입물들에 지출하는 돈은 연간 약 1.5조 달러에 이른다. 관련 기계들 역시 더 스마트해지고 있다. 하지만 생산 수단 측면에서 근본적으로 차별화되고 새로운 부류의 기계는 사회에서 핵심적인 신종 투입물, 반도체에서 찾을 수 있다.

팹fab*에 들어찬 기계 설비에 지출되는 연간 700억 달러는 이미 세계적인 규모로, 금속용 공작 기계에 지출되는 비용에 버금간다. 금속용 공작 기계는 훨씬 더 오래된 산업이다.[10] 반도체 생산은 플라스틱과 강철을 추월하기

---

* 반도체 제조 공장

그림 13.1 세계의 연간 소재 구매액

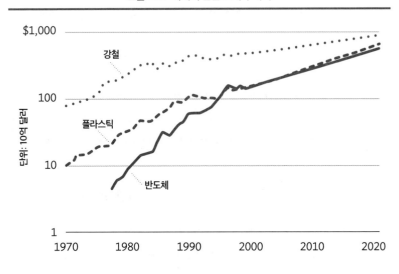

출처: 딜로이트(Deloitte), Market Research Future, Grand View Research

위해 착착 나아가고 있다. 세계 철강산업 매출은 평균적으로 10년마다 2배씩 늘어났다. 인구와 부의 증가와 함께 성장한 것이다. 플라스틱 산업의 산출물은 7년마다 2배가 되었다. 부의 영향이 신종 플라스틱 제품과 결합된 결과다. 그사이 반도체의 총매출은 4년마다 2배가 되었다. (그림 13.1)

매년 세계의 다양한 컴퓨터 제조업체가 4,500억 달러가 넘는 반도체를 구매한다.[11] 반도체 가격은 철강이나 플라스틱과 달리 빠른 속도로 지속해서 떨어지고 있어 매출을 금전적으로만 판단하는 것은 근저의 실제 성장을 과소평가하는 것이다.

반도체 시대 초기에 관여한 엔지니어들에게는 특별한 종류의 기계가 필요하다는 것이 분명했다. 그 기계는 계속해서 줄어드는 면적 위에 소자를 제조할 수 있어야 하는데, 이상적으로는 박테리아 크기까지 축소되어야 한다. 그런 부류의 분자 규모의 기계 도구는 완전 다른 응용 분야에도 유용하다는 것이 분명했다. 이전에는 없던 장비의 발명을 유도하는 것이다. 이런 기계들이 앞에서 논의한 새로운 종류의 센서를 생산할 수 있는 혁명적 기능을 가져다준다. 그것 중 다수는 기본적으로 전자장비라고 하기보다는 기계장비라고 할 수 있다. 이것들은 책꽂이가 아니라 스마트폰에 맞는 칩 크기 자이로스코프gyroscope*와 가속도계부터 마이크로폰과 스피커를 망라하는 MEMS 센서들이다. 팹 기계의 분자 규모 기능은 혈류를 통과해 나가 치료제의 표적 전달을 고도화할 수 있는 수백만 대의 미세 로봇 개발을 가능하게 한다.[12]

미세 제조의 미래를 상상한 공로는 또다시 리처드 파인먼에게 있는 것 같다. 리클라이더가 1962년에 당시로는 불가능한 미래 컴퓨팅 성능에 대한 역량을 상상했던 것처럼 파인먼도 1959년 강의에서 "밑바닥에는 충분한 공간이 있다."라고, 언젠가 기계로 분자 혹은 원자 크기의 제조가 가능해진다고 말했다.

> 우리가 원하는 대로 원자를 배열할 수도 있다. 저 아래 그 원자까지! 정확히 무슨 일이 벌어지는지는 볼 수 없지만 우리가 작은 규모에서 사물의 배열을 조정할 수 있다면 물질이 가질 수 있는 가능한 물성에서 상당히 확대된 범위를 얻게 될 것이다. 우리가 할 수 있는 다양한 일들에서 범위도 마찬가지로 확대될 것이다.

> We can arrange the atoms the way we want; the very atoms, all the way down!...I can't see exactly what would happen, but I can hardly doubt

---

* 바퀴의 축을 심중 고리에 연결해 어느 방향이든 회전할 수 있도록 만든 장치로 중력으로 방향을 알아내고 유지하는 데 사용한다.

that when we have some control of the arrangement of things on a small scale we will get an enormously greater range of possible properties that substances can have, and of different things that we can do.

파인먼의 물리학자 아들은 아버지의 선견지명 있는 강의가 오랫동안 "관심을 못 받았다."라고 회상한다.[13] 사실, 나노 기계에 관해 매체에서 광범위하게 토론하기 시작한 것은 파인먼의 사색 이후 20년이 지나서였다. 1982년, 개화가 임박한 나노 기술 시대를 예언한 에릭 드렉슬러Eric Drexler는 관련 주제를 미국 〈국립과학원회보PNAS. Proceedings of the National Academy of Science〉에 발표했고 1986년에는 책으로 출간했다. 〈창조의 엔진: 도래하는 나노 기술의 시대Engines of Creation: The Coming Era of Nanotechnology〉가 바로 그 책이다.[14] 드렉슬러와 관계자들은 10여 년에 걸쳐 분자 기계 혁명이 이제 임박했다며 사람들을 열정적인 희망에 부풀어 오르게 했다. 예를 들어 컴퓨터 과학자이자 발명가인 레이 커즈와일Ray Kurzweil은 2030년경까지면 "우리 뇌를 나노봇nanobot으로 가득 채울 것이다."라고 말했다.[15]

2016년, 노벨위원회는 분자 기계를 설계하고 합성한 공로로 3명의 과학자에게 노벨화학상을 수여했다. 위원회는 수상자들이 "움직임을 통제할 수 있는 분자를 개발해, 에너지가 공급되면 작업을 수행할 수 있게 했다.", 다른 말로 하면 기계를 개발했다는 것에 주목했다.[16] 위원회는 계속해서 "분자 모터의 발전은 1830년대의 전동기와 같은 단계에 있다. 당시 과학자들은 다양한 회전 크랭크와 휠crank and wheel*을 선보였는데 그것들이 세탁기와 환풍기, 믹서기로 이어질지는 몰랐다."라는 점에 주목했다. 1882년 토

---

* ㄴ자형 핸들과 바퀴

머스 에디슨의 뉴욕시 펄 스트리트 최초의 발전소가 기계적 사물들의 전동화를 촉발시키고, 다음 세기에서 전동기가 보편화되기까지는 그로부터 50년이 걸렸다.

분자 규모의 기계를 개발하는 것은 초기 주창자들이 상상했던 것보다 훨씬 더 도전적이다. 또다시, 물리적 기계의 산업화 역사에서 우리가 반복해서 봤던 패턴이다. 팹 기계의 거침없는 발전이 계속되면서 분자 모터용 21세기판 펄 스트리트 발전소가 생길 것이다. 사실, 엔지니어들이 마침내 자동화된 팹급 기계를 사용해 두 가지 다른 차원 소재를 쌓고, 그런 결합으로 '맞춤형 전자 특성'을 지니게 할 수 있다고 증명했다. 바로 파인먼이 상상했던 것이다.[17] 그런 시제품은 **분자 기계적합성**mechanosynthesis을 실현하는 전신이다. 이 새로운 명명은 아마도 수십 년 동안의 허구적인 예측으로부터 사실에 근거한 가능성을 구분하기 위해 채택됐을 것이다.

2020년대에는 분자 기계 기술이 성숙해지고 그것으로 생산한 제품이 등장하는 것을 보게 될 것이다. 그것이 다른 새로운 생산 수단과 함께 또 다른 대규모 산업 확장을 부채질할 것이다. 문명이 완전히 새로운 부류의 제품과 서비스를 더 효과적이고 신속하게 만들어 내고, 조립하고, 이제 제품과 서비스에 활력을 불어넣을 것이다. 그런 기계에 대한 클라우드의 역할은 1세기 전, 전기화가 제조 기계에 한 것과 많은 점에서 동일하다. 그때 전기화는 단순히 구식 동력 수단을 대체하는 것 이상이었다. 제조 자체에서 새로운 유형과 지형이 가능하게도 했다. 클라우드도 유사하게 구식 생산 논리를 대체하는 것 이상이다. 제조 자체에서 유형과 지형을 확장하는 것이기도 하다.

기계: 모든 사물에 동력을 공급하기

기술과 전쟁은 훨씬 더 복잡해졌다. 그리고 그것들을 이해하려면 많은 노력이 요구될 것이다.

-로버트 래티프 Robert Latiff

벤저민 프랭클린Benjamin Franklin의 표현을 빌려 말하자면, 고대부터 혁신가들은 '번개를 병 속에 가두기' 위해 노력해 왔다. 바그다드 박물관Baghdad Museum 소속 고고학자들이 메소포타미아Mesopotamia 지방에서 기원전 250년경 만들어진 것으로 보이는 전지를 발견했지만, 우리가 말하는 현대식 전지는 1800년 이탈리아 물리학자 알레산드로 볼타Alessandro Volta와 곧이어 1859년 프랑스 물리학자 가스통 플랑테Gaston Plante가 발명한 납축전지에서 비롯되었다.[1]

노벨위원회는 전기 저장에 있어 플랑테 이후 첫 번째 도약이 갖는 사회적 중요성에 대해 언급하면서 이렇게 말했다. "리튬 이온 전지는 휴대용 전자기기에 동력을 공급하기 위해 세계적으로 사용되고 있다. 그 기기들로 우리는 소통하고, 일하고, 공부하고, 음악을 감상하고, 지식을 검색하고 있다."[2]

리튬 전지의 휴대성은 은행 업무와 쇼핑을 대중화했고, 소셜 미디어를 촉발시키고, 정치를 뒤집고, 완전히 새로운 내비게이션 기반 서비스를 창

그림 14.1 리튬의 마법으로 질주하는 권역(전지별 용량에 따른 이동할 수 있는 거리)

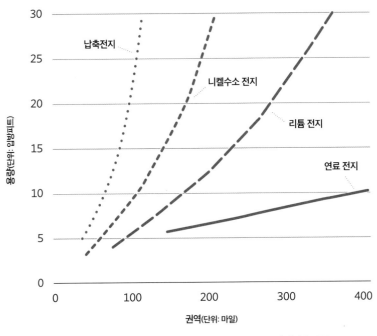

출처: 가레트모션(Garrett Motion Inc.)

- **참고:** 8입방피트(각 면이 2피트인 입방체, 약 0.2㎡) 납축전지는 전기자동차가 딱 50마일(약 80킬로미터)을 주행하는 동력을 공급한다. 성능이 50% 향상된 니켈수소 전지의 등장은 휴대용 전자기기에 엄청난 도약을 가져왔다. 하지만 개선된 권역에는 여전히 일상 차량용으로 적합하지 않았다. 같은 8입방피트의 리튬 화학 소재는 권역을 150마일(약 240킬로미터) 이상으로 확대했다. 다른 관점으로 같은 용량을 연료 전지와 수소 탱크로 채우면 400마일(약 640킬로미터)까지 확대된다. 또한, 같은 용량을 엔진과 휘발유로 채운다면 약 1,000마일(약 1,600킬로미터)까지 도달할 수 있다.

출하고, 헬스케어를 제대로 혁신하고 맞춤화하고 있다. 리튬 전지는 상전벽해와도 같은 변화를 가져왔다. 컴퓨터를 책상에서 해방시키고, 지구상 30억 명이 넘는 사람을 모바일 인터넷에 연결시켰기 때문이다. 만약 스마트폰이 여전히 양장본 책 크기에, 무게가 2파운드(907그램) 나가는 리튬 시대 이전의 전지를 사용해야만 했다면 결코 일어날 수 없었을 변화다.

리튬 전지가 자동차에서 판도를 바꿀 정도의 도약을 가져왔다는 사실은 선에 제약받지 않아야 하는 모든 기계에서 중요시되는 핵심 지표에서도 관찰된다. 그 지표로는 모바일 플랫폼이 연료와 전력에 가용한 제한 공간을 사용해 작동할 수 있는 권역이 있다. 통신 기계뿐만 아니라, 바퀴로 달리거나 비행하는 기계도 마찬가지다. (그림 14.1)

8입방피트(각 면이 2피트인 입방체, 약 0.2㎥)의 납축전지로는 전기자동차가 겨우 50마일(약 80킬로미터)을 주행할 수 있다. 좀 더 우수한 니켈수소 NiMH 전지는 리튬 소재의 등장 이전에 휴대용 전자기기에서 유행했는데 그 권역을 약 50% 정도 늘렸다. 하지만 리튬 화학 소재는 그 권역을 300%나 신장시켜 150마일(약 240킬로미터)로 확대했다. 물론 같은 용적을 이용했을 때다. 그것 자체만으로 모바일 인터넷뿐만 아니라 소비자용 전기자동차 EV. electric vehicle 가 상업성을 갖게 되었다. 나중에 간단히 설명하겠지만 리튬의 전력조차 연료 전지에 사용되는 수소에 비해 왜소하다는 것을 기억하길 바란다. 수소는 같은 용적으로 자그마치 400마일(약 640킬로미터)을 보장한다.

노벨위원회는 사례로 언급하지 않았지만, 리튬 전지는 드론이 화물 운송과 탑승용으로 지상의 도로에서 이탈하게 도운 일종의 에너지 기계이다. 이것은 전기자동차 EV 에서의 활용과는 다르게 유틸리티 utility * 에서 상변화를 만들어 낸다.

리튬과 탄화수소의 결합

소형 드론은 리튬 전지의 성능이 없었다면 규모 있는 활용이 불가능했

---

* 수도, 전기, 가스 같은 공익사업

을 것이다. 선에 제약받지 않아야 하는 이동용 응용 분야에서, 에너지를 소비하는 작업의 수나 권역은 아주 적다. 그리고 재충전에 접근하기도 쉽다. 그러다 보니 대개는 리튬 전지만으로 충분히 작업을 수행한다. 하지만 드론이 중량 화물을 인구 밀집 지역 상공에서 운송하거나 사람을 탑승시키려면 전력원_{power source}이 이착륙이라는 기본 수행 능력을 갖추어야만 한다. 동시에 비행 거리와 재충전 시간, 소음, 안전성에 대한 요구 사항도 충족시켜야 한다.

작은 소포(또는 카메라나 센서)를 운송하는 소형 드론의 경우 리튬 전지만의 성능으로는 몇 파운드(1파운드는 약 453그램)의 탑재량, 몇 시간이 아니라 몇십 분 정도의 비행시간, 통상 50mph(약 80km/h) 미만의 속도를 내기에 적합하다. 예를 들어 1킬로와트아워_{kWh} 전지는 약 5파운드(2.27킬로그램) 정도 나가는데, 이 전지로는 소형 드론이 어느 정도 무게가 있는 화물을 싣고 한 시간 정도 비행할 수 있다. 그런 전지는 통상의 소비자용 드론에서 볼 수 있는 것보다 10배는 더 크다. 하지만 추가적인 이착륙이 권역을 급격히 축소시킨다. 드론의 순항보다 상승이 두세 배 더 많은 전력을 소비하기 때문이다. 권역과 속도, 화물 용량을 개선하기 위해 개발자들은 탄화수소를 사용하는 기계로 눈을 돌렸다. 탄화수소 5파운드면 1kWh가 아니라 10kWh를 제공하기 때문이다. 연료를 kWh로 전환하는 과정에서 에너지 손실을 감안하고도 그렇다.

자동차 크기의 드론으로 옮겨가면 온보드 에너지 요구 사항은 전지에 있어 도전과제가 된다. 앞에서 본 같은 8입방피트 용적을 생각해 보자. 만약 내연 기관과 휘발유 연료 탱크가 그만큼을 차지한다면 리튬 전지 혼자 150마일(약 240킬로미터) 권역을 보장하는 것과 비교해 1,000마일(약 1,600

킬로미터)로 권역이 확대된다. 탑재량을 늘리면 리튬 전지의 권역은 수십 마일로 축소되고 그 용도는 작은 틈새시장으로 제한될 것이다.[3] 결국 혁신적 추진력은 탄화수소 액체가 갖는 본질적 이점을 중심으로 발휘될 것이다.

리튬류의 화학 소재 1파운드당 가용한 최대 이론적 에너지양은 석유 1파운드당 최대 화학 에너지의 겨우 5%이다. 그래서 예를 들어 아시아로 운행하는 대형 제트기가 사용하는 항공유에 포함된 에너지를 맞추기 위해 필요한 최상급 리튬 전지는 비행기 기체보다도 5배 더 무거울 것이다.[4] 앞으로 전지는 더 개선될 것이다. 하지만 그 정도의 에너지 밀도 차이를 좁힐 방법은 아직 알려진 것이 없다.

지금까지, 상업적으로 유용한 드론은 전지로 동력을 얻으므로 작거나, 엔진으로 동력을 얻어 시끄럽거나 둘 중 하나였다. 두 에너지 기계의 하이브리드가 중량화물 드론의 실용화로 가는 마법의 티켓이다. 조용한 이착륙을 수행하는 고성능 리튬, 그리고 한편으로는 엔진으로 구동되는 발전기가 보다 먼 권역을 보장해 주고 비행 중 전지를 재충전한다. 그 복잡한 고성능 하이브리드 전기 시스템을 원활하게 운용하는 기술 자체는 지난 10년에 걸친 고성능 반도체, 초소형 고성능 센서가 완성되면서 가능해졌다. 그리고 이것들을 컴퓨터 제어 시스템이 관리한다. 또한, 결정적으로 두 개의 전력 시스템이 드론 안에 탑재되면서 한 시스템이 고장 났을 때 다른 시스템이 비상 착륙을 지원할 수 있다.

이 하이브리드 솔루션은, 작고 고성능의 내연 기관과 차세대 마이크로 터빈을 상상하면서 이미 시제품을 제작한 혁신가들에게 새로운 시장을 열어준다. 그런 기계는 일반적으로 너무 비싸서 소비재 자동차 영역에서는 응용 사례를 찾기 어렵다. 이제까지 대부분의 터빈 엔진 개발은 수백에서 수천 배의 더 큰 동력이 있어야 하는 대형 제트기에 집중했었다. 하지만 2016년 창업된 캘리포니아의 항공 스타트업이 중량화물 드론을 개발하고 있는데, AI 기반 시스템과 비상안전 착륙 모드를 갖추고 항행하는 1,400kW의 터빈 발전기를 장착하고 있다.[5] 2019년 후반, 또 다른 스타트업은 소형 10kW 마이크로터빈 장착 드론으로 최초 비행에 성공했다.[6]

하이브리드 아키텍처는 차세대 연료 전지에도 적용할 수 있다. 이 기술은 1세기 동안 시장을 탐색했다. 최초의 실용 연료 전지는 1959년까지 거슬러 올라간다. 사용된 기술은 전기화학적으로 전지와 유사하면서 수소와 공기 중의 산소를 결합해 전기를 생산하게 된다. 그 결과, 폐기물로 물이 나온다. 이 화학 반응은 가역적이기 때문에 전기를 이용해 이를테면, 잠수함이라면 산소를 생산해도 된다. 연료 전지는 고가에다 가끔은 전혀 새로운 소재가 필요해서 비용이 높음에도 불구하고 빠르게 NASA 우주 프로그램에서 필수적인 요소가 되었다. 비용은 임무에 필요한 사항에 비하면 부수적인 사항이기 때문이다. 특히 무중력Zero G에서 중요한 무진동, 이륙 중량을 최소화하기 위한 고밀도 전력이 요구된다. 수소 연료 전지는 연소 엔진의 전력 밀도에 근접한 유일한 비연소 최고 동력원이다. 그리고 전지처럼 연료 전지도 조용하다.

하지만 오늘날 연료 전지 사용에 관한 팡파르는 다른 것처럼 전력망에서 상품으로서 전자를 공급하기 위한 것이다. 그럼에도, 그 기술은 저가 상품이 주도하는 전력망 응용 분야에서 경쟁하기에 너무 비싸다. 경제 규모가 되는 연료 및 식품 기술에 관한 한 새로운 것이 오래된 것을 대체하는 시기는 더 비쌀 때가 아니라 더 쌀 때다.

그렇지만 연료 전지에서 주목할 만한 전력망 규모의 주요 응용 분야가 하나 있다. 데이터센터에 전력을 공급하는 분야다. 데이터센터는 각각 마을 수준의 전력 수요를 가지고 있지만, 동시에 항공업계 수준의 신뢰도가 필요하다. 즉, 정전 사고가 발생해서는 안 된다. 연료 전지는 이런 틈새시장에 그런 대로 적합하다. 기술의 신뢰도는 다음 두 요소에서 나온다. 먼저 연료 전지 자체에 가동부가 없어서 갖게 되는 내구성이다. 다음으로는, 연료 투입과 관련된 천연가스 분배 시스템에 내재된 탄력성이다. 천연가스 파이프라인은 99.999%보다 높은 신뢰도를 가지고 있다. 신뢰도는 일 년 동안 언제라도 가용한 상태를 퍼센트 확률로 측정한다. 이것이 99.999라는 것은 전력망의 노출된 전선의 99.9% 평균 가용률보다 약 100배 더 신뢰할 수 있다는 뜻이다.[7] 분명히 할 것은 매설된 전선도 여전히 매장된 파이프라인의 신뢰도를 능가할 수 없다. 전력망은 같은 단위의 에너지를 전달하는 데 4배나 비용이 더 든다.[8]

　　연료 전지는 소재에서 이룩한 주요 발전과 더불어 수십 년간의 경험과 공학 발전의 덕을 보았다. 이에 따라 성능과 비용이 크게 향상되었다.[9] 이제 마이크로터빈처럼 더욱 많은 수의 기존 벤더와 스타트업이 드론급의 연료 전지를 시장에 출시하고 있다. 언제나 정숙 및 저온이라는 특성의 추진체를 간절히 구하던 군용 시장에서 재정을 지원받는 회사도 많다.[10]

　　2020년대에는 연료 전지가 항공 수송 분야에서 상승세를 탈 것 같지만, 그것만 기대할 필요는 없다. 유서 깊은 내연 기관이 드론의 하이브리드 아키텍처 과제에 더 적극적이다. 그리고 똑같은 소재 혁명, 디지털 시뮬레이션 도구, 제어 시스템 역시 엔진 추진체의 기록적 발전에 박차를 가하고 있다. 차세대 리튬 전지는 물론 앞으로 더 좋아지겠지만, 이에 대한 현재의 답

론만으로는 액체 탄화수소의 추종을 불허하는 에너지 밀도를 이용해서 엔진 성능을 개선할 기술적 기회가 더 많다는 것을 결코 이해하지 못한다. 한 세기에 걸친 자동차 내연 기관의 발전에도 불구하고 혁신적 디자인이 계속해서 등장하고 있다. 일부는 전동기처럼 가동부가 거의 없다. 그리고 대부분은 동력 대 중량비$_{PWR}$가 많게는 5배에서 10배까지 개선될 여력이 있다.[11]

기본 수준의 물리학에서 앞에 언급된 종류의 에너지 기계에서의 모든 발전을 가능하게 하는 주요 특성은 효율 향상에서 발견된다. 사실, 효율이야말로 기계 개선에 있어 필요불가결한 지표다. 이런 효율 향상은 제조 기술(더 정밀하면서 신축적인 디자인을 실현하는 제조 기계), 운영 최적화 제어(액추에이터와 결합한 마이크로프로세서), 소재(고온이나 고속 허용) 각각의 개선으로부터 이루어진다. 또다시, 익숙한 3인조다.

제번스 역설*과 효율 키메라**

에너지 효율 향상은 사회의 에너지 욕구를 줄이는 데 집중하고 있는 예측 전문가나 정책입안자에게 에너지 문제의 해결책으로 지속해서 제안되고 있다. 하지만 전반적으로 에너지 효율은 에너지 사용을 감축시키지 못하고 확대할 것이다.

영국의 경제학자 윌리엄 스탠리 제번스William Stanley Jevons는 소위 효율의 '역설'을 처음으로 체계화했다. 1865년에 대표 저서 〈석탄 문제The Coal Question〉를 발간해 당시에 만연했던 우려를 다루었다. 영국에 석탄이 고갈되면 증

---

* 제번스 효과라고도 하며, 효율이 개선되면서 자원을 덜 소비하는 것이 아니라 더 많이 사용하는 모순을 뜻한다.
** 키메라(Chimera): 사자의 머리에 염소 몸통에 뱀 꼬리를 단 그리스 신화 속 괴물

기 기관이 갖는 확실한 경제적 이점이 사라진다는 우려였다. 당시 (그리고 지금도) 제안된 전형적 해법은 엔진 효율을 개선하는 것이었다.

하지만 제번스는 엔진 효율의 향상(이를테면 활동 단위당 석탄을 덜 사용한다거나)이 실제로는 전반적 석탄 소비량을 줄이지 못하고 더 늘릴 것이라고 지적했다. 그래서 역설이다. "연료의 효율적 사용과 소비 감소를 동일시하는 가정은 개념을 완전히 혼동한 것이다. … 새로운 효율 모드는 소비의 증가를 낳을 것이다."[12] 일부 현대 경제학자들은 이것을 **반동효과**rebound effect 로 부른다.[13]

달리 말하면, 정책 세계와 달리 실세계에서 개선된 효율의 목적은 기계나 공정으로부터의 이점을 포착하는 것이다. 사람과 기업이 기계나 공정이 제공하는 이점을 더 받기 원하는 한, 사용 비용의 하락은 수요를 늘리고 결국 사용도 늘어난다. 역사 전반의 거의 모든 경우에서 발견되는데 수요의 증가가 효율 개선을 능가해 오히려 소비의 순증가로 이어졌다.

클라우딩 컴퓨터와 제번스 역설(출처: CIO Korea)

만약 증기 기관이 처음 발명되었을 때처럼, 비효율적인 상태로 계속 남아 있었다면 절대로 널리 퍼지지는 못했을 것이다. 또한, 부수적인 경제적 이점이나 석탄 수요에서의 관련 증가는 일어나지 않았을 것이다. 좀 더 현대적인 연소 기관에 대해서도 같은 맥락에서 볼 수 있다. 예를 들어 지금의 비행기는 최초의 상업용 제트 여객기보다 3배는 더 에너지 효율적이다. 효율은 연료를 '줄여' 주지 않고, 대신 그 이후부터 항공 에너지 사용이 4배나 증가하게 했다.[14]

똑같은 관계가 21세기 경제를 이끄는 핵심 동력인 지금의 디지털 엔진에서도 작동하고 있다. 사실, 마이크로프로세서는 역설 중 가장 순수한 상황에 해당한다. 지난 60년에 걸쳐 가격이 지속해서 떨어진 논리 엔진의 에너지 효율은 10억 배 이상 향상되었다.[15] 원자의 세계(비트나 광자가 아닌)를 점하고 있는 일반 기계나 에너지 기계에서는 그 정도 개선에 근접한다는 것 자체가 불가능하다.

1980년, 애플 II 시대의 시사점을 생각해 보자. 1980년의 에너지 효율로 지금의 아이폰 한 대를 사용하려면, 맨해튼 사무용 빌딩만큼의 전력이 필요했다. 이와 유사하게 1980년경의 효율로 데이터센터 한 곳을 운영하려면 미국 전체 전력망만큼의 전력이 요구되었다. 하지만 효율이 계속 개선된 결과 오늘날의 세계는 수십억 대의 스마트폰과 수천 곳의 데이터센터를 가지게 되었다. 그리고 앞에서 지적했듯이 지금 이 생태계는, 일본이 전체 용도로 소비하는 전력보다도 훨씬 많은 전력을 사용한다.

물론, **제번스 역설**Jevons paradox은 특정 제품이나 서비스에 대해 미시경제학적 측면에서는 성립되지 않는다. (부유한) 국가에서는 효율 향상과 상관없이 특정 제품이 한계에 달했을 때 수요와 성장이 포화에 이를 수 있다. 예를 들어 한 사람이 먹을 수 있는 음식량, 한 사람이 기꺼이 운전하고자 하는 일일 운전 거리, 가정마다의 냉장고 혹은 전구 수 등이 그렇다. 그런 경우 가격이 내려가는 것은 수요에 아주 적은 영향을 준다. 하지만 그런 제품에 있어, 세계 인구 중 3분의 2가 포화 상태인 것은 거리가 멀다. 아직도 수십억의 사람은, 첫 차를 구입할 만큼 부유하지는 않다.

자동차 같은 제품은 언젠가는 어디나 포화 상태에 다다를 것이지만, 반면에 우리 세기에서 부상하는 제품인 정보는 그렇지 않다. 우리가 신경 쓰는 모든 종류의 데이터 자체의 비용을 효율이 계속해서 줄이면서 정보에 대한 공급과 수요 모두 무한하기를 기대할 수 있다. 그러나, 제번스 역설을 빌려 말하자면 에너지 수요에 있어 재미있는 시사점이 있다.

원자의 꿈

에너지 기계의 판테온_{pantheon}●에는 원자로보다 더 비상한 것이 없다. 또한, 원자로보다 과대광고가 많았던 것도 없다. 긍정적이든 부정적이든 그랬다.

원자력은 지난 세기에 발견된 유일한 에너지 현상이다. 최초의 통제된 핵 연쇄반응은 1939년 시카고 대학_{University of Chicago}에서 이루어졌다. 핵분열이 발견된 후, 10년이 지나서였다. 그 이후 원자력에 대한 관점은 모순적이었고, 사고와 노심용융_{meltdown}*에 대한 과대 공포와 자주 섞였다. 다시 말해서, 그런 공포와 부당한 주장은 핵무기에 대한 합리적인 우려와 자주 합쳐졌다.

핵분열에는 특이한 사실 한 가지가 있다. 연료 1파운드(약 0.45킬로그램) 기준, 같은 양의 연료를 사용했을 때 연소보다 1,000배나 많은 에너지를 방출한다는 것이다. 미국 원자력위원회_{Atomic Energy Committee}와 공군이 15년에 걸쳐 70억 달러를 투자해 핵추진 비행기를 시도하고 개발하려 했던 이유가 이해될 것이다. 그 프로그램은 1961년, 케네디 대통령에 의해 종결됐다. 비슷한 이유로 미 연방의 자금이 핵추진 우주선을 기술적으로 탐색하는 데 사용되었다. 하지만 핵추진 비행기나 로켓을 가능하게 하는 기술은 달성하

● 이탈리아 로마에 있는 신전으로, 그리스어로 '모든'을 뜻하는 'pan'과 '신'을 뜻하는 'theon'이 합쳐진 말로서 모든 신들을 위한 신전을 뜻한다. 어떤 분야의 총체적인 모든 것이 있는, 혹은 총집합을 표현할 때 비유적으로 쓰이기도 한다.

* 원자로 용해라고도 하며, 원자력 발전소에서 사용되는 원자로의 노심에 있는 핵연료가 과열이나 이상으로 인해 내부의 열이 급격히 상승하여 연료 집합체 또는 노심 구조물이 녹아내리거나 파손하는 것을 가리키는 현상이다. 최악의 경우 원자로 그 자체가 파손되어 방사성 물질이 주위에 확산되기도 한다.

기 힘든 상태로 남아 있다.

세계 최초의 상업용 원자력 발전소는 영국 콜더홀Calder Hall에 건설되어 1956년 엘리자베스 여왕이 참석한 가운데 개소식을 했다. 이 발전소는 2003년에 가동 정지되었다. 최초의 핵분열 이후 80년이 지나, 수천억 달러의 정부 지원이 투입된 원자력은 인류 전력 소비의 약 10%가 채 안 되는 양을 공급하고 있다. 제트 터빈 엔진을 처음 고안한 것도 1930년대지만 오늘날 이 기술은 인류 중 15%(항공 이용 비율) 정도만 누리고 있다.[16]

일상에서 항공 이용 비율을 크게 늘리려면 새로운 유형의 작고 사용하기 쉬운(그리고 결국은 자율인) 비행 기계가 등장해야 한다. 또한, 이와 유사하게 원자가 공급하는 전력의 비중을 늘리려면 새로운 유형의 원자로도 필요할 것이다. 원자로의 목표는 비행 기계의 목표보다 달성하기 훨씬 더 어려웠다. 하지만 2020년대는 마침내 원자로의 목표가 시작되는 것을 볼 것이다.

이제 최소 20여 개 회사가 서로 단계는 다르지만 더 작고 저렴한, 심지어 모듈식의 원자력 발전소를 혁신적으로 설계하고 있다. 일부는 상업용 규제 면허 취득에 거의 다가가고 있다. 1세대 원자로의 수백만 시간에 이르는 운영 경험으로부터 축적된 지식을 바탕으로 새로운 디자인은 광범위한 응용, 개선된 경제성, 높아진 안전성을 보장한다. 완전히 다른 부류의 원자로가 필요하다고 해서 오늘날 기가급의 원자로로부터 근본적으로 안전한 에너지 기여를 늘리라는 것이 아니다. 세계는 더 많이 건설하고 있다. 하지만 더 광범위하게 사용하려면 원자력 기계가 더 저렴해지고, 작아지고, 안전해져야만 한다. 그래야 원자력 르네상스가 시작될 것이다.

공교롭게도 상업용 소형 원자로를 건설하는 데 있어 근본적인 기술 문제는 우주여행이나 군대에서 마주했던 것과 비슷하다. 초기 혁신가들이 상상한 그대로다. NASA와 미군은 다시 옛날처럼 작은, 심지어 항공 휴대형 마이크로 원자로 프로젝트에 자금을 지원하고 있다.[17] 초 안전 2-10MW급의 마이크로 원자로는 행성 간 여행이나 달 혹은 화성에 식민지를 건설하는 것에 성공하는 데 필수적인 유형의 원자로다. 이것은 고도의 신뢰성이 담보된 현장 전력을 지구상 수천 곳의 데이터센터에 공급할 수 있고, 심지어 비슷한 전력 수요가 있는 소도시나 마을에도 공급할 수 있다. 지구 행성에 인류의 발자국을 가볍게 하려는 사람들에게는 사회가 사용하는 에너지 서비스를 생산하면서 투입되는 총물질을 1,000분의 1로 줄일 수 있는 원자로 말고는 딱히 도래할 만한 기술이 없다.

실용 핵융합 원자로의 꿈은 한미韓美 연방의 수십억 달러 자금 지원과 6개의 민간 벤처가 치열하게 추진하고 있음에도 불구하고 여전히 목표를 달성하기 힘든 상황이다. 별에서 일어나는 현상*을 차용하는 물리학으로 핵분열**의 정반대다. 여전히 감질나는 전망인 것이 핵분열보다 불과 7배 정도 더 큰 에너지 밀도를 가지는 핵융합은 기존의 연소 대비 1,000배의 도약을 가져온 핵분열처럼 혁명적 전환이 되지 못한다는 점이다. 핵분열 원자로용 연료가 핵융합 원자로용의 이론적 연료보다 더 비싸지만 두 기술의 비용은 연료 물질이 아니라 기계가 좌우한다. 만약 핵융합에서의 돌파구가 진짜 온다면, 새로운 유형의 물질 때문일 가능성이 크다. 그 물질이 관련된 힘을 획득하고 억제할 수 있게 할 것이기 때문이다. 또 부상하는 엑사급 슈퍼컴퓨터가 설계 시뮬레이션에서 프로메테우스같이 창조적 과업을 처리할 성능을 가질 것이기 때문이기도 하다.

비행기와 우주선에 경량 원자로를 사용하려던 원래 꿈으로 돌아가 보면

---

* 가장 가벼운 원소들이 융합하는 과정에서 그들의 핵결합 에너지를 방출하게 하는 것
** 무거운 원소들이 붕괴되는 것

주요 장애물은 여전히 방사선 차폐와 관련된 물리학과 소재에 있다. 1950년대 중반에 미 공군이 40여 차례 비행한 항공 원자로는 승무원을 보호하기 위해 12톤의 차폐물이 필요했다.[18] 아직 여전히 상상의 범주에 있지만 납의 차폐 효과를 가지면서 탄소섬유의 무게와 강도에 필적하는 새로운 부류의 메타 물질을 발명한다고 상상할 수도 있다. 그런 돌파구는 카를로타 페레즈의 난입 중 하나인데 아직 예측 가능한 타임라인이 없다. 그렇지만 그런 것들이 차세대 엑사급 슈퍼컴퓨터로부터 나올 것으로 기대할 수 있는 돌파 유형이다. 그 슈퍼컴퓨터가 미래 연구자들의 창조력을 증폭시킬 것이기 때문이다.

무기에 관한 몇 마디

무기와 방어 기술은 인간사의 현실을 감안할 때, 문명에서 필수 요소다. 역사에서 인류가 전쟁을 시작해야 하는 혹은 전쟁에 관여해야만 하는 이유를 조작하지 않은 시기는 없었다. 그래서 브라이언 로턴Bryan Lawton의 2,000페이지에 달하는 책 〈다양하고 기발한 기계의 역사History of Various and Ingenious Machine〉에서는 무기가 대부분을 차지한다. 외부 약탈로부터 나라를 지키려고 하는 사람들을 제외하면, 세계 군비 지출이 연간 2조 달러에 육박하고 미국이 그중 약 40%를 차지한다는 사실이 편하지 않을 수 있다.[19] 하지만 퇴역 군인으로 디지털에 정통한 로버트 래티프Robert Latiff 소장이 최근 저서 〈미래 전쟁: 새로운 세계 전장을 준비하며Future War: Preparing for the New Global Battlefield〉에서, "기술과 전쟁은 훨씬 더 복잡해졌다. 그리고 그것들을 이해하려면 많은 노력이 요구될 것이다."라고 쓴 걸 생각해 보자.

군 역사 전문 용어인 '군사重事에서의 혁명RMA, Revolutions in Military Affairs'은 우연이 아니다. 산업이나 민간 발명의 목적을 바꾸어 활과 화살부터 원자력까지 전투 기계로 전환하는 데서 비롯된다. 전쟁이 새로운 기술 혹은 새로운 과학의 발명으로 이어진다는 일반적인 관념의 상징적인 예는 원자폭탄, 레이더, 컴퓨터지만, 그 관념이 사실 역사의 면밀한 검토로부터 뒷받침되는 것은 아니다. 전쟁이 엄청난 정부 지출을 고무시키고, 결과적으로 많은 종류의 기계 설계를 발전시킨다는 건 반론의 여지가 없다. 하지만 기록을 보면 판도를 바꾸는 기반 기술은 대체로 그들이 전쟁에 투입되었을 때보다 이른 시기에 발명되었다는 것을 알 수 있다.[20]

하지만 그런 의심은 2020년대를 추진할 전환을 탐구하려는 우리의 목적과 직접적인 관련이 없다. 그런데 여기서 다시 경제 혁명을 고무시킬 똑같은 기술이 군사에서의 혁명도 일으키고 있다는 것을 알 수 있다. 세 가지를 생각해 보자. 인터넷, 드론, 레이저가 그렇다.

메리엄 웹스터Merriam-Webster *의 기록에 따르면 '**사이버보안**cybersecurity'이라는 단어를 처음 사용한 것으로 알려진 해는 1994년으로 극히 최근이다.[21] 이제 사이버보안이라는 단어는 수십억 명의 사람에게 친숙해졌다. 그리고 사이버 공격, 특히 민간 영역에서의 사이버 공격 증가율은 사이버 시스템 자체의 성장률을 초과한다. 이제 사이버보안은 더 이상 단지 돈, 정보, 개인 프라이버시 등을 보호하는 것에 그치지 않고 있다. 클라우드에 연결된 물리적 사물과 인프라를 보호해야 하는 필요성이 점점 늘고 있다.

어떤 사건이 사이버물리 무기를 사용한 첫 번째 사건인지는 훗날 역사학자들이 결정할 것이다. 아마 2010년에 스턱스넷Stuxnet 바이러스를 사용

---

* 1828년 최초 출간된 미국에서 가장 오래된 영어사전

한(공격자는 아직 확인되지 않았다) 사건일지도 모른다. 이 사건은 이란의 무기 생산 우라늄 프로그램에 사용되는 고가의 원심분리기를 파괴한 사건이다.[22] 아니면 아마 2015년 12월 23일, 해커가 우크라이나 전력망의 정전을 유발하여 우리에게 위험을 경고한 사건이 첫 번째 사건으로 여겨질 수도 있다. 그 해킹은 표면상 러시아까지 추적되었는데 블랙에너지$_{BlackEnergy}$로 불리는 바이러스를 다른 사이버 (아마도 스파이) 전술과 결합해 사용한 것으로 군사 공격과 동시에 일어났다. 그리고 2016년 이란의 해커가 **구글 도킹**$_{dorking}$*이라는 프로세스를 이용해, 시스템의 취약점을 찾아서 뉴욕주 소형 댐의 관제 시스템을 해킹했다.[23] 그 해킹은 일부 매체에서만 헤드라인 뉴스로 다뤄졌는데, 단지 훨씬 더 중요한 목표물을 겨냥한 예행연습일 뿐이라는 추측 때문이었다. [24]

자율비행 드론은 오랫동안 군 로드맵에 존재했던 무기다. 원격 (무선) 조정 비행체의 첫 비행은 항공 여명기의 해군 프로그램과 1916년 롱 아일랜드$_{Long\ Island}$에서의 비행 성공까지 거슬러 올라간다. 그 프로그램은 기술이 충족되지 않아서 심의가 보류되었다. 이후, 에이브러햄 카렘$_{Abraham\ Karem}$이 프레데터 드론$_{Predator\ drone}$으로 알려진 기계를 개발하기까지는 다시 70년이 걸렸다.

광역 및 중량화물 드론을 실현하는 기술은 군사 및 민간 모두가 기대하던 목적에 부합한다. 하지만 역설적이게도 관련 기술은 소형 소비자용 드론이나 장난감 드론을 다른 용도로 전용해 RMA를 구성한 것일 수 있다. 2018년, 미국 과학한림원$_{NAS,\ National\ Academy\ of\ Sciences}$은 소비자급 소형 드론에 대한 위험 분석 중 기밀이 아닌 내용부터 발표했다.[25] 보고서는 저가의 '소형 무인 비행 시스템'을 용도에 맞게 조정하는 능력에 주목했다. 여기에는

---

* 구글 검색 엔진을 사용하여 취약성이나 문제를 찾아내는 일

군집 형태의 드론으로 일종의 공중 급조폭발물IED, Improvised Explosive Device을 개발하는 내용도 있다.

합동 드론 '군집'을 개발하는 능력은 2018년 평창동계올림픽 개막식에서 선보인 대규모 드론 군집(순수한 엔터테인먼트 목적으로)으로 극적으로 표현됐다. 이 흡사 마술 같은 공중 조명 쇼에는 1,000대 이상의 인텔 드론이 사용되었다. 나중에 시범을 보인 고도로 조직화되어 군집을 이룬 비행에는 동일한 소형 소비자용 드론 2,000대 이상이 투입되었다. 한림원의 논문에서, 그런 드론은 "치명적 무기를 운반하거나, 광역 목표물을 확인하고, 전자전 공격을 하도록 쉽게 수정될 수 있다."라고 밝혔다. 또한, 드론 군집은 "주변 환경을 이용할 수 있다. 예를 들면 자체가 나무 뒤에 숨거나 새 무리와 섞임으로써"라며, 이것은 "미군에 상당한 도전"이라고 했다.

2018년 평창동계올림픽 개막식에서의 대규모 드론쇼
(출처: SBS 뉴스)

2002년 2월에는 군사용 프레데터 드론을 처음으로 전투에 사용했다. 역사는 최초의 드론 군집 공격을 아직 기록하지 않았지만, 그 기록은 불가피할 것이다.

드론 군집에 맞서는 방어 임무는 또 다른 도전이 될 것이다. 가능한 방법으로는 (원격 조정의) 무선 전파 방해와 (자율비행의) GPS 방해 등이 되겠다. 하지만 한림원의 보고서가 밝혔듯이 드론은 무선이나 GPS 없이도 작전을 수행할 수 있다. 드론을 격추하기 위해, 수백 심지어 수천 대의 드론 군집을 동시에 표적하는 것은 고도로 정교한 재래식 무기라도 상당히 부담된다. 이 대목에서, 오래된 공상과학 소설에 등장했던 광선총이 떠오른다.

그 발상의 기원은 전파 자체의 발견에 있다. 1935년 영국 항공부Air Ministry가 1,000파운드의 상금이 걸린 대회를 개최해 전파를 이용한 '살인 광선 _{death ray}'을 개발하려 했다. 수백 야드 떨어진 곳에 있는 양을 죽일 수 있는 전파를 개발해 보자는 것이다.[26] 하지만 그런 기술에서 필요한 에너지 수준을 계산해 보면 도전에 성공하려면 아직 부족하다는 것이 분명했다. 공교롭게도, 이 사실을 밝혀낸 사람은 영국 국립물리학연구소 무선부 Radio Department of the National Physical Laboratory의 엔지니어이자 부서장이었던 로버트 왓슨와트 Robert Watson-Watt였다. 증기 기관의 발명자 제임스 와트의 후손인 왓슨와트는 조수 한 명과 함께, 살인 광선이 허구임을 밝혔다. 그 과정에서 레이더 radar에 관한 아이디어를 상상하게 되었고, 레이더는 제2차 세계 대전에서 연합군이 승리하는 데 중추적인 기술이 되었다.[27]

공상과학 소설에서나 등장하던 광선총과 유사한 무기를 개발하는 것은 레이저가 발명되고, 그 뒤로 충분한 출력 수준과 효율을 달성하기까지 수십 년을 더 기다려야만 했다. 산업용 레이저는 무기로 용도를 바꿀 수 있고, 실제로 그래 왔다. 레이저 Laser* 현상은 산업 공정(이를테면 용접)과 새로운 기능, 특히 금속 3D 프린터를 실현했다.

레이저 발명가들은 1964년 노벨 물리학상을 수상했다. 그런데 이후의 노벨상은 다른, 좀 이상하게 들릴 수도 있는 응용 분야에 수여되었다. 이를테면 레이저 냉각 혹은 광학 핀셋 같은 것이다. 레이저 냉각은 모든 운동이 멈추는 온도, 절대 0도에 대한 연구를 가능케 했고 광학 핀셋은 심지어 살아 있는 바이러스의 분자와 분자 구조를 파악하고 조작하는 뜻밖의 능력을 가져다주었다. 저출력 레이저는 통신에 더 흔하게 이용된다. 머리카락만큼 가느다란 광케이블 안에서(혹은 열린 공간을 통해) 천문학적 분량의 데이터를 전송하는 것이다. 의료 분야에서는 특히 시력 교정술에서의 활용이 눈

---

* Light Amplification by Stimulated Emissions of Radiation, 복사 유도 방출에 의한 빛의 증폭

에 띈다. 제조 영역에서는 고출력의 레이저가 이제 금속을 절삭하고 접합하는 수십억 달러 산업에서 상당한 부분을 차지하고 있다. 산업용 레이저의 발전은 군사적 응용에 필요한 출력과 효율을 가져다주었다.

2002년 11월에는 레이저가 1,000mph(시속 1,609km)로 날아가는 포탄을 격추하는 시범이 있었다. 하지만 이제는 스마트한 자체유도 드론 IED(급조폭발물)가 탄도 포탄을 대체할 수 있다. 여기서도 역시 고출력 레이저와 다른 전자기 기술이 역할을 수행한다. 2019년 10월, 레이테온 Raytheon technologies corporation이 최초의 작전용 레이저 무기를 미 공군에 납품해 군사용 드론에 대응할 수 있게 했다.[29] 2020년에는 미 해군이 일부 함선에 레이저 무기를 배치하고 사용하기 시작했다.[30] 이와 유사하게, 2020년 후반에는 혁신적인 방산 스타트업이 작은 트레일러 크기의 고출력 무기를 실전에서 검증했다. 이것은 극초단파빔을 디지털로 조종해 치명적 에너지를 초당 수천 번 발사할 수 있다. 그럼으로써 테러 목적으로 용도가 변경된 소비자용 소형 드론을 제거하는 것이다.[31] 이런 유형의 '지향성 에너지 무기'만이 고성능의 이미징과 AI 기반 표적화와 결합해 수백 개의 목표물을 순식간에 명중시킬 수 있는 능력을 가진다. 그 자체가 바로 RMA, 즉 군사에서의 혁명이다. 아직 초기 단계지만, 또 다른 RMA는 자율수행 무기 로봇에게서 나올 것이다.

15

기계: 자동화에서 자동장치로

●

현실에 등장한 인간형 로봇의 가치는 자동화를 위해 설계된 창고나 공장 같은 특수 환경이 아닌,
우리가 일반적으로 거주하는 환경에서 쉽게 작동할수록 유용성이 증대된다는 사실에 있다.
즉, 인간의 일상 능력을 증폭하는 기계를 가지게 된 셈이다.

●

수 세기 동안, 엔지니어들은 내장된 제어장치로 변화에 자동 대응하는
기계를 개발해 왔다. 간단한 예로 액체가 채워지는 것을 알아채고 이에 따
라 대응하는 저장 탱크를 들 수 있다. 즉, 수위가 일정 위치에 다다르면 밸
브에 연결된 레버를 눌러 물의 유입을 멈추는 것이다. 하지만 고대 시대까
지 거슬러 올라가도 이것보다 훨씬 더 영리한 기계 자동화가 존재했다. 알
렉산드리아의 헤로Hero of Alexandria*가 발명한 자동문과 유사한 발명품들은 압
축 공기나 유수에서 동력을 얻는다. 심지어 증기도 이용했다. 헤로는 동전
을 투입하면 작동하는 일종의 '성수 자판기'와 추에 연결된 줄로 조종하는
꼭두각시 인형도 발명했다. 모두 그가 만든 수십 개의 기발한 자동 기계 중

---

* 헤론(Heron)으로도 부른다. 고대 이집트에서 태어나 알렉산드리아에서 활약한 고대 그리스인 발명가이자 수학
자이다.

하나였다.[1]

자동장치, 즉 로봇에 대한 아이디어는 오래되었다. 알렉산드리아의 헤로보다 이전인 기원전 250년까지 거슬러 올라갈 수 있다. 그리스 서사시 아르고나우티카Argonautica 신화(후에 〈아르고 황금 대탐험Jason and Argonaiuts〉으로 영화화됐다)에서 아폴로니오Apollonius는 거대한 인간 같은 청동 로봇 탈로스Talos를 상상했다.[2] 뒤이은 20세기 동안 로봇은 반 이상향적 변종으로서 소설의 주요 소재였다.

체코 극작가 카렐 차페크Karel Capek는 1920년 〈R.U.R.: 로숨의 유니버설 로봇〉이라는 희곡을 통해 사람의 노동을 대체하는 자동장치를 등장시켰다. 그는 '**로봇**'이라는 말을 '강제 노동' 혹은 '힘들고 단조로운 일'이라는 의미의 체코어 '로보타robota'에서 차용했다. 현재에 이르러 이 단어는 물건을 집었다 놓는 기계부터 세탁기까지 온갖 자동 기계를 포괄하기 위해 다소 탄력적으로 쓰이게 되었다. 그러나 우리가 '로봇'이라 부를 때 실제로 의미하는 것은, 진정한 자율 보행 기계이자 외관과 기능이 사람과 유사한 인간형 기계이다.

최초의 컴퓨터 에니악ENIAC이 비밀리에 가동을 시작한 1939년, 뉴욕 만국박람회에서 웨스팅하우스Westinghouse가 스턴트 로봇을 선보였다. 그것은 마치 〈오즈의 마법사〉에 나오는 틴맨(양철나무꾼 Tin Man)처럼 뻣뻣하게 걸었고, "내 뇌는 당신 것보다 큽니다."라는 말만 되풀이했다. 웨스팅하우스는 스턴트 로봇을 통해, 전력망에 사용하는 제어기의 자동 개폐기를 자랑하고 싶었던 모양이다. 더 유명한 최근의 사례로는 전직 과학자 작가인 아이작 아시모프Isaac Asimov가 1950년에 쓴 상징적 작품 〈아이, 로봇I. Robot〉이 있다. 그는 인간 뇌의 신경 구조와 유사한 컴퓨터 등 근대 로봇의 원형을 개발한 사람이다. 하지만 센서, AI, 소재, 전지 기술의 급진적인 혁신이 일어나고 나서야 비로소, 최근 들어서 엔지니어들이 실제 인간형 로봇을 개발하는 것을 볼 수 있었다. 물론 아직 상업성이 있는 시제품은 아니다.

다른 기계와 마찬가지로, 전기 시대 이전까지 자동화는 완전히 기계적이었다. 전기 시대에 접어들자, 다양한 종류의 독창적인 전기 계전기, 밸브, 유사한 기기들이 폭발적으로 개발되기 시작했다. 더불어 공장의 급속한 자동화도 진행됐는데 특히 자동차 공장의 속도가 가장 빨랐다. 계전기 등의 다른 유사 기기는 트랜지스터 이전 1세대 컴퓨터의 빌딩블록이기도 했다.

그러다가 1968년, 딕 몰리Dick Morley의 '프로그램 가능 논리 제어기PLC, Programmable Logic Controller' 발명이 근본적으로 기계 자동화를 변화시켰다. **PLC**는 설계자와 운영자에게 특별한 능력을 가져다주었다. 기계의 특정 부품에만 관여하는 제어장치를 만들어, 필요시 그 장치의 프로그램을 수정함으로써 기계의 동작을 바꿀 수 있는 능력이다. 이제 더 이상 기계 동작 일부를 바꾸기 위해 기계 전체를 바꾸거나 전체 프로그램을 바꿀 필요가 없게 되었다.

PLC의 아버지인 몰리는, 많은 발명가가 열망하는 사업가로서의 성공역시 이루었다. 다니던 직장을 그만두고 소규모 기술 설계 회사를 시작했는데, 원할 때 마음껏 스키를 타기 위해서였다. 그는 공장에서 동적 논리를 채택하기 위해서는 제어기가 견고하고, 신뢰할 수 있고, 직관적으로 사용하기 쉬워야 한다는 것을 잘 알고 있었다. 오늘날과 마찬가지로 당시에도 획기적인 컴퓨터를 사용하려면, 프로그래밍 언어에 대한 고급 지식과 최신 설비가 필요했다. 반면에 몰리의 PLC는 사용하기 간편했으므로, 자동차 회사들을 시작으로 이내 전 산업 분야에 빠르게 도입되었다. PLC는 근대의 공장 자동화를 촉발한 열쇠였다. 그리고 사업 성공에 힘입은 몰리는 무

려 110개의 별개 기업들을 창업했다.[3]

오늘날 사용되는 많은 PLC는 고성능 마이크로컴퓨터로 진화되었지만, 본질적인 구조는 몰리의 발명품과 동일하다. 일부 기계에 논리 칩을 내장하고, 나머지 부분은 PLC가 제어하는 형태이다. 스마트 기계 시대는 반세기 전에 시작되었고 여전히 발전 중이다. 주의할 점은 자동화와 자동장치가 다른 개념이라는 사실이다.

보행 가능한 다용도 로봇의 주요 기능은 같은 환경에서 사람처럼 스스로 걷는다는 것이다. 많은 회사가 남보다 먼저 경쟁력 있는 상업 로봇을 만들기 위해 수십 년에 걸쳐 치열한 경쟁을 벌였다. 그중 눈에 띄는 곳은 둘 정도로, 소니Sony의 장난감 강아지(외양은 강아지 같았지만, 동물 보행을 흉내 내는 것에는 근접하지 못했다)와 혼다Honda의 걷고, 계단을 오르는 아시모Asimo였다. 전부 시제품이거나 장난감이었다. 어색하게 걷거나 춤을 추는 것 이외의 기능을 수행하는 로봇은 거의 없었다.

보스턴 다이내믹스Boston Dynamics의 인간형 아틀라스Atlas 로봇이 그나마 자동장치의 정의를 충족하는 인간형 로봇이다. 처음 선보였을 때는 아직 상업적으로 가용한 상태가 아니었고, 대당 비용이 100만 달러(약 13억 원)라는 소문까지 있었다.[5] 그럼에도 아틀라스는 사람처럼 달리고, 점프하고, 뒤로 텀블링하는 것부터 자율 보행까지 선보였다. 아틀라스의 기량은 불과 2015년 열린 다르파 로봇 챌린지The DARPA Robot Challenge까지만 해도, 최선을 다해 경쟁했던 다른 팀들을 크게 능가했다. 그 대회에서는 자율 상태의 로봇들에게 계단을 오르거나, 문을 열거나, 밸브를 돌리는 등의 쉬운 작업을 수행하도록 했다. 하나같이 보편적인 인간 환경 안에서 유용하게 쓰이기 위한 것들이었으며, 또한 종전 범용 로봇의 능력을 넘어선 작업들이기도 했다.

달리고 뒤로 텀블링하는 아틀라스는, 현실 세계에 점차 늘어나고 있는 로봇 가운데서도 가장 인상적이다. 그리고 보스턴 다이내믹스는 2020년 초에 자율 4족 보행식 자동장치 스팟 미니Spot Mini를 7만 4,500달러(약 9,700만 원)에 팔기 시작했다.[6] 그런 로봇이 본격적으로 판매된다는 것은 단순 호기심을 뛰어넘는 유용성이 실재한다는 의미다. 로봇은 최초의 자동차 중 하나인 1896년형 듀리에 웨건Duryea Wagon에 비견될 역사의 선회이다. 마차처럼 생긴 듀리에 웨건은 자체 추진된다는 사실 하나로, 그 당시에는 마법처럼 느껴졌다.

하물며 스팟 미니는 스스로 걷고, 달리고, 넘어져도 혼자 일어나고, 문을 열어 물건을 가지고 올 수도 있다. 제작사에 따르면 스팟 미니의 초기 고객들은 건설 현장이나 농장을 순찰하면서 안전 감시를 하거나 COVID-19 동안 병원에서 외래 원격진료를 지원하는 작업에 투입했다.[7] 로봇 사업의 가능성을 인지한 기업가들은 딕 몰리의 성공 패러다임을 따라, 비전문가들도 험난한 외부 환

보스턴 다이내믹스의 스팟 미니 영상. 스스로 걷고 뛸 뿐만 아니라, 집게 팔로 물건을 집고 움직일 수도 있다. (출처: 보스턴 다이내믹스(Boston Dynamics) 공식 Youtube)

경에서 로봇 부대를 편하게 운영할 수 있도록 클라우드 기반 기업용 소프트웨어를 개발하고 있다.

유용한 생체모방

1920년부터 현재까지 자동차는 가장 복잡하고 비싼 일반 소비재였다. 하지만 상황은 곧 바뀔 것이다. 자동차가 그랬듯이, 또다시 관련 기술들의

융합을 통해 (진짜) 로봇의 출현이 가능해졌기 때문이다. 관련 기술로는 리튬 전지, 한층 더 강력한 미세 모터, 비전~vision~ '칩', 결정적으로 AI가 탑재된 실리콘 소프트웨어가 있다.

비전 칩의 크기 붕괴와 성능 향상은 로봇 엔지니어의 열망이 견인한 것이 아니라 스마트폰에 내장된 디지털카메라를 위한 수십억 달러에 달하는 소비 시장이 이끈 것이다. 칩 크기의 레이더와 결합한 비전 기술 역시 마찬가지로 로봇이 아니라, 원래 자동차 정속주행 제어~cruise control~를 위해 개발되었다. 이것은 유사한 종류의 센서와 함께 자율주행에서 요구하는 형태의 시각적 예리함을 제공하고 있다. 센서에서 실시간으로 발생하는 데이터를 처리하기 위해, 수십 년 전이라면 방 하나 크기의 컴퓨터가 필요했을 것이다. 그러나 지금은 컴퓨팅 성능이 좋아져 강력한 온보드 능력을 가용할 수 있을 뿐 아니라, 고대역폭 LAN을 통해 필요할 때마다 더 강력한 컴퓨팅 성능(엣지 데이터센터)에 원격으로 접근할 수도 있게 되었다. 그리고 이 모든 것에 연료를 공급하는 리튬 전지 화학도 이제는 성숙했다.

하지만 이것만으로는 널리 유용하게 활용할 수 있는 인간형 로봇을 생산하기에 충분하지 않다. 수년간 엔지니어들은 기계 및 소재 과학적인 도전에 오랫동안 애를 먹었다. 바로 동물이나 사람의 근육을 모방하는 능력이다. **생체모방**~biomimicry~에 관한 한, 과제는 항상 전기식, 기압식, 혹은 고분자 액추에이터 등 가용 수단을 전부 이용해 근육, 즉 생물학적 액추에이터가 구현하는 기능의 조합에 접근할 방법을 찾는 것이었다. 높은 에너지 전환율, 넓은 가동 범위, 강력한 동력 대 중량비~PWR~, 내구성, 이상적인 자가치유까지, 근육의 모든 속성이 모방 대상이다.

박식가인 미국 물리학자 에드윈 제인스~Edwin Jaynes~는 1983년 논문 〈엔진으로서의 근육$_\text{The Muscle as an Engine}$〉에서 당시로는 불가능했던 메커니즘과 가능성을 선견지명으로 그려 냈다.[8] 그는 화학 물질을 역학 에너지로 초효율로 전환하려면, 궁극적으로 어떻게 근육이 움직이는지를 면밀히 연구해 모방해야 한다고 말했다. 즉, "1차 에너지를 받는 가동부는 분자 크기여야 한다"는 것이었다. 그러면서 시간이 흘러 "반$_\text{anti}$ 카르노$_\text{Sadi Carnot}$ 분자 기관●(인공 근육)의 설계가 체계화되어 약물이나 항생제의 설계를 이해하는 시기가 도래하면, 근육 모방도 전혀 불가능하지만은 않을 것"이라고 추측했다.

오늘날 우리는 제이슨의 상상을 소재 과학의 근본적 혁명에서 조용히 현실화하기 시작했다. 많은 기술 문헌은 **인공 근육**의 성공적 설계에 대한 보고로 가득하다. 일부는 분자 수준에서 설계된 것이며, 일부는 자가치유 능력을 갖추고 있다.[9] 더불어 소재 과학의 발전으로 가볍고 내구성이 우수한 외골격$_\text{skeleton}$뿐 아니라, 충분한 동력 대 중량비$_\text{PWR}$를 가진 액추에이터를 설계하는 것까지 가능해지면서 인공 근육의 획기적 발전을 한층 더 기대할 수 있게 됐다.

2019년, 연구자들은 '비둘기 봇$_\text{Pigeon bot}$'을 개발했다. 이름 그대로 새의 부드러운 날갯짓과 기동성을 갖춘, 새를 닮은 드론이었다. 이번에도 현대적 소재로 인해 그런 속성을 구현할 수 있게 됐다. 하지만 로봇 날개의 설계를 위해서는 먼저 새의 깃털이 미세 구조 수준에서 어떻게 작동하는지에 대한 오랜 의문을 해결해야만 했다. 그런 통찰은 컴퓨터를 매개로 한 융합적 관찰에서 나왔다. 즉, 관찰에 디지털카메라, X선 카메라, 전자현미경, 초고감도 마이크로폰을 사용한 것이다.[10]

● 카르노 기관(Carnot Engine)은 열역학의 선구자였던 프랑스 물리학자 니콜라 레오나르 사디 카르노의 이름을 딴 기관으로, 열효율을 최대로 얻을 수 있는 이상적인 열기관이다. '반(anti)' 카르노 기관은 카르노 기관의 '반(anti)'의 의미로 이해하길 바란다.

생체모방에서의 발전을 평가하는 다른 주요 지표는 보행과 관련되어 있다. 스팟을 제외한 로봇들은 아직 시제품이기는 하지만, 사상 최초로 그들이 모방한 동물과 같은 속도로 움직일 수 있게 됐다. 예를 들어, 초당 몸체 길이$_{blps}$*를 기준으로 보면 보스턴 다이내믹스의 '로보치타$_{robo-Cheetah}$'는 실제 치타의 속도인 16blps에 근접해 있다. 게다가 마치 비행기가 모방 대상인 새가 할 수 없는 일을 해낸 것처럼, 로봇 역시 그들의 생물학적 모방 대상에게는 불가능한 일들을 해낸다. 이를테면 본디 굴러다니는 기계가 새로운 지형에 맞춰 걸어가는 기계로 순간적으로 형태를 바꾸는 것이다.

기술 발전이 무리 없이 이루어지고, 이와 함께 가격이 내려가면서 조만간 스팟 미니가 아니라 아틀라스급의 로봇을 상용화하게 될 것이다. 혁신적 기술의 '난입' 단계 이후에 등장하는 자연스러운 궤도다. 다목적 로봇의 등장은 다목적 운송 기계와 자동차의 부상 패턴을 그대로 따를 것이다. 사이버물리 기계의 세계에서, 기술 발명과 상업 제품 출시 사이의 시간 간격은 모든 범주와 현대 역사에 걸쳐 놀라울 만큼 비슷하다.

초창기 자동차는 1901년이 되어서야 본격적으로 판매되기 시작했다. 상업성이 있다는 신호였다. 당시 판매된 패커드$_{Packard}$**는 그보다 15년 전 발명된, 최초의 자동차가 사용한 배 키 모양의 조정장치 대신, 당시로서는 혁명적인 핸들을 장착했다. 더 중요한 것은 패커드가 선보인 인상적인 주행 능력으로, 5일간 300마일(약 483킬로미터)을 완주할 수 있었다. 차는 대당 1,500달러에 판매되었는데 이는 당시 평균 연봉의 120% 정도에 달하는 가치였다. 흥미롭게도 스팟 미니의 판매 가격 역시 오늘날 평균 연봉의 약

---

* 1초당 이동 거리를 사람(혹은 다른 동물)의 몸체를 기준으로 나타낸 것
** 패커드 형제가 만든 미국의 사동차 브랜드

120% 정도이다.

마침내 소설에서 벗어나 현실에 등장한 인간형 로봇의 가치는 자동화를 위해 설계된 창고나 공장 같은 특수 환경이 아닌, 우리가 일반적으로 거주하는 환경에서 쉽게 작동할수록 유용성이 증대된다는 사실에 있다. 즉, 인간의 일상 능력을 증폭하는 기계를 가지게 된 셈이다. 단, 그 과정에서 사람을 기계에 강압적으로 맞추는 것이 아니라, 기계를 사람에 맞추게 될 것이다.

자동장치는 자동차의 등장에서 그랬던 것처럼 기존 질서를 파괴_{disruption}하고 새로운 부를 창출할 가능성이 풍부한 기계 유형이다. 동시에 로턴의 4개의 기계 분류법에는 없는, 전적으로 새로운 유형이기도 하다. 아니면 모든 것의 완전체일 수 있다. 그 무엇보다, 종말론자들의 반 이상향적 불안을 자극하는 유형의 기계이다. 종말론자들은 로봇이 우리가 아는 모든 일자리를 말살할 것이라 예언한다.

하지만 그런 두려움은 오도된 것이다. 유용한 인간형 로봇과 함께하는 세상의 의미는 믿을 수 없을 정도로 긍정적이다. 그러나 미래 논란과 상관없는 한 가지 사실은, 그런 기계가 이제 소설 속에 있는 것이 아니라, 벌써 초기 상업화 단계에 진입해 있다는 것이다.

✦

**THE CLOUD
REVOLUTION**

✦

4부

CLOUD

포효하는 2020년대

우리는 자동화주의에 둘러싸여 있다.
모든 기술 분야가 그것을 향하고 있다.

– 프리드리히 게오르크 윙거 Friedrich George Jünger

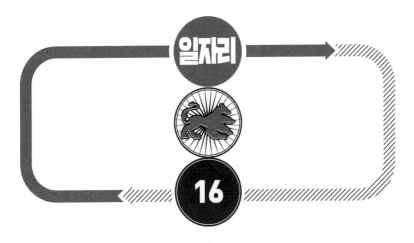

일자리:
'일자리의 종말'이라는 신화

훗날 역사학자들이 COVID-19에 대한 각국 정부의 대응을 어떻게 평가할지는 모르겠지만, 이 팬데믹의 보건, 경제, 문화에 대한 영향은 의심의 여지 없이 광범위하다. 일반 시민부터 전문가에 이르기까지 이구동성으로 이 전염병이 "모든 것을 바꾼다."라는 말을 반복하는 데는 충분한 이유가 있다. 지나친 일부 과장은 제쳐두더라도 한 가지 확실한 것은, 이미 진행 중이던 추세가 전염병으로 더욱 가속화되었다는 사실이다. 여기서 말하는 추세는 원격근무 및 원격진료에서 시작해 클라우드 슈퍼컴퓨터를 활용한 연구, 전자상거래의 폭증, 도시를 떠나 교외로 가는 시민들에 이르기까지 매우 다양하다.

그 '거대한 가속the great acceleration' 안에서, 우리는 남은 2020년대가 어떻게 펼쳐질지에 관한 단서를 찾을 수 있다. 가장 큰 가속화 영역은 클라우드와

AI 인프라의 확대이다.

장기적인 관점에서 COVID-19가 회복되면, 경제와 일터는 어떤 모습이 될까? 사회는 이 전대미문의 팬데믹 이후 도래할 온갖 병폐와 위험을 어떻게 다룰까? 많은 사람이 AI의 가속화가 공장 노동자부터 패스트푸드점 직원까지, 무수히 많은 일자리를 영구적으로 없앨 것이라고 주장한다. 특히 대중 매체에서 일종의 예언처럼 흘러나오는 이야기는, 주로 한계에 관한 것이다. '한 경제 체제가 얼마나 많은 사람을 고용할 수 있는지'의 한계, 보통 시민의 소득 증가에서의 한계, 교육의 한계, 혼란과 재앙을 관리할 수 있는 능력의 한계, 심지어 지구가 용인할 수 있는 인류 번영의 한계까지, 각양각색의 한계가 등장한다.

가까운 미래에 대해 고려해야 할 사항은 정말 많다. 2020년대에 무엇이 우리를 기다리고 있을지 살펴보면, 3개 기술 영역에서의 혁신이 우리가 암묵적으로, 혹은 명시적으로 논하는 '성장의 한계'를 산산이 부술 것임은 분명하다. 그렇지만 '모두를 위한 충분한 수의 질 좋은 일자리 보장' 문제가 불러오는 심오한 사회적·정치적 의미를 감안하여, 2020년대 서비스 경제 시대에 일자리에 어떤 일이 벌어질지에 관한 탐구부터 얘기를 시작하겠다.

일단의 경제학자들은 자동화, 로봇 그리고 특히 AI가 경제의 큰 부분에서 일자리의 종말이 오리란 미래를 가리키는 전조라고 예측한다. 높은 실업률 탓에 결국 영구적 실업 상태의 국민을 위한 **보편적 기본소득**universal basic income의 시행이 요구될 것이라는 말도 들린다. 물론 이것은 새로운 주장이 아니며, 또 새로운 해법도 아니다.

사실, 이런 이야기는 고대까지 거슬러 올라간다. 역사학자 장 짐펠Jean Gimpel에 따르면, 로마 황제 베스파시아누스Vespasian는 서기 70년경 육중한 기둥을 신전으로 옮기는 작업에 더 편리하고, 저렴한 기계가 있음에도 사용을 금했다. '노예들'이 할 일이 없어진다는 이유였다.[1] 심지어 로마 기술자들이 곡물을 빻는 데 물레바퀴 대신 다른 장비를 사용해 생산량을 6배나 늘리면서 기계화의 혜택을 제대로 입증한 지 200년이나 지난 후의 결정이었다.

기계가 사람의 노동력을 대체할 것이라는 공포가 현대의 모습으로 만개한 것은 1930년대였다. 산업 자동화가 빠르게 진행되고, 사회가 그 길었던 수공예 생산의 역사를 지나 대량 생산의 시대로 접어들던 때였다. 1939년, 독일의 학자이자 문화 평론가인 프리드리히 게오르크 윙거 Friedrich George Jünger *는 이렇게 말했다. "우리는 자동화주의에 둘러싸여 있다. 모든 기술 분야가 그것을 향하고 있다."[2] 기술에 딱히 열광적이지 않았던 윙거지만, 기계 진보의 핵심 특징은 미리 포착해 낸 것이다. 더 나아가 그는 기술의 두드러진 '라이트모티브 leitmotiv *'를 언급하면서, 증기 기관과 전기화가 진보의 랜드마크로 여겨지지만, 사실 더 "두드러진 특징은 증가하는 자동성 automatism"임을 공언했다.[3] 윙거는 옳았다.

세계산업노동자동맹 IWW, The Industrial Workers of the World이 대공황 중 공표한 선언문은 "기계가 실업률을 증가시켰다."라고 분명히 확언하면서, 자본주의와 자본가의 도구인 엔지니어들을 비난했다.[4] 또한, 선언문은 1910년에서 1930년까지 자동차 1대 생산에 필요한 노동시간이 거의 4배 줄어들고, 철강 1톤 생산에 필요한 노동시간은 7배(이 경우는 1900년부터 측정함) 줄었다는 사실에도 주목했다. 그런 생산성 추이에 관한 한 IWW는 옳았다.

그러나 미국이 10년이 채 안 돼 역사상 유례없는 속도와 규모로 제2차 세계 대전에 참전할 수 있었던 것은, 분명 '자동화'와 기술 발전에 힘입은

* 유명한 독일 작가 에른스트 윙거(Ernst Jünger)의 동생이기도 하다.
* 반복되는 중심적 주제

가공할 생산성 성장 덕분이었다. 1920년대와 1930년대의 다양한 역사에서 종종 빠져 있는 중요한 발전은, 수십 년 전 시작된 기술들이 비로소 이 시기에 성숙하고 융합되었다는 사실이다.

경제학자 알렉산더 필드_{Alexander J. Field}가 그의 책 〈대약진: 1930년대 대공황과 미국 경제 성장_{A Great Leap Forward: 1930s Depression and U.S. Economic Growth}〉에서 명쾌하게 서술했듯이, 1929년의 미국 생산성은 1919년과 비교해 3분의 2나 뛰어올랐다.[5] 필드는 그 원인이 하나의 발명이 아니라, 세 가지 추세의 융합이라고 설명했다. 바로 산업의 전기화를 가능하게 한 기계들, 기반 프로세스에 관한 지식의 진보(마이크로프로세서/정보 패러다임의 변화) 그리고 현대화학의 도래와 함께 출현한 신소재였다.[6]

자동화에 대한 우려는 1960년대에 다시 불거졌다. 자동차 생산이 호황을 누리는데도 자동차 제조업 일자리가 빠르게 감소한 것이다. 당시 미국은 제2차 세계 대전뿐 아니라, 이전 10년에 걸쳐 지속된 3번의 불경기에서 겨우 회복 중이었다. 경제 불안에 대응하여 케네디 대통령은 '자동화와 인력 연구소_{Office of Automation and Manpower}'를 신설하고, "자동화가 사람들을 대체하더라도 완전 고용을 유지해야 한다는 1960년대 미국의 최대 도전"을 다루게 했다.[7] 존슨 대통령은 블루리본위원회_{Blue Ribbon commission}와 함께 기술, 자동화, 경제 발전의 영향을 연구했다. 위원회는 기술이 고용을 위협하지 않았다고 결론지으면서도, 그런 가능성에 대비한 보험성 정책, 달리 말해 정부가 '가정마다 보장된 최소 수입'을 창출할 것을 권고했다.[8]

시간을 더 빠르게 돌려 왕 연구소_{Wang Laboratories}가 처음으로 실용적인 워드프로세서를 소개한 1976년으로 가보자. 왕 연구소는 워드프로세서라는 현대식 컴퓨터 문서 작성법으로 1980년대 초까지 시장을 지배했지만, 급

성장하는 PC 산업의 창조적 파괴에 대처하지 못하고 결국 1992년 파산 신청을 했다. 그러나 처음에는 독립stand-alone 기계로서, 후에는 PC에 흡수되어, 워드프로세서는 당시 여성이 주로 차지했던 대부분의 비서 업무와 기업의 오래된 타이핑 인력을 빠르게 대체했다. 이 사무 노동력 절감 기술은 노동시장에 진입하는 여성 인구가 많이 늘어난 것과 비슷한 시기에 등장했지만, 둘 사이에 별다른 관계는 없다. 데이터 역시 일반 실업률도, 여성 실업률도 치솟지 않았음을 보여준다.

스프레드시트와 컴퓨터 그래픽 프로그램의 도입 후에도 이와 비슷한 패턴이 뒤따랐으며, 다수의 계산원과 도면 설계자가 사라졌다. 이렇듯 새로운 노동력 절감 도구들은 1980년대와 1990년대의 다른 많은 유사 기술과 함께 등장했지만, 오히려 수십 년간 미국의 전반적 고용은 늘어났다. 물론 단기 불황은 있었으며, 불가피했지만 말이다. 사실 실업과 경기 침체의 책임을 부실한 통치, 무능, 근시안, 혹은 다른 인간적 실패 대신, 노동력을 절감한 자동화 탓으로 돌리는 것은 매우 오래된 전통이다.

우리는 19세기 후반 이후 일어난 끊임없는 기술 변화 흐름의 영향에 대해 두 가지를 확실히 알고 있다. 첫 번째는 기술의 근본적 발전이 더 높은 생산성으로 이어졌다는 사실이다. 당연히 노동력이 절감되었기 때문이다. 이 향상된 생산성이 경제 전반을 크게 부양한 결과, 미국의 1인당 부는 (인플레이션을 감안하고도) 10배나 성장했다. 두 번째는 노동력 절감에도 불구하고, (주기적인 불황 탓에 변동은 있었지만) 노동할 의지와 능력이 있는 사람 중 평균 95%는 그 150년 동안 계속해서 고용되었다는 사실이다. (그림 16.1)

만약 노동력 절감 기술이 진짜로 직업의 파괴자였다면, 그동안 실업률이 계속 상승했어야만 했다. 하지만 그렇지 않았다. MIT 경제학자 데이비드 오토David Autor 는 노동력 절감 기술의 거침없는 발전에도 불구하고, 고용이 지속해서 상승하는 명백한 역설에 대해 특히 호소력 있게 지적했다. 그는 고용 성장 양상을 관측한 바에 따라, "근본적 위험은 기술 자체가 아니라 잘못된 통치에 있다."[9]라고 주장했다.

물론 어디에 그리고 어떻게 대부분의 사람이 고용되어 있는지는 시간에 따라 변한다. 하지만 우리는 AI와 로봇 기술이 과거 농업에 끼친 영향을, 이제 서비스와 제조 산업에서도 똑같이 반복할 것이라는 말을 듣는다.[10]

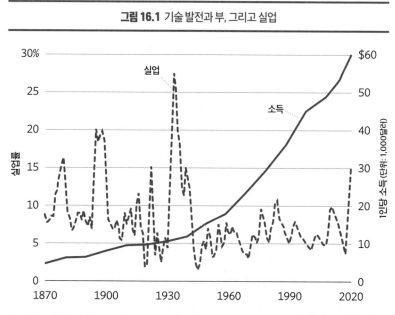

그림 16.1 기술 발전과 부, 그리고 실업

출처: 미국 경제 분석국(U.S. Bureau of Economic Analysis), 아워 월드 인 데이터(Our World in Data), 공정한 성장을 위한 워싱턴 센터
(Washington Center for Equitable Growth)

- **참고:** '소득' 추세는 1인당 GDP를 나타낸다. 이 척도는 시민의 평균 부를 합리적으로 반영하며, 그래프상의 오랜 기간에 걸쳐 일관된 데이터를 이용할 수 있기 때문에 채택되었다. 단 가계 소득을 직접 산출하지는 않았다. 또한 평균치이기 때문에 인구 내 소득 불평등을 보여줄 수는 없다. 비슷한 이유로 미국 내 소득 하위 계층의 실질 소득 상당 부분을 차지하는 정부의 '이전 지출(transfer payment)* '을 다루지도 않는다.

---

* 정부가 생산활동과 무관하게 대가 없이 지급하는 소득

농업은 어떻게 기술(트랙터나 유사한 기계들)이 한 분야가 전체 고용에서 차지하는 비중을 산업화 이전 40%에서 오늘날 단 2%까지 극적으로 떨어뜨렸는지를 보여주는 예로 가장 흔히 인용되고 있다.

공장과 농장

하지만 공장과 농장 비유는 잘못됐다. 핵심이 되는 사실을 무시했기 때문이다. 바로 제조품 소비가 식량 소비보다 훨씬 더 커질 수 있다는 점이다. 성숙한 경제라면 식량 수요와 그에 따른 생산이 거의 인구 성장과 비례해 증가한다. 오직 영양이 부족한 신흥 시장에서만 식량 수요 증가의 잠재력이 상당히 크다. 그럼에도 이런 시장에서조차 부유층 식단과 극빈층 식단 간 1인당 열량 차이는 기껏해야 2배 정도이다.[11]

한편 제조품에 대한 수요는 인구가 아니라 늘어난 부만큼 커질 수 있다. 다시 말해, 인구 증가보다 훨씬 더 빠를 수 있다. 소득이 증가하면 사람들은 안락함, 편의, 오락을 창출하는 제품을 더 많이 산다. 그리고 혁신가들은 농업에서는 결코 불가능한 특성을 가진 신제품을 발명해 새로운 수요를 끊임없이 창출해 낸다.

이러한 식품과 제조품 간의 핵심 차이는 데이터에서 확연히 볼 수 있다. 미국의 농작물 소비는 지난 반세기 동안 인구 증가를 밀접하게 뒤쫓아왔으며, 둘 다 약 80% 성장했다.[12] 반면 동기간 제조품의 소비는 약 300%나 증가했다.[13]

그러므로 농장의 노동생산성이 수요보다 빨리 증가하면서, 그 시장 변화에 대응하기 위해 필요한 일자리는 줄어들었다. 물론 생산성 향상은 더 싼 음식으로 이어지지만, 가격 인하를 통한 수요 증가는 제한적이다. 그런데 제조품에 대한 수요 궤적은 이야기가 전혀 다르다. 아직 상업화되지 않았거나 발명되지 않은 제품은 논외로 하더라도, 일반 제조품의 전 세계 수요는 극적으로 성장할 수 있다. 특히 에어컨, 자동차, 컴퓨터, 가구, 사치품 같은 기존 제조 품목의 값이 내려간다면 더욱 그렇다. 많은 경우, 잠재 수요가 현재 수준보다 10배에서 100배 정도 크기 때문이다. 이를테면 에어컨이 설치된 건물이나 주택 비율이 전체의 10% 혹은 그 미만인 나라에서 사는 사람이 아직도 수십억 명이나 된다.[14] 미국의 90%와는 비교가 안 된다. 비슷하게, 헬스케어 제품과 관련해서 물질적 박탈감을 느끼는 사람도 많다.

물론 기술은 특정 영역의 일자리를 없애고, 노동 인구의 구성을 바꾼다. 바로 이 때문에 정책입안자와 점점 더 많은 기업 임원이 노동 시장의 혼란 속에 뒤처진 사람들을 돕기 위한 도덕적, 정치적 과제를 고민한다. 그리하여 실업 수당부터 재훈련 지원까지 다양한 유형의 사회 안전망 프로그램이 새로이 출현하고 있다. 이 맥락에서, 하버드 비즈니스 스쿨의 마이클 토펠Michael W. Toffel 교수가 기업들이 책임을 바라보는 시각에서 체계적인 문화적 변화가 목격된다고 주장하는 것이다.[15] 그는 1990년대 이후 기업들이 재정 이익이라는 좁은 시야 밖에서 벌어지는 일들에 점점 더 관심을 두고 있다고 말한다.

최근 잡지 〈포브스Forbes〉에서 미국인 7만 2,000명을 대상으로 "정당하다"고 생각하는 회사를 조사했다. 설문에서는 어느 회사가 '질 좋은 제품을 생산하는지, 고객을 적절히 응대하는지, 환경 영향을 최소화하고 있는지, 회사가 속한 지역 사회를 지원하는지, 윤리적 리더십에 헌신하는지 그리고 무엇보다 직원들을 잘 대우하는지'를 물어봤다.[16] 많은 테크 기업이 그 목록에 오른 것은 그리 놀랄 결과가 아니지만, "정당하다"고 평가된 기업의 약 60%가 전통적 사업을 하는 회사라는 점은 다소 놀랍다.

우리는 오늘날 기업 리더들이 급격한 디지털 전환이 촉발하는 고용 문제와 사회적 여파를 어떻게 관리해 나갈지 지켜볼 것이다. 사회 운동가들과 정치인들은 디지털 혼란을 야기했거나, 그것을 성공적으로 이용한 기업에만 부와 권력이 축적되는 것을 우려한다. 현재 진행 중인 것같이 거대한 경제적·사회적 전환은 본질적으로 도전적이며, 정치적 책임 역시 수반된다. 그러나 결국 AI와 로봇의 시대에는 일자리가 적어지는 게 아니라, 오히려 더 많아질 것이다.

대부분의 일자리는 STEM에 없을 것이다

많은 사람이 이 변혁의 시대에 테크 기업들이 갖는 중요성 때문에, 진정한 일자리의 성장을 찾을 수 있는 곳은 오직 STEM 분야뿐이라 이야기한다. **STEM**Science. Technology. Engineering. Mathematics이라는 머리글자 자체가 우리 디지털 시대의 창조물이다. 이 단어는 2001년 생물학자 주디스 레이멀리Judith A. Ramaley*가 국립과학재단에 관리자로 잠시 재직하던 중 만들었다. 그리고 이 두문자어는 세계와 정치적으로 영향력이 있는 전문가 집단을 열광시켰다.

하지만 STEM 학위자가 일자리 대부분을 차지할 것이라는 논지는 시험 단계에서 이미 어긋났다. 물론 STEM 학위와 STEM 문해력은 중요하다. 그러나 대다수 일자리에서 요구되는 기술은 STEM과 관련이 없다. 심지어

---

* 현 포틀랜드 주립대학교, 위노나 주립대학교의 명예 총장이다.

대부분의 테크 기업에서도 그렇다. 현재 미국에는 기술 부족 현상이 존재하지만, 대학 학위가 필요 없는 숙련직에서 발견되는 게 대부분이다. 이것은 기계 운전공부터 산업 기사와 용접공에 이르기까지, 매년 50만 개의 빈자리가 채워지지 않는 분야다.

오늘날 미국에서 과거 어느 때보다 많은 사람이 엔지니어나 과학자로 채용된다는 것은 사실이다. 800만 명이나 되기 때문이다.[17] 1960년의 단 100만 명과 비교하면, 일반적인 인구 성장률보다 확연히 빠른 추세다. 하지만 애당초 그 수가 적었기 때문에 큰 성장률을 기록한 측면도 있다. STEM 직군에는 과학이나 공학 관련 직종 외에도 다양한 직업들이 포함되지만, 노동인구 전체에서 보면 여전히 6% 정도에 불과하다.[18] 사실 최근 거의 모든 학생과 은퇴자에게 소프트웨어 코드를 배우도록 장려하고 있는데도, 여전히 프로그래머로 채용되는 사람들은 농부나 농업 종사자들보다 적다.[19]

미국의 경우만 보면, STEM 교육을 받은 졸업생이 부족한 것은 아니다. 물론 일부 특정 분야, 특히 데이터 분석, 기계 학습, AI 분야 학위자가 시장의 폭발적 수요에 비해 부족한 상황이긴 하다. 그러나 전체적으로, 미국은 STEM 분야 졸업생을 STEM 관련 신규 채용 인원보다 매년 약 50% 더 배출하고 있다.[20] 오늘날 1,100만 명 이상의 미국인이 STEM 학위를 가지고 있는데도 STEM 분야가 아닌 직업으로 일한다. 역사는 특정 분야의 인력이 부족할 때마다 이내 유망 분야를 금세 파악하는 STEM 전공자들이 몰려들어, 결국 공급 과잉으로 끝나는 것을 보여준다.

현실적으로도 대부분 기업에 필요한 많은 기술은 STEM 학위를 요구하지 않는다. 최근 구글이 진행한 사내 연구 결과에 따르면, STEM 학위는 승진에 필요한 상위 8개 자질 및 기술 목록에서 꼴찌를 차지했다.[21] 주요 자질에는 의사소통과 협력 같은 소프트 스킬soft skill●들, '비판적 사고자'로서 필요한 것 등이 포함됐다. 그런 기술들은 STEM 커리큘럼에서 제공하는 것과 연관성이 떨어지거나, 종종 아예 누락되어 있다.

역시 역사로부터 알 수 있는 것은, 엔지니어들이 기술을 더 좋고 저렴할 뿐 아니라, 비전문가가 사용하기 쉽게 만들려고 애쓴다는 사실이다. 우리는 사람들이 무심코 사용하는 직관적 소프트웨어가 최근 거둔 특별한 성공을 통해 이 점을 확인할 수 있다. 그런 소프트웨어를 통해 초기에는 소수 전문가에게만 가능했던 컴퓨터 관련 성과를, 점차 일반인들이 달성하고 있다. 마찬가지로 미래의 AI는 물론, 코딩도 점점 더 일반인들이 접근하기 쉬워질 것이다. 그 영향으로 더 많은 사람이 '지식 노동자'가 되고, 프로그래머들이 '자연어'라 부르는 것을 통해 언제 어디서나 전문 지식에 접근할 수 있게 될 것이다.[22]

이제 AI는 새로운 AI 소프트웨어 자체에 대한 코드 작성에도 더 큰 생산성을 가져다주고 있다. 한 신생 회사는 그들의 AI 기반 자동 코딩 시스템이 사람 혼자 코딩할 때보다 10배에서 100배 더 빠르게 주요 소프트웨어를 작성할 수 있다고 홍보한다.[23] 당연한 얘기지만 그 시스템은 AI 개발에 필요한 전문가의 노동 시간을 줄이는 동시에, 비전문가 AI 사용의 대중화를 이끌고 있다.

이 중 어느 것도 우리 사회가 **앰비언트 컴퓨팅**Ambient Computing 시대로 옮겨가고 있음을 부인하지 않는다. 모든 기업과 일자리는 더욱 지식 중심으로 재편될 것이고, 그리하여 지식 역량이 있는 사람에 대한 2차 수요 역시 늘어

● 기업 조직 내에서 커뮤니케이션, 협상, 팀워크, 리더십 등을 활성화할 수 있는 능력을 뜻한다.

날 것이다. 그러나 STEM 기술에 관한 한, 일부 전문가는 서로 관련은 있지만 분명 다른 세 가지 문제를 혼동하는 것으로 보인다. 바로 새로운 시대의 인프라를 추진하는 데 있어 STEM 근로자가 할 역할, 확장된 경제가 창출할 여타 직업의 수와 종류, 마지막으로 클라우드-AI 결합이 모두의 스킬을 향상시킬 것이라는 사실이다.

포스트 코로나 경제는 이 모든 문제에 대한 관심을 촉구해 왔다. 세계 곳곳의 정책입안자들은 필수 산업, 그중에서도 특히 헬스케어와 관련된 일자리와 공급망을 다시 자국으로 가져오는 데 집중하고 있다. 하지만 제조업 자체의 재활성화 측면에서는, 이 움직임이 큰 고용 증가로 이어지지는 않을 것이라고들 말한다. 자동화와 정보 기술이 그 자리를 차지할 것이기 때문이다. 그 대신, 최근 몇 십 년 동안 공장 고용이 감소하고 있는 현대 경제의 추세가 지속될 것이라고 한다.

하지만 데이터는 이런 전망을 지지하지 않는다. 2010년부터 COVID-19 봉쇄 바로 직전까지, 미국 제조 부문의 고용과 생산은 오히려 약간 증가했다. 생산 증가가 노동 성장에 미치지 못하면서, 결과적으로 노동 시간당 생산량은 살짝 감소하긴 했다. 그렇지만 IT 가속화 영향에 관한 예측과는 정확히 반대 결과다.[24] 이는 지난 10년간 미국 제조업 분야의 정보 기술 지출이 몇 퍼센트씩만 오르내리면서 본질적으로는 제자리걸음을 했다는 사실과 일치한다.[25] (1~2년 전까지만 해도 진실이었으며, 구조적 변화는 이제 막 시작되었다.) 반면 나머지 경제 부문의 IT 지출은, 같은 기간에 이미 2배로 증가했다.

눈을 돌려 좀 더 오랜 기간을 살펴보면, 1970년 근대 정보 시대의 발흥 이후의 인구 조사 데이터는 고용 구조에서 일어난 중요한 변화를 보여준다. 고용의 중심이 제조를 떠나 서비스로 향한 것이다. 경제학자 데이비드 오토David Autor와 안나 살로몬스Anna Salomons는 이러한 변화를 시각적으로 나타내는 선구적인 작업을 진행해 왔다. 그들은 고임금의 중도 숙련 일자리(통상 대학 학위를 요구하지 않는 직업)의 일종의 공동화에 주목했다. 노동인구가 더 낮은 숙련도나 반대로 높은 숙련도가 요구되는 자리로 옮겨가는 것인데, 둘 다 주로 서비스 분야에서 발견되는 현상이다.[26] 바로 이 제조와 서비스의 관계 변화에서, 앞으로 무슨 일이 일어날지에 대한 단서를 찾을 수 있다.

오터는 최근 "중도 숙련 일자리의 감소세를 곧 뒤집을, 대항력 있는 경제 요인economic forces이 있을까?"라는 질문을 제기했다. 우리는 그 질문에 "그렇다"라고 답한다. 대항력 있는 경제 요인은, 클라우드 인프라의 성숙과 상업적으로 성공할 수 있는 AI의 출현 가운데에 분명 존재한다.

일자리: 제조의 서비스화

●

서비스 산업 같은 것은 없다. 다만 그 안의 서비스적 요소가 다른 산업보다
적거나 큰 산업이 있을 뿐이다. 모두가 서비스 중이다.

– 테오도르 레빗 Theodore Levitt

●

"재산뿐 아니라, 국가의 자주와 안보도 제조업의 번영과 실질적으로 관련
있는 것으로 보인다."

_알렉산더 해밀턴(Alexander Hamilton), 제조업 보고서(Report on Manufactures), 1791

　디지털 시대에도 물질적인 것은 여전히 중요하다. 미국은 매년 25조 파
운드(약 113억 톤)가 넘는 제품을 생산해 나른다.[1] 또 수출의 80% 이상은 공
산품이 차지한다.[2] 경제학 문헌에 널리 언급되어 있듯이, 제조업의 일자리
는 서비스업과 비교해 훨씬 더 큰 경제적 '**승수효과**multiplier effect ●'를 가지고
있다. 부수적인 일자리와 번영을 창출할 수 있는 파급력을 통해서다. 여기
에 제조 기업이 민간 영역의 R&D 지출 중 70%를 책임지고 있다는 사실
도 주목해야 한다.[3] 최근 일론 머스크가 "미국 제조 산업의 종말에 관한 루

● 경제 현상에서 어떤 경제 요인의 변화가 다른 경제 요인의 변화를 가져와 파급효과를 낳고 최종적으로는 처음의 몇
　배 증가 또는 감소로 나타나는 총효과를 의미한다.

머는 엄청나게 과장되어 있다."[4]라고 말한 것도 이런 이유일지 모른다.

제조업의 중요성이 줄어들고 있다는 생각은, 부분적으로는 디지털에 대한 맹목적 흥분과 그중 상당 부분이 물리적이기보다는 당연히 '가상적'이라는 오해에서 비롯된다. 또한 농업, 제조업, 서비스업이라는 세 범주만으로 모든 경제 및 기업 활동을 구분하는 과도한 단순화가 오래 지속된 결과이기도 하다.

이 단순한 분류 체계에서 서비스업은 미국이 건국되고 해밀턴이 보고서를 쓴 이후로 줄곧 제조업보다 더 큰 경제 비중을 차지해 왔다.[5] '서비스'라 부르는 지나치게 포괄적인 범주는 너무 다양한 활동을 포함하고 있어서 유사한 사업의 단일 그룹으로 볼 수 없다. 일례를 들어보자. 제과점이 기계 공장과 다른 유형의 사업이듯이, 미국 차량국DMV은 건설 현장과 다르다. 그럼에도 기계 공장을 제외한, 제과점과 미국 차량국 그리고 건설 현장은 모두 서비스업으로 분류된다.

미국 경제분석국Bureau of Economic Analysis은 개별적으로 분리된, 보다 세분화된 기업 회계 데이터를 제공한다. 이에 따르면, 제조업의 총경제 생산량은 '서비스'라 통틀어지는 상위 12개 산업의 총생산량보다 크다. 예를 들어 제조업은 의료 서비스의 2배 규모이며, 전문 비즈니스 서비스라는 거대 범주보다도 훨씬 크다.[6]

이 혼란스럽고 지나치게 단순화된 범주 오류에 추가되는 것으로 더 기본적이고 중요한 사실이 있다. 공산품이 없는 서비스는 존재하지 않는다. 뒤에서 설명하겠지만 서비스 없는 공산품 역시 없다. 실제로 첨단 제조업체들은 '서비스'라 분류되는 작업들(연구, 개발, 설계, 운영, 공급망 관리 등)을 제조와 밀접하게 통합해 경쟁 우위를 확보한다.

지난 20년 동안 우리는 **산업 4.0**에 대해 들어왔다. 그 본질은 자동화에 스마트 기기 및 기계, 사물 인터넷에 연결된 분석 정보를 결합한 것이다. 그리고 후자가 바로 **사물인터넷**_{IoT}이다. 하지만 앞 장에서 살펴보았듯이, 산업 4.0의 틀로는 판도를 바꾸는 클라우드-AI 인프라의 등장으로 지금 벌어지고 있는 상황을 제대로 망라할 수 없다. 사실 산업 4.0의 자칭 예언자 중 그 누구도, 지금 진행 중인 변화를 예측하지 못했다.

오늘날 세계에서 가장 가치가 높은 제조 업체가 테크 기업, 애플인 것은 우연이 아니다. 이 가치는 총수입이 아니라 주식 시장 가치(미래 전망을 반영)로 산정된 것이다. 애플 매출의 약 85%는 하드웨어로부터 발생한다.[7] 비슷한 가치를 가진다고 평가되는 다른 테크 기업들의 매출은 좀 더 소프트웨어에 집중되어 있다. 이 소프트웨어는 전부 방대한 하드웨어 인프라에 탑재된다. 그런 하드웨어 없이는 아마존, 구글, 마이크로소프트, 새롭게 변신한 IBM까지 그 누구도 전통 시장을 파괴한 혁신적 소프트웨어나 클라우드 서비스를 제공할 수 없다. 아마존을 예로 들어 보자. 맨해튼의 60개 블록의 면적에 맞먹는 1,400만 제곱피트(약 39만 3,444평)의 아마존 빌딩은 컴퓨터 하드웨어로 가득 차 있다. 별도로 2억 제곱피트(약 562만 평)의 창고도 소유하고 있는데, 이곳 역시 점차 로봇으로 채워지는 중이다.[8]

전 세계적으로, 매년 1조 5천억 달러(약 1,966조 5천억 원) 상당의 정보 하드웨어가 생산된다. 이는 전 세계 자동차 총판매액과 동일한 수준이다. 하드웨어가 그만큼 팔리지 않으면, 그 모든 하드웨어에서 돌아가는 3조 달러 규모의 소프트웨어와 통신 서비스도 사라진다.[9] 사실 불과 수십 년 전까지만 해도, IT와 관련된 그 어떤 모습의 징후도 없었다. 이 신흥 기술 산업과 관련된 힘과 고용은 여전히 가능성의 미개척 영역_{frontier}에 속해 있었다. 지금도 여전히 새로운, 혹은 아직 상업화되지 않은 제품들이 수없이 많다. 그것들이 미래 고용의 미개척 영역을 대표한다. MIT의 오터와 살로몬이 용어화한 미개척 영역 일자리_{frontier job}는 범주에 넣기가 더욱 까다롭지만, 필연적으로 증가하고 있다.[10] 그중 다수는 지식 노동과 숙련 직업 둘 다를 수반할 것이다.

세계가 지식 경제로 진화하고 있다는 일반적 생각은 당연히 사실이다. 새 경제 체제에서는 아이디어와 아이디어를 기반으로 한 서비스가 점차 법정 화폐가 될 것이다. 하지만 그것이 물리적 생산의 근본적 필요성을 배제하는 건 아니다. 원자와 비트의 세계는 불가분 연결되어 있기에, 제조 기업에서 벌어지고 있는 일들의 이면을 들여다보는 일이 더욱더 중요해졌다. 오래된 격언을 좀 다듬어 말하면, 측정하지 않는 것은 예측할 수도 없다.

제조업을 측정하다

제조업의 미래에 관한 혼란을 가중시키는 것은 '**무공장**_{factory-less}' 제조업체, 즉 생산 공장이 없는 제조업체의 등장이다. 그런 무공장 제조업체와 계약하고 제조 서비스를 제공하는 기업은 범주화 관점에서 어떻게 불러야 할까? 많은 위탁 생산업체가 통계상 산업_{industry}으로 나타난다. 그럼에도 최근 데이터는 약 2만 개의 미국 기업이 제조업이라는 범주에 속하진 않지만, 위탁생산을 제공하기 위해 도합 150만 명의 사람들을 고용하고 있음을 보여준다.[11] 미래에는 더 많은 기업이 제조를 서비스로 아웃소싱하는 것을 볼 수 있을 것이다.

고_故 앤디 그로브_{Andy Grove}는 인텔 CEO에서 은퇴한 말년에, **경험 사슬**_{chain of experience}의 제조가 서비스와 생산을 밀접하게 연결한다고 설명하는 캠페인을 벌였다. 그는 "해외에 공장을 짓는 신생 기업에 투자하는 것은, 미

국 일자리라는 측면에서 나쁜 결과를 낳을 것"이라고 경고했다.[12]

서비스와 생산의 범주 구분이 모호해지는 사태는 제조업체에는 전혀 새로운 뉴스가 아니다. 이러한 모호함은 실제 제품을 만드는 사람들에게만 해당되지 않는다. 한번 생각해 보라. 만약 디자이너, 연구원, 관리 인력, 트럭 운전사가 제조업체에 직접 고용된다면, 이 일자리는 그 제조 기업의 일부가 되어 생산 범주로 분류될 것이다. 그런데 그 일들이 어떤 이유로든 동일한 서비스를 제공하는 회사에 아웃소싱된다면, 심지어 똑같은 사람을 고용하더라도 종종 그 직원들은 서비스 분야의 일부로 기록될 것이다. 과연 어떤 구분이 적절할까? 어느 쪽을 택하든, 정책 수립은 범주화에 고착되며 그 정책 수립이 다시 사업에 영향을 끼치는 것만은 분명하다.

예를 들어 미국에 새로운 전기자동차 생산 공장을 짓기 위한 정책을 상상해 보자. 하지만 그 결과로 증가하는 산업 일자리는 없다. 대신에 회계상, 서비스와 수입이 확대된다. 일단 공장이 완공되면(이 비유를 계속하는 것은, 비현실적인 시나리오가 아니기 때문이다) 로봇과 자동화된 생산 장비로 채워질 것이다. 그렇다면 데이터에 기록되는 유일한 산업 일자리는 임시직 건설 노동자(이것마저 자동화되지 않는다고 가정한다면)뿐이다.

더 나아가 공장의 로봇들이 독일과 일본(현시점 로봇의 최대 생산국들)에서 수입된 것이라고 상상할 수 있다. 그 로봇의 운영은 아웃소싱한 클라우드 AI 시스템이 하고, 유지보수는 전문가를 보유한 서비스 회사가 제공한다. 입고되는 부품 및 원자재는 운송 서비스 회사가 배송한다. 특히 (미국은 광업에 호의적이지 않기 때문에) 전지 제조용 원료를 수입하게 되면서, 그 나라의 광산에 새로운 일자리를 창출해 줄 것이다. 전기차 디자인 역시 아웃소싱한 CAD 회사에서 가져온다. 마지막으로, 완제품은 아웃소싱한 운수업자에 의해 시장으로 출하된다.

이 시나리오의 본질은 공식 데이터상으로는 미국 제조업의 신규 일자리가 '0'인 반면, 서비스 일자리는 훨씬 많이 창출된다는 사실이다. 우리는 이미 자동차 생산 평균 비용의 약 50% 정도를 서비스가 차지한다는 것을 알고 있다.[13] 이와 유사한 시나리오는 반도체, 의약품, 혹은 에어컨 제조에서도 쉽게 생각해 볼 수 있다.

생산 활동을 서비스 범주로 잘못 구분하면, 제조업 고용과 경제 생산량의 명백한 통계적 감소를 더 증폭시킬 것이다. 향후 산업 전체가 보다 서비스화될 것이기 때문이다. 이미 적지 않은 부분이 서비스화되어 있다. 그런 추세는 곧 펼쳐질 컴퓨팅과 소프트웨어의 시대에 더 가속할 것이다.

모든 것은 서비스다

1980년, 경제학자 테오도르 레빗Theodore Levitt이 강력히 충고한 바 있었다. "서비스 산업 같은 것은 없다. 다만 그 안의 서비스적 요소가 다른 산업보다 적거나 큰 산업이 있을 뿐이다. 모두가 서비스 중이다."[14] 하지만 농업을 세 번째 요소로 포함한 단순한 분류 체계는 대부분의 역사에서 유용해 보였다. 각 부문에서 일어나는 차이가 크고 분명했기 때문이다. 즉, 무언가를 기르거나, 만들거나, 관리한다는 속성 말이다. 이 차이는 애덤 스미스Adam Smith가 〈국부론 The Wealth of Nations〉에 만든 것, 기른 것과 달리 "서비스는 일반적으로 소멸할 것"이라고 써넣은 1776년부터 인식되기 시작했다.

경제학자들에게 '이발'은 서비스 부문이 제조 부문이나 농업 부문에서의 활동과 어떻게 다른지 보여주는 전형적인 사례다. 서비스가 가진 무형의 본질인 저장하거나 옮기기 어렵고, 종종 개인적이거나 고도로 맞춤화된다는 사실이 전형적으로 나타나는 유형이기 때문이다. 그런 특성이 내재적으로 서비스의 생산성 향상을 어렵게 만든다. 오늘날의 헬스케어 서비스도 마찬가지다. 하지만 세상은 바뀌었다.

서비스로서의 소프트웨어 SaaS, Software as a Service는 저장, 운반이 용이할 뿐 아니라 동시에 표준화하거나 개인화하기 쉽다. 생산성 향상을 위한 업데이트도 잘 수용한다. 이것이 바로 소프트웨어가 사무, 우편, 문서 정리, 회계 등 디지털화하기 쉬운 정보 중심의 서비스를 가장 먼저 공략 대상으로 삼은 이유다. 이는 그런 '**백오피스**back-office' 서비스가 앞서 제조 분야에서 해당 작업을 공동화시킨 이유기도 했다. 그러나 이제 소프트웨어 서비스는 마침내 백오피스와 비교가 안 될 정도로 어려운, 제조 생태계의 본질적인 운영 영역까지 점령하기 시작했다.

기업 서비스(고객 서비스와 대비되는)만을 따로 살펴본다면, 1950년에는 미국 GDP의 불과 9%를 차지했을 뿐이다. 그러나 2000년까지 이 범주의 점유율은 GDP의 20%로 성장했으며, 지금도 그 수준을 유지하고 있다.[15] 기업 서비스의 역할은 1980년에서 2000년까지 빠르게 성장했는데, 여기에는 저가의 분산 컴퓨팅에 의해 제공되는 소프트웨어의 출현이 큰 역할을 했다. 그것은 뭔가 새로운 것이 비즈니스 전반, 특히 제조 분야에 등장했다는 신호였다. 제조의 서비스화는 당장 정책이나 예측 영역에서 크게 신경 쓰는 주제는 아니었지만, 대서양 양안의 분석가들은 이 중대한 구조적 변화에 주목했다.[16]

사실, 미국 의회조사국Congressional Research Service은 이미 미국 제조 수출 부가가치의 30% 이상을 외부에서 구매한 서비스(아웃소싱된 서비스)가 차지한다는 사실에서 그런 변화를 볼 수 있다고 지적했다.[17] 최근 OECD 연구에서도 마찬가지로, EU와 미국 양쪽 기업의 제조업 수출 총가치에서 구매서비스가 37%를 차지한다는 것을 발견했다. 그 비율은 아웃소싱하지 않은 회사 내 동일 서비스를 포함하면 평균 50% 이상으로 올라갈 것이다.[18]

최근의 또 다른 연구는 북미를 포함한 15개 나라에 있는 각기 다른 분야(화학, 플라스틱, 전자, 자동차 등)의 제조업체 22곳을 조사했다. 그 결과, 서비스는 최종 산출물 가치의 30%에서 많게는 90%를 차지했다. 서비스 투입의 증가는 제조 생산성 향상과 관련이 있었다.[19] 이 경향을 단지 백오피스, 비서 인력, 회계 부서의 디지털화로 생각하고 넘어갈 게 아니다. 사무적인 백오피스 작업은 연구에서 확인된 전체 서비스의 3분의 1에도 미치지 않았다. 대신 거의 50%가 공급망과 제조 공정 관련 서비스였다. 그런데도 그 서비스의 40~90%는 아웃소싱된 것이기 때문에, 이와 관련된 경제 및 고용의 외상액_credits은 제조 부문의 장부(계획 혹은 예측)상에 나타나지 않는 것이다.

이것이 제조업의 현실이다. 공장의 생산 라인에서 리벳_rivet●을 박거나 부품을 용접하는 작업을 사람이 하든지 로봇이 하든지와 무관하게, 작업과 부가가치의 더 큰 조각은 (공급망의) 상류와 (고객 서비스의) 하류에 존재한다. 그리고 이 복잡한 활동 전체에 수많은 각기 다른 소프트웨어 서비스가 있다. 소프트웨어는 점차 모든 것을 총체적 기계로 통합하고 있다. 역사상 유일무이한 이 기계는, 이제 AI가 탑재된 클라우드로 옮겨갈 것이다.

따라서 제조업은 **서비스로서의 제조**_MaaS로 변화하고 있다. 오늘날 MaaS의 상태는 그 기술적·상업적 성숙도로 볼 때, 아마존 설립 이듬해인 1995년경의 전자상거래와 흡사하다.

● 강철판, 형강 등의 금속재료를 영구적으로 결합하는 데 사용되는 막대 모양의 기계요소

서비스로서의 제조 _MaaS_

MaaS 혁명은 전자상거래보다 구체화하는 데 더 오랜 시간이 걸렸다. 클라우드 소매를 가능하게 한 특성들은 거의 전적으로 정보 중심인 반면, MaaS는 사이버물리 영역에 바탕을 두고 있었기 때문이다. 여러 학문이 맞닿은 물리적 세계는 품질, 보안, 안전, 훈련, 교육 관련 과제에 대한 해법을 요구한다. 그렇지만 이제는 제조업체 중 20~30%가 이미 클라우드 연결 공급망 구현을 시작했기에, 제조업 역시 전자상거래에서 보았던 궤적을 따를 것으로 보인다.[20]

무엇보다 새로운 회사들이 출현해 제조 산업을 파괴할 것이다. 마치 아마존과 아마존을 흉내 낸 회사들이 기존 소매업을 파괴했던 것과 같다. 이런 파괴를 시작하는 데는 그렇게 많은 시장 점유율이 요구되지 않는다. 개발사들이 쇼핑몰을 약간 많이, 한 10% 정도 더 짓고, 동시에 전자상거래가 시장 점유율을 조금, 거의 같은 비율인 10%를 가져가기 시작했을 때 무슨 일이 벌어졌는지 보라. 이 둘의 조합은 종래 소매점의 심각한 과잉 공급을 초래했다. 물론, COVID-19 바로 직전의 이야기다.

유서 깊은 IBM이 새로 출시한 제품에서 비롯된, MaaS 트렌드의 출현 사례를 생각해 보자. IBM은 19세기에 창립되었지만, 지금도 여전히 운영되고 있다. IBM의 첫 시작은 계산기를 생산하는 것이었는데, 반세기 후에는 컴퓨터 조립으로 옮겨갔다(처음에는 큰 컴퓨터를, 나중에는 작은 것을 만들었다). 그로부터 다시 반세기가 지난 현재는 클라우드 중심의 소프트웨어 회사로 변모해 있다. 2020년 여름, IBM은 클라우드와 로봇 주도의 '화학용 로보RXN _RoboRXN_' 서비스를 공개했다. 새로운 화합물 설계(AI의 역할)를 도울 뿐 아니라, 다양한 성분의 화학물질을 섞고 그 결과를 시험·평가하는 물리 합성까지 자율적으로 수행할 수 있는 시스템을 제공하는 것이었다.[21]

다양한 화합물을 순차적으로, 때로는 시행착오를 통해 합성하는 과정은 신제품 개발에 있어 아주 오래된 첫걸음이다. 전통적으로 인력 집약적이며, 시간도 많이 소요되는 방식이다. 로보RXN은 과학자와 엔지니어뿐 아니라 그들의 지원 인력인 숙련 기술자의 비생산적 노동력 사용을 없애 주는 기술이다. 일부 애플리케이션은 숙련 기술자의 시간이 필요 없는 정도지만, 어떤 경우에는 AI가 발전함에 따라 엔지니어의 시간까지도 필요 없게 됐다. 그래서 내부 고객이든 외부 고객이든 고객이 새로운 화합물에 요구되는 성능을 정의하면, 개발은 엔지니어가 아니라 AI의 도움을 받아 기술자가 수행하는 시나리오도 상상할 수 있다. IBM은 로보RXN을 사내(온프레미스 on-premise)*와 클라우드를 통한 라이선스 서비스의 두 가지 형태로 제공할 것이라고 발표했다. 이런 유형의 접근은 IBM만의 이야기가 아니다.

앞에서 논했다시피, AI의 클라우드화 및 이와 관련된 자동화를 둘러싼 경제적 활동은 '제조' 혹은 '서비스' 중 하나로 표기될 것이다. 소유자와 기록 보관처가 그 결정을 좌우한다. 어떤 경우든지 AI와 자동화는 생산성을 촉진하고, 서비스와 산업 간 구분을 모호하게 할 것이다. IBM은 그들의 목표가 "화학 업계의 아마존"이 되는 것이라고 선언했다.[22] 그 타이틀을 IBM이 얻을지, 혹은 다른 회사가 가져갈지는 시간이 말해 주겠지만, 이 구조는 화학이나 제약뿐 아니라 모든 제조 분야에서 미래의 아키텍처가 될 것이다.

바이오 의약품 제조의 미래에 관한 최근 미국 과학한림원 NAS 워크숍에서는, 정확히 이런 유형의 변화가 진행되고 있다고 보았다.[23] 이 시장은 파괴와 가속에 직면해 있는 아주 큰 시장이다. 화학과 제약은 합쳐서 연간 5

---

* 회사 시설 내에 설치해 사용하는 것

조 달러의 글로벌 산업을 구성한다. 참고로 나머지 제조 분야 전체의 글로벌 시장은 10조 달러 규모다.[24]

산업 애플리케이션은 클라우드 서비스 중 가장 크고, 가장 빨리 성장하는 영역을 대표한다. 그런 엄청난 산업 시장이 모든 테크 공룡의 관심을 끄는 것은 놀랄 일이 아니다. 마이크로소프트와 IBM부터 아마존과 구글, 그리고 벤처 자금 지원을 받은 수백 개의 스타트업이 경쟁하고 있다. 그 생산성과 그에 따른 경제적 결과는 1970년대의 메인프레임 컴퓨터나 1990년대의 PC 사용처럼 여전히 유망하다.

이 모든 것의 기반은 생산 라인과 공급망의 로봇화 등 전통적 자동화 영역에서의 지속적 발전이다. 거기에서도 자동화의 일환인 로봇이 얼마나 빨리 생산 라인을 침범할 것인가에 관한 과대선전이 오래도록 이어졌다. 2014년에는 애플의 아웃소싱 파트너이자 조립 회사로 잘 알려진 폭스콘Foxconn이 6년 안에 로봇 100만 대를 공장에 도입하겠다는 계획을 발표했다. 2020년이 되었지만, 실제 도입 완료된 로봇은 10만 대에 그쳤다.[25] 물론 10만도 큰 숫자지만, 과장된 예측치보다는 상당히 작았다.

여전히 많은 작업에서 사람이 로봇보다 한결 나았다. 보잉도 보잉777 생산을 과하게 자동화하려 시도하다 같은 교훈을 배웠다. 일론 머스크가 테슬라 공장 초기에 추진했던 과도한 자동화도 결과는 같았다.[26] 원자의 세계를 자동화하는 것은 장기 프로젝트다. 모든 보조 하드웨어, 구조, 프로세스를 새로운 특성에 맞추는 데는 시간이 걸린다.

또다시, 오래된 이야기이자 익숙한 패턴이 보인다. 최초의 철도차량은 마치 승합 마차처럼 보였고, 철로의 위치도 수요에 부합하지 않았다. 초기 전동기는 공장 배치를 재설계하는 데 이용되는 대신, 단지 벨트 풀리 구동만을 대체했다. 수십 년 동안 오직 프로그래머만이 컴퓨터를 사용할 수 있었다. 지나온 역사를 돌이켜보면 새로운 기술이 스위치만 누르면 쉽게 도입되어 변화를 일으키는 것처럼 보일 수 있다. 하지만 새로운 기계가 (신뢰도, 사용자 편의 측면에서) 충분히 개선되고, 이에 기업이 새로운 양식에 맞춰 운영 방식을 바꾸는 데는 필연적으로 시간이 걸린다. 종종 수십 년까지도. 그때나 지금이나, 신기술 도입이 스위치를 누르는 것처럼 한 번에 되지는 않는 것 같다. 오히려 아이들이 걸음마 하는 방식과 닮았다. 둘 다 시간이 걸리는 과정이다. 하지만 어느 시점에 가면 새로운 것이 친숙해지면서 당연하게 받아들여진다.

역사는 2020년을 로봇이 공장에서 걷는 법을 배운 해로 볼 것이다. 물론 폭스콘과 테슬라가 배웠듯이 그것이 숙련된 인간 노동력의 종말을 의미하는 것이 아니라, 인간과 로봇 간 더 많은 협업을 향한 방향 전환을 의미한다. 이에 관한 신조어가 하나 있는데, 20년 전 노스웨스턴 대학교의 로봇학자 마이클 페시킨Michael A. Peshkin과 제임스 에드워드 콜게이트James Edward Colgate가 만든 '**코봇**cobot'이다. 코봇의 특성과 시사점은 두 사람이 그 신조어를 처음으로 지면에 소개한 학회 논문에 아주 잘 설명되어 있다.

협업 로봇Collaborative robot, 즉 코봇cobot은 인간 작업자와 직접 상호 작용하도록 설계되었으며, 자신에게 할당된 페이로드payload를 처리한다. 안전상의 이유로 사람과 격리되어야만 했던 자율 산업 로봇과는 현저하게 다르다. 코봇은 인간 작업자가 로봇의 작업을 원격으로 조정하는 원격 조장 장치teleoperator와도 다르다. 코봇은 소프트웨어적으로 정의된 '가상 작업대virtual surface'를 만들어 인간과 상호 작용한다. 가상 작업대가 할당된 페이로드의 움직임을 제한하거나 안내한다. 하지만 전력은 거의 혹은 전혀 필요로 하지 않는다. 코봇의 강점과 컴퓨터 인터페이스를 인간 작업자의 감지 능력 및 손재주와 결합하면, 생산성뿐 아니라 인체공학적 이점도 생긴다.[27]

이제 페시킨과 콜게이트의 비전을 실현해줄 모든 활성화 요소, 소프트웨어, 엣지에 위치한 강력한 AI가 존재한다. 하드$_{hard}$한 기계를 소프트$_{soft}$한 사람 옆에서 일하게 하려면, 기계의 작동 부위가 반드시 부드러워야 한다. (이 '소프트 로봇'은 사실 하나의 규율이 되었다.) 그리고 센서와 예측 알고리즘을 이용해 기계가 사람과 물리적으로 교차하는 것을 확실히 피해야 한다. 오늘날에는 이 모든 일이 가능해졌고, 이미 그러고 있다. IFR의 연례 로봇 전수조사는 코봇 범주를 공식적으로 포함하게 되었다.

사실 기계가 노동력을 대체하고 확대하는 또 하나의 대형 순환이 한참 전에 진행돼야 했었다. 기계와 노동력의 조합은 더 큰 생산성과 그로 인한 부의 창출을 촉발한다. 지난 몇 년간, 수백 개의 로봇 스타트업에 수백억 달러의 벤처 투자가 쏟아졌다. 이런 투자 패턴은 PC의 여명기에 봤던 것이며, 비슷하게 자동차 시대의 여명기에도 본 것이다. 두 시기에 공통으로 수백 개의 새로운 회사들이 생겨났다.

제조의 클라우드화와 로봇화가 MaaS를 현실로 끌어들이는 것이 극적인 거시 트렌드가 되기에 충분치 않아 보인다면, 이와 상호 보완적인 새로운 물리 생산 수단이 성숙하고 있다는 것을 명심하자. 앞에서 강조했던 3D 프린터다.

3D 프린팅: 틈새에서 주류까지, 대량 맞춤 생산

오늘날 3D 프린팅의 응용 분야는 3개 유형으로 분류할 수 있다. 놀잇감, 틈새시장 그리고 가능성이다. 놀잇감은 말 그대로 놀이로서의 3D 프린팅을 의미한다. 하지만 학생과 엔지니어들이 다양한 종류의 프린터를 가지고 자신의 아이디어를 '장난삼아' 만들다가, 그중 일부가 새로운 제품과 서비스로 이어지는 경우도 있다. 일부는 아예 새로운 종류의 프린터까지 이어지기도 한다.

최근까지, 3D 프린터 대부분은 주로 놀잇감, 시제품 제작, 틈새 응용 분야에 사용되었다. 이런 틈새시장은 설계 및 시제품 제작처럼 수십억 달러 규모의 대형 시장이 될 수도 있으며, 표준 대량 주조 제품 생산에 사용하는 몰드_m* _를 신속하게 제작하는 데 이용될 수도 있다. 아니면 맞춤이나 소량 생산 제품에 이용할 수도 있다. 이를테면, 보석, 로켓 노즐, 액션 피규어 action figure 모델, 헬리콥터의 로터 허브_rotor hub_, 치과용 기구나 티타늄 턱 대체물 등의 의료용 임플란트 같은 것들이다.

일본 산부인과 병원에서는 임신한 여성에게 아직 태어나지 않은 아기의 실물 크기 3D 복제를 고해상도의 초음파 검사 이미지로부터 프린트해 제공한다. 겉보기에는 불필요한 애플리케이션도 생명을 구할 수 있다. 의사들은 환자 심장을 고해상도로 스캔하여 3D로 프린트할 수도 있는데, 이를 통해 곧 있을 수술을 미리 공부하고 절차를 최적화한다. 3D의 본질 자체가 신소재를 만들기도 한다. 3D를 통한 미세 골격 프린팅은 환자를 위한 주요 장기 조직을 현장에서 제작하는 길을 열어 주었다. 이 밖에 곧 모습을 드러낼 단계에 있는 것으로는 초개인화된 조제약을 즉석에서 주문하는 프린팅이 있다.[28] 한 발명가는 세라믹과 금속으로 된 미세 격자 신소재를 프린트해 냈다. 그 소재는 물보다 밀도가 낮지만 강철보다도 강했다.[29]

이 모든 틈새시장은 3D 프린터가 최근까지 상대적으로 느린 제조 공정

---

* 금형, 거푸집

을 수반하는 것을 용인했다. 예를 들어 비행기, 더 유명한 예로는 스페이스 X 제작용 3D 프린터는 수백만 개가 아니라, 많아야 몇백, 혹은 몇천 개의 부품 생산만을 요구받는다. 하지만 느린 생산과 프린트 속도는 더 광범위한 보급에 있어 주요 장애 요인이다. 기존 산업 공정은 매분 수백, 수천 개의 부품을 만들어 낼 수 있었다. 근대 자동차 생산 라인은 매시간 수십 대의 차량을 생산한다. 단일 부품은 말할 필요도 없다. 반면 최근까지 3D 프린터가 하나의 금속 부품을 프린트하는 데는 수 시간이 요구됐다. 하지만 새로 등장한 고속 3D 프린터는 훨씬 더 많은 제조 영역에 걸쳐 다양한 응용 사례를 열어 보일 것이다.

코넬 대학교의 호드 립슨Hod Lipson 교수가 말했듯이, 3D 프린터는 어떠한 복잡성과 다양성도 자유롭게 처리할 수 있다.[30] 제조 공정상의 복잡성은 점차 클라우드의 소프트웨어가 처리하게 밀어 버림으로써, 3D 프린터는 장인들에게 제품의 개념 설계에 대한 직접 통제력을 더 많이 돌려주었다. 비록 20년 전에 너무 일찍 약속한 것이긴 하지만, 이제 한 세기 동안 세계를 지배해온 대량 생산의 순비용에 대해, 대량 맞춤 생산과 (장인의) 공예품 생산의 귀환 측면에서 논하는 것은 타당하다.

물론 3D 프린팅 산업도 발견, 과대선전, 거품 붕괴라는 전통의 궤적을 따랐다. 극적으로 새로운 기계는 발명 초기에는 대개 기업과 재무 분석가의 레이더 밖에 있지만, 기술 커뮤니티 안에서는 활발하게 탐구된다. 그리고 보통 10년 혹은 20년이 지나면 초기 상용화 방안과 관련 기업들이 등장하면서(종종 지나친 약속과 함께), 권위자와 재무 분석가들의 눈에 띄게 된다. 이 기간에는 어떻게 그 'X'가 모든 것을 한순간에 바꿀 수 있는지에 관한 열정적 주장을 볼 수 있으며, 종종 관련 상장 기업의 주가 급등이 뒤를 잇는다.

3D 프린팅에 있어서는 1980~1990년대가 사업화 이전의 연구 단계였다. 2013~2014년에는 3D 프린터 회사들의 주식 시장 가치가 적게는 20배에서 최대 40배 뛰어올랐다. 약 1년 후 이 주식 가치는 거품 이전 가격으로 돌아갔다. 많은 혁신에서 발견되는 고전적 사이클이다.

물론 가치는 시장이 실제로 어떻게 형성되고 있는가로 측정된다. 1990년에는 3D 프린팅 산업의 글로벌 규모가 겨우 수억 달러에 불과했다. 하지만 2014년 주식 시장 거품 당시, 글로벌 3D 프린팅 산업 규모는 기계 및 관련 서비스 판매에서 40억 달러까지 올라갔다. 거품이 터지고 투자자들이 희망을 잃은 이후에도 2020년대가 시작되는 때까지 3D 프린팅은 120억 달러의 글로벌 산업으로 성장했다. 기계 판매와 서비스는 거의 60대 40의 비율이다.[31]

이제는 수백 개의 회사가 이 사업에 뛰어들었고, 거의 200개의 회사가 10종류가 넘는 3D 프린터 중 하나를 생산하고 있다. 그 프린터들은 사람의 장기 조직부터 비행기 부품, 군수용 예비 부품까지 만든다. 확실히 과대선전 단계를 지나 확산 단계로 접어든 것이다. 2020년 말에 이르러서는 제조업체의 거의 4분의 3이 어떤 형태로든 3D 프린팅에 투자할 계획이라고 밝히고 있다.[32]

현재 3D 프린터의 상위 3개 시장은 전자, 항공우주, 자동차 산업이고, 각각 전체의 약 15%씩을 차지하고 있다. 어떤 하나의 응용 분야도 압도적 우세를 보이지 않는다는 사실 자체가, 3D 프린터의 광범위한 유용성을 보여주는 척도이다. 마치 전동기가 모든 응용 분야에서 발견되고 실제로 새로운 비즈니스 모델의 창출을 가능하게 한 것과 같다. 그리고 3D 프린팅에 최적화된 새로운 종류의 금속 분말 및 여타 소재와 함께 공급망 전체가 이 새로운 '생산 수단'에 적응해 가고 있다.[33] 3D 프린터용 소재 공급업체 수는 2020년이 시작되기 전 3년간 약 3배가 늘었다.[34]

3D 프린터의 목표는 전자상거래의 '원클릭' 제품 주문처럼, 원클릭 클라우드 생산을 수월하게 만드는 것이다. 하지만 3D 실무자들이 덤덤히 지적한 바와 같이, 그러한 생산에 필요한 소프트웨어에는 여전히 일종의 격차가 남아 있다.[35] 격차를 해소하려면 나날이 더 개선되고 있는 소프트웨어 호환성 이상의 것이 필요하다. 원재료와 후속 생산 부품의 구조적 무결성과 관련된 다양한 물리적 요구사항을 자동으로 결정하고 수용하는 수단도 수반되어야 한다. 이 모든 것이 물리적 세계에서는 중요하다. 특히 안전 때문이다. 이 지점이 우리가 테스트, 측정 및 품질 관리(앞에서 논의했던 종류의 정보 도구)의 동시대 진보와 함께, 그 기술들의 클라우드화가 미치는 영향을 확인할 수 있는 곳이다.

3D 프린팅 생태계 전반에는 서비스로서의 제조가 갖는 모든 특징이 깊이 배어들어 있다. 3D 프린팅 기계 자체는 대부분 비싸고 복잡하다. 특히 금속이나 마이크로 구조물을 프린팅하는 종류는 더 그렇다. 그래서 반드시 가동률을 최대한 확보하고, 운영과 유지보수 역량을 갖춘 후에 서비스로서의 3D 프린팅 모델을 시작해야 한다.

제조의 서비스화는 공장의 양끝 공급망에 주의를 집중하게 하는 효과가 있다. 하나는 생산을 위한 투입이고, 또 하나는 완제품의 유통이다. 여기서 중심이 되는 건물이 바로 창고다. 마치 데이터센터(창고 규모의 컴퓨터)가 클라우드의 중심인 것과 같다.

일자리: 서비스의 로봇화

만약 자동차를 발명한 사람이 말을 타고 있는 사람에게 원하는 게 무엇인지 물었다면,
더 빠른 말만 있으면 된다는 답변을 들었을 것이다. 현재 상황과 전혀 다른 미래를 상상하기는 정말 어렵다.

– TRI 팀장, 스테피 펩케 Steffi Paepcke

전 세계에는 약 12만 곳의 창고가 있다. 2020년 초의 예측가들은 2025년
이 되기 전까지 또 다른 창고 5만 곳이 추가될 것이라고 믿고 있다.[1] 이것
은 아마존이 (다른 소매점과 비슷하게) 소비자와 한층 가까운 곳에 있는 더
작은 창고 수천 곳의 증축 계획을 발표하기 전의 전망이었다.[2] 이러한 추
세의 일환으로, 최근 망한 쇼핑몰들이 창고로 변신하는 것을 볼 수 있다.
2020년이 되기 전 단 몇 년 사이에, 용도가 변경되거나 초토화된 쇼핑몰을
포함해 약 1,400만 제곱피트(약 39만 평)의 소매 공간이 전자상거래용 창고
나 유통 센터로 바뀌었다.

예전에는 극히 평범한 공간이었던 창고가, 이제는 모든 유형의 건물과
서비스를 통틀어 로봇이 가장 빨리 유입되는 장소가 되었다. 사실 다음 몇

년에 걸쳐서도 다른 응용 범주를 다 합친 것보다 많은 로봇이 창고에 배치될 예정이다. 산업 용어로는 '물류' 시장에 배치되는 것이다.[3] 2020년대는 바야흐로 서비스 로봇의 여명기가 될 것이다.

마치 목줄 없는 개처럼 보이는 서비스 로봇이 연안의 석유 굴착 플랫폼oil rig platform에서 점검을 수행하는 모습은 2020년에 제법 잘 어울리는 풍경이다. 앞에서 살펴본 보스턴 다이내믹스의 스팟 미니도 마찬가지다. 포드 공장이나 머크Merck사의 제약 공장 등의 다른 얼리어답터들 역시 스팟을 점검 현장에 투입했었다. 점검 같은 서비스는 장비가 최적 상태로 운용되고 있는지를 확인하기 위해서뿐 아니라, 안전을 위해서도 중요하다. 반복적인 것은 물론이고 대개는 힘들고 단조로워 실수하거나 간과하기 쉬운 일들이다.

케네디 대통령이 우려했던, 보다 친숙한 산업용 로봇 시대의 시작을 알리는 기폭제는 1961년 GM이 뉴저지 생산 라인에 설치한 최초의 산업용 로봇이다. 그건 엄밀히 말해 단순한 로봇 팔이었는데, 당대에 지금의 보스턴 다이내믹스와 비슷한 위상의 회사였던 유니메이션Unimation이 발명한 것이었다. 유니메이션은 아이작 아시모프의 광팬을 자임하는 로봇의 아버지, 조셉 엥겔버거Joseph F. Engelberger가 창립한 회사다.[4]

GM은 1969년까지 오하이오주 로드스타운Lordstown 공장을 재건하고, 유니메이션 로봇들을 나란히 배열해 용접 작업을 지시했다. 그러자 공장은 이전의 시간당 생산율을 2배 뛰어넘어, 세계에서 가장 생산성이 높은 공장이 되었다.[5] (여담으로 그 로드스타운 공장은 2020년 결국 문을 닫고 한 스타트업에 팔렸다. 인수회사는 전기 픽업트럭을 생산할 계획이다.) 어디서나 자동차 제조사들은 산업용 로봇을 최초로, 가장 빠르게 수용한 곳이었다.

전 산업 지평선에 걸친 로봇의 부상은 1987년 국제로봇협회[IFR, International Federation of Robotic]의 창설로 이어졌다. IFR은 로봇 전수조사의 연례 조사를 맡아, 과거 30년 동안 주로 산업계의 응용 사례를 발표해 왔다. 최신 IFR 통계는 2020년 초 기준으로 전 세계에 거의 4억 대의 산업용 로봇이 설치되어 있다고 밝혔다. 5년 전보다 2배 늘어난 숫자다. 이 모든 로봇이 일상적으로는 보이지 않는 곳에서 일하고 있다.

그러나 2020년이 시작되면서 글로벌 기업들이 '서비스' 영역에서 활용하기 위해 구매한 로봇이 사상 처음으로 전체 로봇 구매의 반을 넘어섰다.[6] 산업용 로봇도 계속 성장할 것으로 기대되지만, 서비스 로봇의 도입은 2년 안에 200%가 넘게 증가할 것으로 예상된다.[7] 코로나바이러스 팬데믹이 야기한 전자상거래 급증이 그 성장세를 촉진할 것이란 예측에 굳이 점괘를 칠 필요는 없다.[8]

모든 서비스 로봇 중 약 절반은 물류 시장에서 발견되며, 그중 5분의 1은 검사나 검수용이다.[9] 로봇 기술의 초기 지원자이자 지속적 지원자인 군대의 수요는 아주 작은 부분만을 차지하고 있다. 나머지는 거의 비슷한 비율로 구성되어 있는데, 전문 청소와 과일 수확부터 병원에서의 약 전달까지 활용 분야가 아주 다양하다.

창고 규모의 로봇

1969년경의 GM 로드스타운 공장 로봇화에 필적하는 서비스 분야의 로봇 도입 사례와 시기를 뽑는다면, 역사는 아마도 2012년의 아마존을 가리킬 것이다. 그 해 아마존은 7억 7,500만 달러를 들여 키바 시스템스

Kiva Systems를 인수했다. 키바가 발명한 자체 동력의 거북 모양 로봇은 창고 여기저기를 포장 선반 전체를 가지고 돌아다닐 정도로 영리했다.

아마존이나 월마트 같은 기업이 상거래에서 최고의 경쟁력을 가지려면, 사이버 공간에서 교환되는 정보를 창고 크기의 컴퓨터로 접근하는 것 이상의 일이 필요하다. 창고에서 발생하는 구태의연한 물리적 활동을 개선해야만 한다. 그래야 소비자가 끊김이 없는 '원클릭' 쇼핑을 경험할 수 있다. 키바급의 서비스 로봇을 클라우드의 손이나 발처럼 생각해 보라. 클라우드가 직접, 무선으로 이들을 실시간 제어하는 것이다.

지난 10년간 창고의 순면적은 400% 증가했다.[10] 이 증가율 하나가 지난 5년간 창고와 물류 공급망에서의 서비스 로봇 판매가 거의 똑같이 400% 증가한 것을 설명해 준다.[11] 전자상거래는 창고와 서비스 로봇의 단순 수요 증가 이상의 일을 했다. 그들의 기능을 바꿔 놓았다. 제품이 쌓인 팰릿 pallet이 창고에 도착하면(맥린의 컨테이너화로 용이하게 된 프로세스다), 대개는 다시 다른 팰릿으로 옮겨져 지역 소매상에게 분배된다. 그러면 그곳의 직원들이 짐을 풀고 상품을 분류해 판매대 위에 진열한다.

원클릭 전자상거래는 이 프로세스의 후반부를 창고로 밀어 넣었다. 그런 창고 다수는 미식축구 경기장보다 크고, 종종 여러 층으로 되어 있다. 로봇은 그 넓은 창고에서 치약 하나, 책 한 권까지 찾아내 박스에 옮겨 담아 고객의 현관까지 직접 배송할 수 있다.

전자상거래가 더 많은, 더 작은 창고를 공급망 네트워크의 말단, 즉 고객과 근접한 곳으로 가져다 놓으면서, 서비스 로봇은 다른 문제도 해결했다. 통상 그런 말단 시설은 임대료가 비싼 곳에 위치하기 때문에, 운영자들은 건물의 바닥 공간에 패키지를 더 촘촘하게 채워 넣어 사용 효율을 최대한 높이려 한다. 이런 고밀도 작업장에서는 로봇과 자동화 시스템을 이용하는 것이 훨씬 더 안전하다. 일종의 루빅큐브(큐브 퍼즐 Rubik's Cube) 같은 밀도의 정점에는 사람을 위한 공간이 없기 때문이다.

초고밀도 지역 창고 안이든, 혹은 초거대 규모의 외진 창고 안이든, 2020년대에 우리는 '창고 규모의 로봇 warehouse-scale robot'이라 이름 지을지 모르는 거대 로봇의 출현을 목도하게 될 것이다. 이 말 자체는 구글 엔지니어로부터 빌려온 문구로 만든 것이다. 물론 여전히 사람이 관여할 것이다. 특히 맨 앞과 맨 끝 지점에서는 필수적이다. 하지만, 패키지의 저장, 이동, 분류는 자동화될 것이다. 마치 창고 규모의 컴퓨터에서 데이터의 저장, 이동, 분류가 자동화되는 것과 같다.

이제 창고 자동화와 물류 시스템을 설계하고 판매하는 회사가 약 400여 개에 이른다. 대부분은 클라우드로 연결된 창고다. 소재 취급, 자율주행 지상 차량, 자동 식별, 피스피킹 piece-picking*, 창고 드론, 라스트마일 딜리버리● 등 연간 100억 달러가 넘는 하드웨어와 서비스를 파는 틈새 사업이다. 이는 2025년까지 최소 3배 성장할 것으로 예상되는 시장이기도 하다.[12] 패키지 처리 서비스 로봇은 창고 자동화 추세에 합류한, 떠오르는 최신 핵심 제품 중 하나다. 건물 내부와 라스트마일 딜리버리에서 활용된다.

또다시 이 분야에도 보스턴 다이내믹스의 혁신적인 바퀴 달린 로봇, '핸들 Handle'이 있다. 이 로봇은 팔을 이용해 선반이나 컨테이너로부터 박스를 집어낼 수 있다. 페치 로보틱스 Fetch Robotics의 클라우드 제어 이동식 팔도 비슷한 작업을 수행한다. 페덱스 FedEx는 딘 케이먼 Dean Kamen의 회사와 파트너십을 맺고, 자체 동력으로 계단을 올라가는 정교한 휠체어를 자율주행 지

---

* 로봇 팔이 낱개 상품을 흡착, 컨베이어 벨트나 박스에 자동으로 투입하는 설비
● 고객이 주문한 물품이 배송지를 떠나 고객에게 직접 배송되기까지의 전 과정

역 배송 로봇으로 전환시켰다. 혁신적인 경쟁력을 보이는 응용 사례다. 애질리티 로보틱스Agility Robotics는 포드와 협력하여 머리가 없는 인간형 로봇의 시제품을 설계해, 배송 차량에서 40파운드(약 18킬로그램)까지의 짐을 싣고 계단을 올라갈 수 있게 했다.

분봉(swarming) 알고리즘으로 움직이는 로봇 군집
(출처: 노스웨스턴 대학교 Youtube)

많은 서비스 작업은 본질적으로 로봇이 도움이 되는 특성이 있다. 그래서 코봇이다. 일부 사례에서는 협업이 코봇 대 코봇cobot to cobot으로 이루어져, 작은 로봇 그룹이 같이 날고, 구르고, 걸어서 로봇(혹은 사람) 하나에게는 너무 무거운 물건을 협력해 나른다.[13] 신속한 실시간 통신과 '분봉swarming●' 알고리즘이 그런 조정이 끊임없이 진행되게 해준다.

로봇을 서비스 분야로 확대할 때, 쉽고 반복적인 일에만 적용하면 끝나던 공장에 비해, 서비스에서는 훨씬 다양한 일과 씨름해야 한다는 도전 과제가 있다. 사람에게는 로봇보다 월등히 뛰어난 유연성이 있다. 바로 새로운 일을 배우고 환경에 적응하는 유연성이다. 이런 유연성을 흉내 내기 위해, 로봇학자들의 오랜 목표는 레고 같은 서브 컴포넌트에 바탕을 둔 모듈형 로봇을 개발하는 것이었다. 이 로봇은 다른 작업에 맞게 형태를 변형할 수 있으며, 작업이 끝나면 스스로 해체할 수도 있다.

그런 기계를 만드는 데 있어 주요 장애는, '어떻게 서브 컴포넌트를 서로 잘 달라붙게 해 구조적으로 강한 유닛을 구성할 수 있는지'에 있다. 기계 걸쇠는 강하지만 너무 많은 자리를 차지하는데, 무려 서브 컴포넌트 부피

● 분봉은 꿀벌류 무리에서 관찰되는 늦은 봄이나 초여름 경에 새로운 여왕벌의 출현으로 약 절반의 일벌이 구(舊)여왕벌과 함께 집을 나와 다른 곳으로 옮겨 다시 벌집을 짓는 현상을 말한다. 여기서 말하는 '분봉 알고리즘은 충돌과 정체를 피해 움직이기 위해, 각 로봇이 센서를 사용해 인접한 로봇과 통신하며 빈 공간이 있는지 또는 점유자가 있는지 결정하는 일련의 과정을 말한다.

의 반에 이른다. 현재로는 자연 속 달팽이, 도마뱀붙이 그리고 일부 곤충이 가지고 있는 것을 모방한 강력 가역 접착제 reversible glue*가 이상적이다. 문제는 강력한 접착제는 원상회복이 안 되고, 원상회복이 되는 접착제는 강력하지 않다는 것이었다. 최소한 지금까지는 그랬다.

최근 소재 과학자들이 개발한 하이드로겔 hydrogel은 지금까지의 그 어느 것보다 자연의 가역성을 잘 재현한다.[14] 그런 접착제가 상업적 성숙에 이르러 마이크로공학적 micromechanical 걸쇠(벨크로를 생각해 보라)와 결합한다면, 모듈을 손쉽게 재구성 reconfigurability하는 길이 열릴 것이다.

성능과 적응성이 향상되고, 더불어 비용까지 저렴해진다면 보안, 안전, 환경 모니터링과 평가부터 교육, 농사, 다목적 청소, 헬스케어까지, 서비스의 모든 부문에서 로봇화가 진행될 것이다. 일단 서비스 로봇의 물류 시장 배치가 완료되면, 다음으로는 의료와 농업 분야에서 빠른 성장이 기대된다.

농부가 자율적이고, 스스로 '생각하는' 기계를 간절히 바라는 것은 놀랄 일이 아니다. 과거에 생산성을 높이기 위해 자체 동력 기계를 간절히 바랐던 것과 같다. 1891년 최초의 농장 트랙터를 발명한 존 프라에리치 John Froelich는, 몇 년 후 워털루 가솔린 트랙션 에너지 컴퍼니 Waterloo Gasoline Traction Energy Company를 설립했다. '가솔린 견인 gasoline traction'이라는 이름은, 당시 열등했던 증기 동력 기계와의 차별화를 위해 붙인 것이었다. (프라에리치는 1918년에 회사를 팔았는데, 당시 인수자 존 디어 John Deere는 쟁기를 만들고 있었다.[15])

그로부터 거의 80년이 지나, 존 디어의 프리시전 파밍 그룹 Precision Farming Group은 GPS가 유도하는 트랙터의 설계 작업을 시작했다. 1세대 농업 자율 기

---

* 원상태로 되돌릴 수 있는 접착제

계였다. 농업 사이버물리 시스템의 여명기는, 마침내 2002년 존 디어가 GPS 방식의 자율주행 농장용 차량을 출시한 때 시작했다고 볼 수 있다. 8년 전 방산업체 록웰 인터내셔널Rockwell International과 함께 착수한 프로젝트의 결실이었다. (유비쿼터스 자율주행차는 아직 약간 먼 얘기긴 해도) 이제 북미 작물 재배 면적의 최소 3분의 2에서 자체 유도에 따라 움직이는 사이버물리 기계를 사용한다는 것은 이미 잘 알려진 사실이다(유럽에서는 3분의 1, 호주에서는 90%다).[16] 여전히 농업은 로봇 시장에서 10억 달러 정도만을 차지하는 작은 영역이다. 하지만 상황은 곧 바뀔 것이다.

증기 기관 대비 가솔린 엔진의 성능 향상은, 마치 클라우드의 AI 논리엔진이 1세대 자율성을 개선한 것을 방불케 한다. 조만간 크고 비싼 트랙터 대신, '농장 로봇 떼'를 보게 될 것이다. 아주 작고 저렴하며, 초정밀 비료 공급과 잡초 제거에 유용한 이 기계는 소규모 고급 농장이 기업 규모의 농장들과 경쟁할 수 있게 해준다.[17] (과일이 익었는지 보기 위한) AI가 탑재된 비전 시스템과 로봇 손가락을 덮을 부드러운 소재의 결합은 마침내 과일수확 기계를 탄생시킬 수 있다.[18] 모두 인구 통계가 농업의 노동력 격차가 커지고 있으며, 세계 인구 성장에 따라 증가하는 식량 수요에 대응하기 위해 더 높은 생산성이 필요하다고 지적하는 이 시기에 발맞춰 벌어지고 있는 일들이다.

로봇 전수조사

하룻밤 사이에 로봇을 병원으로 불러들이는 데 성공한 이 이야기는, FDA의 승인에서 시작되었다. 20년 전, 인튜이티브 서지컬Intuitive Surgical이 만든 로봇 다빈치_{da Vinci}를 내시경 수술에 쓸 수 있게 한 그 승인이다. 시간을 2017년으로 빠르게 돌리면, FDA가 마조 로보틱스_{Mazor Robotics}의 척추 수술 로봇(후에 메드트로닉_{Medtronic}이 인수했다)을 승인하는 모습을 볼 수 있다. 2018년에는 오리스 헬스_{Auris Health}가 FDA로부터 내시경과 폐 수술에 사용되는 로봇(존슨앤존슨_{J&J}에 인수됐다)의 허가를 받아냈다. 아직 초창기이지만, 의료 로봇은 이미 50억 달러 규모의 산업이다.

확실히, 이러한 혁신 중 다수는 로봇이라는 단어를 보다 탄력적으로 사용한다. 사실 다빈치 같은 기계는 '원격 조종' 혹은 '로봇 지원'으로 표현하는 게 더 정확하다. 사람이 원격으로 기계를 조종하면, 기계가 수술이 정밀하게 진행되도록 지원하기 때문이다. 다른 말로 하면, 완전 자율 기계는 아니란 것이다.

'외골격_{exoskeleton} 로봇'도 마찬가지다(만화 캐릭터 '아이언맨'처럼 로봇 수트를 생각하면 된다). 사람이 무거운 물건을 들어 옮기는 것을 지원하기 위해 등장한 이 '로봇'들은, 근육의 부담을 최소화하고 힘을 강화해 주는 기계다.[19] 다루기 불편하고 비실용적인 시제품의 등장은 1960년대까지 거슬러 올라가지만, 인간형 로봇과 마찬가지로 실제로 유용한 외골격은 경량 소재, 뛰어난 파워 시스템, 센서, AI가 내장된 소프트웨어의 통제 기술이 성숙한 최근에야 생산할 수 있게 되었다.

이제 외골격 혁신가들은 의료와 제조부터 건설에 이르기까지, 모든 시장을 겨냥하고 있다. 예를 들어 외골격의 개척자인 사코스 로보틱스_{Sarcos Robotics}는 델타 항공과 손잡고 자사의 최신 수하물 처리 시스템을 현장에서 실험 중이다. 사코스는 외골격 하나가 시간당 약 25달러의 총비용만으로 고중량 작업에서 직원 생산성을 4배에서 8배까지 높일 수 있다는 나름대로 합

리적인 주장을 하고 있다.[20]

다시 헬스케어 전선으로 돌아오면, 2020년 6월 또 다른 선구자 엑소 바이오닉스_{Ekso Bionics}가 FDA로부터 뇌 손상 환자의 보행 능력 회복에 도움을 주는 외골격 판매를 허가받았다.[21] 걷는 로봇 아시모_{Asimo}를 2018년 은퇴시킨 일본의 혼다_{Honda}는, 아시모 팀의 기술을 이용해 노인들의 보행을 돕는 웨어러블 외골격을 생산하는 쪽으로 사업 방향을 재설정했다.[22]

외골격, 특히 부드러운 소재로 된 외골격의 가격이 저렴해지고, 더 견고하고 편안해지면 휠체어 같은 물건은 정말 과거의 것이 될 것이다. 외골격은 더 이상 판타지에나 있는 독특한 발명품이 아니며, 이미 수십억 달러 산업으로 향하는 궤도에 제대로 올라타 있다. 2020년대에는 수십만 대의 외골격 기계가 산업 시장에 배치될 것이다.[23] 또한 성능이 향상됨에 따라, 외골격은 반자율적으로 착용자가 예기치 못한 충돌을 피하게끔 도울 수 있다. 이렇듯 로봇과 코봇을 구분 짓는 선은 점차 흐려지고 있다.

서비스 로봇과 코봇의 도입에 따른 이점 중 가장 덜 알려진 것은, 고위험 직종에 종사하는 사람들의 안전 개선일 것이다. 위험한 직업 10개 중 9개는 건축, 조경, 농업, 목축업, 어업 서비스 분야에 있다. 이 상위 10개 직업의 사망률은 다른 모든 직업의 평균보다 6배에서 25배나 더 높다.[24]

이제 흥미로운 질문은 "기존 기계가 얼마나 개선될 것인가?"가 아니라, "완전히 새로운 종류의 기계가 상업적 성공 가능성을 목전에 두고 있는가?"이다. 자동차에 비유하자면 1886년의 자동차 발명이 아닌, 1919년에 혁신적인 '모델 T'가 도입된 후 벌어진 상황에 더 관심이 있는 셈이다.

연례 로봇 전수조사는 2020년 거의 2,000만 대가 팔린 소비자 기계는 합산하지 않았다. 그에 비해 같은 해 전문 서비스 로봇은 약 60만 대가 팔렸다. 그러나 소비자 기계는 (현재로선) 상대적으로 가치가 낮은 응용 분야, 이를테면 청소, 잔디 깎기, 장난감용 저가 장비이기 때문에, 전 세계 로봇 총매출 350억 달러 중 겨우 15%를 차지한다. 여기서 다시 한번 '로봇'이라는 단어가 얼마나 탄력적으로 쓰이는지 알 수 있다. 이 수백만 대의 소비자 로봇 거의 모두가 진공청소기와 잔디깎이로, 사실 아시모프와 아폴로니우스가 상상한 사람을 닮은 로봇보다는 자동 세탁기와 더 유사한 것이기 때문이다.

그렇지만 현재 성장 추세를 볼 때, 전문 서비스 로봇은 빠르게 점점 더 많은 사람의 일상 업무 일부분이 될 것이다. 다가오는 10년에 수백만 대의 서비스 로봇이 남녀 직원과 나란히 일하게 되면서, 마침내 서비스 부문 자체의 생산성에 약간의 증가를 기대할 수 있을 것이다. 서비스는 공장과 농장에서 볼 수 있는 기계 주도의 생산성 향상이 거의 영향을 끼치지 못하는 악명 높은 영역이었다. 그런 기계 주도의 생산성 향상이 항상 부와 임금을 증대하고, 새로운 종류의 일자리를 창출해 내는데도 불구하고 그랬다.

1899년 자동차가 처음 소개되었을 당시, 비록 '패커드'의 효용이 우마차보다 썩 크지는 않았음에도 장차 월등히 뛰어난 성능이 될 것이라는 사실은 확실했다. 하지만 그 성공으로의 길, 성장과 변화의 빠른 속도는 포효하는 20년대의 문턱에 다다른 1919년이 되어서야 분명해졌다. 오늘날 로봇의 일부는 여전히 그때의 패커드에 더 가깝다. 하지만 그중 상당수는 실로 모델 T라고도 볼 수 있다.

1920년대 말 무렵에는 인구의 약 10%가 개인 차량을 소유하게 되었다. 자동차는 그때까지 존재한 것 중 가장 복잡한 소비재였다. 그 과정에서 미국에만도 수백 개의 자동차 제조사가 갑자기 생겨나서는 부와 함께 전적으로 새로운 영역의 직·간접 고용을 창출해 냈다. 1980년경 PC가 등장했을 때도 이와 똑같은 패턴을 볼 수 있었다. 수백 개의 컴퓨터 회사가 등장했고, 1980년대 말에는 인구의 15%가 PC를 보유하게 되었다. 컴퓨터와 자동차의 그 이후 이야기는 잘 알 것이다. 자동차 생산의 본거지였던 디트로이트는 그 시대의 실리콘 밸리였다. 그리고 이 어디서나 볼 수 있는 개인 운송 수단(자동차)은 나라 전체의 경기를 부양했다.

전문 서비스 로봇에 의해 기반이 구축될 2020년대의 머지않은 미래에는, 각 가정이 저가 버전의 스팟 같은 로봇을 구매해서 장바구니를 나르게 하고 있을 것이다. 그때가 되면 새로운 종류의 기계가 말 그대로 사육되고 있을 것이다. 누가 그런 기계를 만들 잠재력이 있을까? 도요타 연구소 TRI, Toyota Research Institute를 고려해 볼 수 있다. TRI는 홈 기반의 로봇들, 특히 노령 인구를 돕는 데 적합한 로봇에 초점을 두고 있다. 가까운 미래를 생각하면서, TRI 팀장인 스테피 펩케 Steffi Paepcke는 다음과 같이 통찰력 있는 말을 했다. "만약 자동차를 발명한 사람이 말을 타고 있는 사람에게 원하는 게 무엇인지 물었다면, 더 빠른 말만 있으면 된다는 답변을 들었을 것이다. 현재 상황과 전혀 다른 미래를 상상하기는 정말 어렵다."[25]

모든 사람이 로봇의 부상에 매료된 것은 아니다. 로봇에 대한 우려와 불만은 자동차의 초기 비평가들이 표출했던 것과 성격이 비슷하다. 당시 많은 사람이 자동차의 소음을 유감스럽게 생각했다. 새로운 도로 인프라가 도시 풍경을 바꾸고, 사회 규범을 파괴하고, 말 목장주나 조련사의 직업을 빼앗아 갔다고도 한탄했다.[26] 오늘날에도 그런 비판을 업으로 하는 유사한 권위자 산업이 있다. 그들은 서로 경쟁하다시피 로봇화의 반 이상향적 결과를 소리 높여 매도한다. 헤로 Hero는 서기 50년경의 그의 명작 〈기체학

Pneumatica〉에서, 사람들이 그의 자동장치 앞에서 매혹되기도 하고, 두려워하기도 한다고 적고 있다. 그의 기계 일부는 "인간이 삶에서 가장 간절히 원하는 것을 제공하지만, 다른 것들은 놀라움과 경각심을 일으킨다."[27]고도 썼다.

근본적으로, 서비스의 로봇화가 가져올 노동 생산성 향상은 1세기 전 산업의 기계화로 일어난 일들을 정확히 재연할 것이다. 더 많은 사업, 더 많은 서비스, 기존의 것을 대체하는 새로운 종류의 일자리, 더 많은 부와 복지까지도 말이다.

공상과학 소설 작가 아서 C. 클라크Arthur C. Clarke가 지금까지 살아있어 미래에 관해 말한다면, 아마 보스턴 다이내믹스 같은 로봇 기업 본사에서 인터뷰할 것 같다. 1974년 인텔 기업 공개 후 불과 3년이 지났을 때 그가 한 인터뷰를 바탕으로 무슨 말을 할지 유추해 볼 수 있다. 그 인터뷰는 특수한 목적의 메인프레임 컴퓨터가 가득 찬 시끄러운 방(오늘날 데이터센터의 조상)에서 행해졌다. 그 자리에서 클라크는 궁극적으로 일어날 유비쿼터스 PC 혁명을 예언했다.

컴퓨터 시대의 여명기에 PC가 실제 일상생활에서 이토록 보편화될 것이라고 내다본 사람은 아마 그가 유일할 것이다. 지금 클라크가 살아있다면, 아마도 아시모프와 아폴로니우스가 상상했던 인간형 로봇이 우리 미래에 보편화될 것이라고 예견할 것이다.

19

일자리: 화물 드론, 실리콘 차와 우버 항공

기술은 먼 지역에서 온 노동자와 지식인, 상인, 여행객들과 더불어, 다양한 수단을 통해
멀리 떨어진 식품과 원자재의 끝없는 흐름을 대도시로 가져온다.

– 루이스 멈퍼드Lewis Mumford

　미국 연방항공국FAA, Federal Aviation Administration은 2020년 시장 상황 분석에서 시장의 과대선전이 그랬던 것처럼, 이전까지 뜨거웠던 소비자 드론 등록 성장률이 둔화했다고 보고했다. 하지만 FAA에 따르면 상업용 드론의 등록은 가속화되고 있다. 2020년대가 시작될 때 이미 40만 대가량의 상업용 드론이 등록되어 있었으며, 한 달에 1만 대가 넘게 새로 등록됐다.[1] 보고서에서 FAA는 담담하고도 적절하게 드론 부문이 "역동적으로 움직이고 있으며, 변곡점에 와 있는 것으로 보인다."라고 지적했다.

　자동화된 드론의 도입 과정은 바퀴가 달렸거나 무한궤도이거나 혹은 걸어 다니는, 드론과 유사한 기계들에서 볼 수 있었던 패턴을 따를 것이다. 일반인들에게서 떨어진 곳에서 그런 기계를 운용하기 위한 허가를 받기는 훨씬 쉬워졌다. 그런 곳에서는 비교적 안전이나 소음 문제에서 자유롭다. 이미 농업, 사회 기반 시설, 산업 점검 같은 영역에서 특정 용도로 드론을 채택하고 있다. 드론은 풍력터빈의 날개, 건물 옥상, 이동전화 기지국의 안전하고 신속한 점검을 가능하게 한다. (높은 곳에서의 추락은 작업장에서의 비非 차량 관련 위험 중 가장 상위에 위치한다.[2])

일반 소비자가 중요하게 생각하는 드론의 이점은 화물을 나르는 데, 특히 창고에서 바로 현관까지 배송하는 데 있다. 뭐가 이득일까? 더 빠른 배송도 있겠지만, 보다 중요하게는 교통 체증과 이에 따라 반복되고 증폭되는 짜증을 완화한다는 것이다.

정체된 도로는 이미 2,000년 전 로마를 괴롭혔고, 20세기 초 맨해튼의 심각한 문제기도 했다. 1912년, 아직은 도시에 차나 전동 트롤리보다 말의 머릿수가 더 많았을 때 한 신문에 이런 기사가 실렸다. "뉴욕만큼 심각한 교통 문제가 있는 도시는 전 세계 어디에도 없다." 그로부터 오랫동안, 자동차 사용의 증가는 도시 혼잡도의 '감소'로 이어졌다.

하지만 최근 수십 년간은 도시 인구의 증가가 통근을 차로 함으로써 얻는 효율 향상을 앞질렀다. 세계 곳곳의 도시 통근자는 교통 체증 탓에 매년 며칠에서 일주일을 도로 한가운데에서 태워버리고 있다. 교통 체증으로 허비되는 시간은 애틀랜타와 로스앤젤레스에서는 1인당 연간 100시간, 시카고와 파리에서는 145~165시간에 이른다.[4]

도시 교통 체증이 클라우드로 가능해진 서비스, 이를테면 택시 호출 서비스나 전자상거래 때문이라는 소리는 얼토당토않다. 사실 우버Uber나 리프트Lyft는 전통적인 택시 서비스의 시장 점유율을 가져가는 것 이상의 일을 했다. 2020년에 이르러 택시 서비스의 승차 건수는 2012년 대비 50%

감소했다. 그러나 동시에 이러한 택시 호출 서비스는 총호출 횟수를 200%나 증가시켰다.[5] 한편 지난 20년에 걸쳐 트럭 교통량은 자동차 교통량보다 약 300% 더 늘었다. 그중 상당 부분은 전자상거래가 불을 지핀 국내 트럭 화물 운송에서 비롯된 것이다. 지난 10년 동안에만 150%가 더 늘었다.[6]

물론 전부 COVID-19 등장 이전의 이야기다. 직장 봉쇄와 원격 근무가 실시되면서, 수많은 도시에서 교통 체증이 사라지게 되었다. 다음 장에서 논의하겠지만, COVID-19 후유증이 얼마나 갈지와는 상관없이 '뉴노멀'이 반드시 사무실과 통근을 없애지는 않을 것이다. 따라서 2020년 말경부터 전 세계 많은 도시가 이미 그랬듯, 교통량은 모든 곳에서 반등할 것이다. 단, 약간의 중요한 변화들이 있다.

변화 중 하나는 거대한 가속의 특징, 바로 전자상거래의 급증이다. 코로나바이러스로 인한 봉쇄가 2020년 상반기 동안 자동차 교통량을 거의 40%까지 급감시켰지만, 트럭 운행량은 겨우 10%만 하락했고, 그나마 곧 회복되었다.[7] 전자상거래는 이제 소포 배송에 관한 사업이 됐다. 전 세계적으로 연간 약 1,000억 개의 소포가 배송된다. 이것도 그나마 가속도가 붙기 전 숫자다. 이 수치는 2020년대가 반도 채 지나기 전에 2배가 될 가능성이 크다.[8] 세계 물류 시장은 2조 5,000억 달러 규모의 사업으로 수십억 개의 소포를 운송하고 있다. 그중 거의 반절이 미국 한 나라에서 발생한다. 아마존이 물류 중심의 별도 사업체를 만든 것도 당연한 일이다. 배송 비용이 아마존 총수익을 절반 가까이 잡아먹기 때문이다.[9]

또한 COVID 봉쇄로 온라인 장보기와 간편식pre-prepared meal 배송 전환이 가속화되었다. 최대 식품점 체인 중 하나인 크로거Kroger는 2020년 중반에 온라인 장보기 매출이 100% 증가했다고 발표했다.[10] 미국과 세계 곳곳의 선진국에서는 식사를 현관까지 배송해 주는 '**클라우드 키친**('고스트 ghost 키친' 이라고도 불린다)'에 대한 소비자 수요가 급증했다. 이에 따라 도로 위 배송 트럭 수가 최근 들어 예측보다 빨리 증가하면서 교통 체증을 악화시키고 있다.[11]

도시들은 이런 배송 차량으로 인한 교통 체증을 완화하기 위해 다양한 해결책을 시도해 왔다. 특정 시간대에 통행료를 물리거나, 야간 배송을 강제화하거나, 배송 차량의 수를 제한하거나, 고객 소포 보관함을 요구하거나, 업체 간 트럭 공유를 강요하는 것 등이었다.[12] 트럭 소포 배송을 우버화 Uber-izing 하는 것은 이름처럼, 우버가 2017년 시작했다. 이러한 조치는 도로를 더 많이 건설하는 것보다는 선호되고 있다. 경관 훼손과 규제 장애 때문만이 아니라, 이미 밀집된 도시와 교외 지역에 더 이상 도로를 증설할 수 없기 때문이다.

화물 운송 총비용의 최소한 절반은 문 앞까지의 배송, 소위 '라스트마일' 과 연관되어 있다.[13] 좀 더 정확히 말하면, 마지막 50피트(약 30센티미터)가 종종 가장 고질적으로 비효율적이고, 따라서 큰 비용을 발생시킨다. 배송 기사는 근무 시간의 80% 이상을 차량 밖에서 보낸다. 그 마지막 50피트에 보행 로봇이나 바퀴 달린 로봇, 혹은 소포를 손으로 나르는 일 자체를 없앨 수 있는 드론을 활용한다면, 배송 효율을 높이고 비용을 줄일 기회가 될 것이다.[14]

화물 드론의 기술적 성능은 이제 여러 경로에서 요구되는 작업 조건을 맞추기에 충분해졌다(혹은 곧 그렇게 될 것이다). 드론이 어디에 이용될지는 우선 기술 운용 역량, 구체적으로 '얼마만큼의 화물을 얼마나 멀리 실어 나를 수 있는지'에 좌우된다. 그것은 중력, 특히 수직 이착륙 시의 중력과 싸우는 공학과 물리학에 의해 결정된다. 이는 도시의 밀집 환경에서 가동하기 위해 매우 중요하다.[15] 화물 드론은 일반적으로 2개 등급으로 나뉜다. 20파운드(약 9킬로그램) 이하의 작은 소포를 나르며 12~24마일(19~39킬로미터)의 짧은 거리를 비교적 천천히(시속 50마일(시속 80킬로미터) 미만) 이동할 수 있는 종류와, 중량 화물(최대 1톤)을 먼 거리까지 고속으로 운반하는 종류이다.

현관까지 배송되는 작은 소포의 급증을 감안할 때 특히 주목해야 할 사실은, 미국에서 인구가 가장 많은 40개 도시의 거주 지역 대부분은 반경 10~15마일(약 16~24킬로미터) 안에 포함된다는 점이다. 인구 10만 이상의 도시라면 평균 반경이 단 5마일(약 8킬로미터) 정도로 줄어든다.[16] 지리적 현실은 왜 아마존이 아마존 물류Amazon Logistics와 신생 드론 서비스 회사를 설립했는지 잘 설명해 준다. 아마존은 드론의 설계와 운영 제어를 자체적으로 수행하고 있다. (아마존 전용 FAA 승인 드론의 사양은 비행 거리 5마일(약 24킬로미터), 허용 중량 5파운드(2.2킬로그램)이다.[17]) 반면 다른 회사들은 독립 드론 제작사와 협력하고 있다.

과연 아마존이 소형 소포 배송을 지배하게 될지는 두고 봐야 알 수 있다. 하지만 아마존은 이미 클라우드 인프라에서 그랬던 것처럼, 자체 역량으로 내부 수요를 충족시킬 길을 계획하고 있다. 이에 반해 UPS는 윙콥터Wingcopter와 파트너십을 맺고, 시속 150마일(시속 약 240킬로미터)로 주행하는 윙콥터의 틸트로터tilt roter * 드론을 이용한다. 이 드론의 비행 거리는 75마일(약 120킬로미터)이며, 풍속 44mph(70km/h) 환경에서도 움직일 수 있다. 역시 FAA 승인을 받은 윙콥터는 2018년부터 남양군도South Sea Islands와 탄자니아Tanzania에서 활용되고 있다.[18]

---

* 수직 이착륙이 가능한 비행기로, 헬리콥터와 터보프롭 비행기의 특성을 겸비했다.

드론 배송 기술의 성숙에 관한 최근 사례는 아주 많다. 2020년, 세계은 행World Bank은 르완다Rwanda의 한 드론 대회를 후원했다. 25마일(40킬로미터) 이나 떨어진 가시권 밖 마을까지 자율주행으로 소포를 배송하는 대회였 다.[19] 이 대회는 매터넷Matternet 드론 도입에 이어 개최되었다. 매터넷은 아프 리카 병원과 클리닉을 대상으로 지상 교통보다 훨씬 더 빠른 드론 자율 배 송을 개척했다.

2020년 초, 미 공군은 500파운드(약 227킬로그램)의 적재물을 시속 100 마일(시속 약 160킬로미터)의 속도로 200마일(약 321킬로미터)까지 실어 나를 수 있는 드론 설계를 위한 대회를 시작했다.[20] 보급품, 장비, 예비 부품, 식 량, 연료, 탄약 등의 군사 목적의 수요는 민간의 수요와 정확히 일치한다. 수상한 설계안들은 미 공군의 테스트 지역 접근 권한과 기술을 지원받게 된다. 까다로운 민간 FAA 인증 프로세스를 용이하게 해주기 위해서다. 물 론 이런 드론이 하룻밤 사이에 상업용으로 배치되는 것은 불가능하다. 하 지만 과정이 진행 중인 것은 확실하다.

수백 종류의 드론 사업이 전 산업 분야에 걸쳐 등장하고 있는데, 대개는 제품보다 서비스 형태다. 허니웰Honeywell* 같은 유서 깊은 기업들도 무인 항 공 시스템을 공급하기 위한 특화 사업부를 만들었다. 허니웰은 드론의 하 드웨어와 소프트웨어 시장(화물과 사람)이 2020년대가 끝날 때면 1,000억 달러를 넘을 것이라 믿고 있다.[21]

당일 배송, 심지어 실시간 배송(간편식의 경우)에 대한 소비자의 욕구는 화물 드론의 배치를 가속화할 것이다. 특히 수천 곳의 마이크로 창고와 클 라우드 키친이 고객과 더 가까이 위치하는 추세 역시 거기에 일조하고 있 다. 지역 내 전통적 식료품 가게가 클라우드 키친으로 용도 변경되고, 그

---

* 가장 큰 항공우주 전자 기기와 하드웨어 공급 업체 중 하나

소매점이 다시 작은 지역 창고로 전환되거나 동시 운영되고 있는 것은 적잖은 아이러니다. UPS는 트럭에 실리는 소형 드론의 미니 함대를 실험하고 있다. 배송 트럭에서 스스로 빠져나와 한 블록 내의 목적지로 가벼운 소포를 배송할 수 있는 드론들로, 배송 기사의 소형 소포 배송을 도울 것이다.

철길에서 드론길로

다시 교통 체증 정복 문제로 돌아가 보자. 한 시뮬레이션에 의하면, 도시 하나에서 드론이 전체 소포 중 20%를 배송한다면, 13개의 도시 트럭 노선을 없앨 수 있다고 한다.[22] 배송에 관한 또 다른 도시 규모의 연구는 우리 머리 위 드론 수가 더 많아지더라도 도시의 현 소음 수준에서는 눈에 띄지 않으리란 것을 밝혀냈다.[23]

하지만 새로운 운송 기계가 널리 도입되기 위해서는 항상 그러한 기계를 가동하게 해줄 인프라가 필요하다. 인프라는 철도나 고속도로, 공항, 아니면 항공 교통 시스템일 수도 있다. 그런 인프라의 전환은 역사를 통틀어 단발적으로만 발생했다. 왜냐하면 새로운 운송 수단 자체가 드물었기 때문이다. 실제로 운하의 여명기 이래 기존 운송 인프라가 새로운 것에 완전히 대체되는 일은 없었다. 그보다는 새로운 수단이 등장한 후에도, 규모만 달라진 채 모두가 여전히 이용되었다. 드론에도 같은 패턴을 기대해야 한다. 기존 수단이 성장 한계에 도달하면 새 시스템이 등장해 오래된 것을 보강하는 패턴이다.

인접 기술의 발전은 네트워크 인프라 구축에 중요한 역할을 한다. 인접 기술이란, 철도용 고강도 철강, 자동차용 원유 정제, 비행기용 알루미늄 같은 것들이다. 전신과 휴대용 시간 기록장치(포켓 시계)는 열차 스케줄링을 실현 가능하게 했다. (그전까지는 철로를 공유하면서도 안전 확보를 위해 타이밍을 정확히 맞출 수단이 존재하지 않았다.) 또 무전과 레이더가 없었다면, 항공 여행이 지금처럼 확장되지 못했을 것이다. 오늘날 유용한 규모(10여 개가 아니라 수천 개)의 드론을 서비스에 투입하려면, 항공로와 같은 효율과 안전을 보장해줄 '**드론길**droneways' 확보가 필요할 것이다. 드론길의 경우, 핵심 인접 기술은 바로 정보다.[24]

지역 항공 교통량의 유례없는 급증을 추적하고, 모니터링하고, 스케줄링하는 일은 절대 사소하지 않은 정보화 과제다. 하지만 레이더를 통해 드론 경로를 감시하기보다 드론 스스로가 네트워크에 보고하게 하는 방식을 택할 수 있다(상업 항공 분야의 향후 계획이기도 하다). 고속 무선 네트워크를 이용한 정밀 자가 항법 데이터에, 네트워크의 엣지에 위치한 AI 내장 슈퍼컴퓨터를 결합함으로써 수천 대의 드론을 안전하게 조종하고 관리할 수 있다. (1,000분의 1초 수준까지 실시간으로 통제하기 위해서는 근접성이 중요하다. 원거리 데이터센터를 이용해서는 아무리 빛의 속도라도 불가능하다.) 클라우드 시대에는 그런 시스템과 관련된 규제가 특별히 어렵거나 엄청난 비용이 필요하지 않다. 그렇더라도 규제기관을 만족시키는 데는 몇 년이 걸릴 것이다. 하지만 현재 기술의 발전은 국내외 규제기관이 관련 규정 제정에 착수하도록 촉구하고 있다.

최근 몇 년간 사실상 모든 소매상이 아마존을 따라 원클릭 배송을 시작했고, 물류 개선을 추진하고 있다. 일부에게는 이것이 아마존 시스템 자체에 업혀 가는 것을 의미한다. 반면 다른 회사들은 늘어나는 비非아마존 클라우드 기반의 **서비스로서의 배송**delivery-as-a-service 생태계가 제공하는 서비스를 이용한다. COVID-19로 인한 혼란은 이미 진행 중이던 이 추세를 더욱

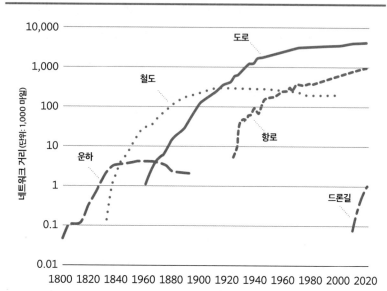

그림 19.1 운송수단을 위한 인프라 (미국)

출처: 브라이언 로턴, 〈다양하고 기발한 기계의 역사〉, 2004; 미국 교통 통계국(Bureau of Transportation Statistics)

가속시켰다. 전체 소매업에서 전자상거래의 비중이 1%에서 12%로 성장하는 데 20년 이상이 걸렸는데, 코로나바이러스는 거의 하룻밤 사이에 그 비율을 거의 20%까지 끌어올렸다.[25]

2020년대는 드론길 화물 인프라의 변곡점이다. (그림 19.1)

출퇴근과 도시의 종말?

이 세상 모든 위대한 도시는 기술로 건설되었다. 루이스 멈퍼드 Lewis Mumford가 1961년 작품 〈역사 속의 도시The City in History〉에서 연대순으로 기록했듯이, 기술은 중세부터 시작해 산업 혁명으로 가속화된 대도시의 확장에 중요한 역할을 했다. 그는 "먼 지역에서 온 노동자와 지식인, 상인, 여행객들과 더불어, 다양한 수단을 통해 멀리 떨어진 식품과 원자재의 끝없는 흐름을 대도시로 가져오는" 기술의 순효과에 주목했었다.

반대로 오늘날의 디지털 기술, 특히 재택근무는 결국 도시를 공동화해 버리게 될까? COVID-19 봉쇄 초기 몇 달 동안, 일부 권위자들은 바이러스와 줌 Zoom이 사람이 모이고 일하는 장소로서 도시가 가진 유용성을 "완전히 바꾸었다."라는 견해를 열심히 퍼트리고 다녔다. 인터넷의 보편성과 줌, 스카이프, 마이크로소프트 팀즈, 기타 다른 도구가 없었다면 경제가 광범위한 재택 체제에 적응하기 아주 어려웠을 것이라는 사실은 의심의 여지가 없다. 테크 기업들은 그 초기 봉쇄 몇 달간 디지털 네트워크 통신량이 크게 증가했다고 보고했다. 2020년 중반, 마이크로소프트 CEO 사티아 나델라 Satya Nadella는 통상 2년이 걸릴 디지털 전환을 단 2달 만에 목격했다고 말했다.[26]

봉쇄가 우리가 재택근무에 갖는 친근감과 수요를 크게 키웠다는 것은 분명하다. 하지만 '어디에서든지 일하기 WFA, Work From Anywhere'가 과연 그 많은 노동 인구의 '뉴노멀'이 될 것인가? 하버드 비즈니스 리뷰의 한 기사는 그런 날에 대한 제안을 헤드라인 질문으로 요약했다. "이제 직원들이 어디에서든지 일하게 할 때인가?"[27] 대부분의 사무 업무를 재택근무로 대체하는 것은 도시, 사무 건물의 가치, 통근 인프라의 필요성 및 사용되는 연료에 분명 영향을 끼친다.

기준선부터 시작해 보자. 인구 통계 자료에 따르면 COVID-19 전에는 전 직원의 단 5%만이 풀타임 재택근무자였다. 이 수치는 종종 보고되는 25%보다 낮은데, 거기에는 때때로 재택근무를 하는 사람이 포함되어 있다는 사실에 주목하자.[28] 여기서 더 나아간 질문은 얼마나 많은 사람이 풀타임 재택근무로 전환하느냐가 될 것이다.

많은 연구가 얼마나 많은 직원이 집에서 일할 수 있는지를 추산해 왔다. 널리 인용되는 시카고 대학교의 2020년 사례는 이론상 미국의 직업 중 37%가 원격 근무를 잘 받아들일 수 있음을 발견했다.[29] 저자들은 그것이 효과, 생산성, 실현 가능성은 무시한 추정치라고 규정했다. 실제로 그 37%는 직업 전체에서 일상적인 야외 근무, 차량, 기계 장치 및 장비 운용 같이 원격 작업이 '불가능한' 63%를 구분한 뒤, 그 반대를 정의하는 식으로 아주 단순하게 도출한 것이다. 따라서 남은 37%는 동질성이 아주 떨어진다. 여기에는 세 가지 범주가 포함되는데, 원격으로 수행해도 동일 효과를 내는 일, 그렇게 할 수 없는 일 그리고 그렇게 해서는 안 될 일이다.

세 번째 범주의 일(원격으로 해서는 안 될 일)은 원격 작업의 효과적인 구현에 있어 심각한 문제를 제기한다. 그 예로 의료와 교육, 혁신과 관련된 일들, 서비스 산업의 방대한 부분을 둘러싼 원격 근무 논쟁을 생각해 보라. 따라서 더 유용한 질문은, "동일한 효율성과 생산성을 가지고 원격으로 할 수 있는 일은 무엇인가?"가 된다.

우리가 직접 목격하고, 규제기관이 COVID-19 중에 마침내 허용한 것처럼, 오늘날의 기술은 특정 유형의 의료 상담에 적합하다. 물론 의사가 원격으로 환자를 촉진하는 것은 여전히 불가능하다. 언젠가는 결국 이것을 포함해, 또 다른 촉감을 요구하는 진료 행위도 할 수 있게 될 것이다. 원격 촉각 감지, 이른바 **'텔레프레즌스**telepresence*'가 바로 그런 기술이다. 그러나

---

* 원거리를 뜻하는 '텔레(tele)'와 참석을 뜻하는 '프레즌스(presence)'의 합성어로, 공간적으로 떨어져 있는 장소 혹은 가상의 장소를 신체적으로 경험하는 것

확실하게 실현하기엔 아직 어렵다.

간단한 화상회의teleconference는 인간적 요소에 관련된 도전의 대표적인 사례를 제공한다. "코드 작성, 문서 편집, 강의 또는 연설 같은 업무를 원격으로 처리할 수 있다 하더라도, 그것이 진정 효과적이고 생산적인가?"라는 문제다. 뉴욕타임스가 끝내 보도했듯이, 원격 교육이 많은 사람에게 그다지 효과적이지 않다는 이야기가 정말 많다.[30] **교육 생산성**, 즉 교육 효과는 전통적으로 지식 유지에 관한 테스트로 측정되었다. 하지만 교사와 부모가 알고 있듯, 실제로 학교에 가야만 배우거나 경험할 수 있는 것들이 훨씬 더 많다. 그런 것들 상당수는 미묘한 것이다.

기업의 경우, 코로나로 인한 봉쇄는 WFA(어디에서든지 일하기)가 직원 생산성을 향상하는 방법에 관한 긍정적 이야기를 부추겼다. 많이 인용되는 스탠퍼드 대학교의 논문은 WFA가 직원의 업무 성과를 13% 향상시켰다고 보고했다.[31] 그게 특별히 상당한 향상인지는 제쳐두고라도, 그 특정 사례는 콜센터와 여행사를 연구한 결과였다. 또 다른 연구는 원격으로 일하는 특허 심사관의 노동 생산성이 4.4% 향상됐음을 발견했다.[32] 그러나 이 연구들은 WFA에 잘 맞는 유형의 작업만을 조사한 것이다. 그래서 많은, 사실은 대부분의 직업을 정확히 대표하지 못한다.

지난 2017년, IBM이 그 관대한 WFA 정책을 폐지한다고 해서 화제가 된 적이 있다. IBM은 직원들에게 대부분의 시간 동안 최소한 회사에 있을 것을 요구했다.[33] 생산성과 원격 근무에 대한 연구는 엄청나게 많다. 만약 그것이 반론의 여지가 없는 사실이라면, 당연히 이윤을 추구하는 대부분의 기업은 코로나바이러스가 발생하기 한참 전에 원격 근무를 의무화했을 것이다. 그렇지만 막상 2021년 코로나로부터의 회복이 본격화되자, 실리콘 밸리의 WFA 옹호 기업을 포함한 세계 도처의 기업들은 일제히 사무실 복귀 정책을 발표했다. 물론 다수는 코로나 이전보다 훨씬 유연한 형태이긴 했다.

거리·시간상 근접성이 가지는 이점과 (직장 생산성을 향상시키고, 혁신을 촉진하고, 효과적인 교육을 용이하게 하는) 물리적 공간의 설계에 관한 연구는 그보다 훨씬 더 많다. 온라인에서는 여전히 불가능한, 편안하고 비체계적이며 즉흥적인 아이디어 교환은 혁신의 핵심 요소다. 가끔 공공 정책과 코로나바이러스에 대한 직원들의 공포가 근접 근무를 어렵게 만들지만, 혁신의 본질은 그대로이다.

화상회의가 사람 간의 친밀성을 더 밀접하게 흉내 내기 위해서는 초현실적 가상회의 공간이 필요하다. 엔지니어들이 '몰입형 3D 텔레프레즌스'라고 부르는 시스템이다.[34] 시스템은 일련의 스마트 카메라들과 실제 3D 이미지를 구현하는 초고해상도의 벽 크기 스크린을 결합해 만들어진다. 그럼으로써 비디오 벽이 사실상 사라지고, 모든 참여자가 마치 한 방에 있는 것처럼 느끼게 해준다. 마이크로소프트의 연구팀은 공상과학 소설의 명명법을 따와 이름 지은 '**홀로포테이션**holopotation*'에 대해 이야기한다. 그들이 개발한 가상 현실 시스템 홀로렌즈Holol.ens에서 진화할 기술을 기반으로 한 것이다.[35]

2020년대에는 이 새로운 유형의 몰입형 화상회의가 마침내 상업성이 있는 제품으로 등장할 것이다. 2021년 초, 미 육군이 마이크로소프트와 체결한 220억 달러 규모의 홀로렌즈 헤드셋 계약이 유용한 AR/VR 출시를 위한 노력에 불을 붙였는지도 모른다. 물론 군은 오랜 연구비 지원 역사를 가지고 있다. 하지만 제품 구매 결정은 비용, 신뢰성, 유용성 등의 기본 고려사항에 근거를 둔 것이다. 이 유용한 AR/VR 기술이 다음 단계로 성숙한

---

* 사람을 3차원적 입체 화상 모델로 만들어 인터넷을 통해 다른 장소로 보내는 기술

다면 어디에, 어떤 모습으로 나타나게 될까?

현재의 화상회의 기술은 대면회의의 자연스러움과 편안한 대화 환경은 구현하지 못한다. 화면이 2차원으로 평평하기 때문에 인간의 의사소통, 특히 그룹 대화에 포함되는 미묘한 보디랭귀지와 사회적 신호를 전달할 수 없다. 화상회의의 이런 한계는 전혀 새롭지 않다.[36] 이 문제는 오랫동안 연구되어 왔으며, 연구를 통해 혁신가들이 직관적으로 이해하는 바를 입증하고 있다. **지식 근접성**이 혁신을 촉진한다.[37]

그런데도 WFA는 특정 직업에서(일부 시간대에서는 많은 직업에서) 직원과 고용주 모두에게 분명한 이점을 주며, 새로운 기술은 분명 그것을 더 좋고 쉽게 만들 것이다. 한 설문 조사에서는 3,000명 이상의 근로자를 대상으로 WFA의 어떤 점이 가장 바람직한지를 물었다.[38] 그 결과 응답자의 60%가 일정과 장소의 유연성을, 20%는 '출퇴근 없음'을 최고 이점으로 꼽았다. 11%는 가족과 더 많은 시간을 보내는 것을 이점으로 들었다. 그 누구도 자발적으로 '생산성'을 언급하지 않았다.

고용주 입장에서는 업무가 원격으로도 명료하게 관리하기 쉬울 때 WFA를 독려할 분명한 이점이 있다. 사무실 공간을 줄여 비용을 절감하게 해줄 뿐 아니라, 급여를 덜 줄 수 있는 길도 제공하기 때문이다. 비용과 급여를 아낄 수 있다는 점을 솔직히 인정하는 고용주를 본 적도 있다. 페이스북 CEO 마크 저커버그Mark Zuckerberg는 COVID-19 봉쇄 기간, WFA를 계속하고 싶다는 열망을 표현하는 수많은 직원 앞에서 이렇게 말했다. "만약 여러분이 생활비가 상당히 저렴한 지역에 산다면, 급여도 어느 정도 낮아질 수 있다."[39]

사실, 일부 고용주는 비싼 간접비(예: 보험)가 들어가는 정규직 직원을 집에서 근무하는 계약직으로 전환하는 데 열심이다. 소위 '**긱 이코노미** gig economy *'를 모든 직원에게 확장하는 것이다.[40] 물론 직원들은 높은 급여와 후한 복지 패키지를 업무 유연성과 바꾸는 것을 그렇게 좋은 거래라고 생각하지 않을 공산이 크다.

빅 테크 기업들이 무엇을 하든, 테크 기업 직원들이 사무실로 절대 돌아오지 않더라도 그들은 국가 전체 고용 측면에서 농부와 목장 주인보다 약간 더 큰 비중을 차지할 뿐이라는 것을 명심해야 한다.[41] 테크 기업은 주로 서비스 부문에 속한 고용주인데, 국가 차원에서는 특별히 규모가 큰 것도 아닐뿐더러, 지난 10여 년간 고용 기반을 크게 증가시킨 것도 아니다. 전 세계 도시가 진짜 묻고 싶은 질문은 이것이다. "WFA에 적응할 수 있는 37%의 직업 가운데, 얼마나 많은 업무가 현존 기술만으로 원격에서 효과적으로 수행될 수 있는가?"

만약 그 37%의 반이 영구적으로 WFA로 전환한다면, 굉장히 중요한 변화가 될 것이다. 하지만 단순히 인력의 10~20%를 재택근무하게 할 때의 결과는 전혀 명확하지 않다. 우선 여전히 출퇴근하는 80%의 교통 체증은 줄어들 테지만 말이다.

마찬가지로 사무실 임대료가 공실률에 굉장히 민감하다는 점을 고려할 때, 적어진 임차인을 확보하기 위한 경쟁은 직원을 위한 사무실 비용을 낮출 것이다. 그러면 사실상 덜 생산적인 재택근무를 정당화하기 더 어려워진다. 그리고 우리가 목격한 것처럼, 기업들은 단위 면적당 가능한 한 더 많은 직원을 밀어 넣으려는 COVID-19 이전의 경향을 빠르게 뒤집었다. 병원균을 혐오하는 세계에서 건물당 상주 직원 수가 20% 감소한다고 가정하면, 임대 순면적은 직원 1인당 공간 증가에 의해 상쇄될 것으로 예상해야 한다. 덧

---

* 임시직 선호 경제

그림 19.2 속도 비용의 감소: 사람을 이동시키는 기계들

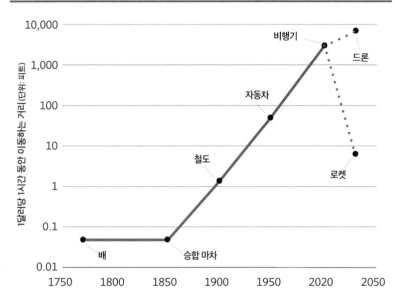

출처: 콜로니얼 윌리엄스버그 저널(Colonial Williamsburg Journal), 트루 웨스트 매거진(True West Magazine),
릴리움(Lilium), 버진 갤럭틱(Virgin Galactic), 저자의 계산

- **참고:** 속도 비용(인플레이션을 감안한 달러 단위)은 운송과 컴퓨팅 세계 양쪽에서 가치의 주요 척도다. 인간 컴퓨터들이 전기, 전자, 그리고 클라우드 컴퓨터로 대체되자, 세계는 1달러당 접근할 수 있는 컴퓨터 서비스의 속도(1초당 연산 수가 1조 배 올라간 것을 목격했다(그림 3.2 참조). 이보다는 덜 극적이라도, 비슷한 추세를 사람(그리고 물건)을 실어 나르는 데 사용되는 기계에서도 볼 수 있다. (승객 요금) 1달러당 이용할 수 있는 운송 서비스의 속도(시간당 피트)는 사람의 근육과 바람을 이용한 이동이 연소 중심의 이동으로 대체된 이후 거의 1만 배가 증가했다. 세계가 로켓 수준의 속도가 저렴해지는 돌파구를 기다리는 가운데 예상되는 드론 요금(에어택시)은 합리적인 속도를 향한 역사의 오래된 추적을 연장해 줄 것이다.

붙여 공기를 정화할 기계와 센서뿐 아니라, 실내 공기를 실외 공기로 환기하기 위한 에너지도 증가할 것이다. 안전은 에너지 효율보다 우선한다.

오로지 사회가 얼마나 많은 에너지를 사용하는가에만 몰두하는 분석가들에게, 재택근무로 통근 차량을 사용하지 않아 감축되는 에너지로 에너지 상승을 얼마나 상쇄할 수 있다고 보는지 묻고 싶다. 사실 이것은 답하기 쉬운 질문이다. 비현실적이지만 WFA로 노동 인구의 37%가 출퇴근을 포기한다고 가정해 보자. 그럴지라도 미국의 일일 석유 사용량은 불과 100만 배럴(약 1억 5,890만 리터) 정도만 빠질 텐데, 이는 미국 총석유 수요의 5%가 채 안 되는 양이다. 이 정도는 차량 연료 사용에서 멀어지는 티핑포인트로 보기 힘들다.

데이터를 보면 왜 그렇게 절감 수치가 작게 나타나는지를 알 수 있다. 교통 수단은 석유 사용량의 약 80%를 차지하고, 경량자동차(승용차와 5톤 이하 트럭)가 그중 60%를 차지한다.[42] 그리고 반세기 전만 해도 개인 차량 사용을 지배했던 통근은, 오늘날에는 전체 경량자동차 운행량의 28%만을 차지한다.[43] 이런 일련의 단계적 산술 결과, 1일당 100만 배럴 절약이라는 쥐꼬리만한 결과가 나온 것이다.

한편, WFA에 열광하는 대부분의 사람이 무시하는 통근에서 절약된 시간이 여행 증가로 이어지는 '**반동효과**rebound effect'가 있다. COVID-19 이전 데이터는 모든 소비자 여행의 40%가 개인 용무나 여가 생활, 혹은 친구나 가족 방문과 관련이 있음을 보여준다. 여기에 반동효과를 적절히 통합한 연구에 따르면, 실제로는 COVID-19 동안 극적으로 감소했던 모든 비통근 활동이 증가할 수 있으며, 경우에 따라 에너지 순사용량 증가까지 이어질 수도 있다.[44]

에너지 문제에 관한 한, 재택근무용 하드웨어의 에너지 수요도 포함해야 적절한 계산이 될 것이다. 클라우드 인프라를 구성하는 물리 하드웨어가 필연적으로 수조 달러의 에너지를 소비한다는 사실은 자칫 간과하기 쉽다. 네트워크에 감춰져 있는 디지털 하드웨어가 사용하는 에너지를 1인당 비율의 관점으로 계산하면, 한 시간의 비디오 시청은 차 한 대를 1마일(1.6킬로미터) 모는 것과 거의 같다.[45] 수천만 명의 근로자와 학생이 하루에 몇 시간을 '정보 초고속도로'에 올라타 있으면, 수십억 마일을 운전하는 것과 맞먹는 연간 에너지 수요가 추가된다는 계산이 나온다. 기술과 에너지 (그리고 소재)를 포함하는 모든 것이 그렇듯이, 현실은 언제나 명료하지 않다. 하지만 "재택근무 문화가 수십억 마일의 자동차 운전을 없앨 것이다." 와 같은 헤드라인은 분명 이야기의 나머지 부분을 놓친 것이다.[46]

유사한 현실이 훗날 상용화될 자율주행차와 에어택시에도 나타날 것이다. 차세대 AI 및 관련 클라우드 기술이 성숙하면서, 아마도 2020년대 초기에 자율주행(그리고 자율 비행) 차량이 등장할 것이라고 예상해야 할 것이다. 예를 들어 일본 항공은 (볼로콥터와의 합작을 통한) 에어택시 서비스를 2020년대 중반 이전에 시작할 계획이라고 발표했다.[47]

2021년 초에 수십억 달러가 아직 초창기인 에어택시 회사로 유입되었는데, 당시 일부 회사는 첫 비행 시연조차 하지 못했다. 그리하여 한때 상용화 전망을 비웃었던 분석가들은, 이제 에어택시 사업이 2025년까지 10억 달러 규모가 되고, 그 후 10년 안에는 1,500억 달러로 성장할 것이라고 말한다.[48] 고속도로가 도시의 교외 확장에 길을 터준 것처럼, 개인용 드론을 위한 하늘길도 실질적 통근 거리를 기존의 수십 마일이 아닌 수백 마일로 늘릴 것이다.

여론 조사를 신뢰한다면, 미국인의 약 3분의 1이 자그마한 동네에서 살고 싶어 하고, 밀레니얼 세대의 4분의 1은 시골로 짐을 꾸려 나갈 것이다.[49] 비록 날거나 바퀴로 달리는 로보택시가 화물 드론보다 더 천천히 오더라도, 후자의 출현은 전자를 위한 길을 닦을 것이다.

이 모든 것이 출퇴근을 더 쉽게 만들고, 훨씬 더 먼 통근 거리도 견딜 만하게 할 것이다. 이 때문에 인구의 도시화가 둔화하고, 일부 지역에서는 오히려 역전되는 추세다.

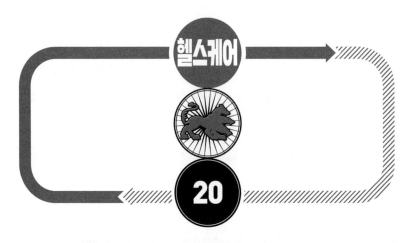

헬스케어: 코드의 치료법*

거의 모든 발견이 더 많은, 그리고 더 좋은 정보로부터 나온다.

인간들이 전쟁터에서 서로를 소름 끼치게 효과적으로 죽이긴 하지만, 박테리아는 이보다 훨씬 더 많은 사람을 죽인다. 매년 지구상에서 약 1,600만 명이 일회성 전염병뿐만 아니라, 감염으로 사망한다.[1] 또 암으로 죽는 사람도 매년 거의 1,000만 명에 이른다.

팬데믹에 관한 한, 1918년 독감이 COVID-19 재앙보다 20배 이상 치명적이었다. 당시 인구를 감안하면 80배나 더 치명적이었다.[2] 그 1918년 바이러스로 약 5,000만 명의 세계 인구가 제명을 다하지 못했다. 이는 역사상 가장 치명적인 전쟁이었던 제2차 세계 대전 중 사망한 5,000만 명과 비슷한 수준이며, 일부 통계에서는 그 이상으로 나타난다. 그러나 기술(그리

---

* 나와 〈바닥 없는 우물(The Bottomless Well)〉을 함께 쓴 동료이자 친구 피터 후버(Peter Huber)의 선견지명 있는 2013년 책, 〈코드의 치료약(The Cure in the Code)〉에서 영감과 혜안을 얻었다. 그에게 감사와 사과를 함께 전한다. (후자는 내가 혹 그의 생각을 왜곡하거나 잘못 해석한 경우를 위한 것이다.)

고 과학)이 인간을 자연의 포식으로부터 꾸준히 보호하면서, 고통이나 괴로움에 대한 사회의 인내력은 점차 감소했다. 그리하여 현대 경제와 고용의 상승분은 헬스케어에 집중하는 것으로 연결되었다.

왜 그렇게 많은 사람이 더 길고 건강한 삶을 사는지에 대한 적절한 설명은, 아마도 우리가 **헬스케어**라고 일컫는 목록 아래에서 찾을 수 있을 것이다. 지난 150년에 걸친 전 세계 사망률의 괄목할 감소는 주로 더 많은 식량, 깨끗한 물, 하수도, 저렴한 주거지, 일기 예측, 비상시 대처 및 피난, 에어컨, 음식과 거주지 공기를 데우는 청정한 방법을 가져다준 기술 덕택에 일어났다. 이 모든 영역에는 여전히 진보가 필요하다. 지구상에는 아직도 마른 똥을 태워 불을 지피는 사람이 20억 명이나 된다.[3] 마른 똥의 에너지 함량은 나무와 견줄 만하지만, 나무보다 훨씬 저렴하고 구하기 쉽다. 하지만 에너지원 용도로 쓰기에는 분명 위험하다. 자연의 포식과 싸우기 위한 노력은 이제 노화와 병원균의 영향을 제거하거나 완화하는 방향으로 옮겨갔다.

지금까지 다양한 종류의 바이러스, 박테리아, 원생동물균 등 약 1,400종의 병원균이 알려져 있다. 그리고 인간은 박테리아에 비해 압도적인 수적 열세에 있다. 머그잔에 4분의 1만큼 담은 흙에는 전 세계 인구수보다 많은 박테리아가 존재한다.[4] 분명 AI와 자동화가 엄청난 도움이 될 수 있는 분야다. 1920년대에 제조업 생산성의 급속한 발전이 제2차 세계 대전 중 미국의 신속한 동원을 가능하게 한 것처럼, 오늘날 부상하는 신기술들은 우리가 병원균을 퇴치할 수 있게 해준다. 다음 동원의 중심은 정보와 디지털 시대 도구 한 세트를 완벽히 구비하는 데 있다. 여기에는 새로운 기계와 소재(아직 많은 것이 '소재 게놈'으로부터 구현돼야 한다)부터 클라우드 내 마이크로프로세서에 의해 작업된 새로운 지식(유전 코드는 물론이다)까지가 다 망라

된다. 대봉쇄의 해는 2020년대의 가능성에 대한 증거를 분명하게 제시하며 끝났다.

2020년 12월 초, 전 세계는 유통 승인을 받은 최초의 COVID-19 백신을 가득 실은 유나이티드 항공 점보제트기 사진을 환호 속에 맞이했다.[5] 직후 미국에서 시행된 최초의 공공 백신 접종은 더 많은 헤드라인을 장식했다. 뉴욕 맨해튼 병원의 간호사이자 임상 간호 책임자 샌드라 린제이 Sandra Lindsay가 첫 접종자였다.[6]

새로운 백신 개발과 유통의 전례 없는 속도는, 세 가지 기술 영역에서의 성숙과 교차의 직접적 결과였다. 첫째, DNA 염기서열을 제공한 마이크로프로세서와 신약 개발을 목표로 속도를 높인 컴퓨터(특히 공유 클라우드 기반의 '데이터 레이크'), 둘째, 백신 제조를 가능하게 한 원료(소재), 마지막으로 고속 제조 및 전 세계 유통 인프라를 위한 기계들이 그것이다. 이 인프라에는 첨단 제약 공장과 제트 여객기뿐 아니라, 백신을 저장하기 위한 미식축구 경기장 크기의 '냉동 저장소'와 '콜드 체인' 운송을 위한 수천 톤의 드라이아이스가 포함된다.

2020년 1월, 20년 전만 해도 존재하지 않았던 고속 유전자 염기서열 분석기가 코로나바이러스의 코드를 매핑하고 전 세계에 공유한 즉시, 연구자들은 설계 프로세스의 속도를 높이기 위한 강력한 알고리즘으로 무장하고 백신 개발 도전에 뛰어들었다. 공교롭게도 1년도 채 되기 전, 미국 국립보건원이 '워 게임war game'을 개최했었다. 새로운 디지털 도구와 60년 전에 처음 발견된 mRNA 과학을 통해, 바이러스와 싸우기 위한 백신을 얼마나 빨리 개발하여 인간 세포를 '프로그래밍'할 수 있는지 보기 위해서였다.[7] ([28~29. 과학]절에서 그런 과학의 기적에 대해 더 얘기할 것이다.)

이룸의 법칙의 종말

약 9개월 만에 등장한 코로나 백신은, 2020년이 곧 이룸의 법칙Eroom's Law 종말의 해임을 의미하기도 했다.

그간 신약 발견은 생산성의 역전으로 인해 부담이 되어왔다. 제2차 세계 대전 후 근 반세기 이상, 즉 1950년부터 2010년까지 제약 산업의 'R&D 효율'은 꾸준히, 지속적으로 나빠졌다. 9년마다, 10억 달러를 지출할 때마다, 그중 절반의 약만이 FDA 승인을 받는 것이 추세였다.[8]

우리를 의기소침하게 만드는 이룸의 법칙의 종말은, 사실 COVID-19 백신의 괄목할 성공 이전에 이미 데이터상으로 감지되었다. 2020년 이전의 10년 동안 우리는 사상 처음으로 지출 10억 달러당 출시되는 신약의 수가 상당히 그리고 꾸준히 증가하는 것을 목격했다.[9] 무엇이 바뀐 것일까?

연구자들은(그중 몇몇은 '이룸의 법칙'을 만든 사람이다) 세 가지 요인을 지목한다. 첫 번째, 우리는 '인간 유전학으로부터 파생된 더 나은 정보'를 얻었다. 두 번째, 복잡한 변수에 직면했을 때의 의사결정 역량이 크게 향상되었다. 그리고 세 번째로, '규제 철학'에 변화가 있었다. 이 세 가지 요인 모두 정보 중심적이다.[10] 간단히 말해, 신약 개발에서의 이룸의 법칙은 무어의 법칙Moore's Law 덕택에 적절하게 퇴장했다. 컴퓨팅은 기초 지식의 진보를 직접적으로 지원했으며, 그 지식을 평가하고 효율적으로 사용하기 위한 도구를 제공했다.

사실 헬스케어 전반의 생산성은 침체 상태였으며 일부 측정치에 따르면 최근 수십 년간, 심지어 감소하고 있었다.[11] 다른 산업에서 사용되는 경제 용어, 즉 '직원 1인당 부가가치'의 관점에서 볼 때 헬스케어 산업은 적어도

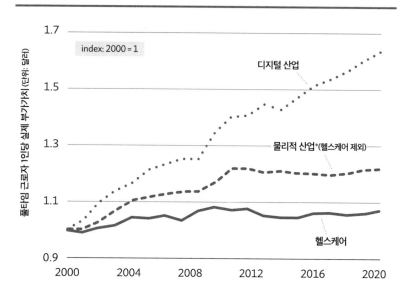

그림 20.1 미국의 생산성 성장: 헬스케어의 대침체

index: 2000 = 1

디지털 산업

물리적 산업*(헬스케어 제외)

헬스케어

(y축: 풀타임 근로자 1인당 실제 부가가치(단위: 달러))

출처: 스완슨(Swanson), 브렛(Bret), 엔트로피 이코노믹스(Entropy Economics)

지난 20년 내내 아무런 진전이 없었다. 반면, 물리적 산업과 본질적으로 주로 디지털인 산업은 소프트웨어의 역량이 확대되면서 생산성이 향상됐다. (그림 20.1)

생산성 성장의 정체로 인한 결과는, 고용과 GDP의 거시 지표에서 잘 나타난다. 다시 한번 말하지만 진정한 진보는 생산성에 반대되는, 이를테면 '굴착기가 아닌 삽을 주는 것'이 아니라, 경제가 더 성장한 결과 늘어난 고용으로 측정하는 것이다. 그리고 더 성장한 경제는 생산 단위당 노동력의 절감에서 비롯된다. 그러나 2020년까지 20년에 걸쳐 미국 인구가 약 18% 증가하면서, 헬스케어 분야의 고용률은 30%나 뛰어올랐다. 헬스케어 서비스를 제공하기 위한 고용의 증가율이 케어가 필요한 전체 인구의 증가율

을 크게 앞지른 것이다. 심지어 65세 이상 인구 비율의 증가보다도 앞선다.

이제 노동 인구의 15%가 헬스케어에 종사하면서, 이 분야는 사상 처음으로 제조업이나 심지어 소매업보다도 더 많은 미국인을 고용하고 있다.[12] 미국 노동부는 향후 10년 동안 수요가 가장 많이 증가할 것으로 보이는 일자리 10개 중 4개가 헬스케어 분야일 것으로 예측했다. 새로운 고용원 중 1위인 '홈 헬스 도우미'의 증가폭은 그 뒤를 잇는 3개 부문을 합친 것보다 더 클 것으로 전망된다.[13] 앞으로 20년 이내에 헬스케어에서 경제 활동 연령의 노동 인구가 차지하는 비중은 25%에 이를 것이다.[14] 이런 속도라면 곧 가용 노동력이 동이 날 터다.

헬스케어의 효율 저하와 비용 상승 원인에 대한 단서가 하나 있다. 지난 수십 년에 걸쳐 미국 내 헬스케어 고용 성장의 90%가 '의사가 아닌' 근로자였다는 사실이다.[15] 이제 미국 내 의사 1명마다, 최소 16명의 사람들이 고용되어 있다. 그중 10명은 행정 및 관리직이고, 6명은 임상 관련 직책이다. 이것을 군대와 비교해 보자. 군대는 각종 병폐를 이겨내야 한다고 사주 언급되는 기관이다. 비효율적이기로 악명 높은 군대마저도 훨씬 더 좋은 **'전후방 인력비**tooth-to-tail ratio●'를 가지고 있음을 알 수 있다. 1명의 전투병당 지원 병력은 10명이다![16]

헬스케어 분야의 '전후방 인력비'는 지난 수년간 지속해서 떨어졌는데, 크게 두 가지 이유가 있었다. 하나는 의사들의 교육과 훈련을 위한 기금을 적극적으로 줄인 입법자들의 역할이다. 미 의회는 1997년 균형예산법Balanced Budget Act과 2010년 건강보험개혁법Affordable Care Act을 통해 의사 수를 줄이는 병

● 각 전투병('이빨') 대비 지원병('꼬리') 비율을 가리키는 군사 용어로, "T3R"이라고도 한다. 군대의 보급 및 유지 능력과 관련된 일반적인 지표다.

원에 보상금이나 인센티브를 주었다.[17] 한편 의사들은 다른 숙련 직업들과 마찬가지로 고령화 사회의 여파, 소위 '**실버 쓰나미**silver tsunami'를 직면하고 있다. 현재 미국 개업의 중 3분의 1이 60세 이상이다. 정책입안자들은 또한 비용 통제와 '건강 정보 기술'의 사용을 의무화하는 법안 제정을 추진했다. 그런 지시는 대개 신기술이 아닌 어제의 기술에 고착lock-in*되어 있다.

이 반생산적 추세의 또 다른 영향은 대중 매체에서도 널리 언급된다. 현재 미국 경제력의 거의 5분의 1이 헬스케어 관련 지출에 집중되고 있다. 이는 컴퓨터 시대의 여명기인 1960년대에는 겨우 5%에 불과했던 것에서 증가한 수치다.[18] 그러니 정책입안자와 권위자들이 치솟는 헬스케어 비용을 걱정하는 것은 당연하다. 2020년, 헬스케어 지출 증가분인 1,300억 달러 중 가장 큰 공급원은 정부 보조금이다.[19] 지금까지 역사상 생산성이 보조금 지출을 통해 개선된 때는 결코 없었다.

정치인들은 보조금을 주고, 세금을 부과하고, 규제하는 데 열심이다. 컨설팅 종사자들은 '새롭고 더 나은' 헬스케어 비즈니스 모델을 홍보하는 데 열심이다. 적어도 컨설팅 종사자들의 홍보는 기업용 소프트웨어가 호텔이나 제조 회사에서 했던 만큼의 조직적 효율을 헬스케어 기업의 백오피스에 확실히 가져다줄 수 있다. 하지만 헬스케어의 본질적 생산성을 끌어올려 줄 의미 있는 개선은 그 어떤 것에서도 얻어지지 않는다. 그것은 오로지 더 나은 기술과 새로운 발견에 의해서만 가능한 일이다.

클라우드와 다목적 컴퓨팅 성능 그리고 AI는, 과학 및 분석의 새로운 도구(염기 서열 분석기부터 살아 있는 단백질의 영상을 찍을 수 있는 마법과도 같은 현미경까지)와 결합되어, 근본적이고 새로운 이해에 필연적으로 더 빠르게

---

* 기존 시스템에서 기술을 전환하지 못하는 상태

그림 20.2 디지털 헬스케어의 어디로 벤처 투자는 가고 있는가, 2020년경

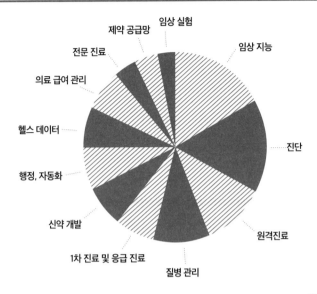

출처: CB Insights

도달하게 할 것이다. 또한 새로운 종류의 정보 수집 센서(특히 신체에 적합한 소재를 이용한 것들)와 결합한 클라우드를 통해, 개인의 특정 생물학적 상태에 관한 매우 세분화된 실시간 정보를 얻을 수 있다.

그리하여 우리는 초개인화된 헬스케어 서비스의 출현을 목격하게 될 것이다. 중요한 것은 컴퓨팅이 격리된 방에서 주머니와 지갑 속으로 이동함에 따라, 정보 수집의 중심도 소비자 자신의 손안으로 옮겨간다는 것이다. 늘 그렇듯, 앞에서 언급한 촉매들의 교차가 상변화를 촉발한다.

이런 상변화는 이룸의 법칙의 종말과 함께 그간 실제로 사실상의 헬스케어 배급제를 구성하던 상황의 종말을 가져올 것이다. 많은 민간 자본이 그런 일이 확실히 일어나게끔 움직이고 있다. 지난 몇 년간 매해 약 600억

달러의 벤처 자본이 헬스케어 스타트업으로 흘러 들어가고 있다. 그 대부분은 기술 중심의, 클라우드로 실현 가능해진 회사들이다.[20] (그림 20.2)

이제 '헬스 테크'를 지향하는 재정적 파워는 수백 개의 스타트업, 12개가 넘는 신생 유니콘 기업* 그리고 인수를 통해 혁신을 추진하는 규모 있는 회사들로 이루어진 파이프라인을 낳고 있다. 이미 다른 기술 분야에서도 익숙한 그 패턴이, 마침내 헬스케어에서도 일어나고 있다. 이 신생 기업들의 75% 이상은 미국에 있고, 4%는 중국에 있다.[21]

비용인가, 소비자 시장인가?

도전의 본질은 이렇다. 부유하며 이전보다 훨씬 더 안전한 우리 시대의 소비자들은 헬스케어를 덜 원하는 것이 아니라 더 많이 열망한다.

규제기관이나 정책입안자들은 이 열망이 반드시 억제되어야 하는 비용을 수반한다고 본다. 하지만 언제나 통찰력 있는 스티브 포브스(Steve Forbes 포브스 미디어 회장)가 말했듯이, 관료들은 시대에 역행하고 있다.[22] 헬스케어도 다른 시장과 똑같은 시장이나. 그리고 이 시장의 고객은 그들이 가치 있다고 생각하는 '무엇'을 더 구매하길 원한다. 이를테면 그들의 건강을 개선하고 삶을 연장해 주는 제품이나 서비스 같은 것이다. (맞다, 그것이 삶과 죽음에 미치는 영향을 고려하면, 분명 헬스케어를 상품으로 간주하는 데는 도의적인 측면이 존재한다. 하지만 이는 사회의 다른 많은 시장도 마찬가지다.)

반복하지만 경제학자 테오도르 레빗Theodore Levitt은 모든 비즈니스가 서비스라고 주장했다. 다른 서비스처럼, 헬스케어의 소비자도 품질은 좋아지고

---

* 10억 달러 이상 가치를 평가받는 민간 기업

비용은 줄어들 것을 기대한다. 하지만 헬스케어 생태계의 몇몇 틈새시장을 제외하고는, 대부분의 사람이 지금까지 헬스케어의 질이 저하되었거나 변한 게 없다고 본다.

후자는 특히 암에 관련된 평가다. 전반적인 암 사망률은 감소했지만, 개선 속도는 실망스러울 정도로 느려, 미국의 경우 지난 20년 동안 매년 1.6% 개선되는 것에 그쳤다.[23] 이 수치는 소수 특정 암에서의 의미 있는 진전을 가리고 있기는 하지만 여전히 디지털의 개선 속도와는 현저한 차이가 있다. 이는 오늘날의 전반적 암 사망률이 1990년보다 고작 20%만 낮아졌다는 것을 의미한다.[24] 더군다나 이 수치는 그 많은 다른 질병 분야에서의 무기력한 진전에 대해서는 언급조차 안 한 것이다.

2009년, 의회는 경제 및 임상 보건을 위한 건강 정보기술에 관한 법률 HITECH. Health Information Technology and Clinical Health Act을 통과시켰다. (의회는 머리글자에는 최고임이 틀림없다.) 그 이후, 의료 종사자는 물론이고 환자도 '헬스케어 정보기술HIT. Healthcare Information Technologies'의 보편적 사용을 구현하고 요구해야 한다는 대대적인 압박을 느껴왔다. 그럼에도 당국은 비용 절감이나 헬스케어 실적에서 체계적인 개선이 이루어졌다는 어떤 증거도 확보하지 못했다. ('실적'은 임상의들이 사용하는 말이지만, 환자들이 가장 신경 쓰는 사무 용어기도 하다.) 그러나 일부 연구자들이 지적했듯이, 조직적인 비용 절감이 없었는데도 역설적으로 HIT 사용은 크게 증가했다.[25]

솔로의 그 유명한 1987년 이론 발표 직후 엄청난 생산성 향상을 직접 목격한 정보 경제와 달리, 헬스케어 경제에는 대규모 규제 장치가 존재한다. 그런 장치는 의도적이든 아니든 기존 기술에 고착되어 신기술의 발전을 억압하는 효과가 있다. 어제의 헬스케어 기술에 갇히는 일이 이보다 더 나

뺄 때는 거의 없을 것이다. 의학 지식과 발견에 관한 한, 아직 많은 것이 발견되고 시행되지 않았음이 명백하기 때문이다.

거의 모든 발견이 더 많은 그리고 더 좋은 정보로부터 나온다. 이 점에서는 의회가 옳았지만, 오직 '정보'라는 단어 사용에 한해서였다. 유의미한 발전은 새로운 치료법이나 질병의 더 나은 초기 진단, 아니면 간접 관리 비용의 절감으로부터 나와야 한다. 간접 관리 비용의 절감은 소프트웨어의 품질을 대폭 향상하면 가능할 것이다. 특히 더 직관적인 소프트웨어로 전자 건강 기록을 관리해야 한다. 지금은 건강 기록 관리가 심지어 '임상의 번아웃' 원인이 될 정도로 부담으로 작용하고 있다.[26]

환자 기록에서 일반 행정 및 조직 기능에 이르기까지, 헬스케어의 비의료적인 측면은 개선하기가 그리 쉽지 않다. 이 사실은 2020년대 시작과 동시에 세간의 이목을 끈 세 테크 거인의 연합이 실패하면서 더 극적으로 입증됐다. 2018년 아마존, 버크셔 해서웨이Berkshire Hathaway, JP 모건은 기존 헬스케어 관리 구조의 파괴를 위한 새로운 합작법인의 창립을 발표하여, 투자 업계와 전통 헬스케어 보험 회사들을 놀라게 했다.

하지만 창업 후 3년이 채 되지 않아 이 벤처 기업은 문을 닫았다. 총 150만 명의 직원이 종사하는 헬스케어 관리에서 혼선과 비용을 줄이겠다는 목표는 무려 1억 달러를 지출하고도 불명예스럽게 실패했다. 한 내부 관계자가 사후 조사에서 언급한 바와 같이 "데이터가 핵심 난제"였으며, 사람들이 좋아하고 쉽게 사용할 수 있는 사용자 인터페이스를 개발하는 것 또한 어려운 도전이었다.[27]

정보 기록을 저장하고, 접근하고, 분석하는 것은 모든 디지털 시스템에서 가장 기본적인 기능이다. 하지만 건강 정보 기록은 오르기 힘든 산이었다. 당혹스러울 정도로 다양한 요구사항과 목적들뿐 아니라, 연방과 주 정부의 규제가 뒤섞였기 때문이다. 그렇지만 강력한 엣지 장비들과 결합한 클라우드 중심 역량은 이제 최소한 환자 정보 기록이란 과제를 극복하기에 충분히 유용하고 저렴하다.

헬스케어 기록의 엄격한 개인 정보 보호 규제가 마침내 상식적인 수준이 되고, 사용자 편의성 역시 향상되었다. 이 점이 우리의 낙관주의적 전망에 명분을 더해준다. 이제 애플(다른 회사도 모방할 것이지만)은 서로 다른 의료 기록 전부를 안전하게 내려받을 수 있는 아이폰 건강 기록 앱을 제공한다. 이것은 환자에게 자신의 건강 데이터에 대한 소유권과 명시적 접근권을 부여함으로써 더 빠르고 정확한 진단을 용이하게 한 것이다.[28]

규제 완화의 또 다른 신호는 2020년 봉쇄의 혼란에서 등장했다. 당국은 원격진료를 허용하고, 더 나아가 원격진료를 많이 활용할 것을 장려했다. 그러자 원격진료가 환자와 의료 서비스 제공자 모두에게 효율적인 의료 형태가 될 것이라는 점이 분명해졌다. 병원에 가야 하는 타당한 이유를 파악할 수 있는 가능성을 높이는 한편, 환자가 불필요하게 대기실에 모습을 보일 필요도 줄였기 때문이다. 규제의 고삐를 완화하는 것과 더불어 소비자 수요의 부수적인 증가로 말미암아, 원격진료 스타트업에 대한 투자는 2020년 한 해에만 70% 이상 급증했다.[29]

한편 생명공학에 대한 투자 역시 많이 증가했는데, 그 계기는 유망한 틈새시장에 민간 시장이 미국국립보건원National Institutes of Health보다 더 많이 투자하면서부터였다. (이 두 투자 주체는 서로를 보완하고 심지어 조율하기도 한다.) 2020년대가 디지털 헬스케어 분야에서 상대적으로 덩치가 큰 기업들이 더 작은 혁신 기업들을 사들이기 시작하는 해가 될 것은 의심의 여지가 없다. 또다시 익숙한 패턴이다. 구글, 애플, 페이스북, 아마존 같은 회사들은 2020년까지 지난 20년간 각각 100개 이상의 회사를 사들였다.

소셜 미디어를 생산적으로 활용해 환자 돌봄을 더 잘, 용이하게 할 수도 있다. 한 예로 메이요 클리닉의 소셜 미디어 센터Mayo Clinic Center for Social Media와 같은 기관들은 코칭, 약물 치료, 만성 질환 관리 등을 위한 소셜 미디어 사용을 연구하고 활성화함으로써 환자 돌봄의 새로운 장을 마련했다. 페이션츠라이크미PatientsLikeMe 같은 웹 서비스는 희소병을 앓는 사람, 혹은 흔한 질환이지만 희소한 상황에 놓인 사람들을 연결한다.[30] 이런 소셜 미디어의 특성은 의료 정보의 투명성을 크게 높이고, 총체적으로 헬스케어 '실적'을 개선하기 위한 저렴한 수단으로 이어질 것이다.

의사를 위해서는 이제 진정으로 유용한 AI 기반의 의료 진단 코칭이 있다. 이미지 분석을 활용해 질병 진단을 지원하는 소프트웨어는 몇 년간 과대선전되었다. 이후 2020년에 이르자 그런 제안 중 다수가 인간 전문가의 진단과 일치하는, 신뢰 가능한 결과를 반복적으로 제공하기 시작했다. 한 분석 도구는 많은 유형의 질병, 특히 폐, 가슴, 피부, 갑상샘, 전립선의 치명적인 암을 대상으로 하는 60개 이상의 각기 다른 AI 진단 도구를 벤치마킹했다. 현재 이런 AI 진단 도구 수십 개가 연구개발부터 임상 연구를 거쳐 규제 승인으로의 길을 걷고 있다.[31]

AI 진단 스타트업의 다양성, 규모 그리고 속도는 '빅 헬스케어 데이터'의 전형적 특성을 보인다. 이제까지 이런 능력은 주로 방사선 진단 및 의사 결정 지원 도구로 활용되어 왔다. 향후 자동 진단으로의 도약을 위해서는 아직 더 긴 시간과 더 강력한 컴퓨팅 성능이 필요하다. 일반적인 의료 이상을 감지하는 훨씬 복잡한 영역을 지원하는 AI 자문 소프트웨어 역시, 도입되는 데 시간이 걸릴 것이다. 하지만 그런 자문 소프트웨어는 계속 개선되고, 더 저렴해지고 있다.

2020년의 대봉쇄 이전, 시민과 정책입안자들은 사람을 해치거나 죽일 수 있는 모든 종류의 '무엇'을 걱정했다. 바이러스만이 아니었다. 이유는 충분했다. 끊임없이 진화하는 병원체 집합이 인류를 집요하게 공격하기 때문이다. 노화, 사고, 오염과 전쟁 같은 자상으로 인한 손상은 말할 것도 없다. 하지만 우리는 마침내 일련의 기술들이 각종 위협 세력과 대등하게 맞설 수 있는 문턱에 와 있다.

이것은 헬스케어 분야에서 더 많은 사람을 채용한다고 달성되는 수준이 아니다. 그보다는 더 많은, 더 나은 기술을 통해야 한다. 그것만이 보다 나은 실적과 비용 절감을 가져다줄 것이다.

헬스케어: 미래는 스타트렉 같지 않을 것이다. 더 좋을 것이다.*

신체를 표현하는 것만큼 3D가 의미 있는 곳은 실로 어디에도 없다.

— 프랭크 스컬리Frank Sculli

폴 제이콥스Paul Jacobs는 무선 칩 회사 퀄컴Qualcomm의 CEO였던 2012년, 헬스케어 분야에 앞으로 무슨 일이 일어날지를 살짝 보여주었다. 제이콥스는 그 해의 대형 CES(국제 전자제품 박람회Consumer Electronics Show)에서 퀄컴이 후원하는 트라이코더Tricoder XPrize 대회의 개최를 발표했다. 이 대회는 소비자 대상 의료 장비의 발명을 고취하기 위한 것으로 유명 공상과학 시리즈 〈스타트렉Star Trek〉에 나오는 휴대용 의료기기인 트라이코더를 실제로 구현하는 팀에게 상금을 지급했다. '트라이코더'는 5가지 활력 징후vital sign*를 실시간으로 모니터링하고, 사용자 친화적인 휴대폰 모양의 장비에서 13가지 건강 상태를 진단할 수 있었다. 그런 장비의 발표가 의학 콘퍼런스가 아

---

* 스콧 애덤스(Scott Adams)는 만화가이자 공학 엔지니어다. 그의 1997년 작품 〈딜버트(The Dilbert Future: Thriving on stupidity in the 21 Century)〉에서 한 예측 #7, "미래의 생활은 스타트렉 같지 않을 것이다"에 양해를 구한다.

* 혈압, 맥박, 호흡, 체온 같은 것

니라 소비자 박람회에서 이뤄지고, CVS(미국의 의약, 화장품, 잡화의 소매점 운영 회사)나 블루크로스(BlueCross 미국의 대표 건강보험 회사), 화이자(글로벌 제약회사)가 아닌 디지털 회사의 후원을 받은 것은 시사하는 바가 컸다.

진 로덴베리(Gene Rodenberry)는 반세기 전, 300년 후 미래의 우주선 USS 엔터프라이즈(USS Enterprise)호를 무대로 한 〈스타트렉〉을 제작하면서 트라이코더 아이디어(이름도 함께)를 처음 떠올렸다. 그 가상 우주선의 의사가 사용하는 트라이코더는 일종의 완전한 진단 실험실로서, MRI 같은 기능을 포함했다. 의학 실험실을 방문했거나, 진단

〈스타트렉(Star Trek)〉에 나오는 트라이코더 영상 모음
(출처: intl.startrek.com)

결과를 며칠 동안 기다렸거나, 혹은 MRI 검사를 받아본 사람이라면 의료 기기 전부를 실시간으로 작동하는 휴대용 장치로 축소한다는 상상이 정말 황당해 보였을 것이다. 하지만 그때부터 300년 후가 아닌 바로 지금, 그런 기능은 상업화되었거나 거의 상업화에 근접해 있다.

XPrize가 개최된 지 5년이 지나 드디어 승자가 발표되었다. 수십 팀의 경쟁자 중, 우승의 영광은 의사와 네트워크 엔지니어 형제가 이끄는 팀에 돌아갔다. 그들의 기계는 임상 응급 의학으로부터 학습한 것을 실제 환자의 데이터 분석과 통합해 질환을 진단하는 인공지능 기반의 엔진과, 활력 징후, 신체 화학 반응, 생물학적 기능에 관한 데이터를 수집하도록 설계된 비침습성 센서 그룹을 이용했다.[1] 이전에는 환상에 불과했던 것이 이제 실현 가능해진 것이다. 디지털 최전선에서의 반전이 점차 더 일상이 되면서, 시장은 상상보다 더 빠르게 변했다. 2012년 CES 이후 스마트폰, 스마트워치 그리고 여타 웨어러블 장비들이 트라이코더를 훌쩍 뛰어넘었다.

지금도 트라이코더의 아이디어는 〈스타트렉〉에서 원래 상상했던 만

큼 중요하게 남아 있다. 물론 개인 기기라기보다 의사, 간호사, EMT(응급 구조사)용 부상자 분류 도구로서 더 중요하긴 하지만 말이다. 그리고 비록 XPrize 대회에 출품되지는 않았지만, 미래는 이미 X선이나 그와 동등한 기능의 휴대화를 약속하고 있다.

이런 휴대화는 몇몇 기술로부터 비롯된다. 이를테면 차세대 초음파(서류 가방 크기의 장치가 이미 존재하며, 아프리카에 배치되어 있다)와 안전한 초저선 량 X선을 허용하는 극히 민감한 감지기 그리고 테라헤르츠 주파수(스펙트럼의 일부로 가시광선 아래에 위치하는데, X선 같은 기능을 갖추고 있다)에서의 이미징 기술 등이다. 심지어는 최근 MIT 팀이 입증해 보인 〈스타트렉〉과 같은 광음향 이미징 기술*까지도 연결된다.[2]

트라우마 및 응급 의료 기술을 개선하는 일에도 반론의 여지가 없는 가치가 있다. 하지만 생물학적 기능 부전이나 트라우마 발생에 앞서, 미리 유용한 의학 정보를 기준점으로 삼는 것이 중요하다. 이 논리는 산업 분야의 그것과 다를 바 없다. 산업계는 이미 기계의 실시간 모니터링이라는 새로운 표준으로 전환하고 있으며, 이를 통해 기준에서 벗어나는 고장에 대한 더 빠른 판독과 예측을 실현시키고 있다.

의료 진단의 도약은 환자의 의료 기록(본질적으로 간헐적 스냅샷을 포함한다)뿐 아니라, 생물학적 기계(신체)가 그날그날 어떻게 작동해 왔는지를 아는 데 있다. 그러므로 모든 환자는 어떤 의사, 클리닉, 병원을 방문하든 간에 과거 상태에 관한 지겹지만 필수적인 질문을 받게 된다. 무엇을 했고, 무엇을 먹었으며, 심지어 어디에 있었는지까지. 질문만이 정보를 얻는 유일한 방법이기 때문이다.

---

* 저출력 레이저를 이용한 음향 유노 및 반녹을 통해, 보통의 초음파 탐침이 요구하는 피부 접촉 없이 피부 표면 아래 이미지를 생성한다.

만약 풍부한 생물학적 정보 세트를 실시간으로 수집할 수 있다면, 의심의 여지 없이 더 좋은 진단으로 이어질 것이다. 특히 비슷한 조건을 가진 다른 환자의 (익명화된) 정보와, 의학 문헌을 샅샅이 뒤져 유사 패턴을 찾아주는 AI 엔진이 결합될 때는 더욱 그렇다. 클라우드와 소셜 미디어 플랫폼은 저장과 분석을 수행할 수 있다. 기본적이고 구체적인 개인 데이터는 이제 스마트폰, 스마트 워치, 피트니스 트래커에 내재된 센서로부터 구할 수 있다.

수십억 명의 사람이 거의 항상 접촉하는 스마트폰은 마이크, 가속도계, 카메라, GPS, 기압 고도계, 터치스크린 등, 적응성이 높은 센서들을 가지고 있다. 이 센서 각각의 목적을 재조정하면 된다. 가령 카메라는 병변을 인식하기 위해, 마이크는 목소리에서 스트레스를 식별하거나 호흡을 모니터링하기 위해, GPS는 현재 위치와 서비스 또는 위험을 연관시키기 위해, 고도계는 계단 오르기의 열량 소비량을 기록하기 위해, 가속도계는 근육이나 동작 이상을 모니터링하기 위해 사용할 수 있다.

진단의 대중화

2018년 애플이 스마트 워치의 ECG(심전도) 기능에 대해 FDA 허가를 획득했을 때, 이는 의료 역사의 새로운 선회가 되었다.[3] FDA는 애플의 센서와 센서에 연결된 앱이 "전통적 진단이나 치료를 대체하려는 의도는 아니"라고 조심스럽게 말했다.[4] 하지만 혁명은 늘 그렇게 시작한다. 2020년 말, 애플의 소프트웨어는 업그레이드되었고 다시 FDA 승인을 받았다. 이번에는 실시간 경고 기능이 포함되었으며, 사용자의 허락하에 주치의에게 담당 환자의 잠재적 AFib(심방세동, 뇌졸중과 심부전의 전조가 되는 불규칙한 심장 박동의 경고 신호)에 대해 경고해 주는 기능도 추가되었다. 진단에 관한 개선 사항을 신속히 앱 업그레이드에 반영하는 것 자체가 조용한 혁명이다. 애플은 또한 혈액 산포도 측정 기능과 더불어 낙상 감지와 알림 기능도 더했다. 하지만 '의료기기로 등록'되는(각종 규제를 받아야 하는) 벅찬 도전을 피하고자, 애플 워치와 유사 제품들은 건강 증진과 신체 단련을 홍보하는 데 집중하고 있다. 이에 따라 애플은 2020년 말 구독 기반의 자체 피트니스 서비스를 런칭했다.

건강 감지, 추적 및 진단 분야에서 개화 중인 혁명이 비단 애플만의 이야기는 아니다. 다른 디지털 거인 중 하나인 구글은 2021년 핏빗Fitbit을 인수해 사업 영역을 확대했다. 핏빗은 손목에 착용하는 피트니스 추적기로, 시장에서 1등과는 좀 격차가 있는 2등을 차지하고 있었다. 이러한 신기술은 이제 새로운 기술 단계를 지나 확실히 대중화되고 있다. 미국인 5분의 1 이상이 정기적으로 스마트 워치나 피트니스 추적기를 착용한다고 하며, 다른 나라의 도입률도 비슷하다.[5]

실시간 건강 모니터링 분야의 전체 스펙트럼에 걸쳐, 수백 개의 스타트업이 참여하고 있다. 피트니스 추적기 후프Whoop는 일부 운동선수가 애용하는 기계로, 클라우드 기반의 AI를 이용해 근육의 염좌와 회복 상태 전반을 측정한다. 2020년 팬데믹은 후프가 COVID-19 감염 초기 증상을 관찰할 수 있도록 알고리즘을 수정하는 데 영감을 주었는데, 그들은 (호흡수 패턴 분석을 통해) 위음성● 판정을 받은 고객의 감염 신호를 정확히 포착하는 데 성공했다고 주장한다.[6]

센서 데이터의 목적을 수정한 또 다른 예는, 스마트 워치 및 피트니스 추적기에 내장된 가속도계를 활용한 것이다. 한 AI 스타트업(후에 의료기기 대기업

메드트로닉Medtronic에 인수되었다)이 개발한 소프트웨어는 가속도계를 이용해 제스처를 '분석해', 착용자가 언제 먹거나 마시는지를 알아내는 데 초점을 맞췄다. 이런 정보는 인슐린 주사를 맞을 적절한 타이밍을 추천해 주거나, 혹은 피하 삼투펌프를 통한 인슐린 주사 자체를 자동화하는 데 유용하게 쓰인다.

아니면 많은 스마트폰이 얼굴 인식과 거리 측정을 위해 사용하는 미세 레이저를 고려해 보자. 거리 측정 기능은 보다 정교한 증강 현실 환경을 만드는 데 사용될 수도 있다. 이런 기능들의 목적을 분광계spectrometer*로 바꾸면, 날숨에서 의학적으로 유용한 이산화탄소 수준을 측정하거나 공기 중의 알레르겐allergen을 발견할 수 있다. 곧 병원체까지도 가능할 것이다.[7] 그리고 카메라는 스트레스뿐 아니라 다양한 질병의 초기 징후를 감지하는 분석 도구로 용도를 변경해 사용 가능하다.

한편 온보드 센서 제품군 역시 계속 확장될 것이다. 출시가 임박한 기능 한 가지를 언급하자면, 내장된 초소형 레이더 칩을 통한 실시간 연속 혈압 측정이 있다.[8] 마지막으로, 스마트폰의 핵심 요소인 CPU는 '전화기'를 트라이코더와 더 유사한 무엇인가로 목적에 맞춰 바꿀 수 있다. 스마트폰의 센서는 마이크로프로세서를 사용해 AI의 성능이 개선되고 결국 심장 질환, 암, 뇌졸중 그리고 기타 무수한 질병 관련 바이오마커를 관찰할 수 있다. 지금은 이를 가능하게 해줄 전문 센서 제품군을 확장해 나가는 초기 단계이다.[9]

예를 들어 2020년 중반, 신시내티 대학교University of Cincinnati 연구진은 가정에서 타액을 통해 바이러스를 탐지할 수 있는 신용카드 크기의 '랩(실험실lab)'을 개발했다. 스마트폰과 비슷한 기계에 아주 작은 일회용 플라스틱 칩을 꽂는 방식이었다. 또한 미세 유체 공학 영역에서는 아주 인상

● 위음성(僞陰性)은 본래 양성이어야 할 검사 결과가 잘못되어 음성으로 나온 경우를 말한다. 즉, 가짜 음성(False Negative)이다.

* 빛을 파장에 따라 나누어 스펙트럼으로 만드는 장치

적인 과학 및 임상 도구를 생산하고 있다.[10] 초소형 정밀기계 기술 도구 MEMS, Micro-Electro Mechanical Systems 는 무통 피하 감지를 허용하는 마이크로니들(미세 바늘microneedle)을 탄생시켰다.[11] 그리고 신소재, 특히 **그래핀**graphene의 개발 과정에서 발견된 것들은 센서의 성능을 급진적으로 향상시켰다. 최근 한 연구진은 종이처럼 얇은 센서가 COVID-19 바이러스를 몇 분 만에 감지해내는 것을 시연해 보였다.[12]

조용한 혁신가들은 새로운 종류의 웨어러블용 센서를 개발하는 데 집중하고 있다. 그 시장이 독보적인 규모의 경제를 가지고 있기 때문이다. **바이오전자**bioelectronics 는 곧 임상 의료 장비, 연구, 농업 시장을 주 영역으로 하는 200억 달러 규모의 글로벌 산업이 될 것이다. 소비자 및 가정 기반 진단이 보급되면, 임상 및 실험실 기술은 과거 메인프레임에서 스마트폰으로 전환되던 시장의 흐름을 재연할 것이다.

센서 자체의 목록도 계속해서 확장될 것이다. 스마트폰, 스마트 워치, 반지 등에 탑재되는 것부터 의복에 직접 짜 넣는 것을 포함해 별도로 착용한 센서와 무선으로 연결되는 것, 밴드 같은 패치로 착용하는 것, 심지어 전도성 잉크로 피부에 '인쇄'하는 것까지.[13] 피부 프린팅은 이미 현실화되었다. 3D 프린터 대신 최근에 개발된 생체 적합 잉크와 폴리머를 사용해 피부 표면에 직접(임시로) 스마트 전자 장비를 설치할 수 있다. 언젠가는 가정용 제품이 될 것이다.

(근래 생명공학 문헌에 실린 수많은 사례 중) 또 다른 혁신으로, 2020년 공개된 '스마트' 콘택트렌즈의 시제품을 꼽을 수 있다. 이것은 내장된 무선 네트워크를 통해 비침습적으로 녹내장과 당뇨병을 모니터링하는 것이다.[14] 2018년, 로레알L'Oréal 은 손톱에 네일팁처럼 붙여 햇빛 노출을 모니터링하

고, 앱으로 적절한 조언을 제공하는 독창적 자외선 센서를 출시했다.[15] 이런 종류의 건강 모니터링 장비들은 머지않아 스마트폰 마이크로프로세서에 의해 집약되는 신체 중심 네트워크의 부속품이 될 것이다.

스마트폰과 스마트 워치를 진단 도구로 바꾸는 작업은 잘 진행되고 있다. 규제기관은 고객 대면 앱과 스마트폰 진단을 보다 쉽게 사용할 수 있도록, 최근 기밀 유지 원칙을 수정 보완했다. 클라우드 기반 AI의 성능과 결합된 이 모든 것은, 실험실 수준의 개인적인 건강 진단의 대중화를 예고한다. 그 방식은 진 로덴베리와 폴 제이콥스의 창의적인 정신이 상상했던 바를 뛰어넘을 것이다. 일부 의사는 잘못된 정보와 자가 진단 기술의 오용을 경고하지만, 소비자들은 일단 유용한 도구와 앱이 사용 가능하다는 것을 아는 순간 그것들을 요란하게 요구할 것이다.

그러나 앞서 언급한 모든 생물학적 감지의 경이는 주로 외부 신호, 즉 우리 주변에 무엇이 있어서 신체에 영향을 미치는지에 기반해 건강 관련 데이터를 획득한다. 만일 우리 몸 안을 직접 살펴본다면 얻을 수 있는 데이터가 훨씬 많고, 한층 유용할 것이다. 몸 밖이 아닌, 몸 안을 통해 얻을 수 있는 정보가 더 많다는 점은 정보 획득 측면에서 오늘날 과학자와 엔지니어들이 맞닥뜨리는 가장 어려운 과제다.

소모품으로서의 컴퓨터와 디지털 트윈

과학자와 의사들은 살아있는 몸 안에서 어떤 일이 벌어지고 있는지 볼 수 있는 수단을 오랫동안 찾아왔다. 1896년 2월 3일, 미국 뉴햄프셔에 사는 소년 에디 매카시 Eddie McCarthy는 손목을 부러뜨렸고, 진단 X선을 처음으로 찍은 미국 시민이 되었다.[16] 그 X선은 하노버 외과의사 길먼 프로스트 Gilman Frost가 그의 동생이자 다트머스 대학교Dartmouth College의 물리학자인 에 드윈 프로스트Edwin Frost와 같이 찍은 것이었다.

사실 이 촬영은 또 다른 다트머스 물리학자 프랭크 오스틴Frank Austin의 재촉으로 이루어졌는데, 당시 그는 막 X선 사진 실험을 시작한 상황이었다. 오스틴은 빌헬름 뢴트겐Wilhelm Roentgen이 1895년 말 전자기 스펙트럼에서 기이한 부분을 발견한 직후, 몇 달 동안 관련 실험을 했다. (1901년 뢴트겐은 노벨 물리학상을 받았다.)

물리학에는 최초의 X선 사진에서부터 고해상 전신 이미지를 3D로 찍을 수 있는 현재의 X선 기반 기계까지 이어지는 흐름이 있다. 후자는 현재 CAT 스캐너*로 알려진 것으로, CAT는 컴퓨터 지원 단층 촬영Computer-Assisted Tomography 의 약자다. 컴퓨터 지원이 핵심이지만, 그런 기술이 가능할 것이라는 통찰 역시 그만큼 중요했다. 또 다른 물리학자(겸 치과 의사) 로버트 레들리 Robert Ledley가 관련 아이디어를 생각해 냈고, 1973년 기본 특허를 받았다.

혁신자들의 세계에 대해 많은 것을 말해 주는 여담 하나를 짚고 넘어가자. 레들리의 설명에 따르면, 그는 대학원에서 물리학을 공부하던 중 치의학 학위를 땄다. 왜냐하면 그의 아버지가 이렇게 말했기 때문이다. "너도 알겠지만 물리학자는 생계를 꾸릴 수 없다. 물리학자가 돈을 벌기 위해 유일하게 할 수 있는 것은 가난한 교수가 되는 것이다. 그러니 너는 치과의사가 되어야만 한다."[17] 어쨌든 우리는 치과 훈련에서 얻은 관점이 나중에 그의 풍부한 3차원 사고에 영향을 미쳤을지 모른다고 짐작할 뿐이다. 어느 쪽이든 레들리의 이야기는 의료 영상뿐 아니라, 과학과 기술 발전의 일반

---

* 우리나라에선 대개 CT스캐너로 부른다.

적인 전형이다.

인체의 내부 상태에 대한 비침습적 이미지를 생성하는 정보 획득 도구에서 중요한 기초 혁명은 거의 일어나지 않았다. 모두 물리학에서 발견된 현상을 응용했기 때문이다. 기본 세트는 놀랄 정도로 작고, 대부분의 기원은 수십 년, 심지어 한 세기 이상 거슬러 올라간다. 음향 감지로 이미지를 촬영하는 기술은 1851년 청진기와 함께 시작됐다. X선 촬영은 말했듯이 1900년경에, 최초의 광섬유 내시경 검사는 1954년경에 있었다(통신에서의 광섬유 발명을 앞선다). 그리고 최초의 CAT 스캔은 1973년, 최초의 MRI 촬영은 1977년경에 이루어졌다(역시 노벨 물리학상 수상으로 이어졌다). 1986년에는 최초의 초음파 3D 태아 영상이, 2001년에는 최초의 삼킬 수 있는 알약 카메라가 등장했다.

이상의 영상 장치imager 각각은 첫 발명 이후 급속도로 개선되어 왔으며, 앞으로도 계속 발전할 것이다. 최근 생체 분자 자기(MRI의 핵심 현상)에 대한 이해에서의 발전은 정말 급진적인 혁신의 잠재력을 시사하고 있다. 한 연구자에 따르면, 새로운 통찰을 가지고 현재의 병원 MRI를 "지난 40년간에 걸친 컴퓨팅 성능의 향상과 비교해 볼 수 있는데… 이제 확장 가능하고 저렴한 뭔가를 만들어 태블릿이나 스마트폰을 활용하는 시도를 하는 중이다."[18]라고 한다. 그 비전은 2020년대에 실현되지 않을 수 있지만, 방향만은 1990년경 스마트폰의 가능성이 그랬던 것만큼 확실하다.

다음으로, 인체 내부로부터 유용한 정보를 얻을 수 있게 해주는 기술 세트에는 소모품으로서의 컴퓨터가 있다. 좀 더 정확하게 표현하면, 스마트 바이오전자 센서 형태로 삼키거나, 주사하거나, 몸에 이식할 수 있는 컴퓨터다. 그런 부류의 바이오전자 소자를 생산하고 FDA의 허가를 획득하는 데(지금 실제로 벌어지고 있다) 필요한 생체 적합 소재를 개발해 사용할 수 있는 기법은 이제 상상을 벗어나 상업화 파이프라인 속에 자리 잡을 정도로 발전했다. 기술 문헌은 체내에 있는 화학 및 생물학적 마커를 측정 및 모니터링하거나, 심지어 혈관 내 영상을 찍을 수 있는 센서의 발전으로 넘쳐난다.

또한 이제 소화 가능한 센서가 하루 1알의 비타민정에 안 보이게 내장되어, 아침 식사 루틴의 일부가 되는 미래도 합리적으로 기대할 수 있게 되었다. 알약을 삼키면 내장 센서가 스마트폰에 약을 전부 복용했는지, 제시간에 복용했는지, 어디서 구입했는지, 언제, 누가 제조했는지 등을 알려준다. 초기 스마트 알약 제품들은 대개 실패로 끝났다. 실패 원인 중 하나는 너무 고가의 기술이었기 때문이다.[19] 하지만 정보 중심의 제품이나 서비스가 다 그렇듯이 그런 제약은 일시적이다. 미국전기전자엔지니어협회 IEEE, Institute of Electrical and Electronics Engineers 학술지가 그 이름 〈생체의학 및 보건 정보학 저널 Journal of Biomedical and Health Informatics〉에서 분명히 밝힌 것처럼, 이 전문 분야는 이제 발견 자체보다는 공학에 더 가깝다. 현재는 대략 1980년경의 기계 센서와 정보 과학에 해당하는 단계에 와 있다.

그리하여 가까운 미래에 심각한 의료 개입이 요구될 때는 스마트 바이오전자가 피하에 배치되거나 조직에 맞는 임플란트로 이식되어 중병을 모니터링하고, 중요 지표에 이상이 발생하면 주치의에게 자동 경고함으로써 수술 후 회복을 추적할 수 있게 할 것이다. 그럼으로써 관찰 영역에서 치료 영역을 향해 점점 더 풍부한 정보 흐름을 만들어 나갈 것이다.

기관별 데이터부터 몸 전체 이미지까지, 모든 정보는 서로 다른 리포트나 파일에 수집된 후, 진단 전문가가 우리 몸에 무슨 일이 일어났고 어떻게 대처하고 있는지를 통합된 그림으로 종합하고 정리하는 데 필요한 일련의 정보를 구성한다. 그 상이한 데이터 세트의 모음이 확장되면서 이제 진단 의들은 AI 엔진의 엄청난 활용성에 눈을 떴다. AI만이 이 독립된 정보 세 트를 동시에 볼 수 있기 때문이다.

왓슨 슈퍼컴퓨터와 IBM은 공로를 인정받을 자격이 충분하다. 설사 성공 하지 못하더라도, 눈보라처럼 쏟아지는 대량의 건강 데이터를 관리하고 이 해하는 일을 지원하고, 임상의에게 실시간 의료 분석 및 조언을 제공하는 AI 엔진의 가시성을 향상시킨 것만으로도 칭찬받아야 한다. 맞다. 2011년 TV 퀴 즈쇼 제퍼디Jeopardy에서 역대 인간 챔피언 두 명을 물리치며 공적 생활을 시작 한 그 인공지능 '왓슨'이다. 확실히 이목을 끌기 위한 홍보 수단이긴 했다.

하지만 진정한 목적은 교통 통제와 공급망부터 날씨 예보와 헬스케어까 지 온갖 복잡한 문제에 적용 가능한 새로운 AI 소프트웨어의 유용성을 입 증하는 것이었다. 왓슨의 기념비적인 제퍼디 출연 이후 10년 동안, 크고 작 은 무수한 기업이 의학적 조언을 제공하기 위한 AI 엔진을 발명하거나 시 장에 내놓았다. (그리고 2021년은 IBM이 그 왓슨 헬스Watson Health 사업을 매각한 다는 루머로 시작했다.)

고밀도 바이오 이미징 데이터 세트와 클라우드 슈퍼컴퓨팅 간 결합의 절정은, 바로 바이오 **디지털 트윈**digital twin 이다. 디지털 트윈은 기계나 시스템 의 슈퍼컴퓨터 디지털 모델이다. 이 디지털 쌍둥이는 물리 세계에 있는 짝 (또 다른 쌍둥이)에 내장된 센서가 수집한 고도로 세분화된 실시간 데이터 와 짝을 이룸으로써, 그 현실 세계 짝의 작동을 최적화할 뿐 아니라, 더 정 확하고 빠르게 (불가피한) 오류에 대한 포렌식 검사를 진행할 수 있다. 또한 예측 장애 분석에 관여하거나, 기계 설계/시스템 변경 또는 업그레이드에 대해 현실적인 가상 실험을 수행하는 것도 가능하다.

이를테면 유나이티드 테크놀로지스United Technologies는 가상 테스트 비행을 크레이Cray 슈퍼컴퓨터 안에 사는 디지털 쌍둥이 헬리콥터로 진행했다. 그것은 설계 혁신을 가속화할뿐더러 아주 안전하다. 교통, 화학 공정, 발전소를 비롯해, 이론적으로는 모든 대상을 모델링하는 관리 하드웨어나 시스템에도 유사 기능이 존재한다. 산업과 공급망 차원에서는 수십 년간 단지 개념에 불과했던 디지털 트윈의 꿈은, 2020년에는 40억 달러에 육박하는 글로벌 산업으로 탈바꿈했다. 그리고 2020년대를 절반도 채 지나기 전에 10배 이상 성장하리라 예측되고 있다.[20]

원칙적으로 충분히 세분화된 정보와 강력한 컴퓨팅 성능만 있으면, 생물학적 디지털 쌍둥이로 특정 치료제가 세포 수준까지 미치는 영향이나 일부 외과 수술의 최적 결과를 예측할 수 있다. 20년 전 산업 응용 분야와 마찬가지로 바이오 디지털 트윈의 로드맵 역시 명확하다. 이 아이디어는 '가상 생리학적 인간VPH. Virtual Physiological Human'이라고도 불린다. 처음에는 보편적 VPH로 시작해 아직은 열망에 불과하지만, 결국 개개인의 바이오 디지털 트윈이 될 것이다.[21]

마치 가상 헬리콥터처럼, 현실적인 VPH는 약물이나 의료용 임플란트를 시뮬레이션 환경에서 테스트하는 데 이용할 수 있다. 그런 바이오 디지털 트윈은 고위험에 부수비용이 많이 드는 상황에서 처음 사용처를 찾을 수 있을 것이다. 그런 상황은 통상 중환자 치료 또는 중대한 질병 관리, 많은 데이터와 이미지가 가장 쉽게 모이는 임상 환경에서 발견된다.

하지만 선진국에 사는 모든 사람이 언젠가는 스스로의 바이오 디지털 트윈을 클라우드에 가지게 될 것이라는 아이디어는, 1980년대에 언젠가 수십억 명의 사람이 개인 디지털 휴대폰에 당시 지구상에 존재했던 IBM

메인프레임 컴퓨터 1만 대를 합친 것보다 더 큰 컴퓨팅 성능을 가지고 다닐 것이라고 예상했던 것보다 더 환상적인 일은 아니다. 최첨단 바이오 디지털 트윈 개발을 선도하는 NTT 리서치_{Research}의 CEO 고미 카즈히로_{Gomi Kazuhiro}는 이를 다음과 같이 간결하게 표현했다. "신흥 기술들은 더 이상 그렇지 않을 때까지 미래 지향적 모습을 보일 수 있다. 그렇지만 특정 티핑포인트 이후에는 그것들이 없던 삶을 기억해 내기가 힘들어진다."[22]

개인 바이오 디지털 트윈의 티핑포인트가 가시권에 들어서긴 했지만, 상업적 실현은 2020년대 전부를 투자하고 나서야 비로소 펼쳐질 것 같다. 하지만 그것을 추구해 가는 과정에서 이미 놀랍도록 유용한 범용 바이오 디지털 트윈 기술이 등장해, 교육뿐 아니라 의료기기 설계와 수술 계획에 특히 도움이 된다. 범용 바이오 디지털 트윈은 인체 내부를 3차원으로 보는 일종의 '구글 어스_{Google Earth}'라고 생각할 수 있다.

10여 년 전, 엔지니어 프랭크 스컬리_{Frank Sculli}가 그 이름도 적절한 회사 바이오디지털_{BioDigital}을 공동 창업하면서 이렇게 말했다. "신체를 표현하는 것만큼 3D가 의미 있는 곳은 실로 어디에도 없다."[23] 그 회사의 동명 바이오 디지털 제품과 몇몇 경쟁사의 제품은 이미 실제로 사용되고 있다.[24]

데이터가 매우 방대한 바이오 디지털 시스템은 클라우드 전까지는 실전 배치가 어려웠다. 디지털 센서의 무리로부터 획득한 컴퓨터 이미지와 정보를 융합하는 클라우드가 없었다면, 여전히 바이오 디지털 트윈은 가능성보다는 개념에 머물러 있었을 것이다.

데이터 레이크에서 의약품 인쇄까지

2020년 팬데믹에 대한 초기 대응 중 하나는 세계에서 가장 강력한 슈퍼 컴퓨터 수십 대의 목표를 대대적으로 재설정하여, 세계 곳곳의 연구팀이 무서운 코로나바이러스를 집중적으로 연구할 수 있도록 지원하는 것이었다. 연구는 코로나 전파 메커니즘의 이해에서 완화 분석, 실행 계획 관리, 특히 치료제 개발 가속화에 이르기까지 모든 것을 망라했다. 역사상 그렇게 많은 실리콘이 하나의 문제와 싸우는 데 집중된 적은 없었다. 200개 가까운 연구팀이 사용한 슈퍼컴퓨팅 용량은 총 600 페타플롭스Petaflops *에 달했다.[25]

그런 정보 성능의 규모를 상상하는 한 가지 방법은, 현대 컴퓨팅의 놀라운 효율에도 불구하고 세계 10대 슈퍼컴퓨터의 연간 에너지 수요가 1년에 1만 마일(약 16,000킬로미터)씩 주행하는 테슬라 200만 대의 에너지 소모량과 맞먹는다는 점을 고려하는 것이다.[26] 2020년에는 종래의 모든 클라우드 컴퓨팅은 말할 것도 없고, 막강한 알고리즘 연산 능력의 상당 부분이 의료 연구자들의 군사 작전에 투입됐다.[27]

앞서 언급한 한 가지 예에서, 테네시 대학교의 과학자들은 오크리지 국립 연구소의 서밋Summit을 이용해 코로나바이러스를 막을 수 있는 화합물을 수개월이 아니라 단 수일 만에 찾아냈다. 놀라운 일이지만, 그 정도의 슈퍼 컴퓨팅은 조만간 클라우드에서 흔하게 쓸 수 있을 것이다.

앞으로 과학자와 슈퍼컴퓨터, 그리고 제약 회사와 클라우드에서 그런

---

* 1초당 1,000조 번의 연산 처리를 뜻힌다.

유틸리티급 컴퓨팅을 제공하는 실리콘 거인들 간의 공조 추세가 가속화되는 것을 기대할 수 있다. 2020년 말 두 번째로 빠르게 COVID-19 백신을 시장에 내놓은 모더나Moderna는 아마존의 '탄력적elastic' 클라우드 컴퓨팅을 이용한다. 사용자가 마이크로프로세서 시간 소비량을 필요한 만큼 즉시, 거의 제한 없이 늘릴 수 있기 때문에 탄력적이라는 말을 쓴다.

구글의 자체 클라우드 기반 탄력적 컴퓨터 엔진, 딥마인드DeepMind는 2018년 단백질이 접히는 방식을 예측하여 유명세를 얻었다. 이는 난해하지만 매우 중요한 과제이며, 지금까지는 그걸 알 수 없어 분자 수준에서 약물을 설계하는 게 거의 불가능했다. 그보다 몇 년 앞서 마이크로소프트는 미국 국립과학재단과 함께 클라우드 파마슈티컬스Cloud Pharmaceuticals라는 스타트업에 투자했다. 이 두 단어는 미래 치료제를 찾기 위한 구조를 일컫는 이름이었다.

신약 개발의 길은 필연적으로 임상 실험에서 많은 사람에게 그것을 테스트하고 정보를 수집하는 일을 수반한다. 이제 클라우드 덕분에 이 작업은 훨씬 더 쉽고 빨라졌다. 그리고 신약을 현장 시험field trial에 도입하기 전에, 생물학과 실리콘의 가상 융합이 아닌 문자 그대로의 형태로 안전성을, 궁극적으로는 약효를 테스트하기 위한 또 다른 정보 중심의 도구가 있다. 바로 **장기 칩**organ-on-a-chip이다.

최초의 장기 칩이 등장한 것은 불과 20년 전이다. 실리콘 논리를 위해 개발된 기계에 소재와 3D 프린터의 발전이 결합되어 일어난 파급 효과의 또 다른 사례였다. 인공적으로 극소량 배양한 살아 있는 단일 세포(이를테면 간이나 피부 세포)를 실리콘이나 유리 같은 표면에 유체를 실어 나르는 특수 하이드로겔 및 마이크로채널과 같이 올려놓음으로써, 세포 유사체인 미생물 기계를 만들 수 있다. 기술 용어로는 미세생리학적 시스템, 아니면 간단히 '**오가노이드**organoid'라 한다.

그 이후부터 연구자들은 지속적으로 제조 기술을 개선하여 기능적 폐, 장, 심장 조직 오가노이드를 개발했다.[28] 그런 오가노이드는 특정 유형의 조직에서 신약이 보이는 독성과 효능을 사전 평가하게 해준다. 언젠가, 오가노이드는 생물학적으로 특정 개인과 일치하게 될 것이다. 그리하여 개인마다 주요 장기의 조직이 자라고 기능적으로 통합되는 일종의 '바디온어칩body-on-a-chip'을 보유하게 될 것이다. 이미 도구와 지식은 존재하기 때문에, 이제 그런 경이를 실현해 낼 창안자만 있으면 된다.

오가노이드를 만들 수 있게 해주는 3D 프린팅 기술 역시, 약품을 직접 생산하는 방향으로 나아가고 있다. 산업에서 초고도 맞춤 생산을 가능케 한 것처럼, 3D 프린터는 생물학에서도 특별한 성분을 함유하거나 고도화된 특수 공식을 가진 약품 생산에 쓰일 수 있다. 특히 적은 양만이 필요한 경우에 더욱더 유용하다. 수많은 희소 질환의 공통된 도전은 대량 생산 치료제의 메커니즘이나 규모의 경제를 따르기 어렵다는 것이다. 현실에서 어떤 공식은 인류의 아주 작은 틈새에서만 치유력을 발휘하며, 다른 대부분의 사람에게는 중립적이거나 심지어 유독하다. 그러므로 초고도의 특효약이 필요한 것이다. 2015년, FDA는 최초로 3D로 인쇄한 약품(간질을 위한 발작 치료제였다)을 승인했음을 발표했다.[29] 다른 약품들도 파이프라인에서 차례로 승인을 기다리고 있다.

건강 데이터의 규모, 다양성, 특수성이 확장되어 감에 따라, AI를 활용한 현대 분자 의학이 언젠가는 개인의 특수 질환 치료법을 발굴하고 엔지니어링하는 날이 올 것이다. 오늘날 우리의 눈에 19세기의 사혈瀉血, bloodletting이 시대착오적으로 보이는 것처럼, 가까운 미래에는 지금의 의약품 패러다임이 그렇게 보일 것이다.

내 친구 피터 후버_{Peter Huber}가 그의 2013년 책 〈코드의 치료법_{Cure in the Code} 〉에서 잘 요약했듯이, 헬스케어의 진보는 진공관 시대에 닻을 내리고 있는 구시대적 규제에 의해 지연되어 왔다. 2020년 팬데믹에 대한 정부 대응에서 엿볼 수 있는 한 가닥 희망은, 디지털 치료제의 해방을 위한 규제 완화의 가속화였다. 이제 기술은 우리 몸 안에서, 심지어 세포와 분자 기계 molecular machinery * 안에서까지 무슨 일이 벌어지고 있는지 알려준다. 피터가 말했듯이 미래의 의사는 더 이상 맹인이 되지 않을 것이다.

---

* 특정 자극에 반응하여 준 기계 운동을 생성하는 분자 구성 요소

헬스케어: 헬스케어 서비스의 로봇화

●

**역사 속에서 인간은 단지 손상된 것만을 고칠 뿐 아니라 그들 자신을 강화하려고 노력해 왔다는 것이다.
사람에게는 항상 정신의 명민함을 향상하려는 바람이 있었다.**

●

두 영국 경제학자(찰스 굿하트, 마노즈 프라단)의 최근 저서 〈인구 대역전: 인플레이션이 온다 The Great Demographic Reversal〉은, 불가항력의 인구 통계학적 변화에 의한 상전벽해가 임박했음을 입증하는 아주 드문 연구 중 하나다.[1] 인간이 너무 많아질 것이라고 말한다면 오해다. 세계 인구는 이번 세기가 끝나기 전, 아마도 2064년쯤 정점에 이르고, 그 후로는 거대한 문화적 변화가 없는 한 감소하기 시작할 것이다.

인구 감소는 수년간 점점 분명해지고 있는 도전을 현실화할 것이다. 예를 들어, 미국은 2035년까지 65세 이상 인구가 18세 이하 인구보다 많아질 것이다.[2] 이와 유사한 전통적인 인구 연령 분포(역사를 통틀어 항상 젊은 사람이 나이 든 사람보다 많았다)의 대역전은, 다른 선진국에서는 심지어 더 빨리 일어날 것이다. 이 추세는 더 긴 수명에 더 낮은 출생률이 더해지면서 가속화된다.

의료와 생활 조건 개선이 큰 역할을 한 이 인구 통계 피라미드의 대역전이 고령 세대를 위한 더 나은 헬스케어 서비스에의 수요 증가에 기여할 것이다. 이는 한편으로 줄어든 젊은 노동력으로 상품을 생산해 내야 한다는 기념비적인 도전의 전조이기도 하다. 〈인구 대역전〉의 저자들은 수요 증대와 동시에 발생하는 이 공급 능력 저하가 급격한 인플레이션을 야기할 것이라 우려한다. 하지만 희망을 품어도 될 이유가 있다. 그것은 백 년에 한 번꼴로 일어나는 경제 생산성의 급진적인 도약 가능성(이 책에서는 확실하다고 주장하고 있다)이다. 경제 생산성의 폭발은 인플레이션을 본질적으로 억제한다. 역사는 경제학자들이 일반적으로 이런 종류의 기술 혁명을 예측하는 데 실패한다는 것을 보여주었다.

인구 통계학과 관련해서는 또 다른 미지수가 있을지 모른다. 지난 한 세기 동안 더 오래 살고, 부유한 인구가 자녀를 더 적게 낳아 왔다는 행동 경향의 추세다. 모든 예측가는 그런 추세가 1,000년을 이어온 대가족 제도로 돌아가는 일은 결코 없을 것이라 가정한다. 그러나 유행과 관습 규범에 의해 주도되는 행동의 예측에 관련해서는, 최상위 소득 집단이 보이는 최신 행태를 살펴보는 것이 더 많은 인구의 미래를 예측하기 위한 주요 실마리가 된다. (역사가 보여주었으며, 모든 B2C 기업이 알고 있는 사실이기도 하다.) 부가 저소득층 쪽으로 확장됨에 따라, 그들의 행동(과 구매)은 종종 이전에는 상위 10%만 누릴 수 있었던 것을 따르게 된다. 그 대상은 휴가부터 음식과 의복에 이르기까지 온갖 것을 망라하는데, 이제는 아마 자녀도 포함될 것이다.

2020년대가 도래하고 대봉쇄로 인한 '행동의 대공백'에 접어들기 직전, PEW 리서치는 20년 전과 비교해 '고등 교육을 받은 여성'의 가족 규모가 통계적으로 커지고 있다는 연구 결과를 발표했다. 이에 따르면, 특히 3명 이상의 자녀를 둔 비율이 커졌다고 한다.[3] 이런 최신 추세가 지속될지, 더 나아가 보다 광범위한 인구에 파급효과를 가질지는 모른다. 하지만 미래에 대해 우리가 분명히 알고 있는 세 가지가 있다.

먼저 정부가 심각한 부정행위나 엄청난 우행을 저지르지 않는다면, 실존적 불운(이를테면 소행성과의 충돌)이 없는 한 미래 사람들은 지금보다 더 부유할 것이다. 기술의 진보 때문이다. 그리고 수십 년간은 지구에 아직 더 많은 사람이 살아 있을 것이며, 사회는 아주 오랫동안, 전체적으로 늙어갈 것이다. 미래 사회가 더 크고 부유해질 수도 있고 아닐 수도 있지만, 그와 상관없이 자녀의 부모, 노쇠한 부모의 성인 자녀들 그리고 노쇠한 부모 자신을 포함해 모두가 같은 것을 원할 것이다. 바로 더 오랜 삶을 영위하기 위한 더 나은 헬스케어 서비스를 말이다.

시시포스* 와 100만 시간의 장벽 부수기

인간은 가능한 한 오래 살기를 원하는 내재된 욕망을 가지고 태어난다. 하지만 모든 인간은 비슷하게 하나의 '은행 계좌'를 가지고 태어난다. 계좌에는 단 100만 시간, 약 114년의 최대 잠재 수명이 들어 있다.

물론 인류가 언젠가 그 장벽을 돌파할지 모른다고 생각하는 것이 전적으로 불합리한 예측은 아니다. 우리는 일부 복잡한 생물학적 시스템이 100만 시간의 벽에 구멍을 냈다는 것을 알고 있다. 물론 아주 적은 수이고, 적절한 환경과 유전적 조건을 분명히 요구하기는 하지만 말이다. 여기서 말

---

* 시시포스(Sisyphus)는 그리스 신화에 나오는 코린토스의 왕으로 교활하고 못된 잔꾀가 많기로 유명했다.

하는 '복잡한' 생물학적 시스템은 4,000년 된 그레이트베이슨Great Basin *의 브리슬콘bristlecone 소나무나 이와 비슷하게 오래 사는 식물이 아니다. 200년 까지 살 수 있는 거대한 북극고래(활머리고래)나 400년까지 살 수 있는 그린란드상어 같은 생명체다. 연구자들은 이런 부류의 종들에서 세포 복구의 분자 기작의 비밀을 간절히 찾고 있다.

기네스북 세계기록 관계자들은 오직 100명의 사람만이 114세, 혹은 그보다 살짝 더 오래 산 것으로 기록되어 있다고 말한다. 그들은 100만 시간의 최대 수명에 도달한 것이다.[4] 물론 창세기의 므두셀라Methuselah부터 아서 왕 전설에 등장하는 갤러해드 경Sir Galahad에 이르기까지 그보다 더 오래 산 사람들의 신화적 이야기도 있다. 하지만 벤 프랭클린Ben Franklin의 유명한 말을 떠올려 보자. "죽음과 세금 말고는 확실한 것이 없다."

프랭클린은 84세에 사망했지만, 그 당시 미국인의 평균 수명은 약 40세에 불과했다. 다른 선진국 대부분과 마찬가지로 현재 미국의 출생 시 기대 수명 평균은 약 80세다. 물론, 이것은 여전히 인구의 절반은 '최대' 수명 (114세)의 약 3분의 1을 다 못 쓴 채 떠난다는 의미이지만, 분명히 엄청난 변화다. 현대화의 거침없는 진보는 그 최대치를 더 많이 가져가는 인구의 비율이 지속해서 증가하는 방향으로 수명 곡선을 구부려 왔다. (그림 22.1)

값비싼 수명 연장 기술을 더 많이 도입하는 한 가지 방법은 무엇보다도 기본적이다. 즉, 전반적으로 부가 증대되면 무엇을 사든 상대적인 비용이 감소한다는 것이다. 간단히 말하면 조기 사망의 치료법은 부이다. 이는 아동 사망률에서는 확실히 사실이다. 통계에 따르면, 전 세계적으로 1인당 소득 증가와 아동 사망률 감소 간에는 뚜렷한 상관관계가 존재한다.[5]

하지만 그림 22.1에 나타나는 추세는 사회의 전체 평균 수명의 한계를

---

* 미국 서부 네바다주에 위치한 국립 공원

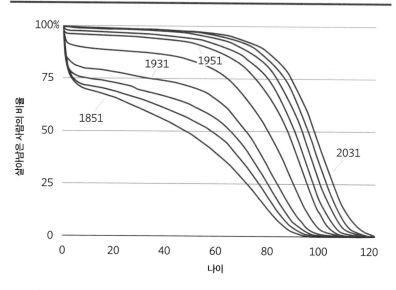

그림 22.1 자연의 공격에서 살아남아 수명 곡선을 바꾸다

출처: 막스 로저(Max Roger), 아워 월드 인 데이터(Our World in Data), 영국 국가 통계청(Office for National Statistics) 데이터

- **참고:** 데이터는 모든 산업화 국가의 추세를 대변하지만, 이 특정 실제 사례는 오랜 시간에 걸쳐 일관적으로 기록을 관리해 온 영국에 관한 것이다.

초월하기가 더 어려워지고 있음을 보여준다. 수명이 가장 크게 늘었던 것은 1851년 시작된 산업화의 첫 세기 동안이었다. 1951년부터는 점차 성장이 더뎌졌다. 기술과 기법이 성숙하면서 친숙한 수확 체감의 법칙이 등장하고 다음 변곡점을 기다려야 할 시기가 된 것이다. 인간 생물학의 복잡성에 관한 한 근본적인 변곡점은 드물며, 그 응용도 가장 어렵다. 하지만 여기서도 상변화가 다가오고 있다는 증거가 있다.

다가오는 10년 혹은 20년 이내에, 노인학 및 노화의 분자 역학molecular mechanics에서 전혀 뜻밖의 비밀이 드러날 것을 기대할 수 있다. 노화의 과학은 단계 변화step change를 맞을 준비가 되어 있다. 이와 연관된 세포 노화의 결과 일부를 복구하기 위한 신흥 세놀리틱senolyic * 약물도 마찬가지다.[6] 하지만 새로운 과학적 기적이 도래하기 전에, 헬스케어 기업들이 다른 시장의 기업들과 똑같은 일을 하는 것을 보게 될 것이다. 바로 혁신적인 신소재를 작업에 투입하고, 더 많은 로봇을 고용하는 일이다.

로봇, 병원을 침공하다

1961년, 기초 수준의 외팔 로봇 유니메이트를 자동차 조립 라인에서 사용하는 것이 허가되었다. 그런데 그 허가를 내린 것은 규제기관이 아니라 엔지니어였다. FDA가 최초의 로봇 수술 보조 기계를 승인한 것은 1994년이 되어서였다.[7] 그것 역시 기초 수준의 외팔 기계였다. 로봇의 이름은 이솝AESOP, '광학 포지셔닝용 자동 내시경 시스템Automated Endoscopic System for Optical Positioning'을 영리하게 압축한 두문자어였다.

그로부터 6년이 지난 2000년, 21세기는 아마도 가장 유명한 수술 로봇일 인튜이티브 서지컬ISRG의 '다빈치da Vinci'가 FDA의 승인을 받는 것으로 시작했다. 인튜이티브 서지컬은 다빈치의 연구를 1980년대에 시작해, 첫 시제품을 1990년에 만들었고, 이제는 5,000대 이상의 다빈치 기계를 전 세계 수술실에 설치했다. 최근의 과학 평론

이솝(AESOP)을 수술실에서
사용하는 모습
(출처: ResearchGate)

에 따르면, 수백만 건의 시술을 수행하면서 다빈치는 "사용 편의성과 빠른 회복 시간 덕분에 외과의사와 환자 모두로부터 사랑받게 됐다."[8]고 한다.

인튜이티브 서지컬의 공동 창립자 중 한 명이 2007년 시작한 오리스헬

---

* 'senescence(노화)'에 접미사 '-lytic(파괴하다)'을 합친 것으로, 조직 기능을 저하시키는 노화 세포만 선별적으로 파괴하는 약물이다.

스_{Auris Health}는, 2018년 한 종류 이상의 수술을 반자동으로 지원할 수 있는 운용 유연성과 부드러운 팔을 겸비한 AI 기반 수술 로봇에 대한 FDA 승인을 받았다. (2019년 존슨앤드존슨이 그 회사를 30억 달러에 인수했다.[9]) 2013년에는 의료 로봇 회사인 마코 서지컬_{Mako Surgical}이 의료 테크 기업인 스트라이커_{Stryhker}에 17억 달러에 팔렸다. 마코의 무릎과 고관절 치환 로봇 기계는 CT 스캔을 통해 고해상도 모델을 만들고, 일종의 3D 지도를 이용해 수술을 진행한다. 이미 수백 곳의 병원에서 사용되고 있으며 수만 건의 협동 수술을 수행했다.

2020년대가 시작될 무렵, 일반 외과 수술의 약 20%가 로봇을 사용했는데, 이는 불과 10년 만에 10배나 뛰어오른 것이다. 그 정도면 의료계에서는 광속 성장이다. 로봇 보조 수술은 2020년까지 연간 50억 달러에 달하는 산업이 되었다. 2025년이 되기 전 5배 더 성장할 것으로 기대된다.[11]

로봇은 수술실 밖의 헬스케어에도 모습을 드러내고 있다. 2014년, 리워크_{ReWalk}는 동력식 개인 의료 외골격으로서 최초로 FDA 승인을 받았다.[12] 재활용 외골격(사실은 코봇)인데, 군사 및 산업 시장에서 사용되는 것과 운용상으로는 유사하다. 기술 발전으로 기계 착용의 편안함과 편의성이 한층 좋아져, 실질적으로 응용 분야가 확장될 것으로 보인다. 개선된 소프트웨어 제어도 한몫할 것이다. 특히 소프트웨어 제어 기술의 향상은 외골격 착용자가 쉽게 넘어지지 않을 것을 보장해 줌으로써, 이와 관련된 특수한 우려를 잠재울 수 있다. 신경 신호로 제어되는 매끄럽고 자연스러운 스마트 인공 기관들에 대한 전망은 계속해서 개선되고 있다. 강력한 AI와 결합된 우수한 센서는 생체 전자기 신호(신경 시스템의 디지털 배기●)를 해독할 수

● '디지털 발자국'이라고도 하며, 개인이 웹 사이트 및 서비스와 상호 작용할 때 생성되는 '모든 정보' 또는 '소비자 데이터'이다. 여기서는 신경 시스템이 우리 몸에서 생성하거나 저장하는 생체 데이터를 의미한다.

있으며, 이 신호는 이미 의수나 의족에 가장 기초적인 행위를 지시하는 데 활용되고 있다.

좀 따분한 부분에서는 헬스케어 로봇과 운송 드론들이 간호사 물자 보급이나 병원 간 자료 전달 등 다양한 노동력 문제를 완화해 준 덕에, 규제 기관이 헬스케어 비용을 절감하기만을 기다릴 필요가 없어졌다. 중환자와 외상 환자들을 밀집된 도시 환경에서 공중 이송하기 위한 드론 서비스도 개발 중이다. 기존의 헬리콥터를 운용할 수 없거나 너무 비싼 경우 좋은 대안이 될 것이다.

코로나바이러스 발병으로 더 빠르고 저렴한 청소의 필요성이 증대되자, 한 혁신가가 인텔의 모비디우스 AI 비전 칩과 오픈소스 로봇 플랫폼을 이용해 방을 자동으로 소독하는 바퀴 달린 UV 조명기를 만들었다. 전체 청소 시간은 (최소한의 인간 도움을 포함해) 방 하나당 1시간에서 15분으로 확 줄었다. 이 로봇 UV 클리너의 판매가 2020년 급등한 것은 놀랄 일이 아니며, 일부는 수백 퍼센트까지 늘었다.[13]

역시 산업과 군사 기술의 궤적을 그대로 따라가는 것은 센서 기술과 수술 시뮬레이터다. 이제 외과의사는 환자의 몸 위에 CT와 MRI 스캔으로 가져온 3D 이미지 영상을 덧씌워, (이전에는 만화책에서나 상상했던) 일종의 실시간 X선 비전을 볼 수 있게 되었다. 가상 현실 오버레이 지원을 통한 최초의 수술은 마이크로소프트의 홀로렌즈HoloLens를 이용해 2018년 런던 임페리얼 칼리지Imperial College에서 이루어졌다.[14] 그리고 파일럿이 실제로 새 항공기를 조종하기 전에 비행 시뮬레이터를 이용해 훈련하는 것처럼, 수술 시뮬레이터가 의사들이 특정 환자의 수술을 준비하게 도울 수 있다. 그런 VR 시뮬레이터와 조력 기술은 보잉과 벨Bell 헬리콥터에서 보던 것들과 동일하다.

마침내 기술은 외과의사들에게 유용해지고 있다. 전 이스라엘 전투기 조종사였던 모티 아비사르Moty Avisar는 이런 운영상 유사하지만 완전 별개인 영역 간의 융합을 수렴하여 서지컬 시어터Surgical Theater를 설립했다. 수술 계획 및 훈련을 위한 고해상도 3D 이미지의 모든 양식을 통합하기 위해서였다. 이 회사는 '구글 어스'류의 신체 내비게이션을 제공하여, 의사들이 환자와 학생들에게 상태나 절차를 설명할 수 있도록 했다. 단지 개념 차원의 기계가 아니며, 스탠퍼드부터 메이요 클리닉까지 의과 대학 부속 병원에서 실제로 사용되는 제품이다. 그리고 2020년대가 끝나기 전에 우리는 이보다 더 진화한 시뮬레이터들을 보게 될 것이다. 그중 하나는 디지털 복제품의 촉각 피드백을 느낄 수 있는 장갑을 낀 외과의사가, 진짜처럼 느껴지는 가상 장기에서 수술을 실습할 수 있게 하는 것이다.

장기 프린트와 인간 증강

지금의 논쟁은 헌재 진행 중인 신보가 과연 언제 생물학적 '잉크'를 직접 환자의 장기에 프린트해 손상을 복구하거나 치료에 속도를 높이는 기술을 내놓을 것인가이다.[15] 그것이 가능한지 여부를 논의하는 건 이미 지나간 얘기이고, 심지어 전체 장기를 프린트할 수 있는 3D 프린터 얘기까지 나오고 있다.

2016년, 의료용 펌프, 스텐트stent, 의수, 보행용 휠체어, 세그웨이segway 등을 연쇄적으로 발명한 딘 케이먼Dean Kamen이 첨단 재생 제조 연구소Advanced Regenerative Manufacturing Institute, 혹은 ARMI라는 이름의 이니셔티브initiative를 시작했다. (케이면은 다른 건 몰라도 가장 영리한 약어상은 수상할 수 있을 것 같다. 그 프로젝트가 미 국방부의 자금 지원을 일부 받은 이유일 것 같다.) ● 비영리 컨소시엄인 ARMI에는 약 170개 회사와 연구 기관이 참여하여, 인간 장기를 대량 생산하는 데 필요한 일련의 전문 기계 발명을 목표로 했다. 일부 협력자들은 그런 비전에서 몇십 년은 떨어져 있다고 생각하지만, 케이먼은 다르게 말한다. "10년 안에, 결함이 있는 조직이나 조직의 일부를 프린트하는 일은 많은 표준 의료 절차처럼 흔해질 것이다."[16]

그것의 목표는 앞에서 강조한 '장기 칩organ-on-a-chip'과 조직 세포의 아주 작은 축적이 논리적으로 최종 종착지이다. 또다시 이것은 우리의 친근한 세 기술 영역 즉, 새로운 소재, 새로운 기계 그리고 혁신적 마이크로프로세서에서 작동하는 첨단 알고리즘의 융합을 대표하는 기술이다. 한 예로 3D 프린터의 정밀도는 (고해상도 영상과 결합해) 생체에 적합한, 심장 모양의 비계scaffolding 제작을 가능하게 했다. 그리고 나서 영양 하이드로겔 매질(자체가 마술 같은 소재다)에 담긴 살아있는 세포들을 비계에 주입해 성장시키면 모형 주위에 심장을 형성하게 된다. 특정 세포가 스스로 심장이 될 것임을 알고 빠르게 성장할 수 있다는 발견은 야마나카 신야Yamanaka Shinya의 공이 크다. 그는 성숙한 세포에서 미숙한 성장 준비 상태로 돌아갈 수 있게 하는 유전자 지도를 확인했다. 그렇게 하는 데 태아의 줄기세포는 필요 없었다. 이 발견은 그에게 (존 B. 거든 경Sir John B. Gurdon과 공동으로) 2012년 노벨 생리의학상의 영광을 안겼다.

전 세계의 불만이 극도에 달한 2020년 여름에 세상의 이목을 끌지는 못했지만, 미시간 대학교의 연구자들이 1인치(2.54센티미터) 정도로 아주 작

● 'ARMI' 이니셔티브의 이름이 미 육군을 칭하는 'ARMY'와 비슷하다는 데서 기인한 저자의 생각

지만 고동치는 인간 심장을 3D 프린팅하는 데 성공했다.[17] 불완전한 조직이었으나, 단지 부분적인 심장에 그쳤던 이전의 인쇄 구조를 능가하는 것이었다. 딘 케이먼이 상상했던 것보다 갈 길이 더 멀지도 모른다. 하지만 지금부터 언젠가 외과의사들이 초개인화로 프린트된 대체 장기를 이식하는 날까지는 거침없는 전진만이 있을 뿐이다.

마지막으로, 이제 과학자들은 환자의 고유 DNA 지도를 이용해 설계된 초개인화 치료법으로 가는 길이 있다는 것을 안다. 바로 그 사람의 특정 코드에서 손상된 매우 특정한 부분만을 복구하도록 유전적으로 조작하는 것이다. 그런 치료법은 일종의 합성생물학으로, 천천히 부상하여 아마도 다음 10년이나 20년 안에 성숙할 것이다.[18] 하지만 과학적으로는 신뢰할 만하더라도, 유전공학 규모에서 실질적으로 실행하는 일은 양자 컴퓨터나 핵융합의 전망과도 비슷하다. 과학적인 길은 아마 상상 가능할 터이나, 실제 구현에는 아직 수십 년이 더 지나야 한다.

장기적인 미래는 차치하더라도, 모든 사람이 이미 부상 중인 인간을 마치 기계처럼 증강하거나 향상시키는 기술을 반기는 것은 아니다. 반 이상 향적 성향을 보인 사람들은 '**트랜스휴머니즘**transhumanism*'에 대해 우려한다. 확실히, 의료 윤리 차원에서 도덕성과 실현 가능성과 관련해 주의해야 할 것은 실로 많다.[19]

하지만 이것은 허버트 조지 웰스Herbert George Wells가 그의 1896년 책 〈모로 박사의 섬The Island of Dr. Moreau〉에서 상상했던 것에 관한 논쟁은 아니다. 소설에서는 한 미친 과학자가 동물의 신체 부위들을 자르고 붙여 다수의 괴물을 만들어 낸다. 이런 허구는 오래되고도 현대적인 것으로, 개인 대체 장기

---

* 과학기술을 이용하여 인간의 신체적, 정신적 능력을 개선할 수 있다고 믿는 신념 혹은 운동

의 3D 프린팅이나 생체 전자 장치 이식, 신경과 통합된 인공 기관 착용 등의 의미와는 완전히 동떨어진 것이다. 한 철학자는 도발적으로 이런 질문을 했다. "누가 사이보그가 되길 원하겠나?"[20] 아마도 대부분의 사람이 원할 것이다. 단, 우리가 그 단어를 제대로 정의했을 때다.

진실은 역사 속에서 인간은 단지 손상된 것만을 고칠 뿐 아니라 그들 자신을 강화하려고 노력해 왔다는 것이다. 사람에게는 항상 정신의 명민함을 향상하려는 바람이 있었다. 이를테면 카페인(아마 그런 약으로는 가장 오래됐을 것이다)이나 '마법' 물약, 혹은 다른 신체 능력을 증대시킨다는 약들을 먹거나, 아니면 아름다움을 더하기 위해 성형(재건) 수술을 받는 식이었다. 성형 수술은 2세기 전까지 거슬러 올라간다.[21]

인간의 생명을 보호하고 연장해 주는 건강 증진법과 치료제 그리고 모든 직간접적인 수단에 대해서는 엄청난, 주장하건대 무한대의 수요가 있다. 2020년대에 꽃을 피울 기술들은 평균 수명의 곡선을 바람직한 방향으로 더 구부림으로써, 훨씬 많은 시민에게 허락된 100만 시간을 다 즐기게 해줄 것을 약속한다.

23

교육과 엔터테인먼트:
똑같이 엉뚱한 길을 가려나?⬤

"영화는 우리의 교육 시스템에 혁명을 일으킬 운명이다. 그리고… 몇 년 안에 교과서를 전부가 아니더라도 상당 부분 대신할 것이다."

- 토머스 에디슨(Thomas Edison), 1922

뉴욕타임스가 'MOOC의 해'를 자랑스럽게 알린 지, 채 10년도 되지 않았다.[1] 대학 교육의 유서 깊은 오프라인 모델이 MOOC(온라인 공개 수업 Massive Open Online Courses)에 의해 대량 파괴의 목전에 있다는 말도 들렸다. 당시 MOOC 사용자는 불과 1년여 사이 0명에서 수백만 명까지 폭발적으로 수직 상승했다. 인터넷이 전문 엔터테이너의 산물인 음악과 영화를 무료로 배포했던 것과 똑같이, 대학교수의 산물인 강의도 무료로 배포한 것이다.

저마다의 입장에 따라 걱정할 이유도, 열광할 이유도 있었다. 뉴욕타임

⬤ 원문은 'Down the (same) rabbit hole?'으로 소설 〈이상한 나라의 앨리스〉에서 앨리스가 도끼굴로 들어가면서 모험이 시작된 것에서 비롯된 표현이다.

스의 헤드라인 기사보다 10년 앞서, 인터넷은 파괴적이라 할 만큼 음악 산업 수익을 70% 붕괴시켰다. 디지털 음원은 100년 이상 이어온 라이브 공연 및 음반 레코딩을 통한 음악 유통 모델을 대부분 대체했다.[2] 그래서 이런 주장이 제기되었다. "똑같은 디지털 기술이 대면 강의와 교과서라는 물리적 모델을 완전히 바꿔 놓을 것이다." 너무 이른 이야기도 아니었다. 마침 치솟는 대학 학비가 골칫거리가 되고 있었다.

그러나 얼마 지나지 않아 MOOC 열풍은 다 타버렸지만, 대학은 여전히 건재하다. 그리고 교육비는 계속 오르고 있다. 유치원에서 대학원까지 오늘날의 학생들은 줄곧 디지털 도구를 탐욕스럽게 이용하지만, 어쩐 일인지 교육계에는 이전보다 많은 선생과 학교 그리고 관료들이 있다. 엔터테인먼트 산업까지 파괴한 클라우드인데, 교육은 거의 변화시키지 않았다.

이상은 코로나바이러스가 모든 것을 싹 다 뒤집기 전까지의 이야기다. 대봉쇄는 수억 명의 학생들을 집으로 보내 '원격 학습'을 하게 했다. 클라우드 이전 시대라면 불가능했을 조치다. 초기에는 줌$_{Zoom}$이 교육의 "모든 것을 바꿀 것"이라는 주장이 있긴 했지만, 실제 궤도는 MOOC에 일어났던 것을 그대로 따른다는 증거는 빠르게 나왔다. 그럼에도 이 대규모 원격 학습 실험은 이미 진행 중이던 온라인 수업으로의 전환 추세를 가속화했고, 마침내 기술을 사용해 교육 비용을 잡을 기회를 포착했다.

COVID-19 발생 이후 완전히 차단된 유일한 시장 중 하나가 대면 엔터테인먼트 산업이었다. 극장, 박물관, 레스토랑, 사실상 모든 관광까지 전부 봉쇄됐다. 당연하게도 엔터테인먼트 중 완전히 디지털화된 부분은 같은 운명에 시달리지 않았고, 오히려 더 가속화됐다. 그러나 또한 봉쇄는 엔터테인먼트와 교육의 디지털화하기 어려운(불가능하지는 않더라도) 물리적 측면을 부각하기도 했다. 사실 그중 많은 것이 사람을 잘 성장하게 하는 데 매우 중요하다.

음성 녹음과 영화, 라디오, TV, 컴퓨터, 이제는 클라우드까지 새로운 형태의 매체를 수용하는 데 있어서 교육과 엔터테인먼트 간에는 오랜 유사성이 있다. 하지만 역사는 그간 일어난 많은 기술적 파괴에도 불구하고, 정규 교육과 엔터테인먼트 인프라 기저에 깔린 근본적인 효용은 크게 바뀌지 않았음을 보여준다.

교실과 콘서트홀이 촉진하는 신체적, 직접적 상호작용은 교육과 엔터테인먼트라는 발상 그 자체만큼 오래된 것이다. 그런 상호작용은 여전히 많은 유형의 학습과 즐거움을 전달하는 최적의 수단으로 남아 있다. (마찬가지로 기술이 도로를 사용하는 차량의 특성을 바꾸었음에도, 고대부터 존재해 온 도로는 여전히 차량을 움직이는 최적의 방법이다.)

남을 가르치는 일과 즐겁게 하는 일은 둘 다 고대부터 이어진 직업이다. 하지만 대부분의 역사에서 정규 교육이나 엔터테인먼트를 자주 누리는 것은 일종의 사치였다. 현대에 이렇게나 많은 사람이 교육과 엔터테인먼트에 훨씬 더 많이 참여할 수 있는 시간, 에너지, 수입을 가지게 된 것은, 부와 자유 시간을 증대시킨 기술 진보의 직접적인 결과이다. 사람을 교육하는 산업과 그들을 즐겁게 하는 엔터테인먼트 산업의 글로벌 규모가 똑같이 7조 달러 정도인 것은 단순한 우연이 아닐 수 있다.[3]

1938년 〈월드 브레인World Brain〉의 허버트 조지 웰스Herbert George Wells가, 그리고 1965년 〈미래의 도서관Libraries of the Future〉의 J. C. 리클라이더Licklider가 모두 대중 교육의 발전을 위해 '쉽게 접근할 수 있는 대규모 글로벌 도서관'이라는 아이디어에 초점을 둔 것도 우연이 아니다. 웰스는 특히 끔찍했던 제1차 세계 대전과 대공황의 여파로 계속해서 세계를 괴롭히는 사회 문제에 관여하려는 의욕이 가득했다. 그는 "가용 지식과 현재의 사회 및 정치적 사건 간에는 가공할 격차"가 있다고 썼다. 그는 이러한 문제에 대한 해법을 미래의 유니버설 도서관 형태로 상상했다. 그것은 모두가 접속할 수 있으며, "대학 경영, 개인 지도, 일반 강의" 등을 대체하는 "슈퍼 대학super university"이다.[4] 웰스는 그런 것을 가능하게 하는 기술에는 관심이 없었다. 동시대의 그 누구보다 유명한 초기 '상상가'였음에도, 웰스는 그의 도서관을 종이를 중심으로만 설명했다.

역사적 우연으로, 웰스가 영국에서 그의 '월드 브레인'을 강의한 그 1937년에, 대서양 건너 아이오와 주립대학교Iowa State College의 두 물리학자 존 아타나소프John Atanasoff와 클리퍼드 베리Clifford Berry가 세계 최초의 전자 컴퓨터를 개발했다. 당시 그들의 발명은 세계나 언론의 주목을 전혀 받지 못했다. (두 아이오와인의 연구는 1960년대에 이르러서야 관련 없는 특허 분쟁 중에 재발견되었다. 이 분쟁은 ENIAC 제작자들이[*] 1944년에 최초의 컴퓨터를 발명했다는 역사적 주장의 진위를 둘러싼 것이었다.)

리클라이더는 그의 대표작(《미래의 도서관Libraries of the Future》)이 나오기 5년 전인 1960년 에세이에서, 컴퓨터 중심의 유니버설 '도서관'을 사용하는 인프라에 대한 완전한 기술 프레임워크를 처음으로 설명했다. 그것은 단순한 상상이 아니라, 실행 가능한 방식으로 설계되었다.[5] (상상가로는 훨씬 더 유명했던 아서 C. 클라크Arthur C. Clarke는 1962년 지식에 대한 보편적 접근이 "2000년까지" 가정home 컴퓨터를 통해 가능해질 것이라는 예측을 한 것으로, 종종 이 '최초'에 대한 공을 인정받는다. 그는 아마도 리클라이더가 쓴 기술문서를 읽었으리라 추측된다.) 하지만 모든 교육자와 학부모가 잘 알고 있듯이, 교육은 '지식 저장고'에 단

---

[*] 존 모클리(J. W. Mauchly)와 존 에커트(J.P. Eckert)

순히 접근하는 것 그 이상을 요구한다. 그 저장고가 파피루스 위에 있는지 실리콘 칩 안에 있는지와는 관계없는 일이다.

사실 지금까지도 기초 학습에서 특히 중요한 척도 중 하나로서, 문해력 literacy에 대한 기술의 주된 기여는 가르치는 방법을 바꾸는 것이 아니라 세상을 좀 더 부유하게 만드는 데 있었다. 2세기 전에 시작된 산업 혁명은 대대적인 부의 확장을 가져왔고, 그것이 바로 문해력의 놀라운 확산을 가능케 했다. 1820년의 세계에서는 인구의 90%가 읽거나 쓸 수 없었지만, 오늘날에는 거의 90%가 글을 읽거나 쓸 수 있다.[6] 성인 문맹률이 용납하기 어려운 수준으로 낮은(50% 이하) 나라는 가난한 나라들뿐이다.[7] 심지어 부유한 나라 안에서도 소득과 읽고 쓰는 능력 수준 사이의 상관관계가 남아 있다.[8]

대인 교육에 관련해서는 중요하면서도 흥미로운 두 가지 기술적 의문이 제기된다. 첫 번째는 "어떻게 하면 기술을 사용해 교육비를 줄이고, 그리하여 전반적인 부를 증대시킬 수 있는가?"이며, 두 번째는 "기술은 교육 자체의 효과와 질을 어떻게 향상시킬 수 있을까?"이다. 이 둘은 서로 관련은 있되 분명히 다른 문제다. 먼저 기술이 교육을 위한 신규 인프라를 어떻게 만들었는지를 생각해 보라. 가령 (스쿨버스용) 엔진과 (중앙 집중식 학교용) 전기 설비가 어떻게 더 많은 학생을 수송하고 교육할 길을 열었는지를 고려하는 것이다. 그런 뒤 다른 한편으로 오디오 녹음기가 언어 훈련을 강화하기 위해 어떻게 쓰였는지를 생각해 보라. 전자가 인프라에 일종의 규모의 경제를 제공했다면, 후자는 교사의 생산성을 향상시켰다.

포스트 팬데믹 경제에서 많은 사람이 현재 기술이 교육 분야에 중요한 혁명을 일으키고 있다고 생각한다. '에듀테크 EdTech●'에 대한 투자자들의 관

● 'Education(교육)'과 'Technology(기술)'의 합성어로, 교육에 IT기술을 접목해 개선하고자 하는 시도를 통칭한다. 원어 발음은 '에드테크'에 가깝지만, 국내에는 브랜드명 등으로 더 친숙한 발음을 따라 '에듀테크'로 들어왔기에 이에 맞춰 표기했다.

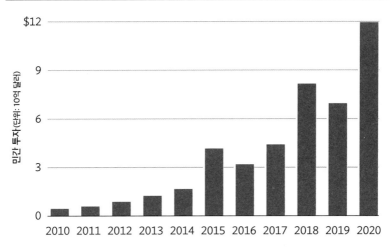

그림 23.1 클라우드 학습의 부상: 에듀테크에 대한 글로벌 민간 투자액

출처: GSV Ventures

심과 마찬가지로, 교육의 줌화 ~Zoom-ification~에 대한 믿음도 만발해 있다. 한 지표에 의하면, 1조 6천억 달러에 달하는 미국 교육 분야 중 벌써 5%가 에듀테크로부터 영향을 받았다.[9] 따라서 2020년은 전례 없이 많은 학생이 원격 학습을 시도했을 뿐 아니라, 수십억 달러의 벤처 자금이 에듀테크에 유입되면서 끝났다. 이제 거의 40여 개에 이르는 에듀테크 '유니콘' 기업이 존재한다. 그중 약 절반은 미국에 있고, 나머지 반은 중국에 있다.[10] (그림 23.1)

실리콘 밸리의 아찔한 열정

산업 혁명이 낳은 기술의 행진은 교실에까지 밀려 들어왔다. 1870년에 발명된 환등기 ~magic lantern~는 유리판에 인쇄된 이미지를 벽에 비추기 위해 수

십 년 동안 공립 학교에서 폭넓게 사용되었다. 현대 사회에 사는 우리로서는 이미지를 포착하고, 저장하고, 투사하는 능력이 당시에 얼마나 경이로운 것이었을지 이해하기조차 어렵다.

환등기의 뒤를 이은 것이 토머스 에디슨의 영사기film projector였다. 그 후 라디오, 등사기, 헤드폰, 계산자, 텔레비전, 비디오테이프, 계산기가 뒤를 이었으며, 당연하게도 데스크톱 컴퓨터와 "모든 책상 위의 애플"이 대표하는 노트북이 등장했다.[11] 각 기기는 등장 당시 아주 중요하거나 엄청난 영향을 끼칠 것으로 예측되었다. 예를 들어 1930년대에는, 라디오가 교육에 있어 인쇄술과 교과서의 발명과 동등하게 멀리까지 도달할 수 있다고 생각했다.[12] 학교들은 앞다투어 라디오 방송에 콘텐츠를 실었고, 일부는 직접 라디오 방송국까지 설치했다. 그러나 교육자들은 이내 교실 안에서는 잘 작동하는 교육 기술이 '온 에어on-air'로는 효과적으로 전달되지 않는다는 것을 알게 되었다. 공정성에 대한 우려도 나왔다. 심지어 1940년까지도 많은 학교가 라디오 수신 장비를 갖추지 못했기 때문이다. 가장 최근 업데이트된 미국 교육부의 2017년 국가교육기술계획, 〈교육에서 기술의 역할을 다시 상상하다Reimagining the Role of Technology in Education〉에서도 같은 범주의 열정과 우려를 찾아볼 수 있다.[13]

교육 서비스 개선을 위한 매체 기술의 역사를 냉철히 분석하기 위해서는, 특히 노던 아이오와 대학교University of Northern Iowa 베티나 파보스Bettina Fabos 교수의 최근 저서를 참고하면 좋다. 파보스는 교육 분야에서 나타나는 자신의 '아찔한 예언giddy prophesies' 공식을 간단명료하게 설명한다.

축음기, 영사기, 라디오, 텔레비전, 카세트 레코더, 비디오, 컴퓨터, CD-ROM, 인터넷의 활용은 전부 교육에 활기를 되찾아 주고 혁신을 가져올 것이라 여겨졌다. 놀라울 것도 없이 이 정보화 시대 내내 각 매체에 대한 희망적인 담론은 다들 너무나도 비슷하여, 한 교육 기술에 대한 예측은 다른 교육 기술에 쉽게 대치될 수 있다.[14]

파보스의 목록에 간헐적으로 진지한 토론을 담기도 하는 공상과학 소설의 환상 몇몇을 추가할 수도 있다. 뇌에 직접 선을 연결하는 것을 포함해, 일부는 최근 실험실에서의 성공으로 영감을 받은 것들이다.[15] 올더스 헉슬리Aldous Huxley는 1932년 소설 〈멋진 신세계Brave New World〉에서 **수면 학습법** hypnopaedia을 상상했는데, 최면을 통해 지식을 축적하는 것이었다. 아이작 아시모프는 1957년 단편에서 마술 같은 **지식 알약**pill of knowledge을 상상해 냈다. 이 아이디어는 몇 년 후 미국 의학 협회 저널에 실린 논문의 주제가 되었다.[16] 2004년 테드 토크TED Talks에서는 전 MIT 미디어 연구소장 니콜라스 네그로폰테Nicholas Negroponte가 지식 알약의 환상을 진지한 예측으로 부활시켰다.[17] 학습을 쉽게 만드는 마법 기술에 대한 희망은 부적절한 것이 아닐지라도, 일종의 시시피안적 추구Sisyphean pursuit*라 할 수 있다.

정보를 저장하고 처리하는 뇌의 신경과학에 관해서는 아직 배울 게 많다. 어떻게 지혜, 판단, 상식을 습득하는지는 신경 쓰지 말자. 언젠가 새로운 센서와 슈퍼컴퓨터의 결합이 발휘하는 통찰력이 근육의 작동 원리에 관한 이해에 버금가는 가치를 제공해 줄 것이라는 데는 의심의 여지가 없다. 한편, 비전문 교사와 전문 교사 모두 종종 학습을 용이하게 하는 데 있어 기술이 갖는 한계를 직감적으로 이해하곤 한다.

한 흥미로운 연구에서 무작위로 선정된 사람들에게 아시모프가 상상했

---

* 끝없이 바위를 굴려 올리던 그리스 신화의 시시포스처럼 아무리 노력해도 헛수고인 경우

던 것과 같은 지식 알약을 제공하자, 대다수가 그것을 사용해서는 안 되는 상황을 금방 상상해 냈다. 단지 지식을 습득하는 것이 아니라, 학습 과정 자체가 갖는 가치를 직관적으로 인식한 것이다.[18] 철학자이자 박식가인 마이클 폴라니 Michael Polanyi는 1966년에 쓴 영향력 있는 책 〈암묵적 영역 The Tacit Dimension〉에서, '어떻게 배우는가'의 상당 부분은 그 과정과 우리 환경의 잠재 의식적인 특징에서 나온다고 썼다. 그는 그 개념을 자신의 지속적인 관찰에서 포착했다. "우리는 우리가 말할 수 있는 것보다 더 많은 것을 알 수 있다."[19]

줌과 교실을 비교함으로써 부각된 학습 과정의 현실은 약 5,000만 명의 K-12* 미국 학생들과 타 국가 학생들을 통해 잘 실험되었다. 한 신문의 헤드라인이 실험 결과를 잘 요약했다. "원격 수업의 결과: 효과가 없었다."[20]

사회화의 사소하지 않은 측면이나 일상적인 가정생활의 파괴, 혹은 충분히 많은 학생이 인터넷에 접속할 수 있었는지, 아니면 보이기나 했는지 같은 문제는 접어 두자. 같은 집단을 대상으로 한 객관적 테스트 결과, 전년도 같은 기간에 비해 독해와 수학에서 얻은 전반적인 성취가 엄청나게 하락한 것으로 나타났다. 그 현실은 (엔터테인먼트용) 기기 친숙도가 높은 현시대 학생들이 능숙한 원격 수업 학습자가 되리란 주장을 우스갯소리로 만들었다. 실제로 2020년 원격 수업의 유효성을 탐구한 300여 개의 연구를 메타 연구했더니, 학생들이 대체로 온라인 과목에서 "덜 효율적으로 학습한다."라는 일관된 결론이 도출되었다.[21] LA 통합 교육구 Los Angeles Unified School District의 한 교육감이 2020년 7월에 말한 대로, "우리는 모두 (실제) 학교 환경에서의 배움을 대체할 수 없음을 알고 있다."[22] 이것은

---

* 미국, 캐나다 영어권에서 사용하기 시작한 말로 유치원부터 고등학교까지의 무상 교육 기간을 말한다.

오래되고 명백한 진리가 재발견된 또 하나의 사례이다.

1951년 단편 〈잃어버린 즐거움The Fun They Had〉에서 아이작 아시모프는, 모든 가르침이 원격으로 개인화되고, 개인 로봇 교사에 의해 제공되는, 그래서 수업이 "각 소년 소녀의 마음에 맞추어지는" 미래를 상상했다. 이 이야기의 어린 주인공은 그녀의 할아버지의 할아버지가 소년이었을 때의 오래된 학교에 대해 생각한다. "근방의 모든 아이가 모여 운동장에서 웃고, 소리치고, 교실에 같이 앉아 있다가, 일과가 끝나면 함께 집으로 돌아갑니다. 그들은 같은 것을 배우기 때문에 숙제할 때 서로를 돕고 같이 이야기 나눌 수 있습니다." 아시모프가 쓴 소설의 마지막 문장은 이러했다. "마지Margie는 그 옛날에, 아이들이 그것을 얼마나 좋아했을지 생각하고 있었습니다. 그들이 누렸을 재미the fun they had를 생각하고 있었던 것입니다."23

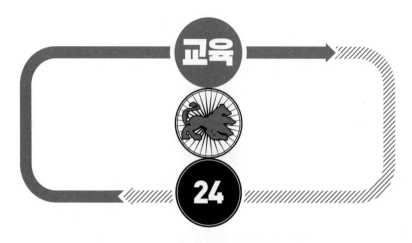

교육: 재택근무 개인 교사

유수 연구 대학 중에서도 으뜸이 되고자 하는 글로벌 경쟁은 더욱 가속화할 것이다.
세계는 점점 더 치열한 경쟁의 장이 되고 있다. 2020년대는 150년 전에 처음 시작된, 연구에서의
기업과 대학 간 이해 관계의 일치를 되살리기에 더없이 비옥한 토양이 될 것이다.

재택근무telecommuting 라는 말은 비록 현재 우리가 사용하는 의미가 아닐지
언정, 물리학자 잭 닐스Jack Nilles에게 그 탄생을 빚진 것이다. 닐스는 아폴로
계획이 저물어 가는 시기에 NASA에서 복잡한 통신 시스템을 연구한 후,
1973년에 이 말을 만들었다. 그의 회상에 따르면 컴퓨터를 가지고 통신하
고 통근하는 일에 대해 이야기할 때, 기억하기 쉬운 이름이 있다면 도움이
될 것이라 생각했다고 한다.[1] 그것은 다른 시대에서 하기 힘든 선경지명 있
는 발상이었지만, 엄청난 소동을 보고 한 말이기도 하다. 애초 재택근무는
통근으로 인한 교통 체증을 완화하고, 에너지 고갈의 공포를 억제하기 위
한 수단으로서 제안되었다.

클라우드 인프라처럼 주요한 무엇인가가 전화를 통해 접속하는 모뎀

시대의 닐스가 상상할 수 있던 것보다 유용한 결과를 낼 수 없다면 터무니없어 보일 것이다. 그런데 심지어 그 뒤를 이은 "메일이 도착했습니다 you've-got-mail"로 대표되는 인터넷 시대보다 못하다면? 물론 클라우드는 실제로 주요한 전환을 꾀하기는 한다. 하지만 교육 인프라에 관한 한, 주로 행정 부담의 경감과 더 많은 교사에의 접근성 향상이라는, 평범해 보이는 변화 두 가지를 가져왔을 뿐이다. 특히 교사에의 접근성 향상은 온라인 수업이나 완전 가상 학교(MOOC '혁명'의 기원)를 통해 전통적 시스템 밖의 교육 자원에 접속하고, 개인 교사의 접근성과 유효성을 획기적으로 높인다는 측면에서 볼 수 있다.

행정 업무 관리라든가 개인 교사에게 접속하는 일은, 정보를 뇌에 직접 다운로드하거나 AI 칩이 내장되어 아이들의 학습을 돕는 애니메트로닉스 animatronics● 장난감만큼 흥미진진하게 들리지는 않는다. 하지만 개인 교습과 멘토링의 클라우드화는 가르칠 수 있는 인력의 범주를 넓혔을 뿐 아니라, 개인 교사의 생산성과 지리적 도달 범위까지 확장했다. 사실상, 에어비앤비와 우버가 개척한 운영 모델이 교육에도 오고 있는 셈이다. 온라인 개인 교습과 멘토링은 이미 1,000억 달러 규모의 글로벌 사업을 구성하고 있는 기존 개인 교습 부문을 극적으로 확장할 준비가 되어 있다(미국만 따져도 200억 달러 규모이다).[2]

COVID-19로 인한 대봉쇄는 교사와 멘토들의 온라인 훈련도 급증시켰다. 그들이 온라인 강의의 기술과 기법을 배우게 도운 것이다.[3] 소위 '긱 이코노미 gig economy'의 다른 많은 것과 마찬가지로, 멘토링과 개인 교습은 반드

● '움직인다'는 뜻의 '애니메이션(animation)'과 '전기 공학(electronics)'의 합성어로, 공기압, 유압, 전기력 등의 원리를 이용해 모형을 움직이는 기술을 말한다. 영화 촬영장이나 놀이동산 등지에서 볼 수 있는 움직이는 모형들도 이 기술로 만든 것이다.

시 자격증을 요구하지는 않는다. 물론 개인 교습 회사들은 교육에서 요구되는 표준과 완전히 통합되지는 못하더라도, 그것과 동조해야 한다는 것은 잘 알고 있다.[4] 그리고 클라우드는 멘토나 개인 교사를 정보에 따라 선택할 수 있게 해준다. 지금은 친숙한, 서비스에 대한 온라인 소비자 평점 시스템과 같다.

이러한 전환의 일원으로 완전 홈스쿨링을 하는 학부모를 대상으로 설립된 에듀테크 기업들을 더할 수 있다. 홈스쿨링은 역사적으로 소수만 선택한 교육 방식이었지만, 봉쇄에 의해 가속화된 또 다른 경향이다.[5] 클라우드 기반의 서비스는 교사에 대한 접근을 용이하게 할 뿐 아니라, 학부모가 홈스쿨링 학생이 인증 및 졸업 요건을 충족하는지 확인할 수 있는 방법도 원활하게 제공한다.

이 가운데 학습 과정 자체에 영향을 미치는 것은 거의 없다. 일반적으로 온라인 학습 도구는 학생이 집중하고 있는지, 혼란스러워하는 표정인지, 시험에서 부정행위를 하는지 등을 측정하는 것이 목적이지만, 점차 이해력이나 장기 기억력을 향상시키려는 의도를 가진 유망한 AI 기반 도구들이 나오고 있다. 일명 **디지털 감독관**digital proctoring이라 불리는 이 도구는, 카메라와 키보드 센서를 이용해 학생들은 물론, 그들의 환경까지도 적극적으로 모니터링할 수 있다. 분명 사생활 침해 우려가 있으며, 이에 일부 학교에서는 디지털 감독관을 전면 금지했다. 한편, 대봉쇄 동안 행해진 일부 조사는 온라인에서의 부정행위가 전통적 학교 시스템에서보다 더 흔치 않았다고 주장했다.[6] 하지만 소셜 미디어가 온라인 부정행위를 도울 회피책workaround으로 뜨겁다는 사실은 그렇지 않다는 것을 시사한다.

경제의 많은 다른 측면과 마찬가지로, 이미 진행되고 있는 교육에서의 추세도 대봉쇄로 더 가속화되었다. 한 메타 연구는 조력자 혹은 멘토의 가용성이 온라인 학습자의 학업 성취를 극적으로 향상시켰음을 발견했다.[7] 헬스케어나 여타 많은 직업에서 그러했듯, 현장과 원격의 특성을 혼합하는 것은 이미 진행되는 추세 중 하나다.

현존하는 교육 시스템이 2020년대는 물론이고 그 이후에도 계속 유지되리라는 사실에는 의심의 여지가 없다. 우리가 디지털 개혁의 또 다른 기회를 찾을 곳은 바로 이 방대한 행정 인프라다. (모든 대규모 조직 시스템에서처럼) 교육 시스템에서도 행정 기능은 필수적이지만, 비대해지기 쉽다. 그러므로 오늘날의 우수한 소프트웨어를 통해 궁극적인 효율 향상을 실현할 수 있는 적합한 대상이 된다.

서비스로서의 교육 인프라

교육 인프라의 과제는 가르치는 일이 일종의 역생산성 특징을 보인다는 사실에 의해 잘 설명된다. 학부모와 대부분의 교육자는 오랫동안 교실에서의 '학생 대 교사' 비율을 논해 왔다. 경제학자들의 언어로 표현하면 보통, 교육의 질은 노동자(교사)당 '생산량'(학생 수)의 감소와 연관된다는 것이다. 1955년 미국에는 교사 1명당 26명의 학생이 있었다. 그렇지만 2000년까지 1명의 교사가 단 16명의 학생을 가르치게 되었다. 부가 증대되면서 사회가 명백해 보이는 비생산적 과제에 변화를 꾀할 여유가 생겼다. 그런데 이후로는 그 비율이 줄지도 늘어나지도 않고 그대로 유지되고 있다.[8]

한편, 설문조사와 개인적인 경험은 교사들이 학생과의 직접적인 상호작용보다 '간접 비용' 즉, 행정 업무에 점점 더 많은 시간을 할애하고 있으며, 이제는 근무 시간의 반 이상을 차지함을 보여준다.[9] 미국에서는 지난 50년 동안 전체 교사의 수가 60% 증가한 반면, 교사가 아닌 비교습 직원은 약 140%나 증가했다.[10] 소프트웨어가 교사의 필요성을 단기간에 감소시킬 수 있을 것 같지는 않다. 하지만 교사들을 지원하는 관료의 필요성은 줄일 수 있다.

어느 조직이든 행정은 피할 수 없다. 인류가 수천 년 전 처음으로 조직을 만들기 시작할 때부터의 현실이다. 교육과 유사하게 노동 집약적 분야인 소매 및 운송 시장에서, 아마존과 우버의 영향은 간접 인프라의 효율을 높이는 것에서 찾아볼 수 있다. '원클릭' 구매나 '원터치' 호출의 편안함 뒤에는 방대한 인프라와 의사 결정의 복잡성이 숨어 있다.

소프트웨어 엔지니어 프레드 러디 Fred Luddy는 "나는 기술이 똑똑한 사람을 마치 바보처럼 느끼게 만드는 것이 싫다."고 말한다.[11] 그래서 그는 직원들이 필수 행정 업무를 직관적으로 쉽게 수행하도록 돕기 위해 2003년에 서비스나우 ServiceNow를 설립했다. 러디는 그 아이디어를 실행하기 위한 능력이 클라우드의 출현으로 가속화되었다고 언급했다. 클라우드는 일종의 유비쿼터스 유틸리티 ubiquitous utility 구조이기 때문에, 항상 유동적인 준수 환경에 더 쉽게, 지속적으로 적응하는 데 아주 적합하다. 유틸리티 모델은 서비스 사용자를 위한 성능 개선 속도를 더 높일 수도 있다.

클라우드는 도로, 버스, 전기화로 중앙화된 학교가 등장한 이래 교육과 직접 관련되는 최초의 범용 인프라다. 한 나라에서 다른 나라로, 한 문화에서 다른 문화로 쉽게 옮겨갈 수 있다. 클라우드 인프라는 많은 수의 학생을 가르치는 임무를 수행하는 것과 관련된 간접 비용에 효율을 가져다줄 수 있다. 2030년까지 전 세계에 7억 명 이상 더 늘어날 것으로 추산되는 K-12

아이들의 폭발적인 교육 수요를 감안할 때, 아주 적절한 시기에 등장한 것이다.

아시모프가 미래 학생에게 회상해 보도록 한 지금의 학교 운동장은 어떻게 될까? 운동장은 고대까지 거슬러 올라가는 학교 교육의 상징이다. 사회화에 대한 인간의 요구는 클라우드 시대에도 살아남을 것이다. 일부 놀이터가 팬데믹 이후 부모들이 마련하기 시작한, 더 개인화된 교습 공간과 연계된 '마이크로' 운동장이 되더라도 말이다. 사실 클라우드는 이런 (인가받은) 공간의 창출을 가능하게 한다. 그곳에서는 지리적으로나 문화적으로 동일한 배경을 가진 부모들이 돈을 모아 전문 교사와 개인 교사를 고용할 수 있으며, 시험 감독이나 (심지어) 개인 교습에 대한 책임을 자발적인 봉사로 분담할 수도 있다.

고등 교육의 비용 상승

기술과 그것이 교육을 위해 할 수 있는 것과 없는 것에 관한 한, 핵심 진리는 고등 교육과 K-12에서 이 둘은 똑같이 우리 경제에 막대한 재정 비용을 청구한다는 것이다. K-12가 전 세계 및 미국 교육 지출의 반 이상을 차지하는 반면, 고등 교육은 두 번째로 큰 범주로서 약 3분의 1을 차지한다. (교육 지출의 남은 20%는 프리-K(의무 교육 이전 교육), 평생교육, 기업 훈련과 학습에 거의 균등한 비율로 나뉘어 있다.) 그런데 고등 교육에는 K-12와 구분되는 두 가지 특징이 있다. 한층 급격해진 교육 비용의 상승과 교육 과목의 다양성 및 포괄성이다.

과목에서 벌어지는 엄청난 다양성은 대학 간 운영 성격의 다양성과 마찬가지로 하나의 특징이다. 컴퓨터 분야에서 자주 사용하는 용어를 빌리자면, 결코 '버그bug'가 아니다. 하지만 대학 진학 비용 상승은 정치적 논쟁거리까지는 아닐지라도, 현실적·사회적 측면 모두에서 난제가 되었다. 학생 1인당 평균 K-12 교육 지출은 지난 20여 년간 단 15% 증가한 데 비해, 대학 등록금은 거의 200%나 뛰어올랐다.[12] 비용 면에서 이에 비견되는 상승을 보인 사회 서비스는 오직 헬스케어(의료)뿐이다. 둘 다 기저 인플레이션을 매우 큰 폭으로 초과했다. 이것을 동기간 공산품 가격 대부분이 얼마나

그림 24.1 두 분야에서의 가격 변화: 서비스 vs. 헬스케어

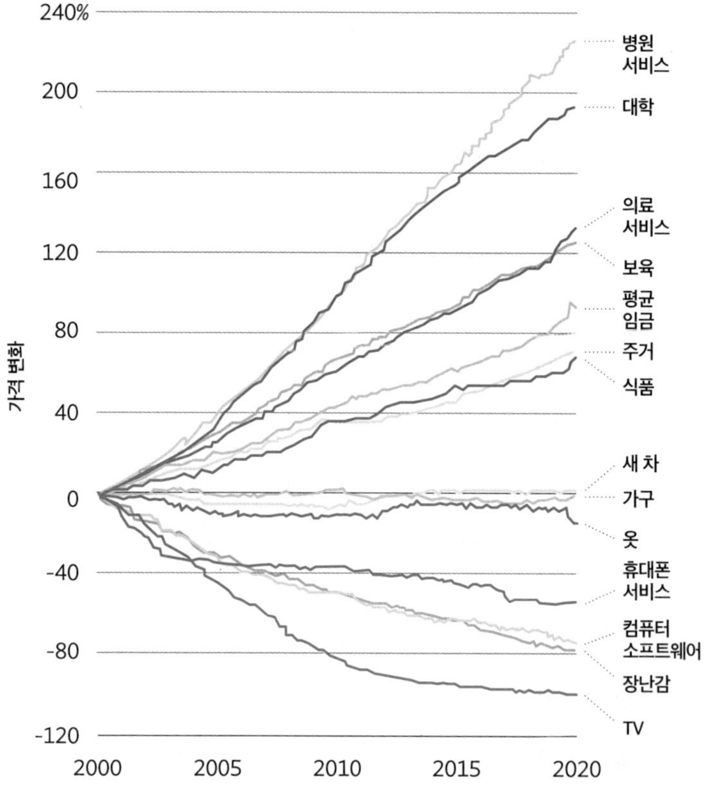

출처: 미국 노동 통계국; Mark Perry, AEI

하락했는지와 비교해 보라. 특히 컴퓨팅 관련 장비는 가장 큰 하락세를 보였는데, 이는 클라우드 인프라의 비용 감소와 연관된다. (그림 24.1)

K-12와 고등 교육 시스템 간에는 또 다른 유의미한 차이가 있다. K-12 학생 90%를 가르치는 공교육 예산의 90% 이상은 주 세금과 지방 세금에서 거의 비슷한 비율로 충당된다. 그러나 대학 교육을 받은 학생 중 70%가 학자금 일부 혹은 전부를 지불하기 위해 사용한 대출을 떠안고 졸업한다. 빚을 지고 졸업하는 학생의 비율은 20년 전의 60% 수준에서 약간 증가하는 데 그쳤지만, 졸업생 1인당 평균 부채는 무려 두 배로 불어났다. 대학 학비가 얼마나 급격하게 상승했는지 엿볼 수 있는 대목이다. 더군다나 지금은 대학에 진학하는 사람도 규모로 보나 비율로 보나 확연히 늘었다. 오늘날 미국인 약 3분의 1이 학사 학위를 가지고 있는데, 20년 전에는 그 비율이 25%였고, 1960년경에는 약 15%였다.[13]

비용이 이렇게 극적으로 증가한 이유는 전혀 수수께끼가 아니다. 고등 교육 지출에서 비중이 가장 빠르게 늘고 있는 분야는 제도적 지원과 학생 서비스이다. 지난 10년 동안 행정 간접 비용인 '제도적 지원'은 수업instruction에 지출하는 비용보다 2배, 학생 서비스의 경우는 4배가 증가했다.[14] 평균적으로 수업은 학생 1인당 총지출의 약 40%만을 차지한다.

물론 클라우드와 AI가 체육관과 커피숍부터 거의 궁전 같은 기숙사에 이르기까지, 학생에게 온갖 고급 편의 시설을 제공하려는 대학교들의 경쟁을 늦추지는 못할 것이다. 그러나 COVID-19 팬데믹의 낙진이 김을 조금 빼 버릴 가능성은 있다. 학생과 부모들이 봉쇄 이후에 선택과 비용을 고민하고, 학교에서도 비용을 절감할 곳을 찾고 있기 때문이다.

봉쇄로부터의 교훈이 이와 반대 효과를 일으킬 수도 있다. 특히, 재택근무에서 나타나는 추세가 어떤 행동 선호도_{behavioral preference}를 보여주는 것이라면 더 그렇다. 이와 관련된 조사는 직원들이 출퇴근이 없어지면서 자유로워진 시간에 무엇을 하는지를 보여준다. 그들은 (주로) 일을 더 많이 하긴 했지만, 그 외의 시간을 두 번째로 많이 이용한 것은 여가 활동이었다.[15] 학생들이 캠퍼스로 돌아간다면 그런 선호가 더 많은 편의 시설에 대한 욕구로 옮겨갈 수 있다. 그런 편의시설은 말하자면 고등 교육의 운동장인 셈이다.

관리자들은 부득불 행정 비용을 줄일 다른 방법을 찾아야 할 공산이 크다. 클라우드는 고등 교육 인프라의 효율성을 K-12에서보다 더 체계적이고 의미 있게 발전시켜 줄 수 있다. 대봉쇄의 결과 중 하나는, 온라인 강의의 역할이 더 커지는 데 대한 교수진의 수용도가 일반적으로 높아졌다는 것이다.[16] 그러나 클라우드 매개 서비스는 온라인과 대면 강의의 하이브리드나 융합을 통해 그 이상의 것을 할 수 있다. 그뿐 아니라 일부 대학이 시도하고 있는 것처럼, 참여 대학의 글로벌 네트워크를 활용해 고도로 특화된 프로그램을 구독 모델로서 가능하게 할 수도 있다. 개인 교사, 자문가, 멘토, 심지어 기업으로 구성된 글로벌 네트워크도 이와 유사하게 활용할 수 있다.

조사 결과, 팬데믹 이전 경제에서 사람들이 원격 학습을 선택한 첫 번째 이유는 단지 물리적으로 해당 공간에 실제로 참석할 수 없었기 때문이었다.[17] 두 번째 이유로는 두 가지가 있었다. '본인의 관심사를 추구할 유일한 방법'이라는 점과 '고용주의 인센티브 혹은 파트너십' 때문이었다.[18] 다른 조사는 사람들이 어떻게 해서 고등 교육 과정에서 온라인 수업을 선택했는지에 있어 직관적이고도 명백한 특징들을 밝혀냈다. 상위 3개 이유 중 2개는 경제성 그리고 '온라인 수업이 가장 빠르게 배울 수 있는 길이기 때문에'였다.[19]

팬데믹 이전에는 온라인 전일제 수업에 등록한 비율이 전체 고등 교육 과정 학생 중 15%에 지나지 않았다. 따라서 거의 모든 학생이 비자발적으로 온라인 학습자가 되었을 때, 2020년의 대봉쇄라는 '실험 기간' 동안 실시된 조사에서, 63%의 학생이 온라인 수업이 대면 수업보다 나쁘다고 말했다.[20] 비록 일부 조사는 약간 더 나은 결과를 얻었지만, 거기에서도 절반 정도만이 온라인 수업을 대면 수업과 동등하다고 평가했다.[21] 이것을 보편적 효과에 대한 확고한 지지로 보기는 매우 어렵다. 오히려 반대로, 운동장에 찬성 투표를 던진 격이다.

협력이냐, 소멸이냐

물론 대봉쇄는 온라인 학습을 추구하는 학생의 비중을 빠르게 늘렸다. MOOC는 대규모 또는 개방형(대개 저렴할지언정 유료인)에 대한 기존 입장을 대부분 포기했다. 그 대신, 시장과 학생의 요구에 맞춰 서비스를 제공하는 데 중점을 두었다. 여기에는 현재 완전히 공인된 학위 수여 프로그램도 다수 포함되어 있다. 2020년대가 시작되는 시점에는 거의 20여 개의 MOOC 기반 학위가 취득 가능해졌다.[22]

태생이 온라인인 교육 사업체는 캠퍼스 기반on-campus 학교에 비해 유리한 출발을 했다. 온라인으로 학습하는 학생이 가장 많은 전통적인 학위 수여 기관 5곳의 등록 학생 수는 7만 명에서 12만 명에 이른다. 상위 5개 MOOC의 학습자learner 수는 1,000만 명에서 4,500만 명이다.[23] 이런 비대칭성은 어째서 전 세계적으로 700개 이상의 대학이 에듀테크 기업 및 여타 기업과 어떤 형태로든 산학협력을 진행하고 있는지를 잘 설명해 준다.

가장 빠르게 성장하는 협업은 저렴하고 신뢰할 수 있는 경력 개발 기술

과정을 제공하는 부트캠프boot camp에서 이루어진다. (대봉쇄로 인한 일자리 소멸로 증폭된) 인구통계학적, 문화적 동향에 기초한 향후 10년간의 예측 보고서가 직원 훈련 등록이 4년제 대학 학위 등록 대비 4배나 더 성장하리라고 전망하는 것은 놀랄 일도 아니다. 직원 훈련 등록은 전체 교육 지출에서 2배 큰 증가분을 차지할 것이다.[24] 평생교육을 위한 산학협력은 상호 이익의 관점에서 합리적으로 추진되고 있다.

미국 내 고등학교 재학생 수가 2026년 정점에 도달함에 따라, 2020년대가 끝날 무렵에는 잠재적인 대학생 숫자는 10% 감소할 것이다.[25] 많은 경우, (산학협력이 있건 없건 간에) 기업은 진화하는 내부 수요와 관련된 기술 분야의 직업 역량을 인증하기 위해, 자체 훈련 프로그램은 물론 심지어 장학금까지도 만들 것이다. 우선 구글은 그런 사내 인증을 대학 학위와 동등한 것으로 간주하겠다고 발표했다.[26] 더 많은 회사가 이에 동조하게 되면, 고등 교육 기관들은 기업 훈련 프로그램과 경쟁하기보다 협력하도록 압력을 받게 될 것이다.

지난 20년 동안 이미 100개가 넘는 고등 교육 기관이 합병되었고, 이제부터는 더 많은 합병이 일어날 가능성이 높다. 그런 통합은 분명 규모의 효율을 향상시킬 것이다. 하지만 학교에서 답해야 하는 핵심 질문은 여전히 남아 있다. "대체 기숙형 캠퍼스에 다녀야 하는 가치가 무엇인가?" 하는 것이다.

대학이라는 발상 자체는 거의 천 년이나 된 것이다. 대부분의 역사가는 1088년 설립된 이탈리아의 볼로냐 대학교University of Bologna를 최초의 '대학'으로 기술하며, '대학university'이라는 단어도 ("전체, 우주, 세계"를 뜻하는 라틴어 'universitas'를 본떠) 그곳에서 만들어졌다고 믿는다. 볼로냐의 뒤를 이어

1150년에 파리 대학교University of Paris가, 1167년에는 옥스퍼드Oxford 대학교가 문을 열었다.[28] 기본 문해력은 근대 문명에 불가결하지만, 연구 중심 대학의 출현 이래로 '고등 교육higher learning'의 중심지인 대학이야말로, 기초 혁신은 물론 그 결과인 경제 및 정치 권력과 밀접하게 연관되어 있다는 것이 분명해졌다.

대형 캠퍼스가 보유한 중앙 집중식 물리 인프라의 가치가 상승할 것을 예견하게 하는 두 가지 발전을 생각해 보라. 하나는 연구 수행과 관련된 하드웨어의 확장이다. 다른 하나는 고성능 가상 현실 시스템을 위해 필요한 하드웨어 규모다. 둘 다 산학협력과 관련이 있다.

초현실적인 가상 현실은 값비싼 VR '케이브CAVE, Computer Automated Virtual Environment'를 사용해 구현되는데, 여기서 사용자는 고글이 아니라 실내(동굴)에서 원격 현실을 실제로 보게(가상으로 경험하게) 된다. 그런 VR 케이브를 만들려면 초고밀도의 고해상도 디스플레이 시스템과 함께 엄청난 컴퓨팅 성능을 사용하는 인프라가 필요하다. 지금까지는 그런 **VR 케이브**가 드물었다. 하지만 앞으로의 캠퍼스에서는 일종의 표준 시설이 될 것이다.

그것의 학습 효과에 관한 초기 유명 사례에서, 렌슬리어 폴리테크닉 대학교Rensselaer Polytechnic Institute는 학생들에게 그런 "몰입형 실습실(VR이 마치 중국에 있는 것 같은 초현실적 시뮬레이션에 몰입하게 한다)에서 중국어를 배우게 했더니, 2배나 더 빨리 배웠다."라고 주장했다.[29] 자체 홀로렌즈HoloLens VR 시스템을 보유한 마이크로소프트는 공상과학 소설에서 순간이동의 환상을 차용하여, 고성능 VR **홀로포팅**holoporting🔵에 대해 이야기한다. 진정한 몰입형 가상 환경은 무수한 교육과 엔터테인먼트 용도를 갖고 있으며, 커피

🔵 마이크로소프트가 자사의 증강현실 기기인 '홀로렌즈(HoloLens)'를 이용해 서로 떨어져 있는 사람을 한 방에 모아 놓고 회의나 미팅을 할 수 있게 개발한 기술이다. 이른바 '홀로포테이션(holoportation)' 기술이다.

숍이나 암벽 등반만큼 학생들을 매료시킬 수 있을 것이다.

우리는 또한 연구 중심 대학의 경우, 중앙 캠퍼스가 강력한 R&D 도구 일체의 공급에 유리한 규모의 경제를 지속적으로 제공하고 있음을 발견했다. 앞서 살펴본 바와 같이, 클라우드는 정보 수집을 확충해 주지만, 많은 경우 관련 하드웨어와 기술 도구는 점점 더 복잡하고 비싸지고 있다. 또한 빅데이터 과학과 결부된 기술 생태계를 운영하고 유지하기 위해서는 높은 수준의 전문성이 필요하다. 순수 컴퓨팅 성능 가격의 대폭 하락은, 모순적이게도 가장 유효한 과학 도구 및 기술 제품군의 총비용 증가로 이어지고 있다. 1,000만 달러의 극저온 전자 현미경부터, 초소형 정밀기계 기술$_{MEMS}$과 생체 전자 장비를 생산하는 5,000만 달러의 팹$_{fab}$까지 말이다.

유수 연구 대학 중에서도 으뜸이 되고자 하는 글로벌 경쟁은 더욱 가속화할 것이다. 세계는 점점 더 치열한 경쟁의 장이 되고 있다. 2020년대는 150년 전에 처음 시작된, 연구에서의 기업과 대학 간 이해 관계의 일치를 되살리기에 더없이 비옥한 토양이 될 것이다.

25

교육: '더러운 직업Dirty Jobs'을 위한 '소프트 스킬'의 가상화

역사의 정상적인 진보 과정에서 일의 본질은 항상 바뀐다. 과거에는 필수적이었던 많은 특정 종류의 기술은 더 이상 필요치 않다. 산업과 서비스의 구조가 사회와 함께 변하면서 과거와는 다른 유형의 일들이 등장한다.

교육 스펙트럼의 고등 교육 반대편에는, 고속도로에서 병원까지 우리 사회의 필수 물적 인프라를 건설, 유지관리 및 운영하는 데 관련된 기술을 가르치는 학교가 있다. 몇 달의 대봉쇄 기간, '필수'라고 분류되었던 다양한 유형의 숙련 직업 전체이다. 그런 일에 단연 선수인 방송인 마이크 로 Mike Rowe●가 칭했듯, 종종 '더러운 직업dirty jobs'이기도 하다. 무엇보다 사람이 현장에 투입되어야 하고, 직접 해야 하는 종류의 일이다.

다들 알다시피, 역사의 정상적인 진보 과정에서 일의 본질은 항상 바뀐다. 과거에는 필수적이었던 많은 특정 종류의 기술은 더 이상 필요치 않다. 산업과 서비스의 구조가 사회와 함께 변하면서 과거와는 다른 유형의 일

● 미국 디스커버리 채널에서 마이크 로는 《더러운 직업들(Dirty Jobs: With Mike Rowe)》이라는 리얼리티 다큐멘터리 프로그램을 진행한다. 소위 말하는 '3D 직업'을 주로 소개한다.

들이 등장한다. 1960년까지는 존재했던 직업 중, 약 60%가 더 이상 고용 형태로는 존재하지 않는다. 이런 변화무쌍한 환경이 근로자들에게 기술을 향상시키거나(업스킬$_{up\text{-}skill}$) 재숙련하고(리스킬$_{re\text{-}skill}$), 새로운 지식을 익히며, 종종 평생교육 학교에서 공식 자격증을 취득하기를 요구한다는 생각은 그리 새로운 것이 아니다. 정말 새로운 사실은 현재 일자리 소멸의 큰 원인인 클라우드가 한편으로는 불가피하게 해야 하는 재숙련(리스킬)에 더 나은 수단을 제공한다는 것이다.

기술과 기술 습득의 영역은 깔끔하게 두 개 영역으로 나눌 수 있다. 본질적으로 정보로 이루어진 기술이 있고, 말 그대로 '직접 하는$_{hands\text{-}on}$' 기술도 있다. 전자는 예를 들면 공사 현장에서 굴착기를 운전하는 것과 연관된 지식, 즉 특정 규제, 허가, 안전 표준 등을 이해하는 것이다. 그런 지식은 굴착기에 직접 탑승하지 않더라도 습득할 수 있다. 하지만 굴착기 조종법을 배우려면 반드시 직접 훈련해야만 한다.

이 두 영역에서의 학습 간 차이를 두고 어느 정도 컴퓨터가 도움이 되는지의 측면에서 많은 실험이 이루어졌다. 약 30년 전에, 최고 컴퓨터 과학자들이 이제는 보통 **'모라벡의 역설**$_{Moravec's\ Paradox}$'이라 부르게 된 현상을 관측했다. 인공지능학자 한스 모라벡$_{Hans\ Moravec}$의 이름을 딴 이 역설은, 컴퓨터에 체스 두는 법을 가르치는 게 세탁물 개는 방법을 가르치기보다 쉽다는 것이었다. 전자는 '고수준' 작업인 데 비해 후자는 '저수준' 작업으로 분류되기 때문에, 표면상으론 역설로 보인다. 그러나 이런 식의 수준 분류는 물리적 작업이 인간의 (고차원) 지각 능력과 신경 운동 기술 그리고 추론의 절묘한 통합을 수반한다는 것을 몰라본 것이다. 약간 익살스럽게 말하자면, 그것은 아이들에게 '굴착기'라는 철자를 가르치는 것과 굴착기를 조종하는 법을 가르치는 것의 차이다.

신체적 기술에 대해서는 후에 다시 논할 것이다. 일단 비신체적 기술부터 이야기하자. 비신체적 기술 학습에서의 혁명은, 그것들을 온라인이나 원격으로 가르칠 수 있다는 것이 아니다. 사실 그런 건 꽤 오래전부터 가능했다. TV, 비디오, 카세트 테이프, 심지어 라디오를 통해서도 가르치고 배울 수 있었다. 물론 이제 원격 교육이 클라우드 인프라와 함께 더욱 신속하게 확대될 수 있다는 점에서는 의미가 있다. 하지만 미래 발전에서 고유한 차별점은 클라우드 AI의 대중화에 있을 것이며, 곧 정보 기술 교육에 있어 전혀 다른 형태의 파괴가 이루어질 것이다.

1970년대 이후 정보 분야의 변화를 살펴보면서, 우리는 일찍이 데이비드 오토David Auto와 안나 살로몬스Anna Salomons의 연구에 주목했다. 그들은 고용 구조의 변화, 특히 통상적으로 대학 학위를 요구하지 않는 '중간 숙련' 고임금 일자리의 공동화를 발표했다.[1] 그런 중간 숙련 일자리 중 가장 큰 축소에 맞닥뜨린 두 일반 범주는, '몸을 쓰는physical operation' 직종과 사무 행정직이었다. 몸을 쓰는 직종의 경우, 주로 기계 자동화와 아웃소싱의 영향으로 공동화되었다. 행정직 고용의 감소는 20세기 후반에 등장한 소프트웨어 때문이다. 워드 프로세싱, 파일링filing, 제도, 인쇄, 스프레드시트 기능을 갖춘 프로그램들은, 사무 업무를 중간 숙련 직원으로부터 빼앗아 전문가의 데스크톱에 맡겼다. 하지만 AI는 그 반대의 일을 할 것이다. 현재 전문가 계층의 고유 영역에 있는 '고수준' 기술 다수를, 중간 숙련 직원에게 가져다주는 일이다.

지금까지 분석 소프트웨어 도구는 일반적으로 데이터를 수집·저장·제시하는 데 집중했고, 사용하려면 상당히 높은 수준의 훈련과 교육을 요구했다. 그랬지만 이제는 실시간 시뮬레이션과 '가상 트윈' 모델 사용 등 AI의 패턴 인식과 자문 제공_{advice-giving} 기능이 전문 관리자들을 일상에서 돕고 있다. 이런 AI 도구가 더욱 직관적으로 개선됨에 따라, 본래 전문가에게 한정되던 '자문'이 '중간 숙련'의, 대학 교육을 받지 않은 직원에게도 직접 전달될 수 있게 되었다.

관리자와 엔지니어들에게는 원산지, 수량, 투입물의 위치나 구성상의 변화, 공급업체, 시장 변동성 등, 운용 효율 및 안전과 관련된 무수한 요인들의 데이터가 쇄도한다. 그 모든 정보에서 패턴을 인식하는 일이 대부분의 일상적인 운영 결정을 좌우한다. 바로 이 지점이 AI가 '잡음 속 신호 찾기'를 자문하거나, 심지어 자동화해 줄 수 있는 유형의 복잡성을 가진 영역이다. 정보 자동화는 이런 의사 결정 능력을, 비관리직 직원들의 직무 역량을 향상시키는(업스킬) 가상 비서의 형태로 공장이나 호텔 프런트 현장까지 확장할 수 있다.

그러므로 AI의 핵심 특성은 예측가들 사이에서 엄청난 불안을 유발했던, 불가피하게 자의적인 결정을 내리게 될 지능형 기계에 있지 않다. 그보다는 프로그래밍 기술이나 특별한 전문성을 요구하지 않는 **자연어 인터페이스**_{natural language interface}를 통해 정보에 입각한 조언을 제공하는 능력에서 찾을 수 있다. 이 같은 AI 지원 운영 지침, 즉 '지능형 디지털 조력자_{intelligent digital assistant}'가 현장에서 실시간으로 작동할 수 있다. 그것이 설령 이전에는 관리 계층의 영역이었던, 숨겨진 복잡성을 고려해야 하는 기계나 공급망 관련 의사 결정이라도 상관없다. AI가 주도하는 지침과 조언은 자연어뿐 아니라 증강 현실 및 가상 현실 인터페이스를 통해서도 점점 더 많이 전달될 것이다.

AI 시대 이전의 소프트웨어는 주로 엔지니어의 작업을 돕고 제도공의 필요성을 없앤 '컴퓨터 지원 설계$_{CAD}$' 같은 도구를 낳았다. AI로 구동되는 세계에서는 기술 설계는 물론 심지어 제조의 전문 측면 일부까지도 작업 관리자가 아닌 작업을 수행하는 직원에게 옮겨갈 것이다. 그 똑같은 움직임이 IT 세계에도 나타나고 있다. 컴퓨터 지원 소프트웨어 엔지니어링 도구는 수십 년간 존재해 왔다. 하지만 이제 AI는 진정으로 코드 없는 프로그래밍이 가능할 만큼 충분히 좋아졌다. 다른 엔지니어들이 몇 년을 해온 것처럼, 프로그래머들도 생산성을 높이기 위해 다른 프로그래머들을 내쫓고 있다.[2]

수많은 스타트업뿐 아니라 오라클, 세일즈포스, 구글, 마이크로소프트 같은 빅 테크 기업들은 보다 단순한 '노 코드 소프트웨어$_{no-code\ software}$' 도구를 만들기 위해 경쟁하고 있다. 그것만 있으면 소비자가 코드에 대해 전혀 모르고도 자연어와 직관적인 그래픽 및 인터페이스를 이용해 코드를 작성할 수 있다. 물론 이것이 직업으로서의 코딩의 끝을 알리는 것은 아니다. 자동화가 농업이나 건설 일자리의 종말 신호가 아니었던 것과 마찬가지다. 그러나 이는 분명히 대학 수준 이상의 프로그래머가 전체 고용에서 차지하는 비율이 점차 낮아질 것임을 시사한다. 오늘날, 농장이나 건설 현장에 고용된 인원수만큼이나 많은 소프트웨어 엔지니어가 존재한다. 향후 10년 동안도 그들은 모두 틈새 직업으로 남아 있을 공산이 높다. 하지만 더 중요한 것은, 이 소프트웨어 개발의 대중화가 모든 직업에서 비전문가의 AI 강화 도구 사용을 촉진하리라는 사실이다.

공교롭게도 농부는 (산업 혁명 시대에 그랬듯) 이런 추세에서 유행에 한발 앞서 있다. 이제 농업 기계들이 자율주행 기능을 갖춘 것은 물론이고,

농부들이 무엇을 언제 심고, 물을 대고, 비료를 칠지에 관한 결정도 모두 클라우드 중심의 AI 기반 소프트웨어가 실시간 데이터 및 분석 자문과 함께 현장으로 전달한다. 2020년 말 UPS(미국의 글로벌 물류 운송업체 United Parcel Service)가 연말연시 연휴를 위해 10만 명을 채용하는 호황을 누리면서도, 한편으로 많은 관리직 임원에게 조기퇴직 수당을 제안한 것은 이러한 추세의 또 다른 암묵적 전조라 할 수 있다.[3] 비전문가의 실시간 '업스킬'의 순효과는 이전에 전문가로 분류된 사람들을 위해 남겨 두었던 직업들을 공동화할 것이다. 그럼으로써 더 효율적으로, 더 많은 생산을 하게 된다. 그리고 더 많은 파괴도 일어난다.

‘하드 스킬’의 가상화: 굴착기와 외골격 운전하기

시뮬레이터를 사용해 복잡하거나 위험한 기계를 조작하는 기술을 배우는 아이디어는 한 고등학교 중퇴자에게서 나왔다. 에드윈 링크Edwin Link는 그의 첫 번째 항공기 비행 시뮬레이터를 1929년에 팔았다. 아마도 유용한 '가상' 현실의 최초 사례였을 것이다. 링크는 세스나Cessna의 첫 비행기를 구매할 정도로 비행에 대한 애착이 깊었고, 비행을 배우는 것의 위험성을 알고 있었기 때문에 그런 아이디어를 낼 수 있었다.[4] 상업 비행의 초창기는 많은 사고와 사망자가 발생하는 것으로 악명 높았다.

에드윈 링크의 비행 시뮬레이터(출처: ResearchGate)

링크와 동명인 이 비행 시뮬레이터는 제2차 세계 대전에서 수천 명의 파일럿을 훈련시키는 데 결정적 역할을 했다. 유압 장치의 움직임에 따라 반응하는 계기 및 제어 장치를 갖춘 완벽한 조종석(날개나 동체는 없다)은 파일럿에게 비행하는 듯한 착각을 불러일으켰고, 비행에 필요한 반사신경을 발달하게 만들었다. (초기 모델은 지금의 시뮬레이터보다 훨씬 덜 현실적이었지만, 초보 파일럿의 사고를 극적으로 줄이기에는 충분했다.) 그의 회사는 오늘날에도 여전히 존재하는데, 여러 차례 인수를 거쳐 이제는 방위산업체 L3 테크놀러지 L3 Technologies의 한 부문이 되었다. 오늘날의 기술이 근본적으로 더 정교하긴 해도 개념상 차이는 거의 없으며, 파일럿 훈련과 신형 항공기 설계 모두에서 중심적인 역할을 하고 있다.

VR 시뮬레이터가 보다 광범위하게 적용되는 과정에서, 링크 다음의 선회는 1966년 전기 엔지니어 겸 공군 장교인 톰 퍼네스 Tom Furness로부터 왔다. 그는 조종석 계기판이 점차 복잡해지는 문제의 해결책으로, 헬멧에 장착되는 헤드업 디스플레이 heads-up display*를 발명했다. 이 아이디어로 퍼네스는 '가상 현실의 대부'라는 이름을 얻었다. 링크와 마찬가지로 퍼네스도 수십 개의 회사를 만들었다. 최근에는 비영리 단체 버추얼 월드 소사이어티 Virtual World Society를 설립해, VR을 가족용 학습 도구로 발전시키는 것을 후원하고 있다.[5] 오늘날, 헤드업 디스플레이는 표준 비행 장비가 되었다. 미군은 드론 파일럿 부대를 L-3 링크 시뮬레이션 & 트레이닝 본부가 구축한 기계에서 훈련시키고 있다. 말할 것도 없이 에드윈 링크의 혁신을 그대로 이은 것이다.

그러나 최근까지도 기술 학습과 관련된 무수한 작업 중 극히 일부만을 시뮬레이션을 통해 배울 수 있었다. 그 일부에는 목공 선반 사용, 용접, 배관, 혹은 굴착기 운전 등이 속한다. 사실 최초의 굴착기 시뮬레이터는 Y2K(2000년도)가 막 지나고 나서야 등장했다.[6] 그 후 다른 중장비 시뮬

---

* 운행 정보가 전면 유리에 나타나도록 설계된 전방 표시 장치

레이터들이 그런 훈련을 빠르게 뒤따르면서, 이제는 비행 시뮬레이션만큼 확고히 자리 잡게 되었다.[7] 기술 시뮬레이션 및 훈련의 잠재 시장이 값비싼 중장비와 고비용의 항공기 시장보다 훨씬 더 넓다는 것은 자명한 사실이다.

기술 수요는 창고 로봇과 배송 드론부터 병원의 코봇 같은 새로운 종류의 기계에 필요한 새로운 기술 때문만이 아니라, 이른바 '실버 쓰나미silver tsunami' 때문에도 급증할 태세다. 모든 선진국 경제는 숙련 노동력의 노화라는 피할 수 없는 인구통계적 현실에 직면해 있다. 그래프를 보면, 숙련된 업무를 수행하는 직원 집단이 정년에 근접한 쪽으로 크게 기울어 있다. 이 말은 그 그룹이 은퇴하고 나면 기존의 '기술 격차'가 더 커지고, 따라서 직원들을 더 효과적으로, 빨리 그리고 저렴하게 훈련할 수 있는 시뮬레이터의 수요 역시 증가한다는 뜻이다.

지금까지 가상 현실의 지속적 발전에는 대가가 따랐다. 링크는 1930년대에 자신의 트레이너들(비행 시뮬레이터)을 6만 5,000달러(인플레이션을 감안한 현재 달러 기준)에 미 육군 항공단Army Air Corps에 팔았다. 이제 비행 시뮬레이터 비용은 모션 제어가 없는 100만 달러에서 시작해, 완전한 동적 모션을 갖춘 것은 많게는 1,000만 달러까지 들어간다. 1,000만 달러에서 1억 달러까지 나가는 비행기를 조종하는 사람을 훈련시키기에 감내할 수 있는 액수로 보인다. 하지만 물리 및 촉각 피드백을 갖춘 시뮬레이터가 다른 영역, 이를테면 굴착기 훈련에 진입하려면 반드시 더 저렴해져야만 한다. 비싼 외골격부터 원격 조종되는 배송 드론, 그 밖에 다양한 반자동 코봇까지, 다른 모든 종류의 기계들도 마찬가지다. 더 낮은 비용의 더 높은 성능이야말로 AI, 마이크로프로세서, 소재 혁명이 시뮬레이터의 활성화를 위해 가져다줄 수 있는 핵심 지표다.

AR/VR: 과도한 약속과 과소평가

VR의 초기에는 VR이 달성할 수 있는 것에 대한 과도한 약속이 만연했다. 새로운 기술에서 나타나는 흔한 현상이다. 페이스북이 2014년 VR 회사 오큘러스Oculus를 20억 달러를 들여 인수한 것은 유명하다. 페이스북은 VR이 빠르게 대중화될 것을 기대했지만, 그런 일은 없었다. 그러나 이제 유용한 VR의 근간이 되는 세 가지 활성화 기술 전부가 마침내, 필요한 공통의 티핑포인트에 도달했다.

VR의 사실성은 여전히 시각visual에 기인한다. 큰 방 크기의 대형 디스플레이든, 작은 안경 크기의 디스플레이든 언제나 더 높은 해상도를 추구해온 연구자들은, 거의 살아있는 것 같은 화소 밀도를 더 적은 비용으로 달성했다. 화소 밀도가 높아질수록, 실시간 이미지 생성은 산술적으로 더욱 어려워진다. 특히 VR 시스템에서의 이미지 시간 지연은 장면에 대한 불신뿐 아니라, 피로, 방향 감각 상실, 심지어 메스꺼움까지 일으킨다고 기록되었다. 이런 문제는 현재 초고성능 GPU의 초고속 이미지 렌더링으로 극복되고 있다. 최초의 휴대폰 창시자가 만화 〈딕 트레이시Dick Tracy〉에서 발명의 영감을 얻은 것처럼, 테일러 스콧Taylor Scott은 1977년 영화 〈스타워즈〉의 레아 공주가 홀로그램 디스플레이에 등장하는 상징적 장면에서 영감을 받았다. 그는 2021년 초에 특수 안경 없이도 3D 홀로그램 이미지를 생성해 내는 (시제품) 스마트폰 디스플레이를 공개했다.[8]

최신 저가 고성능 AI 엔진 역시, VR 시스템을 한 단계 끌어올리는 데 핵심적인 역할을 한다. 페이스북은 앞선 잘못된 행보에도 단념하지 않고, 사용자의 시선을 역동적으로 추적해 듣는 것과 보는 것을 통합하는 AI 기반 시스템을 개발했다. 이것은 시스템이 시끄러운 환경에서 주변 소리를 차단하는 한편, 현재 보고 있는 것을 '듣는' 일에 선택적으로 집중하는 뇌의 능력을 복제하게끔 허용해 준다.[9] 이처럼 특정 기능을 정복하는 것을, VR 세계에서는 '칵테일 파티 챌린지cocktail party challenge'라 부른다. 이 문제를 잘 해결한다면, 별개로 보청기의 혁명도 가져올 수 있다. 또한 AI 엔진은 카메라와 결합한 동작 탐지 기능을 이용해 감정 상태나 곤혹스러움, 혹은 주의 수준을 분석할 수 있다. 이런 감정 감지 기술EST, Emotion-Sensing Technologies은 현재 시뮬레이터에 추가되는 중이며, 자동차(및 집중이 아주 중요한 다른 기계들)의 운전자 보조 기술로 등장하기도 한다.

앞에서 살펴본바 AR/VR을 실감 나게 하려면, 인간-기계 인터페이스 역시 우리의 '입력' 명령을 더 자연스럽게 수신할 수 있어야 한다. 이상적인 인터페이스에서 기계(혹은 이미지나 알고리즘)는 사용자의 지시에 대응함과 동시에 그 의도를 직감할 수 있어야 한다. 엔지니어들은 의도를 예측하기 위해 우리의 움직임과 행동을 '보는' 인터페이스를 개발해, 이 과제를 달성해 냈다. 이것들을 '터치 프리touch-free 시스템' 혹은 '직관적 제스처 제어 시스템'이라고 부른다. 이제는 구글과 마이크로소프트 같은 대기업부터 스타트업까지, 온갖 회사가 출시한 수십 개의 유사 장비가 존재한다. (항상 그랬듯이, 후자의 스타트업 중 다수는 훗날 전자의 대기업에 인수된다. 사실 이것은 많은 기업가나 투자자가 의도하는 결과이기도 하다.)

그 개념이 새로운 것은 아니다. 예를 들어 캐나다의 제스처텍Gesturetk은 약 30년 전부터 박물관, 상점 등에서 사용되는 핸즈프리 비디오 기반 입력 제어 시스템을 제공해 왔다. 하지만 간단한 제스처 제어가, 작고 저렴한 센서와 논리 칩의 등장으로 성숙하게 된 것은 불과 5, 6년이 채 안 된다. 게임과 가전제품부터 자동차와 군사 기기에 이르기까지, 전 응용 분야에 걸친 직관적 제스처 인터페이스 장치 시장은 이미 수백억 달러 규모로 측정되고 있다.[10]

이 제어장치 중 일부는 이미 스마트폰이나 자동차의 기본 사양이 된 카메라나 음향 센서(마이크로폰)에 전적으로 기반하고 있다. 이것들이 AI 및 기계 학습과 결합해 사용자의 의도를 살펴보고, 분석하고, 직관으로 알아내는 것이다. 몇몇 장치는 실리콘 초소형 정밀기계 기술MEMS 마이크로폰의 예리한 감각을 이용해 호흡과 심장 박동까지 감지한다. 그런 데이터는 건강 모니터링에 의미 있을 뿐 아니라, 불안이나 주의력을 분석하는 데 도움이 될 수 있다. 구글의 모션 센스Motion Sense 같은 것들도 아주 작고, 역동적인 레이더 칩을 이용해 제스처를 추적한다. 그리고 일부 입력장치는 전술한 모든 감지 양식을 통합해 사용한다.

그 가능성에 대한 흥미로운 연구에도 불구하고, 우리가 뇌의 뉴런에서 방사되는 도발적이고 시끄러운 신호를 직접 읽을 수 있는 미래는 아직 꽤 멀리 떨어져 있는 게 현실이다. 하지만 적어도 한 회사는 손목에서의 신경 활동을 측정하고 해석하는 데 집중하는 영리한 손목 밴드를 개발해 냈다. 그 활동이 바로 뇌가 손에 지시를 내리고자 보내는 메시지이다. 그 이름도 적절한 CTRL-Labs(2019년 페이스북에 인수됐다)가 개발한 이 밴드는, 컴퓨터가 피아노 연주와 같은 심히 복잡한 동작을 관찰하고, 해석하여, 사실적으로 시뮬레이션할 수 있게 한다.

하지만 여전히 대부분의 VR 시스템에는 신체 피드백, 특히 촉각 피드백이라는 주요 요소가 누락되어 있다. (링크의 비행 시뮬레이터는 디즈니랜드 놀이기구처럼 전자-유압 시스템을 이용해 벌크 모션$_{bulk\ motion}$을 시뮬레이션한다.) 이미지를 느낄 수 있는 TUI$_{Tangible\ User\ Interface}$, 혹은 체감형 인터넷이라는 아이디어는 1997년 MIT 미디어 랩에서 그 기원을 찾을 수 있다.[11] 이것은 많은 작업에서 VR 기술을 진정한 사실주의에 한 걸음 더 가까이 데려다줄 마지막 남은 기능이다. 20년 전 제록스 PARC(제록스 팰로앨토 연구소 $_{Xerox\ Palo\ Alto\ Research\ Center}$)의 연구자들이 "반응형$_{responsive}$ 미디어의 시대"라고 이름 붙인 것이기도 하다.[12]

가상으로 촉각을 느끼기 위해서는 신경과 근육 세포가 하는 것을 복제(이상적으로는 생체모방)하는 액추에이터가 필요하다. 이 오랜 꿈은 이제 소재 과학의 조용한 혁명과 그런 신소재로 장비를 만들 수 있는 정밀 제작 기계의 보완적인 혁명 덕택에 실현할 수 있게 되었다. 전기 반응성 고분자 및 유연한 세라믹과 함께 바야흐로 "진동 촉각 햅틱 기술$_{vibro-tactile\ haptics}$" 시대가 도래하고 있다. 10년 넘게 존재해온 스마트폰의 친숙한 진동 기능을 뛰어넘는 기술적 도약이다. 활성 고분자로 만든 장갑은 센서(시뮬레이터에 손이 무엇을 하고 있는지 전달)와 액추에이터(가상 물체를 만질 때의 감각 제공) 역할을 모두 할 수 있다. 그리고 '밸브 돌리기' 같이 더 큰 힘이 필요한 동작을 위해서 장갑에 동력식 미니 외골격을 추가할 수도 있다.

질감 같은 좀 더 미묘한 감지와 관련하여 엔지니어들은 디스플레이 표면을 프로그래밍해 손가락이 가상 특성을 '느끼도록' 속이는 방법을 찾았다. 스크린 표면의 전기력을 미세하게 제어함으로써, 손가락 신경이 돌기나 다른 특징을 느끼게 할 수 있다. 그 촉각을 이미지와 맞춘다면, 그 이미지의 질감이 느껴진다고 착각하게 되는 것이다. 이는 디스플레이 제작 시 이미 사용한 동일 도구와 소재를 이용해, 미세한 전도층을 디스플레이에 만들어 넣으면서 구현된다.

그런 촉각 기술은 먼저 자동차 디스플레이를 더 안전하게 만드는 데 사용되었다. 운전자가 디스플레이를 촉각으로 느낄 수 있으므로, 단순히 보는 것보다 더 안전하다. 같은 기술로 더 안정적인 제어 패널이나 스위치 대시보드(더 이상 기계가 아니라 가상이기 때문에)뿐 아니라, 쉽게 업그레이드할 수 있는 사용자 정의 패널도 만들어졌다.[13] 하드 디스플레이 기술이 유연하고 균일한 디스플레이로 옮겨감에 따라, 촉각 표면은 결국 손을 비롯해 여러 물체의 모양과 윤곽을 감싸게 될 것이다.[14] 그런 '인공 피부'는 이제 1990년대 말 전화기의 터치스크린과 유사한 시제품 단계에 있다. 2007년 시장을 바꾼 아이폰이 출시된 것은 그 이후 얼마 지나지 않아서였다. 2020년대는 피부에 버금가는 촉각 감지 '장갑'을 보게 될 것이다.

2020년대에 대형 기계 외의 많은 응용 분야에서 기술 훈련용 초사실적 가상 시뮬레이터를, 그것도 원격으로 사용 가능하게 할 일련의 기술은 이미 현존한다. 이것은 다양한 숙련 직업을 대상으로 하는 가상 견습은 물론이고, 온라인 견습도 가능하게 할 것이다. 또 중공업과 서비스 영역에서 쓰이는 실시간 인간-기계 인터페이스도 획기적으로 개선해 줄 것이다.

이런 기술에 정통한 사람은 이 책에서 (엔지니어 커뮤니티와 달리) 다양한 유형의 가상, 증강, 혼합 현실 시스템을 구분하지 않고 있었다는 사실을 눈치챘을 것이다. VR과 AR 간에는 많은 단계적 차이가 존재하며, 기술 훈련과 교육 양쪽뿐만 아니라 상업의 거의 모든 측면에서 수많은 응용 분야가 있다. 예를 들어, VR은 대개 완벽한 몰입 환경을 제공하는 완전히 인공적인 시뮬레이션을 개발하려고 시도하고 있다. 그 속에서 기능공이나 학생은 기계의 디지털 복제품을 시범 운행하거나 수리할 수 있다.

한편 AR은 현실을 복제하려 하지 않는다. 대신 현실에 정보 및/또는 이미지를 중첩하여 '증강'한다. AR 안경을 착용한 수리공이나 의사는 '후드를 들어 올리기' 전에 장비 내부에 무엇이 들어 있는지 볼 수 있다. 콜로세움을 구경하는 관광객은 로마 시대의 콜로세움은 어떤 모습이었을지 알 수 있으며, 그 아래로 마치 자막처럼 지나가는 역사 정보를 읽을 수도 있다.

AR이 노트북같이 보편적으로 일반 업무용이나 일상 장비로 파고들기 위해서는, 성능, 가격, 패션에 있어서 고객의 요구사항을 충족시켜야만 한다. 이는 사실 거의 데스크톱 컴퓨터에서 노트북으로 가는 것과 견줄 만한 기술적 도약이다. 하지만 다양한 스타트업과 나이언틱Niantic, 페이스북, 구글, 애플 같은 빅 테크 기업들로부터 나오는 상용화 이전 제품에서 점차 그 가능성이 보이고 있다.

현재 예측가들은 AR/VR 장비의 판매가 2020년의 100만 대에서 2025년까지 2,000만 대 이상으로 증가할 것으로 보고 있다. 구매의 85%는 기업이 차지할 텐데, 이것은 데스크톱 컴퓨터의 도입 초기와 비슷한 비율이다.[15] 그 뒤를 이어, AR 기능을 내장한 콘택트렌즈가 등장할 것이다. 이 아이디어는 더 이상 허황된 것이 아니라 실현할 수 있는 것이며, 유연하고 생체에 적합한 새로운 전자 소자를 사용한 가공의 시제품을 개발 중이다.[16]

교육, 헬스케어, 광고 등은 모두 VR과 AR에 큰 시장이고 엄청난 벤처투자의 중심이기도 하다. 하지만 VR과 AR 지출의 가장 큰 단일 시장은 엔터테인먼트다.[17] 그리고 역사에서 그래왔듯이, 엔터테인먼트 시장에서의 발전은 다른 모두에게 큰 혜택이 될 것이다.

엔터테인먼트:
에우리피데스 Euripides 에서 e-스포츠까지

"나는 사람들을 교육하고 그들이 즐겁기를 바라는 것보다는, 그들을 즐겁게 함으로써 스스로 뭔가 배우기를 바란다."

-월트 디즈니(Walt Disney)[1]

2016년 7월, 증강 현실 게임 〈포켓몬 GO〉는 출시되자마자 앱 다운로드 수 신기록을 세우면서 어마어마한 클라우드 트래픽을 발생시켰다. 결국 일본 내 게임 발매는 적절한 디지털 인프라를 물리적으로 확보한 후로 연기해야 했다.[2]

〈포켓몬 GO〉를 잘 모르는 사람을 위해 설명하자면, 이 게임은 사용자가 만화 속 가상의 동물인 '포켓몬'을 발견하면 보상을 준다. 포켓몬은 스마트폰 카메라를 통해 본 화면에 가상으로 나타난다. 단, 사용자가 알려지지 않은 온갖 특정 지리적 위치, 이를테면 상징적 기념물, 공원, 심지어 일상적인 장소에 도착했음을 GPS가 확인할 수 있을 때만 나타난다. 이 게임은 많은 물리적 이동을 촉발했는데, 게임을 하려면 그 비밀 장소를 찾아가야 했기 때문이다.[3] 역사는 이 게임을 디지털 엔터테인먼트와 여행 엔터테인먼트의 최초의 성공적 퓨전 사례로 기록할지도 모른다. 그것은 우연이 아니었다. 나이언틱Niantic CEO이자 〈포켓몬 GO〉 제작자인 존 행키John Hanke는 엔터테인먼트 AR의 활용을 사람들이 "다른 사람들과 같이, 매우 사회적인 방식으로, 바깥을 경험하게" 하는 수단으로 보았다.[4] 행키의 비전은 엔터테인먼트의 가까운 미래에 관한 뭔가를 말해 준다.

그러나 모든 형태의 엔터테인먼트에 대해 현대에서 월트 디즈니만큼 기술과 재능의 교차점, 아이디어와 물리적 인프라의 교차점을 잘 이해한 사람은 거의 없다. 그의 첫 번째 영화인 1937년 애니메이션 〈백설 공주와 일곱 난쟁이Snow White and the Seven Dwarfs〉에 등장하는 지금 기준으로도 훌륭하게 구현된 이미지부터, 1955년 몰입형 가상 현실(놀이기구)과 함께 캘리포니아 애너하임Anaheim에 문을 연 최초의 테마파크인 디즈니랜드 파크, 2012년 루카스필름Lucasfilm 및 디지털 〈스타워즈〉 프랜차이즈 인수까지, 디즈니는 세계에서 가장 큰 엔터테인먼트 회사로 발전했다.

디즈니와 모든 엔터테인먼트 회사가 전달하는 경험들, 특히 이야기들(어설픈 용어로 말하자면, '콘텐츠')은 같은 고대의 뿌리를 공유하고 있다. 우리는 초기 그리스 비극의 대가로 알려진 아이스킬로스Aeschylus, 에우리피데스Euripides 소포클레스Sophocles가 2,500년 전 짜 올린 신화 속 영웅들, 비애, 로맨스, 오락에서 이야기를 관통하는 모든 영속적 요소를 발견한다. 이러한 주제가 그렇게까지 멀리 거슬러 올라가는 것은, 엔터테인먼트를 통한 쾌락 추구가 태생적으로 인간의 본성이기 때문이다. 우리는 이러한 욕구를 충족시키는 것을 사회 복지를 위한 필수 요소로 보는 측에 포함된다. 그것을 미학적, 기술적 형태의 '예술'에서 찾는지, 혹은 여행의 즐거움에서 찾는지는 상관없다.

지난 세기 동안 전반적인 부가 증대되면서, 더 많은 사람이 더 많은 시간을 다양한 예술과 엔터테인먼트에 쏟을 수 있게 되었다. 이러한 추세를 거꾸로 인식한 미국 국립예술기금NEA, National Endowment of Arts은, 예술과 문화 활동에서 창출된 경제적 가치가 건설업과 창고업의 경제적 가치를 합친 것보다 5배나 크다고 지적하길 좋아한다.[5] 하지만 이 결과는 기술이 생존 그 자체를 위한 경제와 노동력의 몫을 줄여주었기 때문에 나온 것이다. NEA가 적절히 사용한 광의적 정의에는, 방송, 라디오, 텔레비전, 출판, 영화, 음반, 박물관, 축제, 예술 교육, 미술관, 작가, 조경, 도서관, 공원 등, 아주 많은 것이 망라되어 있다.

역사에 걸쳐, 기술 혁명은 엔터테인먼트가 어떻게 그리고 어디에서 전송될 수 있는지를 일거에 바꾸고는 했다. 15세기 구텐베르크의 금속활자 발명은 책의 굴레를 벗기고 정보 전파 '수단'을 개선했을 뿐 아니라, 상당수의 엔터테인먼트를 구전에서 인쇄 세계로 옮겨 놨다. 16세기에는 현대식 극장이 태어났으며, 이후 윌리엄 셰익스피어가 공동소유자로서 자기 작품을 '배급'할 권리를 가졌던 글로브 극장Globe Theatre으로 이어졌다.[6] 1905년 미국 피츠버그시는 건물을 하나 지어 올리고는, 그것이 영화 상영을 위한 최초의 건물이라고 주장했다. (건물 이름은 니켈로디언Nickelodeon이었는데, 그리스어로 "Odeon"은 고대 극장, "nickel"은 관람료이다.)

자본은 엔터테인먼트 콘텐츠 제공만이 아니라, 그 엔터테인먼트를 새롭고 더 나은 방식으로 전달하는 기술의 발명을 통해서도 축적되었다. 라디오를 소유한 가정의 비율은 1920년의 0.2%에서 출발해 1920년대가 끝날 무렵에는 거의 100%에 달했다. 그 10년 동안, 당시의 구글이자 애플이었던 RCA의 주가는 10,000%나 급등했다. 라디오는 정보의 전송 수단, 콘텐츠의 구성 방식, 광고의 경제성 등을 획기적으로 바꾸었다. 1930년까지, 미국 가정은 통신 서비스(라디오와 전화를 합친 것)에 가구를 사는 것만큼이나 많은 돈을 썼다.[7,8]

콘텐츠가 왕이다

1996년으로 시간을 되돌려보면, 빌 게이츠가 발표한 (주목은 많이 받지 못했지만) 선견지명 있는 글, 〈콘텐츠가 왕이다Content is King〉를 볼 수 있다. 그 글에서 빌 게이츠는 "나는 콘텐츠가 인터넷에서도 '진짜 돈'을 많이 만들어낼 것이라고 기대한다. 마치 방송에서 그랬던 것처럼."이라고 내다봤다. 그는 또 인터넷의 역사로 보면 '1세기' 전인 그 당시에 이런 예측도 했다. "콘텐츠 회사들이 광고나 구독을 통해 돈을 벌려고 기를 쓰면서 단기적으로는 실망이 클 것으로 예상한다. 아직 그렇게는 돈을 못 벌고, 한동안도 그럴 것 같다." 정황을 보면, 1996년에는 인구의 단 15%만이 휴대폰을 소유했고, 스마트폰은 있지도 않았다. 인터넷도 지금과 비교하면 규모가 아주 작았다.

오늘날의 엔터테인먼트 산업은 그때보다 훨씬 거대하며, 기술, 자본, 창조적 재능을 끌어들이기에 아주 매력적인 시장이다. 교육이나 과학보다 엔터테인먼트를 위해 더 많은 사진과 영화가 사용되고 있다. 그리고 하드웨어 측면에서 보면 인터넷 트래픽의 가장 큰 부분은 단연 비디오에 할애된다. (이와 비슷하게, 항공 승객의 대다수는 비즈니스 목적이 아닌 '관광'객이다.)

지난 20년 동안 미국 가정의 엔터테인먼트 지출은 60% 증가했다. 증가분의 대부분은 다양한 형태의 전자 혹은 디지털 하드웨어 및 서비스 관련 지출이었다.[10] 그리고 콘텐츠의 가치는 (마침내) 음악 산업으로 되돌아왔다. 음악은 디지털 유통 출현으로 가장 먼저 타격을 받았던 예술 분야다. 21세기 첫 10년 동안 절반으로 뚝 떨어진 음반 매출은 이후 감소세가 둔화하다가 2014년에 바닥을 쳤다. 그런데 2020년이 되자, 전체 음반 매출이 거의 Y2K, 2000년 수준으로 되돌아왔다. 현재 예측에 따르면 음반 매출은 2030년까지 2배 이상 오를 것으로 보인다.[11]

전통적인 현장 기반 엔터테인먼트 형태(놀이공원, 스포츠 경기)도 마찬가지로 사라지지 않았다. 사실 아주 크게는 아니더라도, 성장하기까지 했다. 기술은 욕구마저도 전환했다. 오늘날의 평균적인 미국 가정은 여전히 매년 가구보다 주로 엔터테인먼트용으로 사용하는 통신 서비스에 더 많은 돈을 쓰고 있다.[12, 13]

대봉쇄가 이야기와 엔터테인먼트의 디지털 전송을 가속했다는 것은 놀랄 일이 아니다. 디즈니의 경우 2017년까지만 해도 '스튜디오' 영화 극장 관람객으로부터의 매출이 'DTC Direct-To-Consumer', 즉 클라우드로 가능해진 스트리밍 콘텐츠 매출보다 400% 더 많았다.[14] 하지만 2019년이 되자 두 범주의 매출이 거의 같아졌다. 코로나 봉쇄로 극장이 문을 닫기 전, 2020년 말부터 이미 극장에서보다 스트리밍으로 더 많은 돈을 벌어들이는 궤도에 올라 있었다.

또다시, 재능과 돈은 새로운 기술을 쫓고 있다. 넓은 의미에서의 시각 및 스토리텔링 영역에서, 다양한 예술가가 할리우드 중심의 비즈니스를 떠나 새로운 디지털 중심 시장에서 일하게 됨에 따라 재편성이 이루어졌다. 이것은 정확히 1세기 전, 많은 인재가 당시 새롭게 떠오르던 할리우드 스튜디오에서 일하기 위해 대서양 연안 무대(유럽과 미국 동부)를 떠났을 때의 그 이주를 고스란히 따르는 패턴이다.[15]

유용한 AR/VR 기술이 출현해 전송 인프라의 모든 측면에 관여하기 시작하면서, 엔터테인먼트 제공을 향한 경쟁은 더욱 치열해질 터이다. 디지털 파괴 현상은 교육, 헬스케어, 제조, 혹은 운송 영역보다 엔터테인먼트에서 더 이르게 발생할 것이다. 이유는 간단하다. 가능하기 때문이다. 비 엔터테인먼트 영역에서는 구조적 관성이, 그리고 근본적인 변화를 만들려면 도저히 피할 수 없는 물리적 특성이 (적당한) 마찰을 일으킨다.

엔터테인먼트에서 기술이 벌일 일에 대해 반 이상향적 공포를 품고 있는 사회학자와 부모들은, 금세기의 디지털 디즈니가 될지도 모르는 존 행키가 또렷이 들려준 예측(사실은 목표다)에 위안 삼을 수 있을 것이다.

> "제 생각에 AR의 미래는, 우리를 위해 전화기를 없애고, 우리가 기술을 좀 더 자연스럽게 사용하도록 돕는 것입니다. … 몰입형 게임의 다음 개척지는 덜 몰입적이지만 더 현실적입니다. 우리는 사람들이 컴퓨터에서 벗어나, 바깥세상에서 게임을 즐기도록 노력하고 있습니다. 거기 실재하는 것들에 감사하며, 또 서로 대화도 나눌 테지요."[16]

아마 아이작 아시모프도 이 미래에 동의할 것이다.

빅 스크린, 빅 스포츠, 빅 북의 엄청나게 과장된 종말

스크린, 스포츠, 책의 대종말은 진짜 올까? 간단히 답하면, 아니다. 오히려 더 많아질 것이다. 기술과 인구 통계, 증대한 부의 조합은 모든 엔터테인먼트, 심지어 가장 오래된 형태의 엔터테인먼트에서마저 더 왕성하게 활동하는 미래를 약속한다. 기본적으로 사람들은 장관을, 웅장함을 즐긴다. 이것은 우리가 0.1에이커(약 405제곱미터)의 거대 스크린이 설치된 대형 극장이나 10만 명이 넘는 사람들과 어울릴 수 있는 스포츠 경기장과 콘서트장을 가는 이유 중 하나다. 기술은 쇼를 더 웅장하고 화려하게 만들 수 있다. 1세기 이전의 엔터테인먼트 제공자들은 '판타스마고리아$_{phantasmagoria}$'의 전달이라는 관점에서 생각했다. 판타스마고리아란 일종의 공포 극장으로, 다양한 감각을 자극해 전반적인 공포 분위기를 창출해 내는 곳이었다. 그런 것에 대한 요구는 근본적으론 변하지 않았다.

NEA가 자랑했듯이 엔터테인먼트와 예술은 큰 사업이다. 하지만 대봉쇄의 파괴적 결과가 선진 세계의 수많은 측면을 일시적으로나마 '필수 서비스'가 지배하던 중세 시대로 돌려놓았다는 사실을 무시하면 안 된다. 세계 곳곳의 정부는 직간접적으로 '비필수' 직업을 가진 수백만 명을 실직시켰다. 대부분의 역사에서, 모든 국가의 경제 활동 중 약 80%(때론 그 이상)는 생존을 위해 필요한 식량과 연료를 생산하고 공급하는 데 쓰였다. 하지만 그것은 누구도 진정으로 원하는 경제적 상태는 아니다.

주목한 점은, '여가 및 접객' 분야에 고용된 미국인의 수가 헬스케어 분야에 고용된 수만큼 많다는 것이다. 예술과 여타 엔터테인먼트를 둘러싼 산업들이 다 그렇듯, 스포츠 산업은 '비필수적'이거나 '선택적$_{selective}$'이다. 또, 대부분의 항공 여행은 선택 사항이다. 70%의 승객이 비즈니스가 아니라 단지 즐기기 위해 여행한다. 외식 역시 선택적 행위로, 건강한 사회에서는 외식이 직접 요리해 먹는 것과 동일한 영양을 제공하지만, 농업 및 식료품 서비스(슈퍼마켓)보다 3배 많은 일자리를 창출한다.[17] (이해를 돕자면 정보 분야의 일자리는 농업보다 아주 조금 많다.) 사실, 오늘날 대부분의 사람이 하는 일은 '비필수적'이다. 기술 진보의 전체 궤도는 '필수' 작업에 할애된 경제의 몫(그리고 사람들의 시간)을 줄이는 쪽으로 향해 왔다.

그래서 2020년 봉쇄 기간, 가장 큰 라이브 이벤트가 온라인에서만이 아니라 비디오 게임의 가상 현실 속에서도 열린 것은 시의적절했다. 래퍼 트래비스 스콧_{Travis Scott}이 온라인으로 콘서트를 생중계했는데, 비디오 게임 포트나이트_{Fortnite}를 통해서만 실시간으로 볼 수 있었다. 그 콘서트는 1,200만 명의 라이브 관객을 끌어모았다.[18] 1977년경 아타리_{Atari}에서 발표한 게임, 〈스페이스 인베이더_{Space Invaders}〉와 비교하면 크게 발전한 것이다. 엔터테인먼트 디지털화의 첫 단계는 컴퓨팅 성능 및 고속 전송의 엄청난 확대에서 비롯되었다. 앞에서 살펴봤듯이 이제 둘 다 더 저렴한 비용으로 더 많이 실현되게 됐다. 이것은 필연적으로 이미 벌어지고 있는 일들을 더 가속할 것이다.

대봉쇄 이전 20년 동안, 비디오 게임은 500%가 폭증해 1,500억 달러 규모의 글로벌 산업이 되었다. 1,000억 달러 규모의 영화 산업과 600억 달러 규모의 음악 산업을 능가했다.[19, 20] 동시에 셰익스피어 시대와 같은 양식으로 이루어지는 공연 예술은 관객이 오히려 15% 늘었다.[21] 2020년까지 극장은 약 200억 달러의 거대 글로벌 사업이 되었다.[22] 극장의 디지털화는 주로 프로모션과 티켓 판매에 영향을 끼쳤다.

트래비스 스콧의 게임 포트나이트 내 공연 영상(출처: 트래비스 스콧(Travis Scott) 공식 Youtube)

NEA의 장부에 포함되지 않은 엔터테인먼트인 프로 스포츠는, 도합 20억 명의 시청자를 끌어모으는 또 하나의 1,200억 달러 규모의 글로벌 산업이다.[23] 프로 선수들이 비디오 게임을 하는 것을 관중이 지켜보는 e-스포츠 역시 상승세에 있다. 아직은 겨우 10억 달러 규모에 그치고 있지만, 2020년의 전 세계 e-스포츠 시청자 수는 5억 명에서 시작했다.[24] 현실(물리) 세계와 디지털 세계의 융합 사례로, 2017년 폴란드 카토비체Katowice 스타디움에 17만 3,000명의 관중이 몰려들어, 3대 비디오 게임(카운터 스트라이크, 리그 오브 레전드, 스타크래프트II) 토너먼트 대회(인텔 후원)를 관람한 것을 꼽을 수 있다. 온라인으로는 4,600만 명이 이 대회를 시청했다. 이것을 2019년 슈퍼볼을 보기 위해 모인 7만 5,000명의 관중과 온라인 시청자 9,800만 명과 비교해 보라.[25] 아니면 1등 상금을 비교해 봐도 된다. 포트나이트 월드컵 챔피언에게 수여된 상금은 300만 달러로, 윔블던의 1위 상금 290만 달러를 넘어섰다.[26]

엔터테인먼트가 클라우드로 옮겨가는 보다 분명한 조짐으로 세계 최대 소셜 미디어 회사인 페이스북이 2020년 말 발표한, 이용자에게 스트리밍을 통한 무료 게임을 제공하겠다는 계획을 고려해 볼 수 있다.[27] 페이스북은 소니, 닌텐도, 마이크로소프트 같은 회사가 파는 고해상도 가정용 콘솔 게임이나, 구글과 마이크로소프트의 클라우드에서 플레이할 수 있는 유사한 고성능 게임들을 겨냥하지 않았다. 페이스북과 경쟁자들 모두, 5G와 저렴한 클라우드 슈퍼컴퓨팅의 결합이 필연적으로 온사이트와 클라우드 간 경계를 흐릿하게 만들 것을 잘 알고 있다.

앞서 2018년, 콘솔 및 PC 게임 거물 중 하나인 일레트로닉 아츠Electronic Arts가 이스라엘의 선두 클라우드 스트리밍 기술 회사를 인수했다. 이 역거래가 온사이트와 클라우드 간 경계가 흐려지는 현실로부터 촉발되었다는 분석에는 의심의 여지가 없다.[28] 대봉쇄는 게임의 유틸리티 모델을 추구하고자 게임 회사를 인수하려는 클라우드 인프라 회사들의 움직임을 촉진했다.[29] 이는 영화 스트리밍 분야에서 넷플릭스가 선도했던 혁명과 유사한 패턴을 따른다.

비디오 게임 사업이 더 커지면서, e-스포츠의 볼거리와 시장 역시 커질 것이다. 뭔가 일어날 징조는 이미 2014년에 나타났다. 아마존이 최대 게임 라이브 스트리밍 플랫폼인 트위치Twitch를 인수하려고 거의 10억 달러를 쓴 것이다. 트위치 사용자 수는 2020년 봉쇄 기간 중 거의 80% 폭증했으며, 대부분의 케이블 TV 채널보다 더 많은 시청자를 보유하고 있다.

신체 스포츠와 e-스포츠 간 융합도 지속적으로 이루어질 것이다. 예를 들어 미국 프로농구NBA는 2018년 완전히 비디오 게임 스타일인 디지털 리그를 시작했는데, 2020년 팬데믹이 절정일 당시 약 1,000만 시간의 '**스트리밍 시간**streaming hours'을 기록했다.[30] 이 모든 것이 중대한 산업 구조의 재편성을 가리키고 있다. 물론 이것이 슈퍼볼이나 윔블던의 종말을 의미하지는 않는다. 그렇지만 사람들이 엔터테인먼트를 어디에서 어떻게 즐길 것인지를 선택하는 데 있어 지속적인 변화를 약속하는 것은 맞다.

또다시 익숙한 패턴이다. 텔레비전의 부상이 영화 관객의 증발을 초래하지는 않았다. TV 시대가 시작된 70년 전에는 영화 관객 수가 3분의 1로 붕괴되었지만, 곧 안정기에 진입했다. 사실, 지난 수십 년 동안 영화 관객은 알게 모르게 증가하고 있었다.[31]

한 뉴욕타임스 영화 평론가가 썼듯이, "영화의 역사는 부분적으로는 너무 이른 부고의 모음집이다. 사운드, 컬러, 텔레비전, 교외, VCR, 인터넷……. 이 모두가 영화 관람을 없애 버릴 것만 같았지만, 어느 것도 성공하지 못했다. 문화적 형태와 그것을 지탱하는 사회적, 사적 의식들은 그들의 장례식을 계속하는 어떤 방법을 가지고 있다."[32] 누군가에게는, 특히 포스트 코로나 시대에는 희망사항에 불과한 말로 들릴 수 있다. 그러나 엔터테인먼트의 성공은 훌륭한 이야기를 공유하는 경험에 일부 좌우된다. 혹은 2020년 봉쇄가 진정되기 시작했을 때 한 할리우드 제작자가 잘 표현한 것처럼, 논해질 수도 있다. "대형 스크린 앞 어둠 속에 모여 영화관을 가득 채운 이방인들과 같이 웃고, 울고, 소리 지르고, 공감하는 것은 우리가 가진 가장 사치스러운 예술 전통의 하나다."[33]

장편 이야기: 2020년의 잿더미에서 일어나

또 다른 예술 전통인 무대 연극의 종말을 선언하는 것 역시 시기상조다. 그 장르의 미래에 관한 한, 토니상 후보에 오른 배우 크리스토퍼 잭슨 Christopher Jackson이 2020년이 서서히 저물어 갈 즈음 한 말에 공을 돌려야 한다. "브로드웨이는 원래 '굴레를 벗어난 창의성'의 시기에 태어났다." 그가 말한 시기는 바로 1918년 스페인 독감 팬데믹을 이어 펼쳐진 포효하는 20년대다.[34]

지난 20년 동안 디지털 엔터테인먼트의 폭발적 성장에도 불구하고 공연을 보러 오는 관객 수는 오히려 꽤 증가했다. 압도적으로 뮤지컬 관객 수의 증가가 컸지만, 연극도 마찬가지다. 대봉쇄 이전, 브로드웨이와 런던의 웨스트 엔드 West End는 모두 기록적인 몇 년을 보냈다.[35] 아마 부의 효과라 부를 수 있을 것이다. 기술이 무대를 크게 바꾸었다고 주장할 사람은 거의 없을 것이기 때문이다.

그러나 결국, 부상하는 디지털 기술이 가장 오래된 공연 예술에서도 사용될 것으로 예상된다. 예를 들어, 봉쇄 기간 몇몇 극장들이(다수라고 하기에는 거리가 먼데, 노조의 반대 때문이다) 공연 실황을 '온라인 중계'하기 위한 디지털 스트리밍을 시작했다.[36] 이 추세는 2020년대에 더 가속화될 것이다. 초기 도입자들이 비평가의 찬사를 받았기 때문이라기보다, 관객과 수입을 확장하고 싶은 저항할 수 없는 열망 때문이다.

이 같은 공연 스트리밍은 클라우드를 통해 더 쉽게 구현될 수 있으며, 더욱이 증강 현실 및 가상 현실 디스플레이가 더 진짜처럼 보이게 되면서 많은 원격 관객에게 한결 매력적으로 다가갈 것이다. 월스트리트 저널의 테리 티치아웃Terry Teachout은 이렇게 결론지었다.

> "제가 이야기해 본 모든 지역의 예술 감독은 팬데믹이 지나고 나서도 온라인 중계를 계속하고 싶어 합니다. 이유는 다 알겠지만, 한 가지 이유가 더있습니다. 거동이 점차 어려워지는 나이 든 후원자들이 그들의 쇼를 더 쉽게 접할 수 있게 해주리란 점이죠."[37]

텔레비전 쪽으로 가보자면, 2020년에 전통적인 방송의 시청률은 하락한반면, 스트리밍 구독자는 70%나 늘었다는 것은 놀랄 일이 아니다.[38] 애플, 페이스북, 구글 같은 엔터테인먼트계의 신흥 부자(디즈니나 CBS 같은 상속 사업체에 비해 창사 기준, 신생이다)들마저 넷플릭스와 아마존 대열에 합류해 장편비디오 콘텐츠 구입에 수십억 달러를 쓰고 있다. 〈왕좌의 게임Game of Thrones〉과 〈기묘한 이야기Strange Things〉 같은 인기 있는 드라마 시리즈는 각각 6,000만명과 1억 명의 시청자를 사로잡았다.[40] 개인이 여러 서비스에 가입하면서,2020년대 중반 이전에 SVOD(월정액 무제한 스트리밍) 구독자 수가 미국에서만 3억 명을 넘어설 것으로 예상된다.[41] 그야말로 장편 시리즈 만세다.

멋진 이야기를 전달하는 가장 오래되고 접근성 좋은 수단은 출판물이다. 종잇값을 400%나 하락시킨 새로운 화학 공정에서 시작해, 산업 혁명

시기의 기술 발전은 책과 다른 출판물의 보다 광범위한 배포를 가능하게 했다.[42] 오늘날 디지털 시대에서 종이의 종말을 선언하는 것은 심지어 영화보다도 시기상조이며, 앞으로도 그럴 것이다. 오래된, 종이 중심 도서 산업은 전 세계 매출 1,200억 달러 이상(미국은 450억 달러)으로 성장했고, 그 중 소설이 약 반을 차지한다.[43] 그리고 종이에 치명타가 되리라 선전되었던 전자책이 출시된 지도 10년이 지났는데, 여전히 종이책은 출판물 매출의 90%를 차지한다.[44] 특이하고도 아마 놀랍게도, 종이책의 대부분은 기성세대가 아니라 오히려 젊은 세대가 구매하고 있다.[45]

스마트폰 덕택에 전자책 대신 오디오북이 스토리텔링의 뜨거운 성장 영역이 되었다. 대부분은 오디오북이 몇 년 안에 전자책 판매량을 추월할 것이며, 또 다른 급부상 정보 전달 양식인 팟캐스트podcast보다 더 많은 수익을 창출할 것이라고도 예측한다.[46] (모든 시민에게 똑똑히 보이듯이, 책 판매 자체는 전자상거래의 거대 괴물 아마존과 함께 온라인 쇼핑몰로 옮겨갔다. 대봉쇄 후에 얼마나 많은 오프라인 서점이 돌아올지는 불분명하다.)

이 모든 추세는 또다시 인간 본성에 내재된 원시적인 활동들이 현대 디지털 및 모바일 기술과 융합하고 있음을 가리키고 있다. 우리 문화의 현 상태에 관련해 큰 우려가 있지만, 미국인의 70%가 여전히 1년에 최소 몇 권의 책은 읽는다는 사실에서 약간의 위안을 찾을 수 있다.[47] 이와 동시에 출판물이나 오디오 형식은 물론, 특히 스트리밍 비디오를 통해 연속적으로 전달되는 장편 이야기에 대한 욕구가 증가하고 있다.

엔터테인먼트: 오락의 '수단'

미디어는 메시지다(the medium is the message).

— 마셜 매클루언 Marshall McLuhan

특수 고글을 착용하거나 'CAVE'에서 작업하지 않고도 유용한 3D 디스플레이에 접근하는 길은 이제 막 부상 중이다. 한 예를 들자면, 소니Sony는 특수 고글이 필요 없는 (값비싼) 고해상도 3D 모니터를 개발해 선보이며 2020년대를 시작했다.[1] 이 기술은 조만간 데스크톱에서 휴대용으로 옮겨갈 것이며, 다른 방향으로는 영화 스크린 크기까지 확장시킬 것이다.

소니의 3D 접근법은 광학 미세 제조micro-fabrication of optics와 AI 기반 논리 칩의 크기 축소라는 두 가지 기술 융합의 이점을 활용한다. 비전 센서로 보는 사람의 눈 위치를 추적하고, 온보드 AI를 이용해 미세 광학으로 가득 찬 스크린을 역동적으로 조정한다. 그렇게 두 눈에 아주 조금 다른 시각의 영상을 보냄으로써, 3차원의 환상을 구현하는 것이다. 특정 연령대 세대라면 쌍안경처럼 생긴 뷰파인더에 광학적으로 겹친 두 개의 그림을 사용해 (정적인) 3D 이미지를 만들어 내던 1950년대 장난감 '뷰마스터 View-Master'를 알 것이다. 소니의 3D 접근법을 뷰마스터의 동적 버전이라고 생각하면 된다. 두 개의 약간 다른 오프셋 이미지를 광학적으로 결합하여 뇌에 3차원의 착각을 불러일으키는 것은 19세기 중반의 발명품이다.

3D 이미지와 영화는 오랫동안 사람들로 하여금 관광 여행의 종말을 예언하게 했다. 그런 생각은 실제로 2020년 봉쇄 기간 중 시험대에 올랐다. 매년 15억 명이 참가하는, 세계에서 가장 큰 단일 글로벌 엔터테인먼트인 해외여행이 기약 없이 멈추었기 때문이다(국내 여행은 신경 쓸 필요 없다).[2] 이 활동의 중단은 전 세계 GDP의 약 7%를 앗아 갔다. 그 자체로 일반적인 연간 세계 성장률의 2배나 되는 하락이었다.[3]

일각에서는 그 파괴가 여행업의 종말, 그와 관련된 '비필수적' 연료 사용

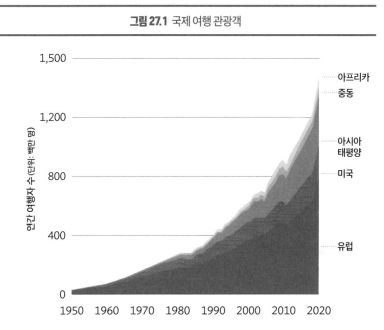

그림 27.1 국제 여행 관광객

출처: 아워 월드 인 데이터(Our World in Data)

의 종식으로 이어지리란 희망을 품는다. 그들은 봉쇄가 클라우드를 사용해 가상으로 '여행하려는' 우리 사회의 기꺼운 마음을 북돋아 줄 것이라고 기대했다.[4] 하지만 수 세기 이어온 추세는 그런 일이 일어나지 않을 것임을 시사한다. 그보다는 가상 여행과 실제 여행 둘 다 성장할 것이다. 2020년 이전 20년간 클라우드, 비디오 스트리밍, 그리고 구글의 '거리 뷰street view' 같은 기능이 흥기하는 가운데, 전 세계로 여행하는 관광객 수는 Y2K(2000년) 이전 50년 동안보다 더 많이 증가했다. (그림 27.1)

지난 2000년에 이제는 구글의 최고 인터넷 전도사Chief Internet Evangelist가 된 컴퓨터 과학자 빈튼 서프Vinton Cerf가 통신과 여행의 상호보완적 융합을 예견했었다. "인터넷에는 여행량을 증가시키는 흥미로운 효과가 있다. 사람들은 인터넷을 이용해 가고 싶은 곳과 만나고 싶은 사람을 발견한다. 그래서 궁극적으로 여행 산업에 이득이 되는 것이다."[5] 이른바 '서프의 법칙'이라 할 수 있겠다.

사실, 엔터테인먼트로서의 여행에 대한 욕구는 로마 시대까지 거슬러 올라갈 수 있다. 여행 작가 토니 페로텟Tony Perrottet은 그의 책 〈기원후 루트 66: 고대 로마 관광객의 흔적 위에서Route 66 A·D· on the Trail of Ancient Roman Tourists〉에서, 지난 20세기 동안 거의 바뀌지 않고 남아 있는 여행의 지속적인 특성을 모든 측면에 걸쳐 연대순으로 기록했다. 오늘날 사람들에게 왜 여행을 하느냐고 물어보면, 분명한 답이 돌아온다. "재미있고 신나니까" 혹은 "여유를 가지려고" 혹은 "새로운 무엇인가를 하기 위해" 혹은 "세상을 좀 더 보기 위해" 심지어 "장소, 문화, 역사에 관한 뭔가 새로운 것을 배우기 위해서" 여행을 한다는 사람이 압도적 다수다.[6] 적어도 미국인의 연간 여행 지출은 가구당 평균 5,000달러에 이르며, 다른 모든 유형의 엔터테인먼트 비

용을 합친 것보다 훨씬 많다.[7]

타고난 인간의 욕망과 세계적인 부의 증대, 그리고 더 나은 교통수단으로 인한 쉬운 접근성은 이러한 추세가 계속되도록 보장할 것이다. 따라서 만약 우리가 서프의 법칙을 개정한다면, AR/VR과 3D 디스플레이 역시 여행을 증가시키는 "흥미로운 효과"를 갖고 있다고 해야 할 것이다.

이것이 바로 디지털 엔터테인먼트의 공급자와 개척자들이 이해하는 바이다. 물리적 엔터테인먼트에 대한 욕구는 아직도 엄청나다. 그 증거는 2021년 초 일본의 슈퍼 닌텐도 월드 테마파크 개장식에서 볼 수 있었다. 물론 어린이용 비디오 게임의 선구자인 닌텐도는 자사 브랜드와 수백만 명의 디지털 고객을 자본화하기를 바란다. 그리고 그 고객들은 여전히 실제 물리 세계에서 대부분의 시간을 살고 있다.[8]

다시 한번 나이앤틱 연구소의 CEO 존 행키와 그의 목적인 "사람들을 게임을 하며 세계로 나가게 한다"를 살펴보자. 행키는 점점 더 많은 밀레니얼과 X 세대가 '경험'을 추구하고 있다는 사실을 아주 잘 안다. 가상으로 전달되는 경험은 훨씬 더 많아질 것이다. 그러나 그중 다수는 실제 여행을 대체하지 못할 것이다. 코로나 이전 조사에 따르면, 수천만 명의 미국 여행자들이 '문화, 예술, 유적, 역사 활동 혹은 이벤트'에 참여하기 위해 여행을 연장한 적이 있었다.[9]

어떤 형태의 AR/VR은 더 많은 실제 여행을 활성화하지는 않을 것이다. 그 대신에 AR/VR로만 체험할 수 있는 경험을 만들어 낸다. 이를테면 가라앉은 타이태닉호로 떠나는 몰입 여행이나, 화성 표면 '비행' 같은 것들이다. 그러나 일반적으로 AR/VR 기술은 인터넷 1.0처럼 우리가 여행하고자 하는 장소에 관해 더 쉽게 배우고, 여행의 모든 물류 편의를 도모하게 도울 것이다. 수백만 명의 여행객은 세계 최대 호텔리어인 에어비앤비와 세계 최대 택시 회사 우버의 급속한 확장세에 대해 이미 잘 알고 있다. 이 기업들(그들의 경쟁자들도)은 설립된 지 고작 10년밖에 되지 않았다. 대봉쇄의 효과가 한풀 꺾이면, 그런 서비스의 더 많은, 창조적인 확장을 고무할 것이다. 반면, 여행 서비스 공급업자는 아직 상황 인지 AR로 가능한 일들을 제대로 활용하지 못하고 있다.

AR은 사용자의 관심사와 선호에 맞는 정보를 제공하고, 그 정보를 특정 장소나 보고 있는 것, 혹은 몸짓에 결합할 수 있다. **상황 인지 AR**은 심지어 건강 상태를 기반으로 적절한 제안까지도 할 수 있다. 예를 들면 활동량을 줄이라고 하는 식이다. 이 모든 것이 스마트폰이나 스마트 안경을 통한 AR 기능으로 실시간 전달될 수 있다. 근미래에 사람들이 일상생활(일, 게임, 프로 스포츠 등)을 증강하기 위해 정기적으로 AR 안경을 착용할 가능성은 거의 없어 보일지도 모른다. 그러나 1990년대에는 미래의 거의 모든 어른과 아이들이 손바닥만 한 컴퓨터를 휴대하고 다닐 것이라 믿는 것이 이상하게 보였을 것이다.

이와 유사한 기술 중심의 패션 변화를 보려면 더 시간을 거슬러 올라갈 수 있다. 대부분의 사람이 시계를 차고 싶어 할 거란 아이디어는, 현대적인 개념의 시계가 발명되고도 무려 5세기 동안 희한한 발상이었다. 20세기 초 마침내 손목시계가 확산될 때까지는 말이다. 손목시계 생산량은 1905년부터 1930년까지 (그 조상인 회중시계를 아득히 추월하여) 300% 이상 뛰었으며, 비로소 일상 제품으로 유행하게 되었다. 이는 작고 복잡한 기계 부품의 정밀 대량 생산을 위한 기술이 완성도를 갖추었기 때문에 가능했다.[10] 오늘날에도 이와 유사한 비용 붕괴 사례가 있었는데, 정교한 실리콘 부품을 만들어 손 크기의 컴퓨터와 디스플레이를 만드는 것이었다.

AR/VR 안경이나 고글은 패션 아이템은 고사하고 일상 제품이 되기까지도 아직 시간이 좀 걸릴 것이다. 2013년 '구글 글래스'에서의 AR 실패는 여전히 기술 사회를 괴롭히고 있다. 게이머들이 사용하는 커다란 VR 안경을 일반 소비자들이 받아들이는 데 실패했던 사례였다. 하지만 기업들은 그런 도구를 위한 산업, 의료, 일반 기업 시장이 있다는 것을 재빨리 배웠다. 이로 인해 기술은 꾸준히, 유의미하게 개선될 수 있었다.

더 많고 더 나은 실제 여행을 용이하게 할 또 다른 새 가상 기술은 AI가 지원하는 실시간 언어 번역이다. 이것은 미래의 가상이 아니다. 이미 수십 곳의 공급업체에서 제공하는 서비스다. 일부는 스마트폰 크기의 장비로, 다른 일부는 스마트폰 앱으로 제공된다. 초소형 이어폰을 통해 웨어러블로 제공되는 것도 있다. 일부 시스템은 지역 고속 무선 네트워크에 접속해 수십 가지가 넘는 언어를 실시간 번역해 주고, 심지어 전문 용어나 은어까지도 처리할 수 있다. 오프라인 내장 AI 시스템들도 비록 언어 가짓수는 적더라도 거의 실시간으로 번역할 수 있다. 더 많은 사람이 자기 모국어로 전 세계 청중들과 의사소통할 수 있게 될 것이다. 그 결과로, 의도치는 않았지만 인류학자들과 문화 사회학자들이 수년간 소멸을 걱정해 왔던 수많은 희귀 언어가 보존될지도 모른다.

만약 역사의 교훈, 존 행키의 비전 그리고 빈트 서프의 직감이 사실로 판명된다면 여행과 관광산업의 미래는 어두운 것이 아니라 오히려 더 밝다.

매체와 메시지에 관한 한마디

한편, 온라인 게임과 e-스포츠에 대한 '중독'을 우려하는 성실한 개인들

(관광객이 너무 많을까 걱정하는 사람들에 대해서는 신경 쓰지 말라)은, 비생산적인 기술 놀이에 과도한 시간을 소비하는 것을 부정적으로 본다. 학계 일각에서는 오랫동안 모든 새로운 기술의 단점에 몰두해 왔다.[11] 하지만 비디오 게임의 유익성을 적극적으로 옹호하는 사람들도 있다.[12] 예를 들어, 일부 연구자들은 비디오 게임이 디지털 시스템의 작동 방식에 관한 일종의 '**문해력**literacy'을 전달할 수 있음을 입증하려 노력해 왔다.[13]

다른 사람들과 함께 실시간 몰입형 게임을 하는 것의 사회적 이점에 주목하는 이들도 있다. 대성공을 거둔 비디오 게임 〈마인크래프트Minecraft〉의 스튜디오 책임자 헬렌 치앙Helen Chiang은 이렇게 말했다. "곧 어떤 플랫폼에서 플레이하느냐가 아니라, 어떤 게임을 누구와 함께하느냐가 더 중요해질 것이다."[14] 옳은 말이다. 하지만 여느 오락과 마찬가지로, 사실 거의 모든 신기술에서 의도치 않았던 경제적, 사회적 결과가 비롯되며, 그것이 때때로 중대한 변화라는 것은 부인할 수 없는 사실이다.

이런 문제를 논의하는 것이 우리의 목적은 아니지만, 그 현상이 새롭지 않다는 점은 주목할 만하다. 1885년 출간된 책 〈그 무시무시한 카메라 That Horrid Camera〉는 독자들에게 "당신이 눈치채지 못하게 사진에 찍혔다고 의심되면, 그 (아마추어 사진사의) 카메라에 벽돌을 쑤셔서 넣을 것"을 권고한다.[15] 이와 비슷하게, 1890년 〈하버드 법학 리뷰Harvard Law Review〉의 기사 〈사생활을 위한 권리The Right to Privacy〉는 "즉석 사진은 … 사생활과 가정생활의 신성한 영역을 침범한다. … 그리고 '혼자 남겨질' 권리에 대한 보다 광범위한 법적 보호의 필요성에 박차를 가했다."라고 언급했다. 프랑스인들이 말하듯, "더 많이 변할수록, 곧 더 똑같아진다." 스틸 사진이든 비디오든, 오늘날 사진은 어디에나 존재하며, 일상생활에 완전히 자리 잡고 있다. 한편으로는 종종 전 세계 곳곳의 시민 권리를 잘 보호하기 위한 도구가 되기도 한다.

기술의 도입, 특히 많은 사람이 많은 돈과 시간을 쏟아붓는 기술로 인해 발생하는 사회적 변화를 경시하는 것은 아니다. (별도의) 중요한 주제임이 틀림없다. 부유한 경제에서는 엔터테인먼트 기술이 가계 지출과 비근로 시간 사용 측면에서 상위권을 차지한다. 처음에는 라디오에 의해, 그다음은 TV에 의해 사람들의 가정에서 일어난 엔터테인먼트의 구조적 변화는 온갖 종류의 부수적 혁명을 초래했다. TV의 급속한 침범은 캐나다 철학자 마셜 매클루언Marshall McLuhan을 고무시켜 〈미디어의 이해: 인간의 확장Understanding Media: The Extensions of Man〉을 쓰게 했다. 이 책에서 매클루언은 그의 영속적인 문구를 통해 핵심을 요약했다. "미디어는 메시지다the medium is the message."

'지구촌the global village'이라는 말의 창시자이기도 한 매클루언은 대중 매체의 사회적 영향을 가장 먼저 철저히 파헤친 사람이었다. 그는 '기술 미디어'를 석탄, 목화 그리고 석유와 똑같은 천연자원으로 보았다. 왜 미디어를 이런 식으로 생각할까? 그의 또 다른 발언으로 파악해 보자.

> "누구나 경제가 목화나 곡물, 목재, 물고기, 소 같은 한두 가지 주요 산물에만 의존하는 사회는, 결과적으로 특정한 사회 조직 패턴을 가지게 될 것이라고 인정할 것이다."[16]

매클루언이 책을 썼을 당시인 1964년은, TV를 보유한 가정 비율이 20년도 채 안 되어 0에서 갑자기 90%로 뛰어오른 시기였다.[17] 또 일반 가정에서 하루에 텔레비전을 시청하는 시간은 0에서 5시간 이상으로 늘어났다.[18] 이와 같은 궤도는 그로부터 거의 반세기가 지난 2007년 스마트폰의 등장 때 다시 볼 수 있었다. 스마트폰 역시 20년이 채 지나기 전에 시장 보급률이 90%까지 치솟았다. 평균적인 스마트폰 사용자는 하루 4시간 가까이를 스마트폰에 소비한다. (TV 시청률이 2007년 정점을 찍은 후 하락하고 있다는 사실은 놀랄 일이 아니다.)

문화에서 미디어가 하는 역할에 대한 매클루언의 관점은 우리 시대에 되살아나고 있다. 그가 반 모더니스트anti-modern였던 것은 아니다. 그보다는 인간 문화에서 기술이 수행하는 역할의 심오한 본질을 통찰력 있게 탐구한 것이다. 초기 저서에서 매클루언은 어떻게 인쇄기가 문화, 심지어 인간의 의식까지 변화시켰는지를 탐색했다. 실제로 매클루언은 인쇄기가 민족주의의 시조라는 것을 증명하려 했다. 그는 상업화와 대형 미디어 사업을 좋아하지 않았다. 그가 쓴 많은 글은, 기업 이름만 바꾸면 오늘날의 논쟁에서도 충분히 반향을 일으킬 내용이다. "우리 시대는 수천 명의 잘 훈련된 개인들이 집단적 대중 의식에 파고드는 것을 전업으로 하는 첫 시대이다."[19]

매클루언은 TV와 라디오 시대의 테크 거인이었던 데이비드 사노프David Sarnoff를 날카롭게 평가하기도 했다. 1955년 사노프는 노트르담 대학교University of Notre Dame가 자체 텔레비전 방송국 개국을 의뢰한 때에 즈음하여, 학교로부터 명예 학위를 받았다. 그때 사노프는 이런 말을 했다. "우리는 기술 도구를, 그것을 사용하는 사람의 죄에 대한 희생양으로 삼는 경향이 있다. 현대 과학의 산물은 그 자체로 좋거나 나쁜 것이 아니다. 그것들을 어떻게 사용하느냐가 그 가치를 결정한다." 그의 말에 매클루언은 이렇게 답했다. "현대판 몽유병자의 소리다. 우리가 '애플파이 자체는 좋거나 나쁜 것이 아니다. 그것이 사용되는 방식이 가치를 결정한다.' 혹은 '천연두 자

체는 좋거나 나쁜 것이 아니다. 그것이 사용되는 방식이 가치를 결정한다.'
라고 말한다고 생각해 보라."[20]

　기술의 사회적, 문화적 문제에 관해서는 에필로그에서 좀 더 많이 논할
것이다. 이러한 문제가 중요하다는 사실은 인간의 조건에 내재되어 있다.
그러나 지금은 20세기에 부상한 미디어와 2020년대에 도래할 미디어 사
이의 한 가지 중요한 차이점에 주목해야 한다. 그것은 비활동성에서 활동
성으로의 전환이다. 라디오를 듣고, TV를 보고, 혹은 비디오를 스트리밍하
는 것은 전부 본질적으로 비활동적이고 수동적인 행위이다. AR/VR 미디
어의 도래는 여행 및 관광이나 스포츠 분야 전반에 활동성을, 심지어 양방
향 참여를 가져다줄 수 있다. 여기에는 분명 확연한 차이가 있다.

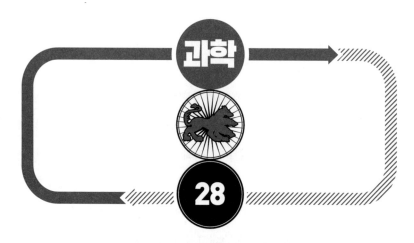

과학: 기적의 추구

광범위한 전선에서의 과학적 진보는 자유로운 지성의 자유로운 놀이 결과다. 그것은 자신이 선택한
주제에 대해 연구하며, 미지의 것을 탐구하고자 하는 호기심에 의해 이끌리는 방식으로 진행된다.

— 버니바 부시 Vannevar Bush

지금까지 살았던 과학자 중 약 90%는 지금도 살아 있다. 이 관찰은
1960년대에 물리학자 데릭 J. 드 솔라 프라이스 Derek J. de Solla Price에 의해 처음
이루어졌다. 교육받는 과학자 수가 역사적으로 유례없이 증가했기 때문에,
그의 말은 여전히 사실이다.[1] 오늘날 전 세계에서는 매년 드 솔라 프라이스
가 처음 관찰했을 때보다 약 5배 많은 과학자가 배출된다.

과학자 수의 막대한 증가는 케네디 대통령의 그 유명한 1961년 달 탐
사선 연설 이후, 미 연방정부의 과학 분야 지출이 500% 증가한 것의 부수
적 결과이기도 하다.[2] 케네디 대통령의 연설은 과학 전문지 발간 부수에도
비슷한 폭증을 불러왔고, 특허 역시 같은 궤적을 따라 그 수가 급증했다.
1961년 이후 10년간보다 21세기 첫 10년간 약 300%나 많은 특허가 등록

되었다.[3]

사실 제2차 세계 대전 이후, 평균적으로 18년마다 과학자 수는 거의 두 배씩 증가해 왔다. 하지만 과학 활동의 양적 성장은 (아직) 그에 상응하는 과학적 돌파구와 같은 질적 확장은 낳지 못했다. 여기서 말하는 것은 이를테면 새로운 기초 과학 지식에서의 기적처럼 보이는 발견이다. 가령 항생제와 라디오같이, 후속 기술 발전과 경제 호황으로 이어질 수 있는 부류의 진보는 없었다. 기술 경제학자 에드윈 맨스필드_Edwin Mansfield가 관찰했듯이, 제2차 세계 대전 이후의 커다란 경제적 수확은 첨단 기술_high-tech 혁신이 아니라, 주로 의류를 좀 더 합리적인 가격으로 생산해 준 저수준 기술_low-tech 개발에 의한 것이었다. (뉴욕타임스에 실린 그의 사망 기사에서 인용한 말이다.)[4]

이것을 더 본질적으로 표현해 보자. 이제 우리는 21세기의 초반 20년을 지나왔다. 옷과 컴퓨터는 더 저렴해졌지만, 질병의 혁신적 치료제는 거의 없거나 극히 드물다. 화성은 고사하고 달에도 다시 가보지 못했으며, 심지어 팬데믹이란 재앙을 막을 수조차 없었다. 과학은 더 빠른 속도로 그 어느 때보다 큰 성과를 낳는 기하급수적 궤도 대신에, 늘 그 반대 길을 따르는 것으로 보인다. 따지자면, 무어의 법칙보다는 이룸의 법칙에 더 가깝다. (그림 28.1)

이러한 추세는 앞으로 남아 있는 위대한 발견이 지금보다 훨씬 더 적거나, 심지어 전혀 없을 수 있다는 추측을 불러일으켰다. 일단 누군가 전자기나 DNA의 존재, 아니면 원자가 분열될 수 있다는 사실을 발견하고 나면, '새로운 발견'은 다시는 이루어질 수 없다. 기초 기술에서도 마찬가지다. 증기 기관, 비행기, 컴퓨터의 발명은 다 일회성 이벤트이다. 20세기 말까지는 한 유명 도서 제목처럼, '과학의 종말_The End of Science'에 대해 이야기하

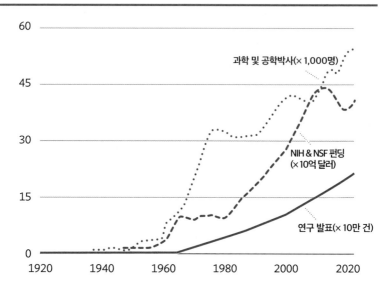

그림 28.1 미국에서의 연구: 더 많은 과학자, 더 많은 자금 그리고 더 많은 발표

출처: 콜리슨과 닐슨(Collison and Nielsen), "과학은 들어가는 돈 대비 폭발력이 작아지고 있다 (Science is getting less bang for its buck)", 디 애틀랜틱(The Atlantic), 2018년 11월 16일

는 것이 유행이었다.[5] 아니면 몇몇 연구자들이 썼듯이, 과학적 진보에 대한 '사라지는 비밀'을 이해한 것일지도 모른다.[6]

과학자들을 '기초 과학' 대신 '응용 연구'에 배치하는 것이 가치 없다는 말은 아니다. 응용 연구는 지난날의 돌파구를 활용해 유용한 제품을 만드는 데 집중한다. 이런 응용 연구는 압도적으로 국가 R&D 지출의 대부분을 소비한다. 사실 이 때문에 2020년대에 수많은 혁신이 꽃을 피우기는 했다. 조엘 모키르 Joel Mokyr가 말했듯이 "서구에서 유용한 지식이 계속해서 성장하지 않았다면, 산업 혁명은 흐지부지되어 그저 또 다른 평범한 융성기가 되었을 것이다."[7] 지난 세기의 기록은 모키르의 관찰을 뒷받침한다. 그리고 우리가 이 책에서 축적한 증거는 또 다른 유용한 지식의 세대 확장과 이에

따른 또 다른 기술 혁명이 이미 진행되고 있음을 암시하고 있다.

그러나 장기 미래의 종자가 될 기초 과학 발견에 관한 한, 우리에게 아직 밝혀내야 할 비밀이 많이 남아 있음을 확신할 수 있다. (과학의 목적이 효용성을 위한 것인지 아닌지는 별개지만 중요한 문제는 맞다.) 왜 이것이 사실인지를 보여주기 위해서는 발견과 혁신의 본질, 그리고 과학과 기술 간의 상호작용을 풀어야 한다. 그리고 분명한 모체가 없어 **기술 급진적**technology-radical이며, 새로운 기초 기술로부터 등장했기 때문에 혁신적인 발견(X선, 전파, 유전학 등)과 기존 기술의 새로운 조합으로부터 등장하는 **사용 급진적**use-radical인 혁신적인 발견(자동차, 스마트폰, 제약 등) 간의 차이를 분석할 필요가 있다.[8]

과학의 종말을 말하는 사람들이 왜 그것을 정반대로 이해하고 있으며, 왜 발견의 시대가 실제로 가속을 위한 준비가 되어 있는지를 알려면, 노벨상급 발견의 본질부터 시작해야 한다.

노벨과 그의 기적들

2019년 12월 10일, 전 세계에 코로나바이러스가 도래하기 한 달 전, 스웨덴 스톡홀름에서 캐나다 태생의 제임스 피블스James Peebles가 '빅뱅 이후 우주가 어떻게 진화했는지에 관한 우리의 이해'를 발전시킨 공로로 노벨 물리학상을 수상했다. 수락연설에서 그는 노벨재단에 "절대 수익을 창출할 수는 없지만 인간의 경험은 풍부하게 해줄 수 있는, 순수한 호기심만으로 끌고 온 연구를 인정해 준 데" 대해 감사를 전했다.[9] 이제 피블스도 호기심 때문에 지식 그 자체만을 전적으로 추구하는 일의 가치를 옹호해 온 과학자 명단에 이름을 올렸다. 공동 수상자인 미셸 마요르Michel Mayor와 디디에 쿠엘로Didier Queloz는 각기 태양계 밖의 행성을 1995년 처음으로 관찰하면서 '천문학에서의 혁명'을 시작했다. 그때까지는 태양계 외 행성의 존재는 증거가 아니라 믿음의 문제였다. 노벨상 수상자들의 업적 가운데 무엇도 조금이라도 실용적인 것은 없다.

한편, 피블스의 수락연설 불과 이틀 전에는 2019년 노벨 화학상 수상자의 수락연설이 있었다. 화학상은 전적으로 실용적인 발명품인 리튬 이온 전지에 기여한 이들에게 수여됐다. 3명의 공동 수상자 중 스탠리 휘팅엄M. Stanley Whittingham은 나중에 자신의 연구가 "마음속에 어떤 목적을 가지고 있었다. 연구 자체를 위한 것이 아니었다."[10]라고 말했다. 사실 노벨 위원회도 리튬 전지가 우리가 "소통하고, 일하고, 공부하고, 음악을 듣는" 방식을 변화시켰고, 우리를 "화석 연료 없는 … 충전 가능한 세계로" 더 가깝게 데려다주기 위해 "태양과 풍력 에너지"를 저장하겠다고 약속했다고 발표에서 언급할 만큼, 그 점에 충분히 동의했다.

노벨 위원회는 과학의 추구에 있어 동기의 범위를 밝히는 데 더없이 유용한 대리인이다. 만약 그들이 기초적인 과학 발견에 상을 수여하는 것에만 관심이 있었다면, 결코 전지의 발명에 상을 수여하지 않았을 터다. 그 대신, 리튬 원소와 그것의 놀라운 성질을 발견한 사람의 손을 들어줬을 것이다. 하지만 이 발견은 최초의 노벨상이 수여되기 84년 전에 이미 이루어진 것이었다. (원소 발견에 대한 노벨상 수여가 있기는 했다. 1911년 마리 퀴리Marie Curie가 라듐 발견으로, 1951년에는 글렌 시보그Glenn Seaborg가 플루토늄의 발견으로 상을 받았다.)

노벨상의 역사에는 사용 급진적인 실용적 혁신(트랜지스터와 초저온 현미경 등)뿐 아니라, 후에 기술 급진적인 성과(합성 인슐린)를 만들어 낸, 호기심으로부터 파생된 깨달음도 많이 쌓여 있다. 알프레드 노벨Alfred Nobel은 모든 일의 발생에는 고정된 프레임워크가 없고, 대신 과학과 기술을 연결하는 연속체가 있다는 사실을 잘 알고 있었던 게 분명하다. 1895년 11월 27일 파리에서 쓴 마지막 유언장에서 노벨은 물리학, 화학 그리고 생리의학physiology or medicine의 3개 상을 매년 "가장 중요한 발견 혹은 발명을 한 사람"에게 주라고 명시했다.[11] (노벨은 문학과 평화상도 남겼고, 그로부터 한참 뒤, 1968년에 노벨 재단이 경제학economic sciences상을 추가했다.)

새로운 과학과 새로운 기술 간 시차를 예상할 수 없고, 그 간극이 길다는 사실은 실용 사례에는 도움이 안 된다. 일례로 1905년 출판된 알베르트 아인슈타인Albert Einstein의 **광전효과**photoelectric effect 이론에 대한 통찰 이후, 실용적인 태양광 전지가 발명되기까지는 수십 년이 걸렸고, 상업성commercial viability을 갖추는 데는 다시 40년이 더 걸렸다.

이처럼 최초 발견부터 상업성을 갖추기까지 대략 50년이 걸린 발명은 셀 수 없이 많다. DNA와 mRNA의 지식부터 그 지식으로 만든 최초의 백신까지. 로켓에 관한 아이디어부터 달 착륙까지. **고체 발광**solid-state light emission 발견부터 최초의 LED까지. 핵력nuclear force의 아이디어부터 최초의 상업 원자로까지. 전기 계산 기관electrical calculating engines 개념부터 최초의 전자 컴퓨터까지. 포켓 컴퓨터의 아이디어부터 최초의 스마트폰까지. 말할 필요도 없이 더 많은 사례가 있으며, 좀 천천히, 혹은 좀 더 빨리 성숙되는 것들도 있다. 예를 들어, 리튬 전지의 아이디어가 처음 나오고 테슬라 세단의 첫 차가 출고되기까지는 30년이 걸렸다.

기술 성숙의 속도를 둘러싼 불확실성을 차치하더라도 새로운 과학의 시조(개인이든, 기업이든, 국가든)가 후에 그것의 상업적 이득을 수확하지 못하는 경우가 많다. 특히 기초 과학에서의 발견은 단순한 현실 탓에 어려움을 겪는다. 일단 무엇인가가 알려지면, 원칙적으로 누구나 그 지식을 이용할 수 있다는 것이다. 따라서 비록 과학 자체에 관한 것은 아니지만, 그것으로부터 파생된 기기와 공정에 관한 특허의 상업적 보호 역할이 미국 헌법에까지 명시되어 있다. 과학적 통찰은 종종 지식에 있어서 많은 보완적 진보와 인접 발명의 원동력이 된다. 그렇지만 최초 발견자에게는 아무런 이득을 가져다주지 않을지도 모른다.

발견의 유용성에 대한 집착 때문에 우리가 문학, 철학, 예술, 음악을 지원해야 하는 것과 같은 이유로 호기심이 주도하는 과학 추구를 지원할 수 있으며, 그래야만 한다는 당위성을 없앨 수는 없다. 이론 물리학자이자 우주론자인 폴 데이비스_Paul Davies_가 말하듯, "우리가 기초 과학을 하는 이유는 우주가 어떻게 움직이는지 그리고 우주에서 우리 지구는 무엇인지를 이해하기 위해서다. 숭고한 탐색"[12]이기 때문이다.

숭고함은 그 자체로서 추구할 가치가 있다. 물론 과학자들은 화성 탐사나 시공간의 구조를 들여다볼 수 있는 기계 개발 같은 호기심 주도의 프로젝트는 자금 확보를 위해 질병 치료나 대체 에너지원 같은 목적 주도의 프로젝트와 경쟁해야만 한다는 것을 통렬히 인식하고 있다. 호기심에 이끌리는 노력을 배제하려는 유혹과 정치적 압력이 항상 존재한다.

특히 과학계량학_scientometrics_●을 통해 R&D와 경제적 성과 간에 통계학적 관련성을 보여주려는 많은 시도를 찾아볼 수 있다.[13] 한 획기적인 연구가

● '정보계량학'이라고도 하며, 소리 나는 대로 '사이언토메트릭스'라고 부르기도 한다. 정보처리 관점에서 과학을 정량적으로 측정, 분석하는 학문이다. 과학 문헌의 수가 많아지고 그 전문 분야가 깊어지면서 많은 양의 데이터가 형성되었고, 이러한 서지 정보를 평가적으로 분석하면서 객관화시키려는 시도에서 시작되었다. 현재는 학술 정보를 제공하는 데이터베이스의 다양화, 분석 지표의 개발 등의 목표를 가지고 발전하고 있다.

1945년부터 2012년까지 발표된 과학 학술지 논문 3,200만 개와 1976년부터 2015년 사이에 등록된 근 500만 건의 미국 특허를 함께 조사함으로써 그런 상관관계를 입증했다.[14] 일부 연구는 (앞의) 학문 연구로 직접 추적될 수 있는 (뒤의) 사업 수익 지분을 기록하려고 시도했다. 그중 하나는 80여 개의 회사를 연구한 후, 1975년부터 1994년까지 매출 중 최대 30%가 제2차 세계 대전 중 수행된 초기 학술 연구와 직접 연관될 수 있다고 결론지었다.[15] 다른 경제학자들은 전반적인 R&D 지출과 GDP 성장 사이의 상관관계를 찾아, R&D 지출은 달러당 5배에서 10배의 수익을 거시 경제로 되돌려준다고 주장했다.[16] 다른 연구는 R&D가 종사자들에게 보수가 좋은 일자리를 창출해 주고, 따라서 국가의 전반적인 노동 수입을 증가시킨다고 다소 포괄적으로 주장한다.[17]

물론 그런 분석은 어느 정도 가치가 있다. 하지만 기적과 같은 혁신을 추구할 때 본질적인 발견이 일어나는 이유는 설명할 수 없다. 예를 들어, 전자기학electromagnetism이 없었다면 무선통신이 등장도 못 했을 것이며, 그로부터 파생된 기술과 사업 어떤 것으로부터의 수익이나 일자리도 없었을 것이다. 이런 경제 분석들은 단기적이고 목적 지향적인 연구에 편집광처럼 집중하는 사람을 만족시킬 수 없다. 그런 연구의 목적은 종종 암을 치료하라는 거듭되는 요청이나 '탄소 중립 도시' 건설처럼 너무 모호하거나 맥락 없이 거창하기만 한 것이다.[18]

스토크스의 사분면 혹은 밀스 모델의 연속체

2020년 COVID-19용 mRNA 백신이 그렇게 빨리 등장할 수 있게 한 과학의 기원을 찾으려면, 60년 전의 작은 모임을 추적하면 된다. 약품을 발명하는 데 종사하지 않고, 생명의 분자 구조를 궁금해하는 과학자들의 모임이었다.[19] 1960년 4월, 그들은 영국 케임브리지에 생물학자 시드니 브레너Sydney Brenner와 함께 모였다. 브레너는 프랜시스 크릭Francis Crick과 함께, 불과 7년 전 크릭과 제임스 왓슨James Watson이 발견해 유명해진 DNA의 과학을 풀기 위해 연구 중이었다. (크릭과 왓슨은 DNA 발견으로 노벨상을 받았다.) 그들은 케임브리지 브레인스토밍 세션을 통해 "메신저 RNA$_{mRNA}$"라 이름 붙은 것의 본질과 중요성을 거의 동시에 깨달았다.

그로부터 시작된 연구는 30년이나 늘어졌다. 1990년대 말에 가서야 연구자들이 mRNA 활용 방법을 알아내면서 마침내 다음 주요 돌파구가 열렸다. 이 이야기의 핵심 인물인 카탈린 카리코Katalin Karikó는 헝가리 이민자로, 펜실베이니아 대학교 연구원이었다. 그녀는 mRNA 기반 치료 연구에 수년을 쏟아부었지만 성공하지 못한 상태였다. 이 장기 연구로 한때 종신교수직tenure-track에서 강등되기도 했지만, 그녀는 결국 공동 연구자 드류 바이스만Drew Weissman과 함께 mRNA를 도구로 사용할 수 있는 열쇠를 찾았다. 카리코는 훗날 최초의 COVID-19 백신을 개발한 바이온텍BioNTech의 중역이 되었다. 이 백신은 화이자Pfizer와의 제휴를 통해 생산되었다.

비록 1974년에 사망했지만, 버니바 부시Vannevar Bush에게는 이 이야기가 별로 놀랍지 않았을 것이다. 연구의 기원이 실용성이 아니라 호기심에 있었고, 연구 기간도 길었기 때문이다. 부시는 기술을 이해하는 일과 사람과 조직을 관리하는 일 모두에 엄청난 재능을 지닌 역사상 드문 인물 중 하나였다. 그는 제2차 세계 대전 중 루스벨트 대통령에게 전쟁에 총력을 기울이기 위해 과학을 결집할 것을 명령받았다. 그러한 노력은 레이더, 원자폭

탄, 컴퓨터에서 상징적인 발전을 낳았다.[20]

부시는 이런 전환 기술을 가능하게 한 과학적 언어들의 기원이 수십 년을 거슬러 올라가, 자연이 어떻게 작동하는지를 궁금해하던 과학자들이 한 발견해서 비롯되었다는 사실을 분명히 언급했다. 즉 '지도' 연구나 '개발'에 의한 것이 아니었다는 말이다. 하인리히 헤르츠Heinrich Hertz는 1880년대에 전파radio wave가 존재한다는 것을 증명했다. 어니스트 러더퍼드Ernest Rutherford는 1911년 원자핵을 발견했다. 컴퓨터의 경우 이진 논리의 개념은 전쟁이 발발하기 1세기 전 이론 수학자 조지 불George Boole이 만들었다. 부시는 1945년의 중대한 보고서 〈과학: 그 끝없는 경계Science: The Endless Frontier〉 서문에서 다음과 같이 쓰고 있다.

> 광범위한 전선에서의 과학적 진보는 자유로운 지성의 자유로운 놀이 결과다. 그것은 자신이 선택한 주제에 대해 연구하며, 미지의 것을 탐구하고자 하는 호기심에 의해 이끌리는 방식으로 진행된다.[21]

그러나 루스벨트는 평화로울 때, 정부가 한 연구 지원이 전시에 드러나는 실질적인 성공을 확대했다는 점을 확실히 하기 위해 부시에게 보고서 작성을 지시한 것이었다. 부시가 작성한 보고서는 현대에 와서 기초 연구에 자금이 지원되는 방식 도처에 그 영향을 끼치고 있다. 아이러니하게도 부시가 그렇게 관심을 두었던 호기심에 의한 연구는, R&D 지출을 확대하려는 경쟁에서 뒤처져 왔다.

호기심의 실종은 부분적으로는 생산성을 추구하던 사람들 때문이다. 기업이 R&D 지출의 패권을 쥐게 되었고, 정책수립자들도 점차 더 과학의 효용을 살피게 되었다. 기본적으로 호기심 주도 과학의 특성을 간직하려고 애쓰던 부시마저도, 〈과학: 그 끝없는 경계〉에서 실용주의적 주장을 하게 된다.

> 실용적으로 쓰이게 되었을 때 과학의 발전은, 더 많은 일자리, 더 높은 급여, 시간 단축, 더 풍부한 곡물, 그리고 취미와 학습을 위한 더 많은 여가, 옛날부터 일반 사람들의 짐이었던 단조롭고 고된 일 없이 어떻게 살 수 있을지를 배우기 위한 것을 의미한다. 또한 과학에서의 발전은 더 높은 생활 수준을 가져오고, 질병의 예방 혹은 치료로 이어지며, 제한된 천연자원의 보전을 촉진하고, 공격에 대한 방어 수단을 보장할 것이다.[22]

과학의 실용적 역할에 관해 이보다 더 확고한 표현은 거의 없을 것이다. 하지만 부시는 그런 혜택이 이전의 "자유로운 지성의 자유로운 놀이"로부터 등장한 과학과 직접적으로 연결되어 있다는 것 역시 아주 분명히 했다. 하지만 그때나 지금이나 모두가 동의하는 내용은 아니다.

1997년, 정치학자 도널드 스토크스$_{Donald Stokes}$는 제2차 세계 대전 이후 수십 년에 걸쳐 등장해 지금도 지속하는 연구 패러다임의 결정체를 만들었다. 그와 다른 사람이 생각하기에 어떻게 연구가 실제로 자금 지원을 받고, 추진되는지를 반영한 것이었다. 스토크스의 영향력 있는 저서, 〈파스퇴르의 사분면$_{Pasteur's Quadrant}$〉은 어떻게 기초(호기심 중심의) 연구가 (결국) 유용한 기술로 이어지는지에 관한 지나치게 단순화된 '선형$_{linear}$' 공식을 비판했다. 기술 혁명의 실제 원천에 관한 너무도 편협한 설명을 제공하기 때문이었다. 수년에 걸쳐 과학사에 관한 유명한 이야기들이 그 지나치게 간단한 공식에 대해 버니바 부시를 탓했다. 부시가 자기 보고서에서 공식의 단순함을 인정했는데도 불구하고 논란은 계속됐다.

스토크스는 자신의 R&D 분류 체계를 강력하고 간단한 그래픽을 이용해 설명했다. 이것은 각각 단순한 이진 '예'-'아니요' 대답이 있는 두 가지

질문에 기반한다. "근본적인 이해를 위한 탐색인가?", "사용성에 대한 고려가 있었는가?" 이 질문과 답은 사분면 구조를 생성하며, 여기에 모든 종류의 연구를 범주화하고 자금을 지원할 수 있다. (그림 28.2)

스토크스는 연구 유형별로 나타나는 상징적인 연구자를 선정함으로써, 해당 유형의 본질을 분명히 보여주고 각 사분면에서 무슨 일이 벌어지는지를 잘 요약했다. '순수 기초' 사분면에는 "원자 구조 모델을 만들려는 탐구는 유용성을 고려하지 않은 순수한 발견의 여정"이라 말하는 물리학자 닐스 보어_{Neils Bohr}가, '순수 응용' 사분면에는 "자신의 발견이 갖는 심오한 과학적 함의에는 전혀 관심이 없는 응용 조사관의 전형적 사례"인 기업가 토머스 에디슨_{Thomas Edison}이 속한다. 그리고 질병 치유와 같은 실용적 동기에 의해 촉진된 근본적인 발견의 교차점에 있는 화학자이자 미생물학자인

그림 28.2 스토크스 모델: 파스퇴르의 사분면

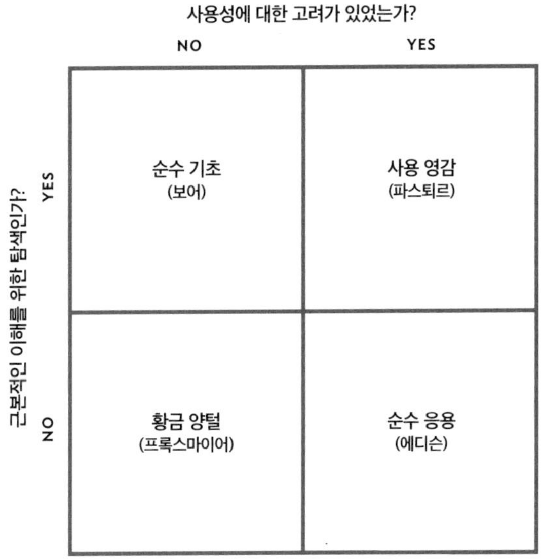

출처: 도널드 스토크스, 《파스퇴르의 사분면(Pasteur's Quadrant)》 (1997)

루이스 파스퇴르_{Louis Pasteur}도 있다. 그의 사분면은 '사용 영감'으로, 일종의 성배 같은 것이다.

스토크스의 원래 공식에서, 네 번째(왼쪽 아래) 사분면은 이름 없이 남겨져 있었다. 지식을 발전시킬 가망도 없고, 그렇다고 어떠한 실질적 사용 의도도 없는 연구를 누가 착수하겠는가? 우리는 그 사분면에 고인이 된 민주당 위스콘신주 상원의원 윌리엄 프록스마이어_{William Proxmire}의 이름을 붙이고자 한다. 1975년, 세간의 이목을 끈 기자 회견에서 프록스마이어는 황금양털상_{Golden Fleece Award}을 발표했다. 그가 정부 지출의 낭비로 보는 사례를 강력히 비난하기 위해 만든 상으로, 매달 낭비가 가장 심한 정부기관과 사업, 연구에 수여했다. 최초의 황금양털상은 '왜 사람들이 사랑에 빠지는지'를 연구하도록 국립과학재단_{NSF}이 자금을 지원한 연구자들에게 갔다. 그런 정치적 행위는 당연히 지목된 특정 과학자들과 NSF의 맹렬한 반발을 불러일으켰다. 또한 호기심 기반 연구의 유용성에 대한 논쟁에 불을 지피기도 했다.[23] 황금양털상은 프록스마이어가 1988년 은퇴하면서 시상이 중단되었지만, 논쟁은 계속되고 있다.

프록스마이어의 정치적 행위, 스토크스의 이진 분류 체계, 혹은 부시의 선형 공식 그 어느 것도 기적적인 과학 발견의 실제적이고, 비선형적이며, 혼란스럽고, 때때로 우연한 특성을 반영하지 못한다. 확신의 정도는 다르지만 과학자들이, 대개는 자신들 연구의 잠재적 응용에 대해서는 알고 있었다는 점에서는 스토크스가 옳았다. 과학자들은 자신들의 후원자가 지식의 발전을 후원하는 대가로 유용성을 기대한다는 사실을 오랫동안 인식해왔다.

전설에 따르면 아르키메데스는 로마의 포위 작전으로부터 시라쿠사

Syracuse*를 방어하기 위해 무기를 발명하는 일을 맡았다. 자기장이 전선에 전류를 유도할 수 있음을 발견한, 위대한 19세기 물리학자 마이클 패러데이Michael Faraday에 관한 출처 불명의 일화도 있다. 당시 영국 재무장관이었던 윌리엄 글래드스턴William Gladstone이 패러데이에게 그의 발견이 국가에 어떤 실용적 도움이 될 수 있을지를 물었다. "그럼요, 장관님. 조만간 세금을 훨씬 더 많이 거둬들일 수 있을 겁니다!"[34] 아마 패러데이가 재담을 떨었던 것 같다. 좀 더 최근의 기억으로는, 앨런 튜링Alan Turing과 여타 20세기의 위대한 과학자들이(상상력이 풍부한 프리먼 다이슨Freeman Dyson까지 포함해) 제2차 세계 대전 동안 나치의 암호를 푸는 작업에 투입되어 전쟁을 도왔다.

결국 생산적 활용으로 이어진 순수한 호기심 주도 연구의 예는 역사 여기저기에 산재해 있다. 1953년 왓슨과 크릭이 DNA 구조를 확인했을 때, 그것은 지식을 추구한 것이었지, 의료에서의 특정 응용을 염두에 둔 것은 아니었다. 펠릭스 블로흐Felix Bloch와 에드워드 퍼셀Edward Purcell이 1940년대에 핵자기 공명의 기묘한 현상을 탐구하게 한 것 역시 호기심이었다. 그것은 놀랄 만큼 유용한 의료 기기인 MRI 스캐너 발명의 기반을 닦았다.

좀 더 최근의 예로는 2013년 노벨 생리의학상 공동 수상자인 랜디 셰크먼Randy Schekman을 생각해 볼 수 있다. 효모 단백질 내의 분자가 어떻게 움직이는지에 관한 그의 연구는 절대 빵, 맥주, 혹은 에탄올 연료를 만들기 위한 것이 아니었다. 셰크먼은 수락연설에서, 그와 그의 팀은 "응용에 관해서는 전혀 생각도 못 했고" 전적으로 호기심에 이끌렸다고 말했다.[25] 하지만 그 연구는 결국 생명공학 산업이 효모를 이용해 '재조합형 인간 인슐린'의 전 세계 공급량 중 3분의 1을 생산할 수 있게 로드맵을 제공했다. 아니면

* 이탈리아 시칠리아섬의 항구 도시

이와 유사한 사례로 프린스턴 대학교의 화학자 에드워드 테일러_{Edward Taylor}의 순수한 호기심이 주도한 나비 날개 연구를 고려해 볼 수 있다. 그 연구는 결국 암 치료법의 개발로 이어졌다.[26] 일라이 릴리_{Eli Lilly & Co}와의 파트너십을 통해 상업화된 연구에서 창출된 로열티는 프린스턴에 새로운 화학 건물을 짓는 데 쓰였다.

호기심이 생기를 불어넣은 기초 연구가 항상 유용한 결과를 낳는다는 말은 아니다. 하물며 괄목할 만한 기적도, 노벨상 수상도 적었다. 대부분은 결과도 내지 못했다. 또한 과학 연구와 기술 혁신 간의 관계도 한 방향으로 가는 게 아니었다. 보통 새로운 기술의 실용적 추구가 자연에 대한 더 나은 이해로 이어질 것이다. 모든 노벨상감의 깨달음이 호기심으로부터 오는 것도 아니다.

바로 이 호기심 주도 연구의 예측 불허성과 혼란스러움이 선형적 사고를 하는 정책 수립자와 결과에 사로잡힌 권위자들을 힘들게 한다. 여기가 스토크스 사분면의 엄격한 분류 체계가 우리를 잘못된 방향으로 이끄는 곳이기도 하다. 그 분류 체계는 비록 눈에 보이지 않더라도 정책 수립자, 기업, 분석가들이 과학과 혁신을 어떻게 생각하는지에 확고히 내재해 있다.

따라서 우리는 연구를 위한 다른 시각적 분류 체계를 제안하고자 한다. 이것은 세계가 실제로 어떻게 돌아가는지를 반영했다. '이해' 또는 '효용'의 추구를 범주화하기 위해 "예"나 "아니요"가 아닌, 차등제_{sliding scale}를 제안하는 바이다. 한 척도는 효용의 명백성을 측정하고, 또 다른 척도는 해답 혹은 솔루션이 분명히 가능한지를 측정한다. 이 두 지표의 시각적 표현에는 '효용의 명백성' 축이, '흥미롭다'부터 '필요하다'까지의 동기 범위를 도표화한다. '해답의 명백성'을 측정하는 축은 해답을 찾을 수 있는지에 대한

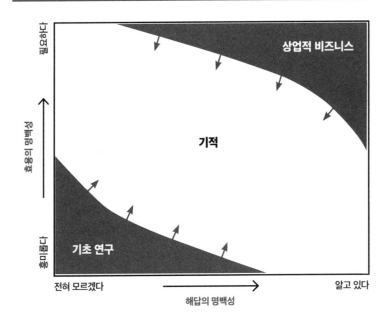

그림 28.3 밀스 모델: 혁신 연속체

상업적 비즈니스

기적

기초 연구

전혀 모르겠다

해답의 명백성

알고 있다

확신 정도를 '전혀 모르겠다'부터 '알고 있다'까지 표시한다. (그림 28.3)

이 분류 체계에서는 "단백질은 효모에서 어떻게 움직이는가?"라는 질문은 "어떻게 인간 인슐린을 생산할 수 있나?"라는 질문과는 상당히 다르다. 차세대 엑사 규모 망원경으로 외계 생명체를 탐색하는 것은 '흥미롭다'의 극단에 속한다. 그리고 그 대답을 얼마나 쉽게 얻을 수 있는지는 '전혀 모르겠다'에 속한다. 그림 28.3의 분류 체계에서 서로 반대되는 두 모서리 간의 지식과 경험의 역동적 흐름은 종종 기적이 일어나는 영역이다. 다른 말로 하면, 기적은 어려운 질문에 대한 활용성 주도 연구와 일상 현상에 대한 호기심 주도의 연구 둘 다에서 나온다.

과학과 소재의 가장 난해한 교차점은 생명 자체를 구성하는 거대 분자와 우리가 생명을 보호하고, 보전하고, 연장하기 위해 만드는 생물학적 치료법에서 발견된다. 여기서의 도약은 침투한 병원균과 싸우고 질병을 치료하는 인간 면역 시스템의 능력을 모방하고 뛰어넘는 것이다. 어떤 사람들에게 이 일은 DNA의 지시를 실행하는 데 있어 본질적으로 복잡한 분자의 특성 때문에 자연이 제대로 못 하는 것을 수정하는 것이기도 하다.

인류는 역사가 시작된 이래 작물 선별과 가축 사육 같은 유전공학에 관여해 왔다. 하지만 분자 수준에서 생명 자체의 코드를 어설프게 손보는 것을 포함한 **유전공학**은, 1951년 공상과학 소설에서 기원을 찾을 수 있다. 공교롭게도 잭 윌리엄슨Jack Williamson의 소설 〈용의 섬Dragon's Island〉은 왓슨-크릭이 DNA 이중 나선 구조를 발견하기 전에 출간됐다.[27] 합성생물학synthetic biology이 적절한 때에 (바이오) 소재 과학의 새로운 상업 영역으로 등장할 것이라는 데는 의심의 여지가 없다.

그러나 DNA 중심의 생체분자를 이해하는 일(만드는 것은 신경 쓰지 말라)의 복잡성은 가능성의 규모 때문에 수학이 내재된 영역이다. DNA 분자와 관련된 명령 세트는 가능한 수십 조 가지의 조합을 산출해 낸다.[28] 그런 수준의 분자공학에 관여하려면 차세대의 컴퓨팅 성능이 필요할 것이다. 이 영역에서 발견되기를 기다리는 기적은 '지도directed 연구'에서 나올 것 같지는 않다. 오히려 발견 연속체 내에 내재된 엉망진창의 과정으로부터 나올 가능성이 크다.

수학의 마술

물리 세계에서의 발견보다 아이디어가 선행하는 아주 드문 예외는 있다. 수학적인 것을 포함한 어떤 '순수' 조합이 훗날 불가사의하게도 자연 현상을 설명하는 데 활용되는 경우다. 원자에 관한 고대 그리스 시대의 아이디어부터 중력에 관한 아인슈타인의 아이디어까지, 많은 아이디어가 선험적으로 상상된 것이다. 원자와 중력에 관한 아이디어 모두 도구를 사용한 것도 아니다. 사실, 이 두 아이디어를 위해 필요했던 도구는 당시에 만들 수도 없던 것이었다.

물론 이 모든 것의 기저에는 **'과학적 방법'**이라는 근본적 아이디어, 혹은 프로세스가 있었다. 과학적 방법은 프랜시스 베이컨Francis Bacon의 1620년 책 〈노붐 오르가눔Novum Organum, '신기관'〉에서 최초로 개념화되었다. 호기심에 고무된 과학적 방법은 과학의 시대를 창출한 지식에의 합리적 추구를 뒷받침했다.

하지만 발견 수단의 혁명적 변화가 없었더라면, 지금까지 발명된 가장 강력한 프로세스인 이 과학적 방법 하나만으로 이처럼 놀랍게 지식이 확장되기는 어려웠을 것이다. 그리고 똑같이 중요한 것은, 지난 500년 지식의 방대한 확장 또한 훨씬 덜 알려진 새로운 수학 도구의 발명에서 비롯되었다는 사실이다.

그리 멀지 않은 과거에, 독일 천문학자 카를 슈바르츠실트Karl Schwarzschild를 자극해 우주 구조 속 블랙홀에 대한 기괴하고 물리법칙을 거스르는 아이디어를 제안하게 한 것은 관찰이 아니라 수학이었다. 슈바르츠실트는 아인슈타인의 이론을 이용해, 후에 블랙홀이라 불리게 될 이상 현상의 필연성을 계산했다. **'슈바르츠실트 반지름**Schwarzschild radius ●'은 이른바 **'사건의 지평선**event horizon'인데, 그 지점에서는 아무것도 구멍의 중력을 벗어날 수 없다는 것이었다.

아인슈타인은 블랙홀의 존재 가능성을 믿지 않는다고 말해야만 했다. 그것은 오직 수학의 산물일 뿐이었고, 자연은 일종의 대안을 갖고 있을 것이라고 생각한 것이다. 하지만 새로운 도구가 그렇지 않다는 것을 입증했다. 수학을 도구와 쌍방향으로 연결하는 선순환 구조에서, 블랙홀의 첫 번째 '사건의 지평선' 망원경$_{EHT}$ 사진은 장비로부터 쇄도하는 페타바이트$_{PB}$ 규모의 데이터를 분석하고 합성하는 통계 도구가 도입되지 않았다면 만들 수 없었을 것이다.

그 많은 원시 데이터를 분석하는 데 필요한 마법 같은 수학은 원시 데이터 자체의 순수한 양에 내재해 있다. 사실 그렇게 많은 데이터를 전송할 수 있는 전자적 수단은 아직 부족하다. EHT 페타바이트 전부를 오늘날의 초고속 인터넷으로 전송하려면 몇 년이 소요될 것이다. 그 영역에서의 혁신이 임박해 있긴 하지만, 현재로서는 일단 EHT 데이터 파일을 저장한 1,000파운드(약 450킬로그램)의 하드디스크 드라이브를 비행기나 자동차로 물리적으로 실어 나르고 있다. 이것이 바로, 소위 말하는 '**스니커 넷**$_{sneaker-net}$**'이다.

정보의 양이 늘어나고 그 특성과 복잡성 역시 증가함에 따리, 데이터의 노이즈 속에서 신호를 찾는 것은 엄청난 도전 과제가 되었다. 과학사학자들$_{Historians of science}$은 19세기 통계학과 확률 이론의 등장이 과학자가 그들이 기록하고 있는 그 방대한 데이터를 이해하는 것을 돕는 데 있어 과소평가된 혁명이라고 지적한다.

● '슈바르츠실트 반경'으로 부르기도 한다.

* 2022년 8월 기준, 가장 큰 디지털 용량 단위. 1PB는 1,024TB(테라바이트)이다.

** 컴퓨터 간 데이터 이동을 네트워크가 아닌 외부 저장매체로 하는 낮은 수준의 컴퓨터 이용법

그 의의를 신세대 과학철학자의 일원이자 미국기업연구소의 레지던트 펠로우Resident Fellow인 M. 앤서니 밀스M. Anthony Mills가 명쾌하게 요약했다.

"빅데이터는 과학이 마음대로 할 수 있는 도구의 혁명만큼 과학혁명을 대표하지 못한다. 언젠가 21세기 초를 되돌아보면, 새롭고 광범위한 과학 프레임워크가 출현한 시기로 볼지 모른다. 자연과 사회 현상에 관한 우리의 사고방식을 200년 동안 지배했던 통계적 방법과 가정에서 탈피한 것은 아니더라도 개선한 것은 맞다."[29]

그리고 컴퓨터가 잘하는 하나가 있다면, 바로 통계와 수학 프로세스의 힘을 증폭시키는 것이다. 데이터를 생성하는 데 있어 전례 없는 위력을 지닌 과학 도구와 빅데이터 규모를 다룰 수 있는 컴퓨터 도구들의 합류는, 느려진 기초 발견의 대공백 기간이 곧 끝날 가능성을 암시한다. 이제 우리는 또 다른 과학 르네상스의 목전에 서 있다.

과학: 뉴로테크닉 Neurotechnic 시대

필요는 발명의 어머니라고 흔히들 말한다. 하지만 호기심은 기적의 어머니다.
'필요'에만 집착하면 '호기심'에서 기인한 '기적'을 더 만들어 내지 못할 것이다.

인류는 최초이자 최고의 도구 발명가 겸 사용자이다. 인류에게 적당한 묘비명이 짓는다면, 호모 사피엔스(지혜로운 사람$_{homo\ sapiens}$)*보다는 "호모 파베르(공작인$_{homo\ faber}$) 여기에 잠들다."가 더 잘 맞을지 모른다. 노벨상 수상자인 프랑스 철학자 알리 베르그송$_{Henri\ Bergson}$은 호모 파베르의 지성을 "인공 물체, 특히 도구를 만드는 도구를 만들고, 그 제작을 무한히 변형하는 능력"[1]으로 정의했다. 정확히 그렇다. 이 책은 무엇보다도 우리가 또 다른 도구를 발명할 수 있게 하는 기술, 즉 도구를 발명하는 인류의 가속화되고 예측할 수 있는 능력에 관한 것이다.

인류는 자신의 신체 능력을 키우고 뛰어넘기 위해, 아이디어를 물리적 실체로 전환하기 위해, 삶을 더 쾌적하고, 편리하고, 편안하고, 흥미롭게 만들기 위해 도구를 발명한다. 맞다. 나쁜 일에 도구를 사용하기도 한다. 좋

---

* '사피엔스(sapiens)'는 지성이라는 뜻

든 나쁘든, 이 양면성은 우리의 본질적 자유에 내재한 영원한 숙명이다.

오늘날은 훨씬 더 많은 사람이 거의 모든 지표에서 과거 어느 때보다도 더 잘살고 있다. 바로 기술 덕분이다. 확실히, 기술의 영향으로 타 영역도 결과적으로 발전했다. 특히 통치와 법제가 그렇다. 허나 미국의 건국자들이 세운 정책으로 회귀하자는 정치적 주장은 종종 들리는 반면, 다시 깃펜과 잉크를 이용해 손글씨를 쓰자고 열렬히 옹호하는 사람은 찾아보기 힘들다. 특히 지난 200년 동안 축적된 기술 혁신은 수명, 일반 복지, 자유에서 수천 년 인류 역사상 가장 큰 개선을 추진해 냈다. 앞으로도 더 많은 진보를 보고자 한다면, 인류는 더 많은 도구를 발명해야 할 것이다.

우주는 원자와 에너지, 그리고 이 둘에 관한 정보 단 세 가지로 구성되어 있다. 원자의 배열은 본질적으로 그 수의 한계가 없다. 그러므로 지금 상상할 수 없는 새로운 장비도 마찬가지다. 그 가능성은 지식을 상상력과 결합함으로써 열 수 있다. 그리고 이제 우리는 우리의 상상력을 증폭시켜줄 새로운 방법을 가지고 있다.

인공지능: 범용 도구

2020년 초, 무서운 COVID-19 바이러스의 유전 코드를 손에 쥔 백신 연구자들이 가장 먼저 한 일은, 그 정보를 백신 설계에 사용하는 컴퓨터에 연결하는 것이었다. 예방 백신과 치료제를 찾기 위해 전 세계 과학자들은 밤 늦게까지 불만 밝힌 것은 아니었다. 그들은 엄청난 양의 슈퍼컴퓨터의 마이크로프로세서 시간도 소모했다. 모든 실험은 점차 더 많이 인실리코in silico로 진행된다. 그러기 위해서는 컴퓨터에 화학, 물리학, 생물학의 원리를 효과적으로 학습시키고, 실리콘으로 현실을 시뮬레이션해 작업해야 한다.

물론 **인공지능**이 그 자체로 특정 도구는 아니다. 그보다는 느슨하게 정의된 포괄적 용어로 설명되는 광범위한 유형의 도구다. 이미 '기계 학습'과 AI 알고리즘의 상업화가 언어를 이해하고 말하는 데 사용되는 일상 도구, 이를테면 소비자 구매 선호도 분석이나 유사한 응용 프로그램에서 시작된다는 것을 보았다. AI는 동일한 일반 개념을 이용해 자연의 한층 복잡한 패턴을 인식할 수 있다. 하지만 자연의 복잡성과 규모는 더욱 강력한 기계를 요구한다.

모든 도구가 그렇듯이 특정 작업에 사용하는 AI 도구 간에도 상당한 차이가 있다. 이를테면 차량 내비게이션용인지, X선이나 이미지를 인식하기 위한 것인지, 인실리코에서 분자를 시뮬레이션하기 위한 것인지에 따라 다르다. 이 포괄적 유형의 기계를 지칭하기 위한 'AI'라는 단어는, 다양한 특수 AI 도구 간의 엄청난 차이를 감추고 있다. 그 차이는 전부 뭉뚱그려 운송 수단이라 분류되는 잠수함, 우주 항공기, 전기 자전거 간의 차이만큼 크다. 그리고 각각의 운송 수단마다 다른 인프라가 필요한 것처럼, 서로 다른 AI 도구 역시 다른 인프라가 필요하다.

영국 경제학자 니콜라스 크래프츠Nicholas Crafts는 최초로 '범용 기술GPT, General Purpose Technology'과 '새로운 발명 수단'으로서의 AI의 역할을 구분한 사람 중 하나다. 경제 언어로 표현하면 AI가 더 나은 아이디어 생산 기능을 제공한다는 것인데, 이 말은 발견의 생산성을 증대시킨다는 것과 같다.[2] 역사는 왜 아직도 AI의 영향력이 모든 곳에서 가시화되지 않는지 의아해하는 사람들에게 모든 급진적인 새 인프라를 배치하는 경우에 벌어지는 실제 현실을 보여준다. 새 인프라는 생산성 향상에 영향을 끼치기에 앞서, 언제나 '보완적인 투자와 도입 그리고 적응'을 먼저 요구한다. 크래프츠가 경고하듯, "우리는 좀 참을성이 있어야 한다." 하지만 초기 인프라 혁명을 기다렸던 만큼은 참지 않아도 될 것이다.

계속해서 운송 수단에 비유하자면, 운송의 기저에 콘크리트가 있다면 AI 인프라의 기저에는 실리콘이 있다. AI 특유의 차이점이라면 인프라가 배치되고 적응할 수 있는 속도다. AI는 아직 구축 초기에 있다. AI에 대한 투자가 시작된 지 채 10년이 안 되었다. 처음에는 연간 수십억 달러 규모였다. 하지만 이 지출은 불과 몇 년 만에 10배나 뛰었고, 계속 늘어나고 있다.[3] 2020년 한 해에만 지난 20년간 발표된 논문을 다 합친 만큼의 AI와 생물학 관련 논문이 발표됐다.

모두가 컴퓨터 속도가 계속해서 빨라질 것이며, 비용은 실리콘 기술의 지속적 발전에 힘입어 급감하리란 미래를 믿어 의심치 않는다. 그리고 기계AI가 연구 혹은 다른 모든 것을 대체할 것이라고 예측하는 사람들은 '빅데이터'를 두려워했던 사람들이 저질렀던 바와 같은 실수를 반복하고 있다.

MIT의 AI 연구원인 레지나 바질레이Regina Barzilay는 COVID-19와의 전쟁에서 소프트웨어 지원software-assisted을 통한 발견의 힘에 관해 이렇게 말했다. "분자를 발명한 것은 기계가 아니다. 기계는 인간이 거대한 가능성의 공간을 스캔하고, 실험 결과 중 유효한 가설 세트를 확대해 볼 수 있게 도와주었다."[5] 그 후, 기계는 그 발견을 가속화하는 것을 도왔다. 사람들은 또한, 다른 이들이 고안한 더 많은 (똑똑한) 기계를 이용해 약을 제조하고 테스트하기 위한 의사결정을 하고 행동을 취했다. 경제학자 알렉산더 솔터Alexander Salter가 간결하게 표현했듯, "데이터는 스스로 해석하지 않는다."[6] 기계는 일종의 증폭기다. 상상을 대체하지는 않는다.

AI를 통한 발견 수단의 단계적 상변화는 데이터 해석 지원과 데이터 획득

강화라는 이중 효과를 가져올 것이다. 그간 미디어 권위자들은 이러한 발전에 대한 과대선전과 실망 사이를 오가면서 양극적 행태를 보였다. 하지만 연구에 관한 한 분명 AI는 강력하고 새로운 범용 도구이자 훌륭한 협력자이다.

과학 분야에서 AI는 상대적으로 재미없는 용도로도 사용될 것이다. 교육, 헬스케어, 일반 비즈니스에서처럼 조직을 괴롭히는 행정 업무의 짐을 덜어줄 것이다. 연구자들은 보통, 거의 연구 시간의 절반을 실제 연구 수행이 아닌 관료적인 잡무를 처리하는 데 소모한다. R&D의 관료화를 억제한다면 경제 효율이 개선될 터이지만, 지식의 추구에 관한 한 거기서 혁명이일어날 것은 아니다.

오히려 혁명은 연구자가 연구 자체를 수행하는 데 있어 AI가 패턴을 찾고, 예외 사항을 분석하고, 인실리코로 실험을 시뮬레이션하는 등 더 많은 (그리고 더 복잡한) 작업을 맡아 하도록 '훈련'시키면서 찾아올 것이다.

인공지능: 새로운 '발견 수단'

임무에 특화된 기계 학습 알고리즘을 개발하려는 노력은 이미 앞다투어진행 중이다. 딥러닝 모델을 훈련하는 데 사용되는 컴퓨팅 처리 능력의 총량은 지난 6년간 몇 달마다 두 배씩 증가해 왔다.[7] 즉 그 짧은 기간 동안 AI훈련에 돌릴 수 있는 컴퓨팅 성능이 30만 배나 증가했다는 것으로 해석된다. 연구자들은 그만큼 맹렬한 속도로 AI를 작업에 배치하고 있다.

AI 및 기계 학습의 현재와 미래 상태에 대한 암시를 에너지로 측정할 수 있다는 것은 절대 사소하지 않은 아이러니다. 슈퍼컴퓨터에서 분자 상호작용의초현실적 시뮬레이션 12개만 실행해도, 텍사스의 오스틴에서 아시아까지 가는 점보제트 비행기가 소모하는 것과 맞먹는 에너지를 소비한다.[8] 하지만 연구자들은 연구 일정을 단축하기 위해 AI 시뮬레이션을 기꺼이 이용할 것이다.

우수한 알고리즘(아주 영리한 수학)뿐 아니라, 새로이 등장하는 AI 칩과 차세대 AI 칩이 AI의 게걸스러운 에너지 수요를 다스릴 것이다. 이런 실리콘의 새로운 활용은 필연적으로 AI 이전 시대의 구식 실리콘 기기와 같은 궤적을 따르며, 그때와 같은 순효과를 낼 것이다. 사실 효율을 끈질기게 추구하는 경우는 항상 그러했다.

효율의 획기적 향상은 새로운 사회 인프라로서 상업성을 확보하는 데 늘 중요했다. 1958년, 팬 암Pan Am이 제트 여객기 서비스를 시작했을 때 300% 더 효율적인 여객기가 가져올 총연료 사용량에 대해 논하는 사람은 아무도 없었다. 그런 예상을 하는 사람은 더 없었다. 오늘날 우리는 수조 달러에 달하는 여객 마일*과 함께, 매년 약 40억 배럴의 석유를 비행에 소비한다. 이것을 여객 마일이 사실상 '0'이었던 1958년과 비교해 보라.

AI 기계가 수조의 컴퓨팅 시간을 들여 수십 개가 아니라 수만 개, 심지어 수백만 개의 시뮬레이션을 수행할 미래에는, 결과적으로 총에너지 사용량이 글로벌 항공 산업에 필적할 것으로 보인다. 다시 한번 말하지만, 그것은 좋은 일이다. 과학과 기술 영역에서 그것이 암시하는 발전 때문이다. 사회 전반으로 시선을 돌린다면 두말할 것도 없다.

사회의 모든 서비스가 에너지를 사용하는 것은 부정할 수 없는 사실이다. 지난 20여 년 전까지만 해도, 국가 에너지 수요의 극히 일부만이 통신 및 컴퓨팅 하드웨어에 사용되었다. 이전 역사에서 정보와 연관된 유일한 (그리고 상대적으로 사소한) 에너지 비용은 도서실을 구축하고, 종이를 제조

---

* 승객 1인당 1마일을 이동할 때 소비되는 원가

하고, 후에 전보와 전화를 생산하고 이용하는 데에서 찾을 수 있었다. 그러나 오늘날의 디지털 인프라는 AI는 아직 걸음마 단계인데도 벌써 글로벌 항공 산업에 견줄 만큼 많은 에너지를 소비하고 있다.

이것이 우리를 실리콘 밸리의 자랑스러운 테크 기업들과 함께 에너지의 기적을 발견하고자 하는 만연한 집착으로 인도한다. 그들은 혼자가 아니다. 전세계 정부는 마술 같은 에너지 기술을 쫓고 있다. 동기는 분명하다. 정부와 기업 양자의 기후변화 정책은 거의 전적으로 정보 인프라뿐 아니라, 전체를 대상으로 해서 에너지를 획득하고 사용하는 방식을 바꾸는 일에 관한 것이다.

에너지 영역에서는 기적의 추구에 내재된 혼란, 도전, 기회의 사례가 분명하게 보인다. 그리고 에너지 영역은 새로운 기초적인 발견이 필요한 유일한 영역도 아니다. 우리에겐 아직 배워야 할 것이 매우 많다. 가령 지구물리학에는 지진, 화산 등이 미지의 영역으로 남아 있으며, 신경과 바이러스의 작동에서도 밝혀야 할 부분이 많다. 생물학에는 사람이든 다른 계통 phyla이든, 아니면 화학 합성 생명체이든 간에 보다 광범위한 영역이 있다. 양자 물리학도 그렇다. 소수의 탐구 영역만 언급해도 가득 찰 정도다.

최근 퓨Pew 리서치 센터 조사에서는 사람들이 2050년에 무엇이 기다리고 있다고 생각하는지를 탐구했다. 87%의 미국인이 "과학과 기술이 미래의 문제를 해결하는 데 긍정적 영향을 끼칠 것으로 생각한다."고 답했다.[9] 이 확신에는 대부분의 사람이 인식하는 것보다 더 분명한 이유가 있다.

필요는 발명의 어머니, 호기심은 기적의 어머니

인간은 항상 자기 몸이 어떻게 움직이는지, 질병은 어떻게 전파되는지,

날씨는 왜 그런지, 작물은 어떻게 자라는지, 새는 어떻게 나는지, 합금은 어떻게 만들 수 있는지, 심지어 우리 마음이 어떻게 기능하는 건지를 간절히 알고 싶어 했다.

이런 다양한 분야를 탐구하는 데 그간 사용된 과학 도구와는 다르게, 오늘날의 AI 탑재 도구들은 무어의 법칙에 따라 더욱 강력해지는 동시에 더욱 저렴해지고 있다. 앞으로도 계속 그럴 것이다. 생산 기능의 비용 감소는 전체 발견 연속체에 걸쳐 호기심 추구를 위한 자금 지원이 늘어나는 것과 똑같은 효과를 갖는다.

그렇다면 이 모든 일은 어디에서 벌어질까? 만약 현 상황이 지속된다면, 주로 대학과 정부 연구실이 될 것이다. 한편, 이러한 AI 도구 및 관련 인프라의 창시자로 추앙받는 테크 기업과 실리콘 밸리의 거인들은 호기심을 지원하고 진짜 기적을 추구하는 일에서 무단으로 이탈해 버렸다. 20세기에 발견과 기초 혁신의 열풍을 일으킨 그들의 전임자와는 사뭇 다르다.

우리는 아직 구글, 애플, 아마존, 혹은 마이크로소프트 같은 현대 테크 대기업의 연구자가 노벨상을 받는 것을 보지 못했다. 이 회사들은 노벨상 수상자에게 자금을 지원하는 R&D 비즈니스 모델과는 거리가 멀다. 물론 항상 그랬던 것은 아니다.

자사 연구자가 루이 드 브로이_{Louis de Broglie}의 '파동-입자 이론'을 입증한 공로로 1937년 노벨 물리학상을 받았을 때(조지 톰슨_{George Thomson}과 공동), 벨 연구소는 겨우 설립 12년 차였다. 이후 벨 연구소 연구원들은 계속해서 총 8개의 노벨상을 받았다. 또한 1945년 창립 이래 수십 년 동안 이른바 '순수 과학'을 추구해온 IBM 연구소 연구원들에게는 5개의 노벨상이 돌아갔다.[10] 이 글을 쓸 당시 설립 이후, 구글은 23년, 아마존은 25년, 애플은 35년,

마이크로소프트는 46년이 되었다. 벨과 IBM만이 순수 과학을 지원하는 20세기 기업은 아니었다. 제록스Xerox, 코닥Kodak, 듀폰DuPont, 엑손Exxon 등, 다른 많은 유명 기업 연구소 역시 그러했다.

클로드 섀넌Claude Shannon이 벨 연구소 재직 시절에 대해 말한 것을 떠올려 보자. 과학 작가이자 교육자인 존 호건John Horgan이 잘 표현했듯이, 섀넌은 디지털 시대의 대헌장Manga Carta을 썼다.[11] 섀넌에게 혹시 회사로부터 "뭔가 더 실용적인 작업을 하라."는 압력을 받았는지 묻자, 그는 이렇게 답했다.

> "아니요. 저는 항상 금전적 가치나 세상에 대한 가치는 무시하고 제 관심만을 좇았습니다. 그것으로 무엇을 할지보다는, 그 문제가 다른 것보다 흥미로운지에 더 관심이 있었습니다. … 많은 시간을 전적으로 쓸모없는 것에 보냈지요."[12]

오늘날 더구나 다른 기업이 아닌 테크 거인들이 벨 연구소의 과거 모델로 돌아가는 데 관심이 있는지는 알 수 없다. 하지만 혁신가로 칭송받는 기업들은 더 이상 과학 연구를 지원하지 않는다. 대신 단기간에 경쟁력이나 이익을 높여 줄 것으로 기대되는 R&D와 엔지니어링 프로젝트에 자금을 지원하길 선택한다. 한 예를 들어보자. 전하는 바에 의하면 구글은 그들의 '**문샷**loonshot*'이 상업적 성과를 거두기까지 2년을 기한으로 두고 지켜본다. 수사적으로 재치 있는 합성어를 쓴 게 재미있지만, 그 어원이 된 실제 '문샷'에는 실용적 목표가 없었다. 단지 순수한 호기심의 전형적 예였다. (다만 냉전 상황에서 일종의 허세로 보탬이 되었을 거라 확신한다.)

호기심 주도의 연구가 최근의 자칭 돌파구를 목표로 하는 민간 혹은 공공 연합의 지원을 받게 될지는 두고 봐야 한다. 지금까지는 그것들 모두가

---

* 케네디 대통령의 문샷(moonshot)을 비꼰 단어로 의미 있으면서 큰 목표를 가리킨다.

'기업(정부) 목표 주도형 R&D'란 오래된 모델을 모방하는 것 같다. 가끔 시간 제약에 있어선 조금 더 관대한 것 같다. 비슷하게, 대학이나 기관에 주어지는 대형 자선 연구 보조금 대부분은 '지도'에 따르는 것이거나 임무에 의해 주도된다.

문제는 오늘날의 테크 분야에 클로드 섀넌이 가졌던 것 같은 연구자들의 열망을 지원할 돈이 없다는 것이 아니다. 애플은 몇 년 전에 50억 달러를 들여 "우주선the spaceship"이란 별칭의 새 본사를 지었다. (1943년에 완공된 미 국방부 청사 '펜타곤'은 인플레이션을 감안해도 약 10억 달러밖에 들지 않았다.) 상위 100개 테크 기업의 시장 가치를 다 더하면 수십조 달러에 이른다. 전 세계에서 단 15개국만이 1조 달러 이상의 GDP를 기록하는 것을 생각해 보면 실로 어마어마한 가치이다.

세계는 대략 연간 2조 달러라는 많은 돈을 R&D에 지출하고 있다. 미국은 약 5,000억 달러로 여전히 세계에서 독보적으로 큰 R&D 비용을 지출하고 있으며, 중국이 그 수준에 빠르게 접근하고 있다. 테크 기업들을 포함한 민간 영역은 전체 R&D 지출의 3분의 2를 차지한다. 하지만 가장 관대한 정의를 적용하더라도 그중 약 7%만이 기초 과학에 초점을 둔 것이다.[13] 그 비중은 정부 R&D로 가면 더 늘긴 하지만, 여전히 약 20% 정도에 불과하다. 나머지는 실용적이고 구체적인 목적을 가진, 단기 연구에 투입된다.

우리는 과학적 지식에 내재된 가치가 있다는 것에 논란의 여지가 없기를 바란다. 하지만 오직 효용만으로 무엇인가의 추구를 정당화하는 것은, 대개는 무엇이 궁극적으로 유용할지를 정확히 알 수 없다는 사실에 반하는 처사다. 경제학자이자 이후 연방준비제도이사회 의장이 된 벤 버냉키Ben Bernanke가 2011년 한 말이 있다. "어떤 R&D 정책의 효과가 가장 좋은지에 대해 우리는 원하는 것보다 덜 알고 있다."[14] 그러나 우리는 어떤 것이 잘 작동하지 않는지는 꽤 잘 안다.

과학 자금에 관한 우리의 생각은 불가분하게 과학에서의 공리주의의 성장에 대체적으로 영향을 받아왔다.

제2차 세계 대전 직후, 박식가(화학과 의학 학위를 가지고 있고 경제와 철학에도 기여했다!)인 마이클 폴라니Michael Polanyi가 추후 저서 〈자유의 논리The Logic of Liberty〉(1951)로 출간되기도 한 강연을 했다. 이 강연은 세월이 흘러도 여전히 울림이 있는 경고를 담고 있었다. 당시는 전후 경제 회복기였으며, 다양한 신기술이 어떤 일을 촉발할 수 있을지에 대한 열의가 대단했다. 그 뒤를 어떻게 모든 것을 풀어낼 것인가에 관한 논쟁이 따랐다. 폴라니는 "과학에 대한 새로운 급진적이자, 공리주의적인 평가는 주로 마르크스주의Marxism에서 차용한 일관된 철학적 배경에 기초한다."라고 경고했다.

폴라니는 '순수 과학' 같은 것은 존재하지 않으며, 오직 응용 과학만이 있다는 마르크스주의의 유물론적 주장을 언급한 것이다.[15] 그가 지적했듯이 이념적 공리주의는 과학자들이 "사회의 요구를 잘 알고 있으며, 일반적으로 공공 이익을 보호할 책임이 있는 당국의 지도하에 놓여야" 한다는 믿음으로 직결된다. 폴라니는 더 나아가, 다음과 같이 통찰력 있게 말했다.

> 계획에 반해 과학의 자유를 방어하려는 자들의 항의는 거부되었고, 시대에 뒤떨어지고 사회적으로 무책임한 태도의 표현으로 낙인찍혔다.[16]

과학의 역사에서 분명해야 할 한 가지가 있다면(확실히 우리가 노벨을 과학 역사에 일종의 로르샤흐*로 사용한다면), 그것은 누구의, 어떤 아이디어가 최종 '승자'가 될지 알기 어렵다는 것이다. 그런 현실은 연구를 지도하여

---

* 로르샤흐(Rorschach) 검사법: 좌우 대칭의 불규칙한 잉크 무늬를 보고 어떤 모양으로 보이는지를 말하게 하는 인격 진단 검사법

기적을 낳는 고유한 (정치적인 것은 신경 쓰지 말 것) 도전과 함께, 호기심이 합리적으로 자유롭게 지배하도록 해야 할 필요성을 강조한다.

이는 정부가 연구에 관여하지 않아야 한다는 말이 아니다. 완전히 정반대이다. 장기 프로젝트와 불확실한 결과에 관한 한, 정부 지원은 매우 중요하다. 최근 2018년 노벨 경제학상 수상자 폴 로머 Paul Romer가 보다 장기적인 정부의 과학 지원을 요구하는 캠페인을 벌이고 있다. 그는 정부가 "과학 기반 시설을 만드는 데 더 적극적 역할을 해야 한다."고 제안한다.[17]

새로운 발견 수단의 도래는 필연적으로 새로운 인프라라는 형태로 실현될 것이다. 하지만, 근본적으로 새로운 인프라는 드물게, 간헐적으로 등장하기 때문에 항상 통합과 적응에 시간이 걸린다. 아이젠하워, 케네디, 존슨 대통령을 위해 과학 공공 정책을 연구했던 물리학자 하비 브룩스 Harvey Brooks는 거의 30년 전에 다음과 같이 말했다. "(과학적) 지원 시스템의 관습과 문화가 진화하려면 시간이 걸린다."[18] 이것은 물리적 구조와 연관된 타성 때문만이 아니라, 급진적 변화가 기업과 개인행동에 내재된 관습과 습관, 기술의 모호한 경계 영역에 영향을 끼치기 때문이다. 다시 경제학자 니콜라스 크래프츠 Nicholas Crafts가 명확하게 말했듯이, 우리는 특히 발견에서 아직 AI로부터 심오한 생산성 향상을 보지 못하고 있다. "보완적인 투자와 도입 그리고 적응이 필요하기 때문이다."[19]

민간 및 공공 시장 모두로부터의 투자 역시 필요하다. 2020년대는 이 점에서 진전의 신호로 시작했다. 아마존, 구글, 인텔, 액센츄어 Accenture가 총 1억 6,000만 달러를 국립과학재단 NSF에 기부해, 8개 대학 AI 연구소에 자금을 지원했다.[20] NSF가 낸 보도 자료에 지원에 대한 그들의 입장이 있다.

"단순한 자금 지원이 아니다. 업계는 동기를 부여하고, 일부 연구원과 학생

팀이 추구할 수 있는 질문 등도 제공하고 있다. … 그뿐 아니라 데이터 세트와 컴퓨팅 자원에의 접근 그리고 그 밖의 도구나 테스트베드도 제공한다."

그건 시작일 뿐이다. 현대 시대의 여명 이후 모든 과학자가 알듯이 자금은 중요하다. 그리고 21세기의 AI 발견 인프라에 관한 한 1억 6,000만 달러는 비과학적 용어를 쓰자면 보잘것없는 액수에 불과하다. 정보 혁명에 의해 앞으로 나아가고 혜택을 받는 테크 기업이라면 이보다 더 할 수 있고, 주장하건대 틀림없이 더 잘해 내야만 한다. 이 때문에 감히 제안하는 것이다.

2020년대가 시작되면서, 미국 상위 10개 테크 기업의 연간 매출은 도합 1조 5,000억 달러에 달했다. 이 회사들의 연간 R&D 지출은 약 1,000억 달러인데, 대부분 자사의 단기 경쟁력 향상을 위해 쓰는 것이다(소비자와 경제에는 좋다).[21] 하지만 만약 상위 10개 기업이 이를테면 수익의 단 0.1%만 다양한 AI 발견 인프라에 할당한다면, 매년 1억 6,000만 달러라는 일회성 선물보다 10배나 많은 자금을 지원하게 될 것이다. 실로 고귀한 행위이다. 판도를 바꾸고 영감을 줄 터이다. 그리고 궁극적으로는 효용이 있을 것이다.

필요는 발명의 어머니라고 흔히들 말한다. 하지만 호기심은 기적의 어머니다. 우리는 둘 다 필요하다. '필요'에만 집착하면 '호기심'에서 기인한 '기적'을 더 만들어 내지 못할 것이다.

다음의 장기 호황

흔히 관찰되는 변화의 가속화 속도와 아직 손도 대지 않은 엄청난 정보 자원의 조합은, 우리 미래에 대한 많은 흥분을 낳는다. 20세기가 시작될 때

많은 선견지명 있는 작가가 보여준 것만큼 말이다. 저명한 지질학자 윌리엄 맥기William McGee의 신뢰 가는 낙관론을 고려해 보자. 그는 1898년 〈디 애틀랜틱The Atlantic Monthly〉의 특집 기사로 〈미국 과학의 50년Fifty Years of American Science〉이라는 제목의 글을 썼다.

> "과학의 진보는… 산업 및 사회의 발전과 너무도 밀접하게 얽혀 있어 하나의 발전을 다른 것을 참조하지 않고 추적할 수는 없습니다… 사실, 미국은 과학의 나라가 되었습니다."[22]

맥기가 그 글을 썼을 당시, 자동차는 오늘날 에어택시만큼이나 신기한 것이었다. 또 주택용 전기 조명은 여전히 희망사항일 뿐, 사용할 수 있는 제품이 아니었다. 전화기는 전체 가정의 10%에만 있었다. 맥기는 특정 기계나 비즈니스에 열광하지 않았다. 그보다는 과학 지식의 확충으로부터 등장할 혁명의 약속을 암시하고 있었다. 최초의 노벨상이 수여되고 꼭 10년이 지난 1912년에 그는 사망했다. 그러나 포효하는 20년대에는 과학, 기술, 번영의 폭발적 성장이 이루어졌다. 꼭 그가 상상한 그대로였다.

우리는 우리 시대에 (장담컨대 이전 그 어느 때보다도 더) 배워야 할 것들이 아직 많고, 가능한 아이디어나 혹은 그것들을 추구하는 수단에 한계가 없다는 것을 이해해야만 한다.

인류는 기원전부터 생존의 수단으로서 그리고 호기심의 추구로서 도구 제작에 종사해 왔다. 이 쌍둥이 같은 목표 간의 관계에 대해서는 인류학자, 철학자, 신학자들이 생각하게 맡겨 두자. 그러나 과거와 가까운 미래 사이의 가장 중요한 차이점은 도구와 기술에 '스마트' 역량을 가득 채우거나 스며들게 하는 새로운 능력이라는 것을 우리는 너무도 잘 안다. 이제 우리는 근육뿐 아니라 정신의 확장까지 이르게 하는 도구, 기계 그리고 인프라를 구축할 수 있다.

지금으로부터 거의 1세기 전인 1934년, 루이스 멈퍼드Lewis Mumford는 그의 필생의 역작〈기술과 문명Technics and Civilization〉에서 기술과 사회의 위대한 발전은 보완적인 것과 기술 혁명 간의 교차점에서 온다고 말했다. 멈퍼드는 역사학자들의 버릇처럼, 역사의 근대 시대 각각에 꼬리표를 붙였다.[23] 첫 번째는 "서기 1,000년경부터 18세기까지 소개된 발명품과 아이디어의 모음"으로, 멈퍼드는 "**이오테크닉**eotechnic 단계"라 이름 붙였다. ('이오eos'는 고대 그리스 신화에 나오는 새벽의 여신이다.) 두 번째 시대인 산업 혁명엔 "소재와 동력원"의 발전으로 특징지었다. 그는 이 시기를 "**팔레오테크닉**paleotechnic 단계"라고 칭했다. ('팔레오paleo'는 그리스어로 "고대의" 혹은 "원시의"를 의미한다.) 자신이 살았던 1930년대는 새로운 합금, 전기, 향상된 통신 수단을 통한 혁신이 피워낸 꽃을 목도한 시기였다. 그는 이를 "**네오테크닉**neotechnic 단계"라고 불렀다. ('네오neo'는 물론 "새로운"이라는 뜻이다.)

멈퍼드의 분류 단계를 확장해, 우리는 다가오는 장기 성장의 시대를 위해 "**뉴로테크닉**neurotechnic 단계"라는 이름표를 제안한다. 그리스 어원 '뉴론neuron'은 '신경'을 의미한다. 이제 우리는 네트워크화된, 그리고 유비쿼터스인 지능형 인프라의 시대로 인류 최초로 진입하고 있다.

진정 **뉴노멀**의 시간에 사는 것은 맞다. 하지만 우리 미래는 계속 반복되는 느린 성장과 기술 정체 시기 중 하나가 되는 대신, 그 정반대가 될 것이다. 현실은 우리 그리고 우리의 아이들과 손자들이 길고 긴 뉴로테크닉 단계의 여명기에 산다는 것이다. 그야말로 역사상 가장 흥미롭고 유망한 시간이 될 것이다.

과연 무엇이 잘못될 수 있을까?
기후, 중국 그리고 '테크 남작'

잘못된 정책 혹은 갈등을 유발하는 인류의 능력을 종식시킬 것을 약속하는 과학이나 기술은 없다. 역사학자 존 키건_{John Keegan}이 관찰한바, 전쟁은 "항상 문화의 표출이며, 종종 문화 형태를 결정하는 인자이고, 일부 사회에서는 문화 그 자체이다."[1]

그럼에도 불구하고, 새로운 기술에 고무된 역사 속 권위자들은 미래에 대한 이상향적 포부를 끊임없이 표현해 왔다. 19세기 전신의 혁명적인 발명은 광속 통신을 가능하게 했다. 이전 수천 년 동안 정보는 말이 달리는 속도보다 빨리 전송될 수 없었다. 당대 작가들은 열광했다. "전신 같은 도구가 지구상 모든 국가 간의 생각을 교환하기 위해 만들어진 한, 그 오래된 편견과 적대심은 더 이상 존재할 수 없을 것이다."[2] 언론 보도는 전신이 "소총을 촛대로 만들 것"이라며 요란하게 선전했다. 그러나 적잖은 전쟁이 뒤를 이었다.

이후 20세기의 첫 10년 동안 화학, 전기화, 운송 수단의 혁명이 도래했고, 영국의 작가 겸 국회의원이자 노벨 평화상 수상자이기도 한 노먼 에인절_{Norman Angell}을 감명시켰다. 그는 기술 주도의 세계화가 "열강의 분쟁을 한물가게" 만들 것이라는 낙관론에 도취되었다. 공교롭게도, 그가 이렇게 쓴 바로 다음 날 제1차 세계대전이 발발했다.[3]

번영하는 사회는 상당 부분 적절한 시기에 올바른 정치를 한 덕에 크게 성공한다. 미국이 지난 위대한 기술 혁명으로부터 그렇게 유례없는 이득을 거둘 수 있었던 것은 바로 이 때문이다.

새로운 지식과 과학, 기술의 등장은 성장에 매우 중요하지만, 그것만으로는 충분하지 않다. 결국 지식은 모든 나라에서 이용할 수 있기 때문이다. 하지만 역사는 결과가 전혀 다를 수 있다는 것을 보여준다. 1913년 아르헨티나는 세계에서 가장 부유한 나라에 속했다. 인구 1인당 부에서 프랑스와 독일을 앞섰고, 미국에만 약간 뒤처져 있었다.[4] 그런데 오늘날 아르헨티나의 1인당 부는 미국의 겨우 15%에 불과하다.[5] 러시아는 1917년 혁명으로 군주제에서 벗어났지만, 미국식 경제 성장은 경험하지 못했다. 소비에트 정부가 70년을 통치한 후, 러시아 국민은 미국인 1인당 부의 40%만을 소유하고 있다.

간단히 말해, 기술 혁명은 파기될 수 있다. 어떤 경제도 소비에트화되는 것이 가능하다. 소비에트 공화국의 시민 대부분은 제2차 세계 대전 후, 반세기 간의 좋은 성장 기회를 놓쳤다. 경제학자 폴 새뮤얼슨Paul Samuelson의 말처럼, "기록된 경제 역사에서 볼 수 있는 어느 때보다 세계적인 기준으로도 더 뛰어난 성과를 거둔" 때였다.[6]

사회가 기술의 이점을 누리며 궁극적으로 번영할 수 있을지는 결국 자유로운 사고와 위험 감수를 장려하는 문화를 갖고 있느냐에 좌우된다. 또한 일부 결과가 이상적이지 않더라도 개의치 않고 시장이 운영되도록 허용하는 정부에 달려 있기도 하다.

그러나 우리는 COVID-19 팬데믹, 기후변화 그리고 떠오르는 중국과의 경쟁이란 세 가지 각기 다른 위협의 **퍼펙트 스톰**perfect storm에 직면한, 여느 때와는 다른 시대에 살고 있다. 이 세 문제 중 하나라도 빠짐없이 다뤄 내는 것은 그 자체로 책 한 권(또는 여러 권)을 써야만 하는 가치 있는 일이다. 하지만 이런 도전을 감안하더라도 낙관할 만한 이유가 있다.

COVID-19로 인한 인명피해를 과소평가하는 것은 아니지만 전염병은 발생했다 사라지길 반복하며, 유사 이래 항상 인간 삶의 일부였다. 하지만 질병을 발견하고, 관리하고, 정복하기 위해 우리가 마음대로 쓸 수 있는 도구는 이제 유례없는 속도로 개선되고 있다.

기후변화는 자주 전 세계에 대한 주요 위협으로 거론된다. 심지어 인류 생존 자체에 대한 '실존주의적' 위협이라는 말까지 들린다. 하지만 모델, 미디어, 소수의 권위자가 만든 과장된 예측은 접어 두더라도 과학이 아직 정체된 것과는 거리가 멀다는 것을 인정(사실은 이해)해야만 한다. 과열된 수사는 정보를 주지 않을뿐더러, 정확하지도 않다.[7] "모든 문명이 에너지를 사용하는 방식을 급진적이고 빠르게 변화시켜야 한다"란 '해결책'의 의미에 대해 정직하게 말할 가치는 있다. 그러나 모든 곳의, 모든 사람에게 경제 성장을 재고하고, 미래에 대한 기대를 크게 낮출 것을 요구하는 식의 해결책이 제의되는 일은 없을 것이다.[8]

이제 토머스 맬서스Thomas Malthus가 '성장 한계'라는 끈적끈적한 발상을 골자로 한 논문을 발표한 지 200년이 넘었다. **네오 맬서스주의자들**(신 맬서스주의Neo-Malthusians)🔖은 이상적인 경제가 주거, 헬스케어, 교육, 식량 등을 제공하기 위해 지구의 생태학적 한계를 통합하는 세계를 갈망한다. 이상적 경제를 순박하게 믿는 것은 곧 완벽한 통치에 대한 믿음을 함축하고, 그러므로 독재 정치를 요구한다. 자신들이 모든 인류에게 무엇이 이상적인지를 안다고 믿는 네오 맬서스주의자들의 오만함은 신경 쓰지 마라.

역사와 과학이 보여주듯 인간 활동이 환경에 영향을 줄 수 있고, 그것이 항상 좋은 방향만은 아니라는 데는 의심의 여지가 없다. 하지만 글로벌 에너지 수요와 관련된 기후변화 문제는 너무 심하게 정치적이고 편파적이어서 실체에 대한 논쟁은 완전히 모호해지고 말았다. 야망을 담은 정책은 차치하고, 과학이 유의미한 기간 내에 사회에 연료를 공급하는 방식을 급진적으로 바꿀 수 있는 방법은 아직

🔖 네오 맬서스주의(neo-Malthusianism) 또는 신맬서스주의는 토머스 맬서스의 인구론에 입각하여, 생활자료의 증가 이상으로 인한 인구 증가를 억제하기 위해 산아 제한 또는 피임의 필요성을 주장하는 입장이다. '네오 맬서스주의자'는 이러한 네오 맬서스주의의 옹호론자를 말한다.

없다는 현실을 보여준다.[9] 그리하여 미래에 자연이 인류에게 어떤 괴로움을 안기든 간에 회복과 적응의 열쇠는 새로운 기술과 그것들의 실전 배치를 가능하게 하는 부_富에서 발견될 것이다. 그리고 기술과 부, 둘 다 더 많아질 것이라는 전망이 자신감을 불러일으킬 것이다.

야망에 가득차고 경제 및 지정학적 힘 또한 상당한 중국의 경우, 중국적 특성을 가진 자본주의가 지속적으로 경제 성공을 가져다줄지, 더 중요하게는, 이 나라가 자국내 정치와 사회적 도전에서 살아남을 수 있을지를 지켜봐야 한다.[10] 중국의 경쟁적 위협에 관한 수사는 1980년대 일본에 대해 언급되었던 바와 일치한다. 하지만 현재에는 확실히 다른 요인이 하나 있다. 나머지 세계의 공급망이 중국에 의존하고 있다는 점이다. 글로벌 팬데믹 기간 세계가 이 사실을 확실히 깨닫게 되면서, 재편을 위한 시도가 촉발되었다. (의존성은 미 트럼프 행정부가 중국을 겨냥해 관세 폭탄을 던졌을 때보다 오히려 더 심해졌다.)

2020년, 일본은 중국을 제외한 국가에서 이루어지는 제조업에만 보조금을 주는 정책을 제정했다.[11] 독일은 '중국과의 밀월'의 종식을 선언했다. 공급망 의존성뿐 아니라, 지적 자산 보호에 대한 우려와 더불어 중국의 자국 시장 개방 실패에 따른 반응이었다.[12] 인도는 "단순한 비용 편익이 아니라 신뢰와 안전성에 기반을 두고 글로벌 공급망을 재구성"하기 위한 조치에 착수했다.[13] 호주는 인도, 일본, 미국과 함께 "중국을 우회한 공급망을 이끌기" 위한 '4자 안보 대화_{Quadrilateral Security Dialogue}', 통칭 쿼드_{Quad}를 발족했다.[14]

이러한 조치 중 어느 것도 제조나 공급망의 현재 상황의 급격한 변화로 이어지지는 못할 것이다. 오랜 시간이 걸리는 일이다. 공장이 운영되는 곳이나 자재를 채굴하고 정제하는 곳을 하룻밤 사이에 바꿀 수 없기 때문이다. 예를 들어, 오늘날 중국은 미국과 인도에서 사용되는 태양광 패널의 90%를 공급하고 있다. 그리고 많은 테크 제품에 중요한 희토류 광물의 채굴과 정제를 거의 독점하고 있다. 리튬 전지를 비롯해 많은 기기에 필수적인 또 다른 광물인 코발트의 약 80%도 정제하고 있다. 하지만 그러한 현상에서 벗어나려는 세계적인 움직임이 추진력을 받는 것도 분명하다.

그리고 미래 기술 혁신이 어떻게 그리고 어디에서 전개될지를 보여주는 기저 사실이 존재한다. 일례로 미국은 미래 컴퓨터와 통신 칩에 필수적인 소프트웨어 생산을 지배하는 4개 회사 중 3개 회사의 본거지다. 또한 반도체 소자 제작에 사용되는 기계 도구의 90%를 지배하는 4개 회사 중 3개 회사의 고향이다.[15] 미국은 클라우드 인프라 지출과 차세대 AI 소프트웨어 투자의 세계적인 중심지이기도 하다.[16] 전 세계 700개 **유니콘 기업**(가치 10억 달러 이상 민간 벤처기업) 중 절반의 고향도 미국이다. 전 세계 민간 투자 약 3분의 2가 미국에서 비롯되며, 이것은 당연히 '미래에 대해 자유 시장이 얼마나 돈을 거는지'의 척도가 된다.[17]

1980년대에, 레이건 대통령은 많은 보좌관과 로비스트 집단이 일본 정부 지출에 맞출 것을 충고하는 가운데, 일본과 기술 지출 경쟁을 하는 정부보다 민간 투자자들이 미국에 훨씬 더 좋은 결과를 가져올 것이라는 내기를 했다.* 본질적으로 **애덤 스미스의 보이지 않는 손**에 대한 내기였고, 지금도 계속되고 있다. 민간 투자자들이 하는 일에 통제권을 발휘하지 못한다는 것이 일부 정책 수립자에게 좌절감을 주었지만, 그 수많은 '보이지 않는' 결정의 결과는 궁극적으로 꽤 가시적이었다. 이런 이유로 에드먼드 펠프스_Edmund Phelps_가 2013년 동명의 책 〈대번영의 조건_Mass Flourishing_〉에서 묘사한 그 '대번영'이 찾아온 것이다.

더 장기적인 지표로는 미래 기적을 기대하며 매진하고 있는 기초 과학을 살펴볼 수 있다. 미국은 수많은 세계 선도 연구 대학의 고향이다.[18] 그리고 (지금까지) 수여된 모든 과학, 생리의학, 경제 분야 노벨상의 절반은 미국 거주자와 시민들이 수상했다.

앞서 언급한 모든 지표에도 불구하고 많은 분석가가 중국 토종 시장의 크기, 즉 인구에 압도당하고 있다. 하지만 인구 규모와 글로벌 시장 지배력 간에는 일반적으로 상관관계가 없다는 점에 주목할 필요가 있다. 인류 역사 내내 작지만

---

* 여기서는 어느 정도 개인적 경험을 얘기하는 것이다. 저자는 미(美) 레이건 정부 시절, 백악과 과학기술정책실에서 근무했기 때문이다.

혁신적인 국가들이 글로벌 시장을 지배했다. 15세기에는 포르투갈이, 17세기에는 네덜란드가, 18세기에는 영국이 그랬다. 물론 인구통계학적 추이는 장기적인 영향을 미친다.

2020년 기준 미국의 20~65세 집단의 10년 평균 인구 증가율은 중국보다 높다. 미국 인구는 매년 약 2%씩 증가하면서 플러스 영역에 머무르는 반면, 중국 인구는 하락세에 접어들어 일 년에 대략 5%씩 마이너스 성장을 하고 있다.[19] 그런 차이는 중요한 결과를 낳는다. 2045년까지 미국이 15~64세의 생산 연령 비율에서 중국을 앞설 것을 의미하기 때문이다.[20] 중국의 인구 고령화(그리고 남초화●)는 중국 경제의 지식 및 제조 분야 생산성에 많은 영향을 미칠 것이다. 소비, 세수 그리고 그에 수반되는 사회 문제에 대한 거시경제적 영향은 말할 것도 없다.

경제학자 니콜라스 크래프츠는 중국적 특성을 가진 자본주의의 본질에 관한 현상을 깔끔하게 요약했다.

> 내가 보기에 중국의 관료와 기획자들이 경제를 관리하고 적절한 부문에 자금을 조달할 만큼 매우 똑똑하다고 생각하면서, 왜 우리는 저렇게 안 하는지 의아하게 여기고 싶어 하는 유혹이 존재한다. 알다시피, 아마 우리도 5G나 첨단 전지에 보조금을 지급해야 할지 모른다. 왜냐하면 중국이 찾아낸 방식이 더 낫기 때문이다. 가끔은 신산업에 보조금을 줘야 하는 경우가 있을 수 있다. 그러나 우선 중국이 지난 20~25년간 막대한 투자금을 낭비했다는 점에 주목해야만 한다. 무려 GDP의 40%를 투자하고 있다면, 어떤 식으로든 중국이 한 것보다는 더 잘하고 있어야 하는 것 아닌가?[21]

지난 반세기 동안 중국의 성장이 그야말로 놀랍기는 했지만, 여전히 평균적으로 중국인의 1인당 부가 미국인의 15%에 그치고 있다는 것도 잊지 말아야 한다. 우리는 중국의 운명이 하룻밤 사이에 바뀔 것이라고는 예측하지 않는다. 크래프츠도 그럴 것이다. 다만 '미국식 자본주의 모델'의 종말을 예견하는 것은 너무 성급하다고 생각한다.

이제 다시 역사 속 그 위대한 세대의 중심으로 돌아가서, 미래의 경제 변화(와 그로부터 비롯된 사회적, 정치적 혼란)가 AI와 클라우드가 스며들어 생기를 불어넣은 신흥 기술로부터 나올 것이라는 핵심 논지를 반복하면서 마무리하고자 한다.

디지털 인프라의 부상은 사회의 전기화와 비교되어 왔다. 하지만 에너지를 생산하는 인프라와 에너지를 사용하는 인프라는 중요한 면에서 다르다. 에너지를 사용하는 기술 인프라의 근본적 혁명 중 하나는 철도의 부상이었다. 이 부상의 결과는 클라우드의 상승에 대해서도 유익한 역사적 유추를 제공한다. 철도 이전 사회는 농경사회였다. 상거래는 말이나 배의 속도로만 이루어질 수 있었다. 철도는 오늘날 우리가 사는 미국의 속성을 만들었다. 바로 상거래가 빛의 속도로 행해지는 산업화된 사회다. 철도 이전의 미국이 오늘날 우리에게 주는 느낌과 비슷하게, 현재의 클라우드 이전 사회는 훗날 우리 아이들이나 후손들에게는 구식으로 보일 것이다.

철도와 클라우드 시대 모두에서, 그 인프라를 선도한 회사들은 부유해지고 강력해졌다. 1880년까지 모든 철도를 합친 매출은 연방 정부의 총세수를 150% 초과했다. 그에 비해 오늘날 테크 기업들의 매출은 다 합쳐봐야 연방 예산의 겨우 30% 정도이다.[22] 1880년 기술적 세련미와 더불어 기관차의 속도 때문에 명망 높았던 코닐리어스 밴더빌트Cornelius Vanderbilt의 뉴욕 센트럴 철도 회사 New York Central Railroad company는 모든 상장 기업의 총가치에서 오늘날의 애플보다 4배나 더 큰 비중을 차지했다.[23]

철도 시대가 사회에 가져다준 광범위한 혜택도, 전성기 기업의 힘과 그 리더들의 부에 대한 우려를 줄이지 못했다. 그들은 당시의 테크 거인이었다. 밴더빌트와 다른 '**강도 남작**rubber barons'들의 시대, 철도 산업에 대한 〈디 애틀랜틱〉 잡지의 폭로를 생각해 보자.

우리의 일생보다 짧은 시간에 철도는 최악의 노동 교란, 최대 독점, 그리고 국가를 무색게 하는 돈과 두뇌의 가장 가공할 조합을 가져다주었다. 자본과 산업의 힘이

정부의 힘보다 더 커졌다는 사실을 직시해야 할 때가 왔다.[24]

강도 남작rubber barons이라는 말과 그들을 둘러싼 계속된 신화는 모두 철도 시대에 탄생했다. 사실 그 표현은 밴더빌트의 경쟁자들에게서 나온 것으로, 그들은 밴더빌트의 정치적, 경제적 위세에 대한 언론의 분노를 부추기는 데 열심이었다.

이런 종류의 대중적, 정치적 우려가 결국 1887년 미 의회가 주간통상위원회 ICC. Interstate Commerce Commission를 창설하도록 만들었다. 이것은 오늘날의 행정 국가를 향한 긴 행진의 출발점이자 모든 후속 경제 규제기관의 조상이다. 철도 귀족들은 연방 정부가 실제적이든 인식에 따른 것이든 간에 공공 신뢰에 관한 한 으뜸패를 쥐고 있다는 것을 비로소 배웠다. 오늘날의 테크 거인들 역시 그럴 것이다.

그런데도 19세기 말의 기술 변혁은 20세기의 대확장에 시동을 걸었으며, 1920년경에 대략적으로 성숙해지고 수렴된 다른 잘 알려진 기술에 의해 불붙게 된다. 앤드루 카네기Andrew Carnegie가 그의 널리 칭송받는 자서전을 발간한 것은 1920년이다. 카네기의 부는 그 당시엔 지금의 실리콘과 같은 위상이었던, 강철에서 왔다. 그는 역사상 가장 부유한 사람 중의 한 명이었다. (인플레이션을 감안한 달러로 측정했을 때) 약 3,000억 달러에 달했던 그의 재산은 이 책을 쓰는 시점의 그 어느 테크 부호의 재산보다도 많다. 물론 이제 몇몇은 카네기의 부에 근접하고 있다.

카네기는 오늘날 우리가 지식 인프라라고 부르는 것을 구축하는 데 집착했다. 그는 역사상 가장 큰 도서관 확장으로 이어진, 역사상 가장 관대한 자선 사업을 벌였다. 생애 마지막 20년에 걸쳐 거의 90%의 재산을 기부함으로써, 자선 활동의 황금 표준을 세웠다. 그의 자선 활동으로 2,500개가 넘는 도서관이 지원받았는데, 그중 1,689개가 미국에 설립됐다.

우리는 이와 유사한 클라우드 중심의 기술 인프라 계획이 오늘날의 테크 거인 중 한 명 혹은 공동으로부터 나오기를 기다리고 있다.

한편, 기술 변화의 가장 중요한 결과는 테크 거인 사이에 부의 증대가 아니라,

사회 생산성의 전반적 성장에 있다. 곧 더 적은 투입, 특히 더 적은 노동력을 통한 생산의 확장이다. 생산성이 부를 확대할 수 있는 까닭은, 그것이 우주에서 가장 소중한 재화인 인간의 시간을 자유롭게 해주는 유일한 수단이기 때문이다.

이제 문명이 전적으로 새로운 시대, 즉 뉴로테크닉 단계로 접어듦에 따라 우리는 다가오는 수십 년과 그다음 세기에 부와 복지가 한층 더 극적으로 상승할 것을 안정적으로 당연하게 기대할 수 있다. 또한 다시 한번 격동의 변화를 헤치고 정치를 바로잡는다면, 그런 나라만이 이 대번영의 혜택을 누릴 수 있을 것이라는 합리적인 예측도 할 수 있다.

찾아
보기

●

참조 문헌 QR코드

저자가 다른 도서나 기사, 연구결과 등을 참조하여 작성한 경우 본문 내 숫자 각주로 표기하여 참조 문헌을 찾기 쉽게 구성했습니다. QR코드를 스캔하면 [참조 문헌] PDF로 바로 연결됩니다. 혹은 다음 링크에서 내려받아 도서 이용에 참고하길 바랍니다.

URL: bit.ly/클라우드혁명

클라우드 혁명과 새로운 부

초판 1쇄 2022년 9월 13일

지은이 마크 P. 밀스Mark P. Mills
옮긴이 홍성완
발행인 최홍석

발행처 (주)프리렉
출판신고 2000년 3월 7일 제 13-634호
주소 경기도 부천시 길주로 77번길 19 세진프라자 201호
전화 032-326-7282(代) **팩스** 032-326-5866
URL www.freelec.co.kr

편 집 서선영
번역 감수 최홍석, 박영주
디자인 황인옥

ISBN 978-89-6540-336-4 03320

이 책은 저작권법에 따라 보호받는 저작물이므로 무단 전재와 무단 복제를
금지하며, 이 책 내용의 전부 또는 일부를 이용하려면 반드시 저작권자와
㈜프리렉의 서면 동의를 받아야 합니다.

책값은 표지 뒷면에 있습니다.

잘못된 책은 구입하신 곳에서 바꾸어 드립니다.

이 책에 대한 의견이나 오탈자, 잘못된 내용의 수정 정보 등은 프리렉 홈페이지(freelec.co.kr)
또는 이메일(help@freelec.co.kr)로 연락 바랍니다.